머리말

공공조달관리사 자격시험이 올해 처음으로 시행됩니다.

이 책을 펼친 여러분은 아직 충분한 지도나 경험담이 마련되지 않은 길의 출발선에 서 있습니다. 그럼에도 불구하고 공공조달이라는 전문 영역을 체계적으로 이해하고 자신의 역량을 한 단계 끌어올리기 위해 이 길을 선택한 여러분께 깊은 존경과 응원의 마음을 전합니다.

공공조달의 규모는 지속적으로 확대되고 제도는 점점 복잡해지고 있습니다. 그러나 그동안 조달 업무는 개인의 경험과 관행에 의존하는 경우가 많았고, 전문성을 객관적으로 검증하거나 표준화할 수 있는 기준은 충분하지 않았습니다. 이로 인해 담당자 간 역량 편차, 잦은 인사 이동에 따른 업무 공백, 발주기관과 조달기업 간의 이해 격차라는 구조적 한계가 반복되어 왔습니다.

공공조달관리사 자격은 이러한 문제의식 속에서 도입되었습니다. 단순한 시험 제도가 아니라, 입찰·계약·지급·분쟁 관리에 이르는 공공조달 전 과정을 종합적으로 이해할 수 있는 최소한의 전문 기준을 정립하기 위한 출발점입니다. 이는 공공조달의 투명성·공정성·책임성을 제도적으로 뒷받침하기 위한 노력의 결과이기도 합니다.

공공조달은 단순한 행정 절차가 아니라, 공공 재원의 사용과 국민의 신뢰가 맞닿아 있는 영역인 동시에 기업에게는 시장 진입의 기회이며, 행정기관에게는 정책을 구현하는 핵심 수단입니다. 이러한 환경 속에서 전문성과 윤리성을 겸비한 조달 인재의 중요성은 앞으로 더욱 커질 것입니다.

이 책은 수험서이지만 단순한 암기용 요약서에 머무르지 않고, 공공조달 제도의 구조와 흐름을 이해할 수 있도록 구성했습니다. 처음 조달을 접하는 분들도 부담 없이 접근할 수 있도록 기본 개념부터 설명하되, 실제 업무와 연결되는 시각을 놓치지 않으려 노력했습니다. 집필 과정에서는 공공조달역량개발원의 표준교재를 비롯한 공식 자료들을 충분히 참고하고, 한국산업인력공단의 출제기준을 충실히 반영하여 수험생들이 효율적으로 학습할 수 있도록 하였습니다.

공공조달관리사 시험 준비 과정은 쉽지 않겠지만, 이는 곧 여러분의 조달 전문성을 단단히 다지는 과정이기도 합니다. 이 책이 시험 준비는 물론, 향후 실무에서도 방향을 잡는 데 도움이 되는 길잡이가 되기를 바랍니다.

끝으로, 이 책이 나오기까지 세심하게 살펴주시고 다듬어 주신 김태희 팀장님을 비롯한 편집팀원 여러분께 깊이 감사드립니다.

편저자 김유일

시험 안내

1 공공조달관리사란

공공조달의 효율적·효과적 운영과 관리에 필요한 공공조달 환경 분석과 조달 및 계약법령, 구매정책 및 제도에 관한 전문지식과 분석 능력을 보유하고 전자조달시스템(나라장터)을 활용하여 공공조달 전과정에서 요구되는 입찰, 평가, 계약체결, 계약이행 및 사후관리 절차를 실행 및 관리하는 직무이다.

2 시험 과목 및 시험 방법

구분	시험 과목	문항 수	시험 방법
필기	공공조달과 법제도 이해	30문항	객관식 4지 택일형(CBT) (2시간)
	공공조달계획 수립 및 분석	20문항	
	공공계약관리	30문항	
실기	공공조달 관리실무	20문항 내외	필답형(2시간 30분)

3 2026년도 시행 일정

구분	원서접수	시험일	합격자 발표
필기	9.14(월)~9.17(목)	10.3(토)	10.12(월)
실기	10.12(월)~10.15(목)	11.14(토)	12.18(금)

4 응시 자격 및 합격 기준

① 응시 자격: 학력, 경력 제한 없음
② 합격 기준

필기	100점을 만점으로 하여 과목당 40점 이상, 전과목 평균 60점 이상
실기	100점을 만점으로 하여 60점 이상

5 기타 유의사항

① 원서접수 시간: 원서접수 첫날 10:00부터 마지막 날 18:00까지
② 합격자 발표 시간: 해당 발표일 09:00
③ 필·실기 시험별 시작시간 및 시험장은 원서접수 시 별도 공고함

출제 기준_필기

직무분야	사업관리	중직무분야	사업관리	자격종목	공공조달 관리사	적용기간	2026.3.1.~ 2028.12.31.
필기검정방법	객관식		문제수	80		시험시간	2시간

필기과목명(문제수)	주요항목	세부항목
공공조달과 법제도 이해 (30)	1. 공공조달 개요	1. 공공조달의 정의 및 목적 / 2. 공공조달 참여자, 이해관계자 3. 공공조달의 특성 / 4. 공공조달의 구성체계
	2. 공공조달 원칙 및 방법	1. 공공조달 원칙 / 2. 공공조달 유형 3. 경쟁적 공공조달 방법 / 4. 비경쟁적 공공조달 방법
	3. 전자조달시스템	1. 전자조달시스템 개요 2. 국가종합전자조달시스템(나라장터) 연계 계약 관리 지원시스템 개요 3. 목록정보시스템 개요
	4. 전략적 공공조달	1. 중소기업지원 조달 / 2. 녹색조달 3. 혁신 · 기술개발 촉진조달 / 4. 사회적 가치 지원 조달
	5. 공공조달법률 이해	1. 공공계약 관련 민법 규정의 이해 / 2. 공공계약(국가 및 지방)법령의 이해 3. 조달사업법령의 이해 / 4. 전자조달법령의 이해 5. 공기업 · 준정부기관 계약사무규칙
	6. 공정조달 관리	1. 공공조달 법규 분쟁 및 해석 / 2. 법규 위반 시 제재
공공조달계획 수립 및 분석 (20)	1. 공공조달계획	1. 공공조달 수요 분석 및 계획 / 2. 공공조달 적정성 분석 3. 공공조달 비용 적정성 분석 / 4. 기타 적정성 분석
	2. 조달요구 응대 및 제안	1. 조달요구 대처 절차 / 2. 사전규격공개 분석 3. 입찰공고문 분석 / 4. 입찰 · 제안요청 설명 5. 입찰서 제출 및 개찰
	3. 입찰 · 제안평가 및 계약체결	1. 입찰 · 제안평가 절차 / 2. 평가위원회 및 이해충돌 3. 계약의 협상 / 4. 낙찰자 결정방법 5. 입찰결과 분석 및 이의제기
공공계약관리 (30)	1. 계약관리 일반 절차	1. 계약관리 계획 / 2. 계약변경 관리 3. 계약이행 관리 / 4. 계약종결 관리
	2. 물품 계약관리	1. 물품계약 일반절차 관리 / 2. 물품계약 이행관리
	3. 용역 · 다수공급자계약 관리	1. 용역계약 절차 및 이행관리 2. 다수공급자계약(MAS) 절차 및 이행관리
	4. 공사계약관리	1. 공사계약 일반개요 / 2. 공사계약 일반절차 및 이행관리 3. 공사계약 특화 절차 및 이행관리

구성과 특징

시험의 기준이 되는 핵심만 정확하게 정리!

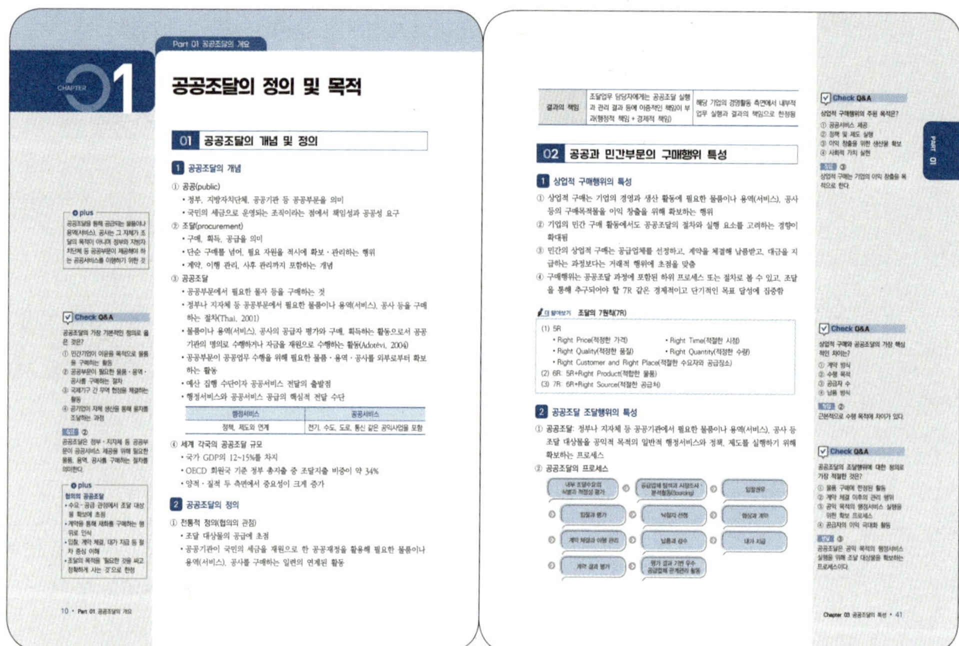

Point ❶ 압축 정리한 핵심이론

시험에 반드시 필요한 핵심 개념만을 선별하여 압축 정리하되, 이론의 구조와 흐름을 함께 이해할 수 있도록
구성하였습니다.

Point ❷ [더 알아보기]와 [+plus]로 보충 심화 학습

이해를 돕는 보충 설명과 심화 내용을 통해 핵심 흐름을 유지하면서 이론의 적용 범위와 이해도를 효과적으로
확장합니다.

Point ❸ [Check Q&A]로 개념 확인

이론 학습 직후 예상문제를 통해 개념이해 여부를 바로 점검할 수 있습니다.

STEP 2
출제예상 문제

단원별로 출제 포인트를 문제로 확인!

STEP 3
OX 퀴즈

시험직전까지 반복 점검하는 핵심정리!

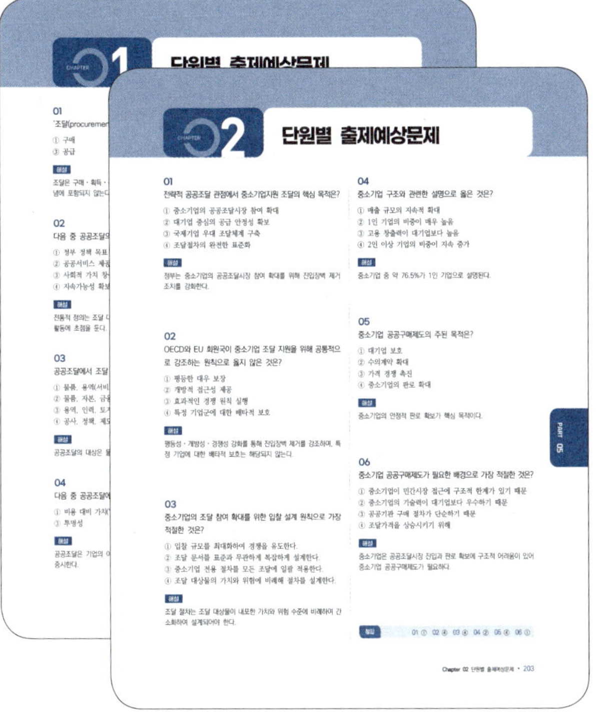

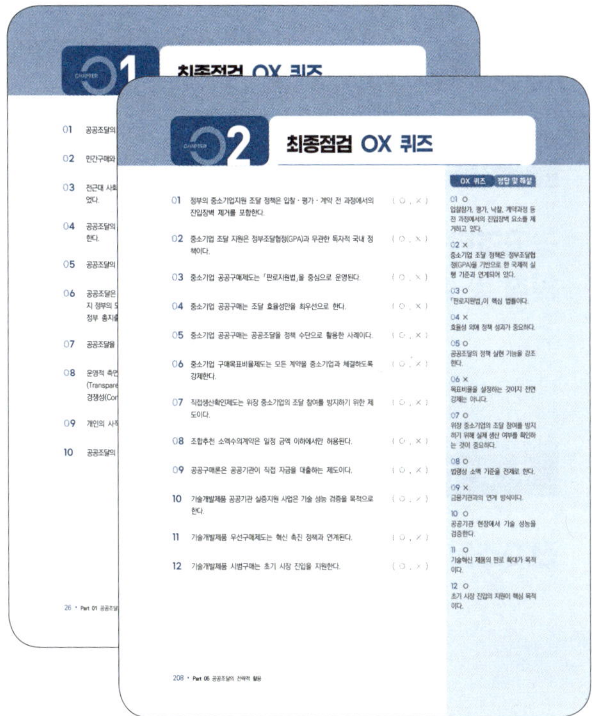

Point ❶ 단원별 출제예상문제

출제 가능성이 높은 이론을 엄선하여 단원별로 출제예상문제를 수록하였습니다.

Point ❷ 핵심을 짚는 명확한 해설

문제 해결에 필요한 핵심 포인트만 짚어 명확한 해설을 제공합니다.

Point ❶ OX 퀴즈로 확인하는 핵심이론

핵심이론을 OX 퀴즈로 구성하여 시험에 출제 가능한 문항을 미리 점검할 수 있습니다.

Point ❷ 빠른 복습과 최종점검

핵심 내용을 빠르게 복습하며 최종 마무리가 가능하도록 구성하였습니다.

CONTENTS

목차

PART 05

전략적 공공조달의 활용

PART 06

공공조달 법률 이해

PART 07

공공조달 관리

박문각
공공조달관리사
필기

PART

01

공공조달의 개요

CHAPTER **01**

공공조달의 정의 및 목적

01 공공조달의 개념 및 정의

1 공공조달의 개념

① 공공(public)
- 정부, 지방자치단체, 공공기관 등 공공부문을 의미
- 국민의 세금으로 운영되는 조직이라는 점에서 책임성과 공공성 요구

② 조달(procurement)
- 구매, 획득, 공급을 의미
- 단순 구매를 넘어, 필요 자원을 적시에 확보·관리하는 행위
- 계약, 이행 관리, 사후 관리까지 포함하는 개념

③ 공공조달
- 공공부문에서 필요한 물자 등을 구매하는 것
- 정부나 지자체 등 공공부문에서 필요한 물품이나 용역(서비스), 공사 등을 구매하는 절차(Thai, 2001)
- 물품이나 용역(서비스), 공사의 공급자 평가와 구매, 획득하는 활동으로서 공공기관의 명의로 수행하거나 자금을 재원으로 수행하는 활동(Adotévi, 2004)
- 공공부문이 공공업무 수행을 위해 필요한 물품·용역·공사를 외부로부터 확보하는 활동
- 예산 집행 수단이자 공공서비스 전달의 출발점
- 행정서비스와 공공서비스 공급의 핵심적 전달 수단

행정서비스	공공서비스
정책, 제도와 연계	전기, 수도, 도로, 통신 같은 공익사업을 포함

④ 세계 각국의 공공조달 규모
- 국가 GDP의 12~15%를 차지
- OECD 회원국 기준 정부 총지출 중 조달지출 비중이 약 34%
- 양적·질적 두 측면에서 중요성이 크게 증가

2 공공조달의 정의

① 전통적 정의(협의의 관점)
- 조달 대상물의 공급에 초점
- 공공기관이 국민의 세금을 재원으로 한 공공재정을 활용해 필요한 물품이나 용역(서비스), 공사를 구매하는 일련의 연계된 활동

➕ plus

공공조달을 통해 공급되는 물품이나 용역(서비스), 공사는 그 자체가 조달의 목적이 아니며 정부와 지방자치단체 등 공공부문이 제공해야 하는 공공서비스를 이행하기 위한 것

☑ Check Q&A

공공조달의 가장 기본적인 정의로 옳은 것은?

① 민간기업이 이윤을 목적으로 물품을 구매하는 활동
② 공공부문이 필요한 물품·용역·공사를 구매하는 절차
③ 국제기구 간 무역 협정을 체결하는 활동
④ 공기업이 자체 생산을 통해 물자를 조달하는 과정

정답 ②

공공조달은 정부·지자체 등 공공부문이 공공서비스 제공을 위해 필요한 물품, 용역, 공사를 구매하는 절차를 의미한다.

➕ plus

협의의 공공조달
- 수요 - 공급 관점에서 조달 대상물 확보에 초점
- 계약을 통해 재화를 구매하는 행위로 인식
- 입찰, 계약 체결, 대가 지급 등 절차 중심 이해
- 조달의 목적을 '필요한 것을 싸고 정확하게 사는 것'으로 한정

② 현대적 정의(광의의 관점)
- 공공조달은 정부 등 공공부문에서 국민과 기업을 대상으로 제공하는 또는 제공해야 할 공공서비스의 실행과 관리에 필요한 물품, 용역(서비스), 공사를 구매하는 일련의 활동을 통해 직간접적으로 연계된 정부정책과 제도의 성과를 효율성과 효과성이 균형을 이루는 방법으로 지원하는 활동
- 공공조달의 전반적인 실행 과정을 통해 정부의 정책과 제도 실행을 그 자체로 주도하거나 지원하는 정책적 기능, 즉 전략적 활용에 중점

3 공공조달과 민간구매의 차이점

① 공공조달
- 국민에게 제공되어야 할 공공서비스를 제공하는 과정
- 단순히 계약에 기반한 구매행위가 아니라, 조달 과정에서 경제적·환경적·사회적 가치 등 유관 정책 의제를 고려
- 공공서비스를 제공하기 위한 실행 수단으로서 계약과 구매행위 등을 수반
- 범정부적 정책 지원을 통합적으로 수행해야 하는 활동
- 민간부문에 비해 엄격한 규정의 적용을 받으며, 특히 특정 금액을 초과하는 대규모 계약의 경우에는 강화된 규정과 절차를 적용함

② 민간구매
- 공공서비스 제공 목적의 계약 또는 구매행위가 아님
- 최근 ESG로 대표되는 사회적·환경적·법적 지배구조 등에서 추가적 가치를 고려하나 목적과 취지에서 공공조달과 차이점이 존재함

4 공공조달의 기본 원칙[Siyal & Xim, 2019, ① ~ ⑤]

① 가격 대비 가치 또는 비용 대비 가치(VFM: Value For Money)
- 단순히 가장 싼 가격이 아닌 가격·품질·성능·수명주기비용(LCC)을 종합적으로 고려해 최적의 가치 확보
- 예산의 효율적 사용과 공공서비스 성과의 극대화

② 윤리(Ethics)
- 조달 전 과정에서 부패·비리·이해충돌을 배제하고, 공정하고 청렴하게 업무 수행
- 공직자 및 조달 참여자의 도덕성과 신뢰성 확보가 핵심

③ 경쟁(Competition)
- 가능한 한 다수의 공급자가 참여할 수 있도록 경쟁 보장
- 경쟁을 통해 가격 인하, 품질 향상, 혁신 유도 효과 발생

④ 투명성(Transparency)
- 조달 절차, 기준, 결과를 명확하고 공개적으로 운영
- 입찰·평가·계약 과정에서 정보 비대칭의 최소화

➕ plus

광의의 공공조달
- 공공조달을 공공서비스 제공을 위한 전략적 행정 기능으로 인식
- 정책 목표 달성을 위한 수단으로 조달을 활용
- 효율성(비용 절감)과 효과성(성과 창출)을 동시에 고려
- 혁신, 중소기업 육성, 사회적 가치 실현과 연계

✅ **Check Q&A**

공공조달이 민간구매와 구별되는 가장 핵심적인 특징은?
① 거래 절차의 단순성
② 계약 자유의 원칙 적용
③ 공공서비스 제공 목적
④ 신속한 의사결정

정답 ③
공공조달은 공공서비스 제공을 목적으로 한다는 점에서 민간구매와 본질적으로 구별된다.

✅ **Check Q&A**

공공조달에서 투명성이 요구되는 이유로 가장 적절한 것은?
① 계약 기간 단축
② 시장의 독점 방지
③ 공급자에게 편의 제공
④ 국민에 대한 설명 책임

정답 ④
공공조달은 국민의 세금을 사용하므로 조달 과정과 결과를 국민에게 설명할 의무가 있다.

⑤ **책임성**(Accountability)
  - 조달 의사결정과 집행 결과에 대한 설명과 책임
  - 예산 집행의 정당성, 사후 감사 및 평가의 근거 제공
⑥ **녹색조달**(GPP: Green Public Procurement): 지속가능한 성장
  - 환경 영향을 고려해 친환경 제품·서비스를 우선적으로 조달
  - 온실가스 감축, 자원 절약, 지속가능발전 목표(SDGs) 달성에 기여
⑦ **혁신조달**(IPP: Innovative Public Procurement): 기술개발 등을 통한 혁신 촉진
  - 공공조달을 통해 신기술·신제품·혁신적 해결책의 개발과 확산을 촉진
  - 공공부문이 초기 수요자가 되어 기술혁신과 산업 성장을 유도
⑧ **사회적 책임 조달**(SRPP: Socially Responsible Public Procurement): 사회적 가치의 촉진
  - 조달 과정에서 사회적 가치(중소기업과 사회적기업 지원, 노동권 보호, 지역균형 등)의 고려
  - 단순 경제적 가치에서 사회적 가치까지 확대

02 공공조달의 발전과정

1 조달 대상

고대	국가적 차원의 대규모 건축, 토목공사
중세	• 궁궐, 성, 요새, 도로, 교량, 교회 등의 건설 • 왕실이나 영주의 필요 물품
근대	• 중앙집권화 수준에 비례한 정부 기능 수행을 위한 물품, 용역(서비스) 및 공사 • 산업혁명과 함께 제조업, 철도건설에 필요한 자재, 설비 등 물자 • 대규모 전쟁 수행을 위한 군수물자
현대	• 정부 전 부문에서 공공서비스 제공을 위한 물품, 용역(서비스) 및 공사 조달 • 공공조달 지출 연계 정부정책과 제도와 연계성 및 전 지구적 지속가능성을 고려한 전략적 활용

2 실행 방법

고대	• 국가의 직접적 통제 아래 국민이 노동력 제공하고 대가를 지급 • 개인의 노동력에 대한 임금 지급으로 국가의 직접 조달
중세	• 왕실, 영주, 성직자 등에게 노동력과 물자에 대한 임금과 구매 대금 지급 • 경쟁과 입찰이 아닌 권력자의 선택(특허상인 등)
근대	• 산업혁명과 함께 대규모 건설(공장, 철도 등), 제조를 위한 원재료, 자재, 설비 조달을 위한 전문 구매기능 출현 • 대규모 전쟁의 군수물자 확보를 경쟁과 입찰 방식 적용

현대	• 1·2차 세계대전 이후 현대적 공공조달을 위한 법적·제도적 틀 확립 • 입찰·경쟁절차를 통한 공식적·통일적 조달의 실행 및 관리

3 법적·조직적·운영적 체계

구분	법적 체계	조직적 체계	운영적 체계
고대	• 공공조달 법적 체계의 부재로 일반적 계약관행(사적 계약) 적용 • 조달 대상물 자체에 대한 조달 및 계약 개념 부재	사업별 담당 조직과 인력 기반 운영	건설 사업(프로젝트)별 독립적 운영
중세	• 초기 법적 체계 출현 • 국가, 지역적 상이성 크게 존재	• 국가, 도시와 마을 단위의 자체 조달기능 운영 • 왕실 특허상인 또는 기업에 의한 독점적 공급 기능 운영	국가, 도시, 마을 등 지역별 분산적 운영
근대	• 국가적 수준에서 초기적 공공조달 및 계약법령 출현 • 표준적 공공조달 법적 체계 부재 • 국가와 기업이 당사자인 공공계약 확산	• 국가수준의 조달/구매 전문기관 부재 • 정부부문, 지역, 프로젝트별 조달/구매 기능 운영	• 초기 분산적·분절적 운영 • 후기 초기적 중앙집중화 출현
현대	• 국제적 수준에서 표준화된 공공조달 법적 프레임워크 확산(세계화, 자유무역, 정부조달협정 등 영향) • 국가 수준에서 통일된 공공조달 및 계약법령 마련 및 실행	• 국가 수준에서 전문적 중앙조달기관 출현 • 지역의 자체조달기관과 중앙조달기관의 협업적 조달체계 구축	중앙집중화 기반 하이브리드화 운영

✍ 더 알아보기 광의의 공공조달

(1) 고대 사회의 공공조달
- 초기 공공조달의 형태는 국가적 수준의 대규모 공사 실행 과정에서 시작(Procurify, 2023)
- 배송 지연과 배송 오류에 대한 고객의 불만을 새긴 점토판을 발견함으로써 고대 제국이 조달시스템을 활용했음을 알 수 있음 → 조달 활동은 존재했으나 제도화·법제화 수준은 낮음

(2) 중세 시대의 조달 형태
- 현대 공공조달시스템에 비해 공식적인 입찰 절차나 엄격한 법규를 적용하지 않음
- 품질 확보와 비용 절감이 공공조달의 우선적 목적
- 공개 경쟁보다는 특권 상인, 지정 공급자 중심
- 조달 과정의 투명성과 경쟁성은 제한적

(3) 근대 이후 조달의 변화
- 19세기 초 나폴레옹 시대에 공공조달을 위한 최초의 공식적인 법적 틀 마련
- 1806년 제정된 「교량과 도로의 조직에 관한 제국 칙령」은 공공조달의 세 가지 기본원칙 확립(공개적 광고, 경쟁입찰, 운영 통제 체계)

⊕ plus

공공조달의 효용성
- 국민경제적 기여도
- 정부 정책·제도 운영성과
- 중소기업, 환경, 혁신, 사회적 가치 같은 범국가적 의제 대응의 효과적 수단

- 공공계약이 특정한 권력자나 귀족의 선호에 따르지 않고, 법과 절차에 따라 공정하고 투명하게 체결
- 기업 측면에서 18세기 1차 산업혁명과 함께 전문적 공장에서 대량생산에 필요한 원재료와 자재, 기계설비, 인력 등의 체계적인 수급 체계를 확립하는 과정에서 조달기능이 구체화·전문화됨
- 미국의 경우 19세기에 체계적인 입찰과 경쟁입찰 시스템을 확립
- 공공조달을 위한 계약에서 정부는 권력자가 아닌 법치주의에 따른 계약당사자로서 계약상 대자인 조달기업과 동등한 위치에서 업무를 처리한다는 원칙도 확립
- 1861년 남북전쟁 시기를 거치며 대규모 군수물자를 확보하기 위해 공공조달 체계가 더욱 발전
- 18세기 후반부터 20세기 초반, 근대에 접어드는 시기에는 공공부문의 공공조달과 산업부문의 조달이 보다 공식화·체계화되었고, 20세기 1·2차 세계대전 이후 본격화된 현대 공공조달 체계의 기반이 구축된 시기

(4) 현대 공공조달의 확립
- 1·2차 세계대전을 거치면서, 국가 간 전쟁의 양상인 총력전에 대응하는 과정에서 확립
- 2차 세계대전을 통해 정부와 민간기업 간 계약 형태로 조달 절차가 체계화
- 2차대전 시기 미국과 영국 등의 공공조달은 협상의 사용과 비용, 가격 분석의 광범위한 활용, 자발적 가격 인하 같은 다양한 가격 책정 수단이 마련되었음
- 20세기 중반 이후 현대적 공공조달시스템은 국가별 고유성을 반영하는 동시에 표준화가 시작되었고, 이 과정에서 공공조달의 법적·조직적 운영의 틀을 체계화
- 대표적 공공조달 선도국인 미국의 경우, 연방정부 차원의 공공조달을 총괄하는 기관인 GSA(General Services Administration)가 2차대전 이후인 1949년 출범하면서 공공조달이 정부의 공식적인 역할과 기능으로 확립 → 유럽의 경우 이보다 조금 늦게 중앙조달기관 설립
- 유럽의 경우, 현재와 같은 EU공공조달 지침에 따른 표준적인 조달체계를 구축한 것은 정부조달협정(GPA)이 체결된 1994년을 전후로 본격화

4 우리나라의 조달 제도

① **삼국시대**: 왕실과 정부에서 필요한 물품은 백성들이 공납물을 납부해 충당하고, 성곽 축조 등 부역 형태로 이루어짐으로써 공공조달 방식보다는 납세 방식으로 이루어짐
② **조선시대**: 초기에는 시전상인이 특허상인의 역할 → 대동법 시행을 계기로 공인(貢人)이 특허상인의 역할 → 조선 후기 공계인(貢契人)의 등장
③ **19세기 말 20세기 초 조선 말엽**: 개항과 함께 공공조달시스템의 가장 큰 변화 / 국가주도의 조달실행 체계에 민간상인의 직접 관여와 참여 확대

> "포공(砲工)과 화공(火工) 장비는 일본 상인을 통해 구입하게 하며, 가격은 예조(禮曹)가 의논해 지급한다."(교정청등록, 1881)

④ **일제 강점기**
- 일제가 필요한 물자를 체계적으로 수탈하기 위한 공공조달시스템의 구축
- 조선총독부가 통제와 체계적 수탈을 위한 중앙집중식 관급(官給)제도의 도입

다음 중 조선시대 공공조달 제도의 변화에 대한 설명으로 옳은 것은?

① 조선 초기에는 시전상인이 특허상인의 역할을 했고, 대동법 시행 이후에는 공인이 그 역할을 담당하였다.
② 조선 후기에는 일본 상인이 직접 조달을 담당하였다.
③ 삼국시대에는 공계인이 등장하여 조달을 담당하였다.
④ 조선시대 전 기간 동안 왕실이 직접 모든 물품을 조달하였다.

정답 ①

조선 초기에는 시전상인이 특허상인의 역할을 하였으나, 대동법 시행을 계기로 공인이 그 역할을 담당하게 되었다.

• 일본의 조달관행인 '장부제(帳簿制)'를 도입해 '물자입출고장'과 '재고조사표' 같은 표준적인 조달정보 기록과 관리체계의 도입
⑤ '임시외자총국'의 설치: 1948년 정부가 수립되면서 해외 원조물자의 관리와 분배 업무를 담당한 임시외자총국 설치로 정부의 공공조달 기능이 비교적 일찍 시작
⑥ '조달청' 설치: 1961년 경제개발계획 수립과 실행 시점을 전후로 설치되어 현재와 같은 공공조달 기능과 역할이 공식화

03 공공조달의 중요성

1 개념적 중요성

① 공공조달은 정부 및 공공기관이 공공서비스 제공을 위해 필요한 물품·용역·공사를 확보하는 활동
② 단순한 구매 행위가 아니라 국민의 세금을 재원으로 정책과 행정을 실제로 실행하는 행정·정책 수단
③ 공공조달의 성과는 공공서비스의 질, 정책 목표 달성 여부, 국민의 삶의 질에 직접적인 영향을 미침
④ 따라서 공공조달은 행정 운영의 보조 기능이 아니라, 국가 운영의 핵심 기능으로 인식될 필요가 있음

더 알아보기 공공조달의 중요성

(1) 정부의 재정 운영 효율성에 결정적 영향을 줌
(2) 공공조달 전략과 관행, 시스템이 국민의 삶의 질과 복지에 직접적인 영향을 줌
(3) 공공조달이 높은 재정적 이해관계, 거래량, 공공과 민간부문 간의 긴밀한 상호작용, 복잡한 가치사슬 간 연계 등 여러 가지 요인에 따라 고위험 영역에 속하며, 문제 발생 시 그 파급력이 국가와 지역, 산업 전반에 걸쳐 매우 큼
(4) 공공조달은 더 광범위한 정책 목표를 달성하기 위해 전략적으로 사용될 수 있음

2 재정적 중요성

① 공공조달은 정부 재정 지출 중 매우 큰 비중을 차지하므로 중앙정부, 지방자치단체, 공공기관 예산의 상당 부분이 조달을 통해 집행
② 국내총생산(GDP) 대비 공공조달 규모 역시 높은 수준으로 공공조달은 국가 경제 전반에 영향을 미치는 거대 시장
③ 공공조달의 효율성은 예산 절감, 재정 건전성 확보, 재정 운용 성과로 직결
④ 비효율적인 조달이 발생하면 예산 낭비, 중복 투자, 유지관리 비용 증가 등 재정적 손실 초래
⑤ 따라서 공공조달은 재정 관리 차원에서도 전략적으로 접근해야 할 핵심 영역임

✓ Check Q&A

공공조달의 중요성에 대한 설명으로 가장 기본적인 것은?

① 행정 편의성 증대
② 국가 재정 집행의 핵심 수단
③ 국제무역 확대
④ 민간시장 보호

정답 ②

공공조달은 국가 재정을 실제로 집행하는 핵심 수단으로서 국가 운영에 필수적이다.

➕ plus

공공조달이 경제적 측면에서 국가와 지역경제에 효과적으로 기여하기 위한 방안

• 적절한 방법으로 경쟁을 강화함으로써 비용 대비 가치를 확보
• 순환경제를 통해 지속가능한 비즈니스 모델을 개발하도록 지원
• 에너지 효율적인 상품 조달 등을 통해 수명주기비용(LCC)을 고려해 장기적으로 비용을 절약하고 재활용을 촉진

3 공공서비스 제공

① 대부분의 공공서비스(보건·의료 서비스, 복지·교육 서비스, 교통·환경·에너지 인프라, 안전·재난 대응 체계)는 공공조달을 통해 실행됨
② 공공조달은 공공서비스 실행을 위한 실질적 수단이 되고, 행정 의사결정을 현실화하는 연결 고리 역할
③ 조달의 품질은 곧 공공서비스의 품질로 직결
④ 저가 위주의 조달은 단기적 비용 절감 효과는 있을 수 있으나, 장기적으로는 품질 저하, 안전 문제, 유지관리 비용 증가 초래 가능
⑤ 따라서 공공조달에서는 가격뿐 아니라 품질, 성능, 내구성, 서비스 효과 등을 종합적으로 고려해야 함

4 고위험·고영향 영역

① 공공조달의 특성상 거래 규모가 크고, 참여 주체가 다양하며(공공기관, 기업, 시민), 공공성과 민간 이윤이 교차함
② 이로 인해 발생 가능한 위험: 부패 및 비리, 입찰 담합, 이해충돌, 부실 계약 및 부실 이행
③ 공공조달 실패 시 파급 효과: 예산 낭비, 공공서비스 중단, 안전사고 발생, 정부 정책 신뢰도 하락
④ 따라서 공공조달은 투명성, 공정성, 책임성이 특히 강하게 요구되는 영역임

5 전략적 정책 수단

① 현대 공공조달은 단순 조달을 넘어 정책 목표를 실현하는 전략적 도구로 활용됨
② 공공조달을 통한 정책 실현 사례: 중소기업·벤처기업 지원, 신기술 및 혁신 제품의 초기 시장 창출, 친환경 제품 구매를 통한 환경 정책 실현, 사회적기업·취약계층 지원
③ 공공조달은 정부 정책을 시장에 전달하는 신호 역할을 수행하고, 민간 기업의 투자 방향과 기술 개발을 유도함
④ 따라서 공공조달은 산업 정책, 기술 혁신 정책, 사회 정책과 밀접하게 연계됨

6 지속가능성과 사회적 가치 실현

① 공공조달은 지속가능한 발전을 실현하는 핵심 수단: 녹색조달(GPP)을 통해 환경 부담 감소, 에너지 절약, 자원 순환 촉진
② 사회적 책임 조달(SRPP)을 통해 사회적 약자 보호, 노동권·인권 존중, 지역균형발전 기여
③ 공공조달은 경제적 가치뿐 아니라 환경적·사회적 가치를 함께 고려하는 방향으로 발전
④ 따라서 공공조달의 역할이 "구매"에서 "가치 창출"로 확대되고 있음

7　정부 신뢰 확보

① 공공조달은 국민 세금을 사용하는 활동으로 국민의 감시와 평가 대상이 됨
② 공정하고 투명한 조달 운영은 정부에 대한 신뢰 확보로 이어짐
③ 조달 비리가 발생할 경우 정부 정책 전반에 대한 불신 확산으로 민주적 행정 운영에 부정적 영향 초래
④ 따라서 공공조달은 민주주의, 책임 행정, 거버넌스 차원에서도 중요한 의미를 가짐

04　공공조달의 목적

1　공공조달의 목적

① 공공조달 규칙에 설정된 원칙과 절차에 따라,
  - 국가와 지방자치단체 등 공공부문의 공공(행정) 서비스(정책, 제도 등) 운영을 위해 필요한 물품이나 용역(서비스), 공사의
  - 공급자격을 갖춘 계약자, 공급업체, 용역(서비스) 제공 업체와
  - 시기 적절하고 비용 효율적인 계약을 체결해
  - 조달하는 것
② 공공조달의 일차적 또는 본원적 목적은 공공조달 재정의 효율적 운영과 정부정책의 효과적 운영 간의 균형성을 추구하는 것(OECD, 2015)

2　공공조달의 목표[정의에 따른 구분]

① 공공부문의 기능과 역할을 수행하기 위해 필요한 물품이나 용역(서비스), 공사를 효율성과 효과성을 모두 고려해 공급하는 것
② 공공조달 과정에서 법령과 규정, 절차에 부합하도록 책임감 있게 수행해 경쟁성, 투명성, 공정성, 청렴성 등 핵심 가치와 원칙이 준수되도록 하는 것
③ 국가적 수준에서 정부의 정책과 제도의 실행, 성과를 지원하고 주도하는 역할을 수행하는 것

3　공공조달의 목표[운영적 측면과 정책적 측면에 따른 구분]

① 운영적 측면의 목표: 비용 대비 가치에 기반해 차별 없는 경쟁을 통해 조달 대상물을 공급하는 것

> 🔖 **더 알아보기**　운영적 측면의 구체적 공공조달 목표
>
> (1) 비용 대비 가치를 통해 최소의 비용(최저가를 의미하는 것은 아님)으로 최대의 효과를 달성하는 것
> (2) 공정성(Fairness): 모든 공공조달 참여자에게 차별 없이 공정하고 자유로운 참여를 보장하는 것

PART 01

(3) 투명성(Transparency): 공개적 검증이 가능한 공공조달 입찰 절차의 개방을 보장하는 것

(4) 책임성(Accountability): 공공조달 의사결정과 실행, 결과로서 성과에 책임을 지는 것

(5) 효율성(Efficiency): 공공조달 자원을 효과적으로 활용해 적합한 조달 대상물을 필요한 시기에 합리적인 비용으로 조달을 보장하는 것

(6) 경쟁성(Competition): 공공조달 대상물의 명확한 요구사항과 평가기준을 제시하고 입찰 참가를 보장하는 것

※ 공정성, 투명성, 경쟁성은 상호 밀접하게 연계되어 크게 영향을 주고 받음

※ 비용 대비 가치, 책임성, 효율성은 공공조달 의사결정과 그 성과 관련 목표로, 상호 밀접한 연계성을 가짐

② **정책적 측면의 목표**: 운영적 측면의 목표를 충족하는 것을 전제로 지속가능성을 제공하는 중소기업지원, 환경보호, 기술혁신, 사회적 가치 촉진 같은 국가적 의제를 주도하고 지원하는 것

🖊 **더 알아보기 정책적 측면의 구체적 공공조달 목표**

지속가능성 (Sustainability)	환경적 영향을 최소화(온실가스 배출 저감, 자원 재활용 등)하는 공공조달 실행을 보장하는 것
혁신 (Innovation)	기술적 · 사회적으로 새롭고 혁신적인 대안의 공급을 공공조달의 실행과 관리를 통해 촉진하는 것
사회적 책임성 (Social Responsibility)	공공조달의 정책과 제도에 기업책임경영 기준을 통합해 실행을 보장하는 것

③ 운영적 측면과 정책적 측면 사이에서 균형을 추구하는 동시에 요구되는 성과 수준의 달성이 중요

④ 정책적 측면의 상위개념은 '전략적 활용'이고, 운영적 측면의 상위개념은 '본원적 역할'임

4 공공조달 목적 구현을 위한 발전단계

1단계	조달(공공)기관에서 필요한 조달 대상물에 적합한 공급 대상을 찾아 실제로 공급하는 수준(Sourcing and delivering goods and services)
2단계	필요한 조달 대상물의 적합한 공급자를 확보하는 과정에서 조달 관련 법령과 규정, 기준에 부합하도록 실행하는 수준(Compliance with legislation/regulation)
3단계	조달 대상물을 적법한 절차를 거쳐 적격한 공급자가 공급하되 예산을 효율적으로 운영하는 수준(Efficient use of public funds)
4단계	공공조달 의사결정과 실행의 결과인 성과에 책임을 지는 단계(Accountability)
5단계	비용 대비 가치를 추구하는 단계(Value for money)
6단계	공공조달이 광범위한 정부 정책을 지원하는 역할을 수행하는 수준(Supporter of broader government policy objectives)
7단계	보다 광범위한 정부 정책의 본질적 성과를 구현하고 이를 전달할 수 있는 수준(Deliver of broader government policy objectives)

* 출처: Harland et al., 2013.

---

05 공공조달의 범위

1 공공조달의 구성

① 조달 대상물   ② 수요자   ③ 공급자   ④ 조달재원
⑤ 시장   ⑥ 정책   ⑦ 업무 범위

2 공공조달의 범위

① 조달 대상물
- 물품이나 용역(서비스), 공사 등 3개 유형을 조달 대상 범위로 보고 있음
- 기술의 발전과 사용자 요구 다변화로 3개 유형의 결합, 복합, 융합된 상품이 새로운 대상물 유형으로 추가되면서 범위가 확대되고 있음

> **✒ 더 알아보기   공공조달의 구체적 범위의 예시**
>
> (1) 코로나19 대응 과정에서 백신, 진단키트, 마스크, 보호복, 소독제 등 의료물자를 공급하는 것이 공공조달의 구매와 계약 같은 기능적 역할에 해당함
> (2) 이들 활동이 정부가 국민에게 제공해야 할 핵심적인 보건의료 서비스의 제공으로까지 확대되는 것을 공공조달의 범위로 인식

② **수요자**: 전통적으로 정부기관과 지방자치단체, 이에 소속된 공공기관이 중심이 되었으나, 행정업무의 위임, 위탁 또는 보조사업 등을 통해 공공재정을 활용하는 민간기관까지 포함

③ **공급자**: 전통적으로 민간부문의 개인과 기업, 단체 등이었으나 정부 행정기능의 고도화와 전문화에 따라 설립된 공기업과 준정부기관도 민간부문에 준하는 공급자로서 공공조달의 공급자 범위에 포함

④ 조달재원
- 전통적으로 국민의 세금을 기반으로 편성된 예산이 공공조달 지출의 주된 재원으로 고려되었으나, 정부 등 공공부문의 기능과 역할이 다양화·고도화되면서 운용재원 역시 일반회계 예산 외 특수한 목적의 기금, 특별회계 자금도 공공조달을 위한 지출 재원으로 확대
- 최근에는 민관합동사업(PPP: Private Public Partnership)의 경우와 같이 민간부문의 재원으로 공익사업에 해당하는 SOC인프라를 구축하고 운영하는 형태가 나타나며 민간 투자자금까지 공공조달재원 범위에 포함

⑤ **시장**: 국내 공공조달시장과 국제 공공조달시장까지를 포괄

⑥ **정책적 측면**: 전통적으로 효율적 재정집행의 수단으로 재정정책에 초점이 맞추어져 왔으나, 오늘날에는 전략적 활용 개념이 등장하며 공공조달 재정이 투입되는 정부 등 공공부문 전반의 정책까지 관리 범위가 확대됨

✓ Check Q&A

공공조달 대상에 '용역'이 포함된다는 의미로 가장 적절한 것은?

① 유형 자산만 포함한다.
② 인적·지식 서비스도 포함한다.
③ 금융 거래를 의미한다.
④ 조세 행위를 포함한다.

정답 ②

용역에는 컨설팅, 교육, 연구, 유지관리 등 무형 서비스가 포함된다.

⑦ 업무 범위
- 일반적 인식: 공공조달의 업무 수행 절차와 관련해 입찰과 계약부문에 한정해 공공조달의 범위를 인식
- 성공적인 공공조달을 실행하기 위해서는 공공조달 계획 수립부터 피드백까지의 유기적 연계성을 지닌 전체 공공조달 과정을 업무적 수행 범위로 인식하는 것이 중요해짐
- 공공조달 업무 수행은 다음의 6단계를 기본적 업무 범위로 설정하고 있음

단원별 출제예상문제

01

'조달(procurement)'의 의미로 가장 거리가 먼 것은?

① 구매　　　　　② 획득
③ 공급　　　　　④ 기부

해설

조달은 구매·획득·공급을 의미하며, 무상 제공인 기부는 조달 개념에 포함되지 않는다.

02

다음 중 공공조달의 전통적 정의에 해당하는 설명은?

① 정부 정책 목표 달성을 위한 전략적 수단
② 공공서비스 제공을 위한 구매 활동
③ 사회적 가치 창출을 위한 시장 개입
④ 지속가능성 확보를 위한 행정수단

해설

전통적 정의는 조달 대상물의 공급, 즉 공공서비스 제공을 위한 구매 활동에 초점을 둔다.

03

공공조달에서 조달 대상물로 올바르게 나열된 것은?

① 물품, 용역(서비스), 공사
② 물품, 자본, 금융상품
③ 용역, 인력, 토지
④ 공사, 정책, 제도

해설

공공조달의 대상은 물품, 용역(서비스), 공사이다.

04

다음 중 공공조달에서 고려해야 할 가치로 옳지 않은 것은?

① 비용 대비 가치(VFM)　　② 윤리성
③ 투명성　　　　　　　　　④ 기업의 이윤 극대화

해설

공공조달은 기업의 이윤 극대화가 아닌 공익성과 공공가치 실현을 중시한다.

05

다음 중 공공조달의 현대적 정의에 포함되는 요소는?

① 단순한 구매 행위
② 계약 체결만을 의미
③ 정부 정책 성과 지원 기능
④ 민간시장 경쟁 배제

해설

현대적 정의는 공공조달을 정부 정책과 제도 실행을 지원·주도하는 전략적 기능으로 본다.

06

공공조달과 민간구매의 차이에 대한 설명으로 옳은 것은?

① 공공조달은 법적 규제가 없다.
② 민간구매는 공공서비스 제공을 목적으로 한다.
③ 공공조달은 공익성과 책임성이 강조된다.
④ 민간구매는 투명성을 요구받지 않는다.

해설

공공조달은 국민의 세금을 재원으로 하므로 공익성·책임성·투명성의 확보가 중요하다.

07

다음 중 공공조달이 공공서비스 실패로 이어질 수 있는 상황으로 가장 적절한 것은?

① 가격 경쟁이 발생한 경우
② 조달 절차가 비효율적인 경우
③ 다수 기업이 참여한 경우
④ 계약 금액이 증가한 경우

해설

공공조달의 비효율성은 필요한 공공서비스 제공의 실패로 직결될 수 있다.

정답　01 ④　02 ②　03 ①　04 ④　05 ③　06 ③　07 ②

08

공공조달이 행정 기능의 일부로 제도화된 주된 배경은?

① 국제무역 확대
② 기술발전 정체
③ 민간시장 위축
④ 국가재정 규모 확대

해설

국가재정이 확대되면서 예산 집행의 효율성과 통제가 중요해졌고, 공공조달은 행정 기능으로 제도화되었다.

09

전통적 공공조달과 현대적 공공조달의 가장 큰 차이로 옳은 것은?

① 계약 기간
② 조달 대상
③ 정책 연계성
④ 행정 비용

해설

현대적 공공조달은 정책 목표와 연계되어 전략적으로 활용된다는 점에서 전통적 공공조달과 차이가 있다.

10

공공조달의 역사적 발전 단계를 순서대로 바르게 나열한 것은?

① 전략적 조달 → 행정 조달 → 단순 구매
② 단순 구매 → 행정 절차 → 전략적 조달
③ 국제 조달 → 전략적 조달 → 행정 조달
④ 행정 조달 → 국제 조달 → 전략적 조달

해설

공공조달은 초기의 단순 구매 단계에서 출발해 행정 절차화, 전략적 조달 단계로 발전했다.

11

공공조달의 연원을 이해할 때 가장 중시해야 할 관점은?

① 공급자 수
② 국가 역할 변화
③ 국제 협약 내용
④ 기술 발전 속도

해설

공공조달의 발전은 국가의 역할 및 행정 기능 변화와 밀접하게 연관되어 있다.

12

공공조달이 국가 경제에 미치는 영향으로 가장 적절한 것은?

① 세수 감소
② 민간 경쟁 억제
③ 조달시장 축소
④ 산업 구조와 시장 형성에 영향

해설

대규모 공공조달은 민간산업 구조와 시장 형성에 중요한 영향을 미친다.

13

공공조달이 정책 수단으로 활용될 때 나타나는 특징은?

① 조달시장 축소
② 가격 중심 판단
③ 행정절차 최소화
④ 조달을 통한 정책 목표 달성

해설

정책 수단으로서의 공공조달은 조달 활동을 통해 정책 목표 달성을 추구한다.

14

공공조달이 현대에 들어 공공가치 중심으로 전환된 이유는?

① 재정 부족
② 사회적 요구 증가
③ 민간시장 위축
④ 국제기구 강제

해설

환경·사회·윤리 등 공공가치에 대한 요구가 증가하면서 조달의 역할이 확대되었다.

정답   08 ④   09 ③   10 ②   11 ②   12 ④   13 ④   14 ②

15

공공조달의 중요성이 강조되는 가장 근본적인 이유는?

① 조달 절차가 복잡하기 때문에
② 예산 규모가 크기 때문에
③ 국민의 세금을 사용하기 때문에
④ 국제 기준을 따르기 때문에

해설

공공조달은 국민의 세금을 재원으로 하므로 공공성·책임성이 강하게 요구된다.

16

공공조달의 중요성이 '시장 형성자(Market Maker)' 역할로 설명될 수 있는 이유는?

① 국제 규범을 따르기 때문에
② 대규모 초기 수요를 창출하기 때문에
③ 민간 소비를 대체하기 때문에
④ 가격을 통제하기 때문에

해설

공공조달은 초기 수요 창출을 통해 새로운 시장을 형성할 수 있다.

17

공공조달의 중요성에 대해 잘못 설명하고 있는 것은?

① 정부의 재정 운영 효율성에 결정적 영향을 미친다.
② 공공조달 전략과 관행, 시스템이 국민의 삶의 질과 복지에 간접적인 영향을 미친다.
③ 공공조달은 여러 가지 요인에 따라 고위험 영역에 속하며, 문제 발생 시 그 파급력이 국가와 지역, 산업 전반에 걸쳐 매우 크다.
④ 공공조달은 더 광범위한 정책 목표를 달성하기 위해 전략적으로 사용될 수 있다.

해설

공공조달 전략과 관행, 시스템은 국민의 삶의 질과 복지에 직접적인 영향을 미친다.

18

공공조달이 정부 정책 실현의 핵심 수단으로 평가되는 이유는?

① 정책 홍보 효과가 크기 때문에
② 법률 제정보다 빠르기 때문에
③ 정책을 실제 서비스로 전환하기 때문에
④ 민간 참여를 제한하기 때문에

해설

공공조달은 정책을 현장에서 실행 가능한 서비스로 구현한다.

19

다음 중 공공조달의 공공성 목적과 가장 거리가 먼 것은?

① 부패 방지
② 투명한 절차 운영
③ 공정 경쟁 확보
④ 계약 처리 속도 단축

해설

계약 처리 속도는 중요한 부분이나 공공성의 핵심 목적은 아니다.

20

공공조달을 통해 사회적 가치를 실현하는 사례로 가장 적절한 것은?

① 입찰횟수 축소
② 계약기간 단축
③ 최저가 낙찰제 적용
④ 사회적기업 제품 우선 구매

해설

공공조달이 사회적 가치를 실현한다는 것은 취약계층 고용, 환경 보호 등을 반영함을 의미한다.

정답   15 ③   16 ②   17 ②   18 ③   19 ④   20 ④

21

공공조달의 목적을 가장 종합적으로 설명한 것은?

① 행정 절차의 일부이다.
② 단순한 구매 활동이다.
③ 공공서비스 제공과 정책 목표 달성 수단이다.
④ 재정 집행 기술이다.

해설

공공조달은 공공서비스 제공과 정책 실현을 동시에 추구하는 수단이다.

22

공공조달 목적의 변화에 대한 설명으로 옳은 것은?

① 항상 동일하게 유지된다.
② 행정 환경 변화와 무관하다.
③ 국제 규범에 의해 고정된다.
④ 사회·정책 환경에 따라 확장된다.

해설

공공조달 목적은 사회 변화와 정책 환경에 따라 확장되고 있다.

23

공공조달에서 공공성과 효율성이 충돌할 경우 바람직한 접근은?

① 효율성만 우선한다.
② 공공성만 고려한다.
③ 법과 원칙에 따라 균형을 추구한다.
④ 조달을 중단한다.

해설

공공조달은 공공성과 효율성의 균형을 추구해야 한다.

24

공공조달 목적 중 '지속가능성'의 의미로 가장 적절한 것은?

① 단기 비용 절감
② 공급자 수 축소
③ 계약 건수 확대
④ 환경적·사회적 영향 고려

해설

지속가능성은 장기적으로 환경적·사회적 영향을 고려하는 것이다.

25

공공조달 목적을 가장 포괄적으로 이해한 설명은?

① 비용 집행 절차
② 행정 편의 수단
③ 공공가치와 정책 성과 창출 수단
④ 계약 기술의 집합

해설

공공조달은 공공가치와 정책 성과를 창출하는 수단이다.

26

정책적 측면에서 공공조달의 목표와 거리가 있는 것은?

① 공정성(Fairness)
② 혁신(Innovation)
③ 지속가능성(Sustainability)
④ 사회적 책임성(Social Responsibility)

해설

운영적 측면에서 공공조달의 목표:
공정성(Fairness), 비용 대비 가치, 투명성(Transparency), 책임성(Accountability), 효율성(Efficiency), 경쟁성(Competition)

27

다음 중 공공조달 범위에 포함되는 활동으로 가장 적절한 것은?

① 계약 체결만을 의미한다.
② 물품 구매만 포함한다.
③ 수요 계획부터 사후 관리까지 포함한다.
④ 공급자 선정만을 의미한다.

해설

공공조달은 '계획 – 입찰 – 계약 – 이행 – 사후 관리' 전 과정을 포함한다.

28

공공조달의 범위를 '전 생애주기(Lifecycle)' 관점에서 이해할 때 가장 적절한 설명은?

① 입찰 경쟁만 강조한다.
② 구매 비용만 고려한다.
③ 유지관리·폐기까지 고려한다.
④ 계약 체결이 종료 시점이다.

해설

공공조달의 범위를 전 생애주기 관점에서 이해하는 현대 공공조달은 사용·유지·폐기까지 고려한다.

29

공공조달 대상 중 '복합 조달'에 가장 가까운 사례는?

① 사무용품 구매
② 청사 건설 및 유지관리 계약
③ 단순 용역 계약
④ 물품 단가 계약

해설

복합 조달은 공사와 용역이 결합된 형태이다.

30

공공조달 범위를 이해하는 것이 중요한 이유로 옳은 것은?

① 공급자 수 제한
② 법 적용 여부 판단
③ 가격 인상
④ 민간 보호

해설

공공조달 범위는 공공조달법·제도 적용의 기준이 된다.

31

공공조달 대상 중 '무형자산' 조달의 예로 가장 적절한 것은?

① 건축 자재
② 서버 장비
③ 도로 포장
④ 정보시스템 개발

해설

정보시스템은 무형적 요소의 성격이 강하다.

32

공공조달 범위에 대한 설명으로 옳지 않은 것은?

① 공급자 평가는 수요기관이 조달 실행 단계에서 입찰에 참가한 조달기업을 대상으로 한다.
② 공공조달의 시장 기능적 범위는 국내 공공조달시장과 국제 공공조달시장을 포괄하는 것으로 볼 수 있다.
③ 공공조달의 정책적 영향의 범위는 정부 등 전반적인 공공부문의 모든 기능과 역할을 포괄한다고 볼 수 있다.
④ 공공조달 업무 수행은 '조달계획 수립 → 조달 실행 → 계약관리 → 계약 완료 → 공급자 평가 → 피드백'의 6단계를 기본적 업무 범위로 설정하고 있다.

해설

공급자 평가는 입찰에 참가해 계약 종료 단계까지 완료한 조달기업을 대상으로 한다.

정답　　28 ③　29 ②　30 ②　31 ④　32 ①

최종점검 OX 퀴즈

01 공공조달의 재원은 국민의 세금이 핵심이다. (○ , ×)

02 민간구매와 공공조달은 목적과 절차에서 동일하다. (○ , ×)

03 전근대 사회의 공공조달은 법과 제도에 기반한 경쟁 체계가 중심이었다. (○ , ×)

04 공공조달의 제도화는 예산 집행의 통제와 책임성 강화를 목적으로 한다. (○ , ×)

05 공공조달의 중요성은 단순히 예산 규모에 의해서만 결정된다. (○ , ×)

06 공공조달은 건강에서 환경보호와 공공질서, 경제 문제에 이르기까지 정부의 모든 지출 기능에 걸쳐 활용되고 있으며, OECD 회원국의 정부 총지출 중 공공조달 지출 비중은 약 30%이다. (○ , ×)

07 공공조달을 통해 환경적·사회적 정책 목표를 실현할 수 있다. (○ , ×)

08 운영적 측면의 공공조달 목표는 최저가, 공정성(Fairness), 투명성(Transparency), 책임성(Accountability), 효율성(Efficiency), 경쟁성(Competition) 등과 관련된다. (○ , ×)

09 개인의 사적 구매도 공공기관 소속이면 공공조달에 해당한다. (○ , ×)

10 공공조달의 대상에 무형 서비스는 포함되지 않는다. (○ , ×)

---

01 ○
공공조달은 국세·지방세 등 국민의 세금을 재원으로 수행되므로 공정성·책임성·투명성이 필수적으로 요구된다.

02 ×
민간구매는 이윤과 효율성이 목적이지만, 공공조달은 공공서비스 제공과 공익 실현을 목적으로 하며 법과 절차에 따라 엄격히 운영된다.

03 ×
전근대 사회에서는 제도화된 경쟁 체계보다는 권력자 중심의 임의적 조달이 일반적이었다.

04 ○
공공조달 제도화의 핵심 목적 중 하나는 예산 집행의 투명성과 책임성 확보이다.

05 ×
공공조달의 중요성은 정책 효과, 공공가치, 국민 생활과의 연계성 등을 종합적으로 판단하여 결정된다.

06 ○
OECD 회원국의 정부 총지출 중 공공조달 지출 비중은 약 30%이다.

07 ○
친환경적·사회적 가치 조달은 대표적인 사례이다.

08 ×
최저가가 아니라 비용 대비 가치를 통해 최소의 비용으로 최대의 효과를 달성하는 것과 관련된다.

09 ×
공공조달은 기관 명의·공공재원 사용이 전제이다.

10 ×
용역은 대표적인 무형 조달 대상으로, 무형 서비스도 공공조달의 대상에 포함된다.

CHAPTER 02 공공조달 참여자 및 이해관계자

01 공공조달 이해관계자

1 공공조달 규모

① 2000년대 이후 전세계적으로 공공조달은 각국 GDP의 12~15%, 정부 지출의 약 3분의 1을 차지함
② 국민경제 전반의 성장을 촉진하고, 공공부문, 특히 정부의 정책과 제도 실행의 효과성을 제고하는 새로운 목적이 대두됨

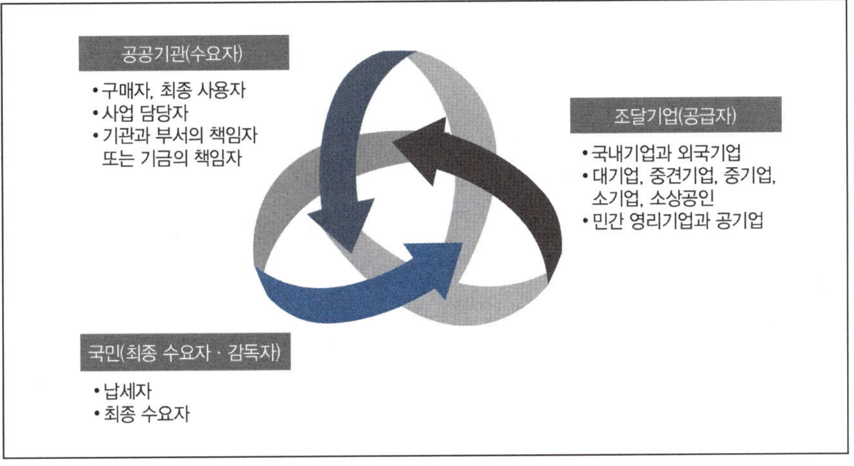

2 협의의 이해관계자

① 공공조달 절차의 실행과 관리 과정에 직접 참여하는 당사자
② 수요기관인 정부 등 공공기관과 공급자인 조달기업이 해당 ⇒ 단체 등 다양한 법인격 포함

3 광의의 이해관계자

공공조달에 직접적으로 참여하지 않더라도 공공조달 정책·제도와 연계된 정부 등 공공기관(조달, 계약 유관 중앙행정기관 등), 공공부문 전반에서 광범위한 감독 기능을 수행하는 국회, 감사원, 잠재적 공급업체, 시민사회단체, 국민까지 포함

4 공공부문 이해관계자

① 정부 등 공공기관, 공공조달, 계약법령, 유관정책·제도를 관장하는 중앙행정기관(정부부처), 관리감독 기능을 수행하는 국회와 감사원 등을 포함
② 지방자치단체와 교육기관, 다양한 유형의 공공기관도 포함

✓ Check Q&A

협의의 관점에서 공공조달 이해관계자에 해당하지 않는 것은?

① 국회
② 조달기업
③ 계약 당사자
④ 정부 등 공공기관

정답 ①

국회는 공공조달에 직접 참여하지 않고 감독·감시 기능을 수행하므로 광의의 이해관계자에 해당한다.

⊕ plus

공공조달과 관련된 이해관계자가 중요한 이유

복잡한 공공조달 체계를 효율적으로 운영하고 효과적인 결과를 도출하기 위해 각 이해관계자의 책임과 역할이 중요하기 때문

③ **역할**: 공정한 계약당사자 역할뿐만 아니라 공공부문의 행정서비스 제공자로서 공공조달 체계를 구성하고 운영하며 유지·관리하는 조달관리자 역할도 수행

④ **책임**: 공공조달 이해관계자로서 정부 등 공공부문의 수요를 충족하면서 비용 효율적으로 조달 대상물을 확보하는 과정에서 공급자 간 잠재적인 이해 상충의 최소화

⑤ **공공부문의 외부적 이해관계자**
- 공공계약 법령과 관련한 주무부처: 재정경제부(「국가계약법」)와 행정안전부(「지방계약법」)
- 국가 중앙조달기관: 조달청(중앙조달 요청에 따른 조달사업 실행, 관리와 국가종합전자조달시스템을 운영)
- 공공조달을 활용해 해당 부처의 정책 대상 지원 제도 운영
  - 중소벤처기업부: 중소기업 공공구매제도 등
  - 고용노동부: 사회적기업 우선구매제도 등
  - 보건복지부: 중증장애인생산품 우선구매제도 등
  - 기후에너지환경부: 녹색제품 우선구매제도 등
  - 혁신제품과 연계해 연구개발 사업을 추진하는 과학기술정보통신부, 산업통상부, 국토교통부, 해양수산부, 농림축산식품부, 특허청 등
- 「지방계약법」을 적용받는 지방자치단체, 지방의회, 지방교육청, 국·공·사립학교, 특수교육기관, 지방자치단체가 투자·출연한 공공기관도 이해관계자에 해당
- 감사원과 국회: 공공조달의 실행과 관리 과정에서 공공조달, 계약 관련 법규와 기준의 준수 여부, 회계적 측면에서 집행의 적정성을 관리감독하는 외부 기관
- 정부조달협정(GPA) 또는 자유무역협정(FTA) 등과 관련해 국제입찰을 실행하는 경우, 입찰에 참가한 외국 기업과 해당 기업이 속한 국가의 공공조달, 계약과 관련된 정부기관까지 이해관계자에 포함

⑥ **공공부문의 내부적 이해관계자**
- 사업담당부서: 해당 조달사업을 계획하고 집행
- 계약부서: 조달사업을 실행해 조달기업으로부터 조달 대상물을 공급받기 위한 계약을 담당
- 계약심의위원회: 공공조달과 계약 실행 과정에서 법적, 제도적, 관행적으로 쟁점을 포함하고 있는 중요한 조달 관련 의사결정이 필요한 경우, 심의를 담당
- 내부 감사부서: 공공조달 법규의 준수, 절차 이행의 적정성 등을 감독

5 민간부문 이해관계자

① **조달기업**: 물품이나 용역(서비스), 공사를 공급
- 조달기업은 단독 공급업체 또는 공동수급체(컨소시엄)의 일원으로 직접 조달, 계약에 참여할 수도 있음
- 하도급 형태로 참여하거나 기술·자문제공 등의 형태로 참여하는 기업까지도 이해관계자에 포함될 수 있음

⊕ plus

조달정책심의위원회

공공조달, 계약과 관련한 중앙행정기관 사이에 정책적 조율이 필요한 경우, 재정경제부장관이 주관하는 '조달정책심의위원회'가 해당 역할 수행

☑ Check Q&A

공공조달에서 내부적 이해관계자에 해당하는 것은?

① 국회
② 감사원
③ 계약심의위원회
④ 시민사회단체

정답 ③

계약심의위원회는 공공기관 내부에서 조달 관련 의사결정을 심의·관리하는 내부적 이해관계자이다.

② **중소기업중앙회 등**: 조달기업이 생산하는 제품과 관련한 조합, 협회 등도 이해관계자에 해당

③ **인증기관과 시험검사기관**: 조달기업의 공공조달 참여에 필요한 인증, 시험검사 등을 담당

6 국민(일반대중)과 시민사회

① 공공조달 이해관계자로서 국민은 공공조달 수요의 원천이자 재정의 원천

② 공공서비스의 최종 수요자로서 조달 성과의 적정성을 판단

③ 공공조달 실행과 관리 과정에서 발생하는 문제점과 개선점을 지적하고 보완을 요구하는 감시자 역할

④ 국민의 권익과 행정서비스의 '질'을 향상하기 위해 공공부문을 모니터링하고 감시하는 시민사회단체도 중요한 이해관계자

02 공공조달 수요자

1 조달기관

공공조달과 계약법령에 따라 공공조달의 실행과 관리 책임이 부여된 대상

계약기관	조달기관을 계약업무에 중점을 두고 언급할 경우
수요기관	조달기관(또는 계약기관)을 공공조달 시장의 수요와 공급을 담당하는 주체로 볼 경우
발주기관, 발주처(자), 계약당국 등	전체 공공조달 과정에서 최초의 원인행위인 수요를 제기하는 주체를 총칭하는 용어

2 「조달사업법령」에 따른 수요기관의 구분

국가기관	• 중앙행정기관과 그 산하기관 • 국립유치원, 국립 초중고등학교, 국립 특수교육기관
지방자치단체	• 지방자치단체(광역, 기초), 지방의회(광역, 기초) • 공립유치원, 공립 초·중·고등학교, 공립 특수교육기관
그 외 공공기관	• 공기업, 준정부기관, 기타 공공기관 • 지방직영기업, 지방공사, 지방공단 • 행정안전부장관 고시 출자·출연기관 • 지방의료원, 지방자치단체 출연연구원 • 사립유치원, 사립 초·중·고등학교, 사립 특수교육기관

특수법인 기타기관	• 중소기업중앙회, 농업협동조합중앙회, 수산업협동조합중앙회, 산림조합중 앙회, 한국은행, 대한상공회의소 • 사회복지법인, 사회복지시설운영자 • 재단법인, 사단법인 • 산업기술개발사업 출연 · 보조 기업 및 연구기관 • 보조사업자 및 간접보조사업자 • 국가 또는 지방자치단체 업무 위탁 · 대행 법인 • 기타 공익 실현 위한 조달청장 인정기관

3 2024년 기준 국내 공공조달 수요기관 비중

전체 7.2만개로 국가기관 7.8%, 지방자치단체 27.9%, 기타기관 64.3%의 구성

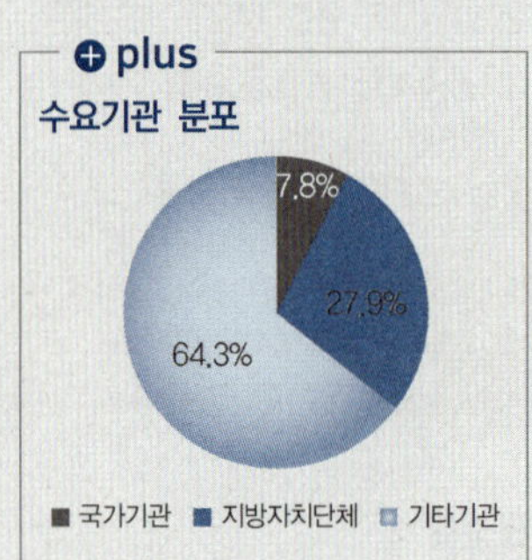

03 공공조달 공급자

1 개념

① 정의: 공공기관이 필요로 하는 물품 · 용역 · 공사를 제공하는 주체
② 역할: 국가, 지방자치단체, 공공기관과 계약을 체결하여 조달 대상물을 납품하거나 서비스를 제공하는 역할 수행
③ 의무: 조달시장에서 공급자는 계약의 상대방으로서 법령과 계약조건을 준수할 의무를 가짐

2 범위

기업 규모나 법인 성격 등에 따른 분류	대기업, 중견기업, 중소기업(중기업, 소기업, 소상공인)
국적에 따른 분류	• 국내 기업과 외국 기업으로 구분 • 외국 기업의 경우는 정부조달협정(GPA)에 따른 국제입찰에 참여하는 외국에 본점 소재지가 있는 기업으로서 본사와 국내 지사 등이 해당
물품 조달기업	제공하는 물품을 해당 업체가 직접 생산 또는 제조하는 '제조업체'와 타인이 생산 또는 제조한 물품을 유통해 판매하는 '공급업체'로 구분
용역(서비스) 조달기업	일반용역(서비스)업체, 정보기술용역[서비스, ICT용역(서비스)]업체, 기술용역(서비스)업체로 분류
공사 조달기업	자격, 면허, 인허가, 신고, 등록 요건을 충족해 수행하는 공사업체

3 역할

① 공공기관의 행정 수행 및 공공서비스 제공을 위한 재화 · 용역 · 공사의 안정적 공급
② 공공부문 수요를 충족시키는 동시에 민간 기업의 판로 확보 기능 수행
③ 국가경제 활성화 및 산업 육성에 기여

4 책임과 의무

① 계약 체결 후 계약조건 및 납기 준수 의무
② 품질 기준 충족 및 사후관리 책임
③ 부정행위 발생 시 제재 및 입찰참가 제한 가능

5 중요성

① 공공조달 공급자는 공공서비스의 품질을 결정하는 핵심 주체
② 안정적인 공급자 기반은 공공조달시장의 신뢰성과 효율성을 좌우
③ 정부 정책 목표(중소기업 육성, 사회적 가치 실현)를 현장에서 구현하는 역할 수행

04 공공조달 대상물

1 조달 대상물

① 공공조달의 기본적 목표인 수요기관의 수요를 충족하기 위해 조달해야 할 대상
② 조달 대상물
- 물품: 유형의 상품
- 용역(서비스): 무형의 상품
- 공사: 건설(건축, 토목, 산업설비, 조경, 환경시설 등) 공사
③ EU 국가는 공공서비스(Utilities), 양허권(Concession) 등도 해당
④ 용도에 따라서는 일반적 정부 기능인 행정서비스 등을 제공하기 위한 일반조달과 국방·안보 관련 조달로 구분하기도 함
⑤ 최근에는 공공조달 관점에서 민간협동사업(PPP 또는 3P: Public-Private Partnership)의 형태가 확산 ⇒ 정부의 재정부담 문제를 완화하면서도 국민이 필요한 용역(서비스)을 적기에 공급

> **더 알아보기 민간협동사업**(PPP 또는 3P: Public – Private Partnership)
>
> (1) PPP는 1800년대 전후 미국, 이집트에서 시작해 1990년대부터 본격화
> (2) 정의: "정부와 민간 파트너 간의 장기 계약 약정으로, 민간 파트너는 자본·자산을 사용해 공공서비스를 제공하고, 자금을 조달하며 관련 위험을 분담하는 것"(OECD, 2012; Recommendation of the Council on Principles for OECD)
> (3) 전통적 조달 대상물 관점에서 상품의 속성적 분류로는 용역(서비스)에 해당: 공공조달, 계약과 관련한 중앙행정기관 사이에 정책적 조율이 필요한 경우, 재정경제부장관이 주관하는 '조달정책심의위원회'가 그 역할을 수행

⊕ plus

양허권(Concession)
EU 등에서 공공서비스에 해당하는 물, 에너지 등의 유틸리티(Utilities)를 정부와 민간기업이 계약을 체결해 일정 기간 공공 유틸리티 투자를 운영·유지·수행할 수 있는 권리를 부여하는 것

2 공공조달 대상물별 특성

구분	물품	용역(서비스)	공사
공급자 선정 고려 요인	요구하는 규격의 제조 역량과 공급 안정성	제안된 과업내용에 대한 실현 가능한 수행계획과 방법 및 시공경험	설계에 따른 시공능력과 시공경험
주요 평가속성	구매 요구된 기능·성능·품질 충족 기업 중 경제적으로 가장 유리한 자	과업요구 내용에 따른 수행계획, 수행방법, 수행인력 운용 등에 대한 제안내용이 경제적으로 가장 유리한 자	설계서에 따른 시공계획, 시공방법, 기술 및 시공인력 운용과 사회적 책임 이행 수준 등이 종합적으로 가장 유리한 자
주요 낙찰제도 (예시)	적격심사제도	협상에 의한 계약	종합심사낙찰제

3 제조의 서비스화(Servitization)

① 제조업체가 단순히 제품만 판매하는 것이 아니라, 제품과 관련된 서비스까지 함께 제공하는 비즈니스 모델로 전환하는 것

② 제품 중심에서 제품＋서비스 결합으로 확장해 고객에게 더 큰 가치를 주는 전략 ⇒ 제조업체가 제품 판매에 더해 유지보수, 운영 지원, 데이터 분석, 성능 보장 등 부가 서비스를 함께 제공하는 전략

③ 주요 사례

항공기 엔진 제조사	엔진 판매 대신 "시간당 사용 서비스(Power by the Hour)" 제공 → 고객은 엔진 성능·가동시간에 대해 비용 지불
자동차 산업	차량 판매와 함께 유지보수·운영 관리 서비스 패키지 제공
전자제품·조명	단순 제품 판매에서 벗어나 설치, 유지보수, 에너지 효율 관리 서비스까지 제공

4 물품

① 전통적으로 물품은 물품 입찰공고를 통해 분리해 조달되는 경우가 일반적이었으나, 최근에는 학교와 병원 건축, 도로공사 같은 대규모 프로젝트에 포함되어 패키지 형태로 제공되는 경우가 증가

② 물품의 일반적 정의: "현금, 유가증권, 부동산 이외의 동산으로 기자재, 비품, 소모품"(「물품목록법」과 관리규정)

③ 조달 대상물 관점: "국내에서 생산 또는 공급되는 내자물품과 국외에서 생산 또는 공급되는 외자물품"

(1) 제도의 개요
- 공사용 자재 직접구매제도: 공공기관이 발주하는 일정 규모 이상의 공사에서 필요한 자재를 직접 구매하여 시공자에게 제공하는 제도
- 중소기업 제품의 구매를 확대하고, 대형 건설사에 의한 하청업체의 전락을 방지하기 위해 도입

(2) 적용 대상
- 의무 적용 공사: 종합공사는 추정가격이 40억원 이상인 경우 / 전문공사(전기, 통신, 소방시설 등)는 추정가격이 3억원 이상인 경우에 적용
- 직접구매 대상 품목: 중소기업자 간 경쟁제품 중 공사에서 소요되는 자재로서, 중소벤처기업부장관이 지정하는 제품

(3) 직접구매 절차
- 설계 반영: 직접구매 대상 품목을 해당 공사의 관급자재로 설계에 반영
- 구매 진행: 의무적으로 직접 구매를 진행(단, 세부품목의 추정가격이 500만원 미만인 경우에는 직접 구매를 하지 않을 수 있음)

(4) 예외 사유
- 도서, 벽지 지역 등에서 안정적인 자재 수급이 어려운 경우
- 원자재 가격 변동으로 자재 수급이 곤란한 경우
- 공사의 품질 확보가 어려운 경우 등

5 용역(서비스)

① **용역(서비스)의 일반적 정의**: "재화가 아닌 노무를 제공하는 것", 생산과 소비에 필요한 일을 수행하는 것을 의미, 재산 가치가 있는 모든 역무와 행위를 총칭

② UN, WB, OECD, EU 등 국제적으로는 조달 대상물로서 용역(서비스)을 컨설팅 서비스(Consulting Service)와 비컨설팅 서비스(Non-consulting Service)로 분류

③ 기술용역(서비스)은 컨설팅 서비스에, 일반용역(서비스)은 비컨설팅 서비스에 보다 가까운 형태

④ **우리나라의 용역(서비스) 분류**
- 기술용역(서비스): 감리 또는 설계 등
- 일반용역(서비스): 전산용역, 전산장비유지용역, 환경영향평가업, 청사관리용역, 청소용역 등

6 공사

① 건물, 도로 또는 구조물의 건설, 철거, 수리, 개보수 같은 토목공학 관련 활동을 총칭하는 개념

② 우리나라에서는 공사를 건설이라는 의미의 'Construction'으로 부르고 있으나, UN, WB, OECD, EU 등 국제적으로는 'Works'라는 단어를 사용 ⇒ 건설을 중심으로 함께 연계된 물품, 용역(서비스) 등을 통합적·복합적으로 구매하고 설치하는 '일'을 수행한다는 의미에 중점을 둔 용어

단원별 출제예상문제

01

공공조달 이해관계자에 대한 설명으로 가장 적절한 것은?

① 공공조달과 관련된 모든 개인과 조직을 포함할 수 있다.
② 공공조달 계약의 당사자만을 의미한다.
③ 공공기관 내부 인원만을 의미한다.
④ 민간기업만을 의미한다.

해설

공공조달 이해관계자는 협의적으로는 계약당사자이지만, 광의적으로는 공공조달과 직·간접적으로 관련된 모든 개인과 조직을 포함한다.

02

공공조달에서 정부 등 공공기관의 역할로 옳지 않은 것은?

① 수요자
② 계약당사자
③ 조달관리자
④ 순수한 민간 공급자

해설

정부 등 공공기관은 수요자이자 계약당사자, 조달관리자 역할을 수행하지만 순수한 민간 공급자는 아니다.

03

공공조달 이해관계자를 중요하게 다루는 이유로 가장 적절한 것은?

① 민간시장 보호를 위해
② 계약 절차를 단순화하기 위해
③ 조달기업의 이윤을 보장하기 위해
④ 복잡한 공공조달 체계를 효율적으로 운영하기 위해

해설

이해관계자의 역할과 책임이 명확해야 복잡한 공공조달 체계를 효율적으로 운영할 수 있다.

04

다음 중 공공조달 이해관계자를 협의적 관점에서 설명한 것으로 가장 적절한 것은?

① 공공조달 정책의 영향을 받는 모든 국민
② 공공조달 절차에 직접 참여하는 계약당사자
③ 공공조달 관련 법령을 제정하는 기관
④ 공공조달 결과를 감시하는 시민단체

해설

협의의 관점에서는 공공조달 절차의 실행과 관리에 직접 참여하는 수요기관과 조달기업이 핵심 이해관계자이다.

05

다음 중 공공조달의 협의적 이해관계자에 해당하지 않는 것은?

① 계약을 체결한 낙찰업체
② 입찰에 참여한 조달기업
③ 수요를 제기한 사업부서
④ 공공조달 법령의 집행을 감독하는 감사원

해설

감사원은 공공조달에 직접 참여하지 않지만, 외부적 감시·감독 기능을 수행하므로 광의의 이해관계자에 해당한다.

06

공공조달에서 정부 등 공공기관이 수행하는 역할로 옳지 않은 것은?

① 조달 수요 제기
② 계약 체결 및 관리
③ 공공조달 체계 운영
④ 조달 대상물의 생산

해설

조달 대상물의 생산은 민간 조달기업의 역할이며, 공공기관은 수요자·관리자 역할을 수행한다.

정답 01 ① 02 ④ 03 ④ 04 ② 05 ④ 06 ④

07

다음 중 공공조달 이해관계자 간 관계에 대한 설명으로 옳은 것은?

① 수요자와 공급자는 항상 이해관계가 일치한다.
② 이해관계자 간 갈등은 공공조달에 영향을 미치지 않는다.
③ 협력과 대립이 동시에 존재할 수 있다.
④ 이해관계자는 단일한 역할만 수행한다.

해설

공공기관과 조달기업은 계약 이행에서는 협력적이지만, 경제적 급부 측면에서는 대립적일 수 있다.

08

공공조달 이해관계자의 구분 기준으로 옳지 않은 것은?

① 직접·간접 참여 여부
② 내부·외부 구분
③ 공공·민간·일반대중 구분
④ 계약 금액 규모

해설

이해관계자 구분은 참여 방식과 역할 중심이며, 계약 금액 규모는 구분 기준이 아니다.

09

다음 중 공공조달 이해관계자에 대한 설명으로 가장 종합적인 것은?

① 공공조달은 공공기관만의 행위이다.
② 공공조달은 계약당사자 간 거래이다.
③ 공공조달은 민간시장과 분리된 체계이다.
④ 공공조달은 다양한 이해관계자의 상호작용 과정이다.

해설

공공조달은 수요자·공급자·국민·감독기관 등 다양한 이해관계자의 상호작용을 통해 실행된다.

10

공공조달에서 계약심의위원회와 내부 감사부서의 역할로 옳은 것은?

① 조달 대상물 생산
② 계약 경쟁 촉진
③ 내부 관리·감독 기능 수행
④ 외부 민원 처리

해설

계약심의위원회와 내부 감사부서는 공공기관 내부에서 조달 절차의 적정성과 법규 준수를 감독한다.

11

다음 중 공공조달 수요자에 해당하지 않는 것은?

① 공공기관
② 지방자치단체
③ 중앙행정기관
④ 민간 납품업체

해설

민간 납품업체는 공급자이며, 수요자는 공공부문이다.

12

다음 중 공공조달 수요자에게 요구되는 핵심 역량으로 가장 적절한 것은?

① 가격 협상 능력
② 조달 전문성과 정책 이해
③ 민간기업 운영 능력
④ 생산 기술

해설

수요자는 조달 전문성과 정책 목표 이해가 필수적이다.

정답 07 ③ 08 ④ 09 ④ 10 ③ 11 ④ 12 ②

13

공공조달 수요자가 잘못된 조달 결정을 내릴 경우 발생 가능한 문제는?

① 민간시장 확대
② 공공서비스 실패
③ 공급자 경쟁 촉진
④ 조달 절차 단축

해설

수요자의 판단 오류는 공공서비스의 품질 저하로 이어진다.

14

공공조달 수요자를 '전략적 행위자'로 보는 관점에 대한 설명으로 가장 적절한 것은?

① 수요자는 계약 체결만 담당한다.
② 수요자는 조달 과정에서 중립적이다.
③ 수요자는 정책 목표를 조달로 구현한다.
④ 수요자는 공급자 선정에 개입하지 않는다.

해설

현대적 공공조달에서는 수요자가 정책 실행의 핵심 주체로 인식된다.

15

수요자의 조달 전문성 부족이 초래할 수 있는 가장 큰 문제는?

① 예산 절감
② 조달 절차 단순화
③ 정책 목표 미달성
④ 공급자 수 증가

해설

수요자의 전문성 부족은 정책 효과를 약화시켜 정책 목표를 달성하지 못하게 한다.

16

다음 중 바람직한 공공조달 수요자상(像)에 가장 가까운 것은?

① 절차 중심 집행자
② 계약 업무 전담자
③ 비용 절감 최우선 관리자
④ 정책 목표와 조달 성과를 연계하는 주체

해설

현대 공공조달에서 수요자는 정책 성과를 책임지는 주체이다.

17

다음 중 공공조달 공급자에 해당하지 않는 것은?

① 대기업
② 중소기업
③ 사회적기업
④ 중앙행정기관

해설

중앙행정기관은 수요자이며, 공급자는 민간 또는 준공공 경제주체이다.

18

공공조달 공급자의 기본적인 역할로 가장 적절한 것은?

① 예산 편성
② 조달 절차 감독
③ 조달 정책 수립
④ 계약에 따른 성실한 이행

해설

공급자의 핵심 역할은 계약 내용에 따른 납품·수행을 성실히 이행하는 것이다.

19

다음 중 공공조달 시장에서 공급자의 지위에 대한 설명으로 옳은 것은?

① 완전히 종속된 지위
② 수요자보다 우월한 지위
③ 계약을 기반으로 한 법적 지위
④ 비공식적 참여자

해설

공급자는 계약을 기반으로 수요자와 법적 관계를 형성한다.

정답 13 ② 14 ③ 15 ③ 16 ④ 17 ④ 18 ④ 19 ③

20

다음 중 공공조달 공급자에게 요구되는 기본적 윤리 요소는?

① 가격 담합　　　　② 부정 청탁
③ 법규 준수　　　　④ 정보 은폐

해설

공공조달은 윤리성과 법규 준수가 핵심 가치이다.

21

다음 중 공공조달 공급자의 책임 범위에 포함되지 않는 것은?

① 계약 이행
② 품질 유지
③ 조달 정책 결정
④ 법적 책임 부담

해설

정책 결정은 수요자 및 정부의 역할이다.

22

공공조달 공급자를 단순 납품자가 아닌 '공공서비스 공동 생산자'로 보는 이유는?

① 공급자가 정책을 결정하기 때문에
② 공급자가 예산을 통제하기 때문에
③ 공급자가 조달 절차를 설계하기 때문에
④ 공급자가 공공서비스 품질에 직접 영향을 미치기 때문에

해설

공급자의 이행 수준은 공공서비스 성과에 직접적인 영향을 준다.

23

공공조달에서 공급자 윤리 문제가 특히 중요한 이유는?

① 공급자가 다수이기 때문에
② 기술 수준이 낮기 때문에
③ 계약 기간이 길기 때문에
④ 세금 사용에 대한 신뢰와 직결되기 때문에

해설

공공조달은 국민 세금을 사용하므로 윤리 문제가 신뢰 문제로 이어진다.

24

다음 중 공공조달 대상물에 해당하지 않는 것은?

① 사무용 비품
② 조달 정책 목표
③ 도로 건설 공사
④ 정보시스템 유지관리 서비스

해설

조달 대상물은 물품, 용역(서비스), 공사 등으로, 정책 목표는 조달 대상물이 아니라 조달의 목적이다.

25

공공조달에서 '물품'의 의미로 가장 적절한 것은?

① 행정 절차
② 유형의 재화
③ 인적 자원
④ 무형의 서비스 결과

해설

물품은 유형의 재화를 의미한다.

26

공공조달에서 '용역(서비스)'의 특징으로 옳은 것은?

① 공사와 동일하다.
② 수행 과정과 성과가 중요하다.
③ 결과물이 항상 유형이다.
④ 단순 납품만 포함한다.

해설

용역(서비스)은 무형적 성격이 강해 수행 과정과 성과 관리가 중요하다.

정답　　20 ③　21 ③　22 ④　23 ④　24 ②　25 ②　26 ②

27

공공조달 대상물의 특성이 중요한 이유로 가장 적절한 것은?

① 계약 기간 단축을 위해
② 감사 절차를 생략하기 위해
③ 공급자 수를 제한하기 위해
④ 조달 방식과 계약 유형에 영향을 미치기 때문에

해설

대상물 특성에 따라 조달 방식 및 평가 기준이 달라지므로 이를 구분하고 각각의 특성을 이해하는 것이 중요하다.

28

다음 중 대상물별 조달 방식의 연결로 옳은 것은?

① 물품 – 성과계약
② 공사 – 구매계약
③ 공사 – 공사계약
④ 용역 – 단순납품계약

해설

공사는 공사계약의 방식을 통해 조달한다.

29

다음 중 용역 조달에서 특히 중요한 관리 요소는?

① 단가
② 물류 관리
③ 납품 시점
④ 수행 인력과 과정

해설

용역 조달에서는 과정 관리가 핵심이다.

30

공공조달 대상물의 범위가 확대되고 있는 이유로 가장 적절한 것은?

① 민간시장 축소
② 공공서비스의 다양화
③ 예산 감소
④ 경쟁 제한

해설

공공서비스가 복잡하고 다양해지면서 공공조달 대상물도 확대되고 있다.

31

공공조달 대상물과 조달 목적의 관계에 대한 설명으로 옳은 것은?

① 항상 동일하다.
② 목적과 무관하다.
③ 목적 달성을 위한 수단이다.
④ 대상물이 목적을 결정한다.

해설

대상물은 공공조달 목적을 실현하기 위한 수단이다.

32

공공조달 대상물 이해의 궁극적 목적은?

① 계약 편의
② 예산 확대
③ 공급자 보호
④ 공공서비스 성과 확보

해설

공공조달 대상물의 이해는 공공서비스 성과 확보로 직결된다.

정답   27 ④   28 ③   29 ④   30 ②   31 ③   32 ④

최종점검 OX 퀴즈

OX 퀴즈 **정답 및 해설**

01 국회와 감사원은 공공조달에 직접 계약당사자로 참여한다. (○ , ×)

02 공공조달 이해관계자 간 갈등이 조정되지 않으면 공공조달 시스템의 실패로 이어질 수 있다. (○ , ×)

03 공공조달 이해관계자는 계약당사자만을 의미한다. (○ , ×)

04 공공조달 수요자에는 민간기업도 포함한다. (○ , ×)

05 수요 정의의 정확성은 공공조달 성과에 큰 영향을 미친다. (○ , ×)

06 공공조달 공급자는 공공조달을 통해 재화·서비스를 제공하는 주체이다. (○ , ×)

07 공공조달 공급자는 공익보다 기업 이윤을 우선해야 한다. (○ , ×)

08 공공조달 대상물은 전통적으로 물품·용역·공사로 구분된다. (○ , ×)

09 공공조달에서 용역은 항상 유형의 결과물을 가진다. (○ , ×)

10 공공조달 대상물은 계약 체결 이후에 정의해도 된다. (○ , ×)

---

01 ×
국회와 감사원은 계약당사자가 아니라 외부 감시·감독 역할을 한다.

02 ○
이해관계자의 이해 상충이 누적되면 조달 목적 달성이 어려워진다.

03 ×
광의적으로는 정책·감독·감시 주체까지 포함된다.

04 ×
민간기업은 조달의 공급자에 해당한다.

05 ○
수요 정의가 부정확하면 불필요한 조달, 성능 미달, 예산 낭비 등으로 이어져 공공서비스 품질과 정책 성과에 직접적인 악영향을 미친다.

06 ○
공급자는 계약을 통해 공공부문에 물품·용역·공사를 제공한다.

07 ×
공공조달에서는 공익성과 책임성이 기업 이윤보다 우선된다.

08 ○
공공조달 대상물을 물품·용역·공사로 구분하는 것은 가장 기본적인 대상물 분류이다.

09 ×
용역은 무형성이 강하다.

10 ×
사전 정의가 필수적이다.

CHAPTER 03

공공조달의 특성

01 일반적 특성

1 공공조달과 민간부문의 근본적인 차이점

공공조달	민간부문
• 목적: 정부 등의 공공기관이 법적으로 정해진 임무 수행과 연계된 광범위한 공공서비스를 제공하는 것이 궁극적 목적 • 정부 등 공공기관은 국민의 세금과 공공기금을 바탕으로 조성된 공공재정에 기반해 운영 → 예산 확보, 조달 요구사업별 자금 할당, 비용 예측 같은 공공조달 계획을 수립하는 방안이 매우 중요 • 입찰을 기본으로 하는 공급자 탐색과 선정을 위한 절차를 진행해야 함 • 엄격하고 세밀하며 고유한 공공조달 법령, 규정, 기준과 절차를 통해 운영	• 목적: 민간의 조달과 구매는 그 행위의 목적과 취지가 특정단체, 기업 또는 개인의 사적 이익과 필요를 충족하는 데 목적이 있음 • 재원을 확보하고 자금을 할당하는 데 상대적으로 고려할 요소가 적음 • 공급자 선정기준과 절차가 모호하거나 최종 선정이 주로 가격 중심으로 결정됨

2 공공부문과 민간구매의 목적과 재원·법규·관리적 차원에서의 차이점

구분	공공조달	민간부문
추구하는 가치	공공의 이익	개인과 기업의 사적 이익
실행 재원	국민의 세금	기업의 경영활동을 통해 확보된 수익과 주주의 투자금
법규 적용의 범위와 수준	공공부문의 조달과 계약 특성을 고려한 공공조달 또는 계약법규의 적용을 받음 → 민간부문의 개인 또는 기업 간에 적용되는 민법과 상법에 따른 계약 규정을 적용받지 않음	「민법」 또는 「상법」에 기반한 계약을 적용받음
관리감독 체계	국회, 감사원, 각 조달기관의 감사부서, 시민사회단체, 국민 모두가 다차원적으로 관리감독	해당 조달을 실행하는 기업 내부의 감사부서가 관리감독을 전담
실행 및 관리	공공부문의 조달·계약담당자는 민간에 비해 엄격하게 규정된 조달·계약 관련 법규에 따르며, 조달업무를 수행하는 데 재량의 범위가 제한됨 → 경직성이 크게 작용	해당 조달과 구매행위가 관련 법령을 위반하는 경우가 아니라면 해당 기업의 내부 감사기관 수준에서 관리감독이 이루어짐

결과의 책임	조달업무 담당자에게는 공공조달 실행과 관리 결과 등에 이중적인 책임이 부과(행정적 책임 + 경제적 책임)	해당 기업의 경영활동 측면에서 내부적 업무 실행과 결과의 책임으로 한정됨

02 공공과 민간구매의 구매행위 특성

1 상업적 구매행위의 특성

① 상업적 구매는 기업의 경영과 생산 활동에 필요한 물품이나 용역(서비스), 공사 등의 구매목적물을 이익 창출을 위해 확보하는 행위

② 기업의 민간구매 활동에서도 공공조달의 절차와 실행 요소를 고려하는 경향이 확대됨

③ 민간의 상업적 구매는 공급업체를 선정하고, 계약을 체결해 납품받고, 대금을 지급하는 과정보다는 거래적 행위에 초점을 맞춤

④ 구매행위는 공공조달 과정에 포함된 하위 프로세스 또는 절차로 볼 수 있고, 조달을 통해 추구되어야 할 7R과 같은 경제적이고 단기적인 목표 달성에 집중함

> **✎ 더 알아보기 조달의 7원칙(7R)**
>
> (1) 5R
> - Right Price(적정한 가격)
> - Right Time(적절한 시점)
> - Right Quality(적정한 품질)
> - Right Quantity(적정한 수량)
> - Right Customer and Right Place(적절한 수요자와 공급장소)
>
> (2) 6R: 5R + Right Product(적합한 물품)
> (3) 7R: 6R + Right Source(적절한 공급처)

2 공공조달의 조달행위 특성

① 공공조달: 정부나 지자체 등 공공기관에서 필요한 물품이나 용역(서비스), 공사 등 조달 대상물을 공익적 목적의 일반적 행정서비스와 정책, 제도를 실행하기 위해 확보하는 프로세스

② 공공조달의 프로세스

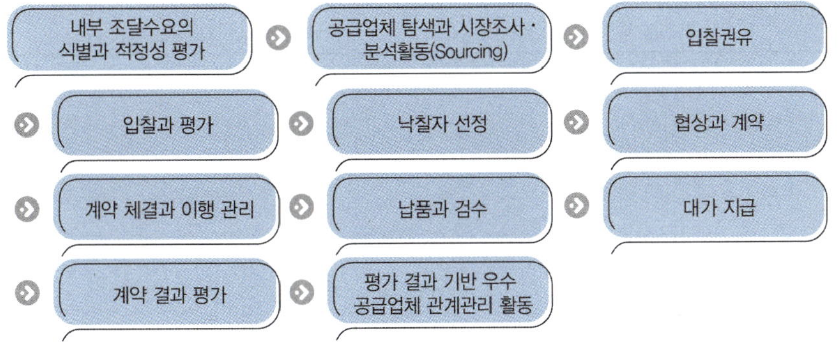

③ 공공조달의 특징: 구매행위를 통해 달성되어야 할 5R(Right Quantity, Right Quality, Right Price, Right Time, Right Place)보다는 조달 목적을 달성하기 위한 조직전략 또는 목표에 부합하는 전략적이고 중장기적인 목표달성을 우선 고려함

3 조달과 구매의 차이점

조달(Procurement)	구매(Purchasing)
• 수요자의 특정한 수요를 충족하기 위한 관련 활동 전반을 포괄 • 구매절차를 포함해 적정한 수요의 식별, 관련 정보와 자료의 조사와 분석, 적격한 공급 역량을 갖춘 공급자를 탐색, 관리해 안정적인 공급망을 확보할 수 있는 장기적인 관계를 구축하는 행위	• 조달 범위 내 활동 중 특정한 단위 절차(process)로 구분 • 물품이나 용역(서비스), 공사를 사는(Buying) 행위로서 절차를 의미

✎ 더 알아보기　조달과 구매의 비교

구분	조달	구매
정의	물품, 용역(서비스) 및 공사의 확보를 위한 활동으로 구성된 일련의 프로세스	상품 및 용역(서비스)을 확보하기 위한 구매와 관련된 기능과 행위
관리중점	구매 전, 구매 중, 구매 후에 발생하는 전 과정	수요 목적물을 구매하는 과정
의의	일반 행정서비스, 정책 및 제도 실행을 위한 투입물	새로운 생산물 산출 및 관리를 위한 도구
중점가치	가격보다는 조달 대상물의 본질적 가치에 중점을 둠	구매대상물의 가치보다는 가격의 적정성에 중점을 둠
주요 수행활동	수요 식별, 소싱, 입찰, 낙찰, 평가, 협상, 계약, 이행관리, 납품, 검수, 지급, 평가 및 관계관리	주문, 신속 처리 및 지급 이행 중심
접근방법	조달수요와 연계된 조달 목적 달성을 위해 사전 예방적 접근 방식	내부 요구사항을 충족하기 위해 사후 대응 접근 방식
파트너십	공급업체와 장기적이고 안정적인 관계 구축에 중점(Relational)	공급업체와 관계 구축보다 경제적 거래 행위에 중점(Transactional)

4 공공조달과 민간구매의 비교

구분	공공조달	민간구매
목적	• 수익보다는 사회경제적 성장 중심의 가치 추구 • 결과보다는 과정 중심의 절차적 정당성 확보	• 조직의 미션, 비전목표 달성 범위 내에서 이익 창출 중심 • 과정보다는 결과 중심의 성과 창출
재원	정부예산을 중심으로 한 공공자금	민간자금
법규	• 공공조달 및 계약 관련 고유한 법적 프레임워크 적용 • 법률, 시행령, 시행규칙, 행정규칙 등 다양한 규정과 실무 가이드라인 및 매뉴얼에 따른 요구사항 식별에서 계약 종료까지 전체 프로세스를 규율 • 공공조달법령을 통한 계약의 일반원칙에서 예규, 지침 및 가이드라인 등을 통한 구체적 실행과정까지 세부적 관리	• 기업의 경우 「민법」, 「상법」 등 계약 일반법령 적용 → 구체적인 조달 실행 기준, 절차 등은 개별 조직의 정책에 따름 • 계약 일반법령에 따른 계약당사자 간 원칙하에서 구체적인 계약 체결, 이행 및 관리 방식은 계약당사자 간 자유의사로 유연하게 결정 및 관리
절차	• 공공의 감시를 통한 개방성 • 조달 담당자의 책임성 • 조달 법규에 따른 무결성	• 합법적 범위 내에서 폐쇄성 • 조직 방침에 따른 책임성 • 주주의 감시
지출승인	계획된 예산에 기반한 수입과 지출	조직의 목표(또는 프로젝트) 달성을 위한 재무 자원 사용의 최적화
실무책임	공공에 대한 무한 책임	조직에 대한 유한 책임

단원별 출제예상문제

01

공공조달에 대한 설명으로 가장 적절한 것은?

① 공공기관이 자체 생산을 통해 물품과 용역을 확보하는 절차
② 공공기관이 민간기업으로부터 물품·용역·공사를 구매하는 절차
③ 민간기업 간 거래를 정부가 감독하는 제도
④ 공공기관과 공기업 간 내부 거래 방식

해설

공공조달은 공공기관이 민간기업으로부터 물품·용역·공사를 구매하는 절차로 정의된다.

02

공공조달이 민간조달과 근본적으로 다른 점이 아닌 것은?

① 공공서비스 제공이라는 궁극적 목적
② 공공재정에 기반한 예산 집행
③ 계약 담당자의 이중적 책임
④ 공급자의 이윤 극대화 추구

해설

공급자의 이윤 극대화는 민간조달의 목적이다.

03

공공조달에서 조달 대상물을 구매할 때 고려되는 요소로 옳지 않은 것은?

① 성능
② 품질
③ 공공서비스 가치
④ 개인의 사적 선호

해설

공공조달은 공공서비스 목적과 가치 반영이 필수이며, 개인의 사적 선호는 고려 대상이 아니다.

04

공공조달의 목적에 대한 설명으로 옳은 것은?

① 특정 기업의 이익을 보장하기 위함이다.
② 공공기관의 법적 임무 수행과 연계된 공공서비스를 제공한다.
③ 시장 경쟁을 최소화하기 위함이다.
④ 단기적 비용 절감을 최우선 목표로 한다.

해설

공공조달의 궁극적 목적은 법적으로 정해진 공공서비스의 제공이다.

05

공공조달 계획 수립에서 특히 중요한 요소는?

① 민간투자 유치
② 예산 확보 및 자금 할당
③ 소비자 만족도 조사
④ 광고 및 홍보 전략

해설

공공조달은 공공재정을 기반으로 하므로 예산 확보와 자금 배분이 핵심 요소이다.

06

공공조달 재원의 특성에 대한 설명으로 옳은 것은?

① 기업의 영업이익으로 조성된 재원
② 국민의 세금과 공공기금에 기반한 재원
③ 외국 자본에 의존한 재원
④ 계약 상대방의 선지급금

해설

공공조달은 국민의 세금과 공공기금으로 조성된 재원을 기반으로 운영된다.

정답   01 ② 02 ④ 03 ④ 04 ② 05 ② 06 ②

07

민간부문의 구매와 비교할 때 공공조달의 특징으로 옳은 것은?

① 의사결정의 자율성과 재량이 매우 크다.
② 내부 통제와 관리 기능의 중요성이 크다.
③ 법적·제도적 요구사항이 거의 없다.
④ 책임 범위가 개인 차원에 한정된다.

해설

공공조달은 내부 통제와 관리가 미흡할 경우 사회적 문제로 확대될 수 있기 때문에 그 중요성이 크다.

08

공공조달 담당자에게 부과되는 책임에 대한 설명으로 옳은 것은?

① 행정적 책임만 부담한다.
② 경제적 책임만 부담한다.
③ 계약 결과에 대한 책임은 없다.
④ 행정적 책임과 경제적 책임을 동시에 부담한다.

해설

공공조달 담당자는 공무원으로서 행정적 책임과 계약 수행에 따른 경제적 책임을 함께 부담한다.

09

공공조달과 민간조달을 동일한 행위로 오해하는 이유는?

① 절차가 완전히 동일하기 때문이다.
② 계약서 형식이 같기 때문이다.
③ 대가를 지급하고 대상물을 확보한다는 점이 유사하기 때문이다.
④ 법적 책임 구조가 같기 때문이다.

해설

공공조달과 민간조달은 대가를 지급하고 물품 등 대상물을 확보한다는 외형적 유사성 때문에 동일한 행위로 인식하는 오해가 발생한다.

10

공공조달과 민간조달의 차이점으로 볼 수 없는 것은?

① 수행 목적　　② 법규 적용 범위
③ 실행 재원　　④ 공급자의 마케팅 전략

해설

공공조달과 민간조달은 수행 목적, 법규 적용 범위와 수준, 실행 재원, 관리감독 기능과 실행, 관리 책임 측면에서 차이점이 있다.

11

상업적 구매행위와 관련하여 7R에 포함되지 않는 것은?

① Right Product
② Right Price
③ Right Policy
④ Right Time

해설

정책은 포함되어 있지 않다.

12

민간부문의 구매행위에 대한 설명으로 옳은 것은?

① 공공조달보다 법적 규제가 강하다.
② 거래적 행위에 초점을 둔다.
③ 중장기 국가 전략 달성이 목적이다.
④ 행정서비스 제공을 전제로 한다.

해설

민간부문의 구매는 거래 중심적 성격을 갖는다.

13

다음 중 상업적 구매행위의 특징으로 옳지 않은 것은?

① 기업 경영 활동의 일부
② 이익 창출 목적
③ 공공정책 실현 수단
④ 구매행위 자체에 초점

해설

공공정책 실현은 공공조달의 특성이다.

정답　07 ②　08 ④　09 ③　10 ④　11 ③　12 ②　13 ③

14

공공조달 프로세스에 포함되지 않는 단계는?

① 조달수요 식별
② 시장조사 및 분석
③ 광고·홍보 전략 수립
④ 계약 이행 관리

해설

광고·홍보 전략 수립은 공공조달 프로세스에 포함되지 않는다.

15

공공조달이 단순 구매행위와 다른 이유는?

① 계약 금액이 크기 때문
② 행위 간 상호작용이 존재하기 때문
③ 민간기업이 참여하기 때문
④ 입찰이 필수이기 때문

해설

개별 행위가 전체 프로세스와 연계되어 행위 간 상호작용이 존재하기 때문이다.

16

공공조달의 목표 성격으로 옳은 것은?

① 단기·거래 중심 ② 전략적·중장기적
③ 개인 성과 중심 ④ 비공식적

해설

공공조달은 전략적·중장기 목표를 지향한다.

17

다음 중 공공조달의 관리 중점으로 옳은 것은?

① 가격 협상만 중점에 둔다.
② 구매 시점만 관리한다.
③ 구매 전·중·후 전 과정을 관리한다.
④ 납품 이후는 관리 대상에서 제외한다.

해설

공공조달은 전 과정 관리가 핵심이다.

18

상업적 구매행위의 관리 범위는?

① 구매 전·중·후 전 과정
② 구매 결과 평가 중심
③ 거래 행위 중심
④ 계약 이행 이후까지 포함

해설

상업적 구매행위는 거래적 행위에 초점을 둔다.

19

상업적 구매가 공급망 관점으로 확장되어도 변하지 않는 본질은?

① 공공성
② 투명성
③ 이익 추구
④ 법적 책임 강화

해설

상업적 구매가 공급망 관점으로 확장되더라도 본질은 기업의 이익 극대화와 가치 창출이다.

20

민간구매와 공공조달을 비교한 설명으로 옳지 않은 것은?

① 목적이 다르다.
② 관리 범위가 다르다.
③ 책임 구조가 다르다.
④ 납품 절차가 완전히 동일하다.

해설

민간구매와 공공조달은 목적(이익 vs 공익·정책), 관리 범위(조달 전 과정의 규정 준수), 책임 구조(행정·감사·법적 통제)가 다르며, 납품 절차도 규격 공개, 평가·심사, 계약·검수·대금지급 등에서 차이가 크다.

정답 14 ③ 15 ② 16 ② 17 ③ 18 ③ 19 ③ 20 ④

최종점검 OX 퀴즈

01 공공조달은 민간조달과 동일하게 법적·제도적 고려사항이 거의 없다. (○ , ×)

02 공공조달 재원은 주로 공공기관의 자체 수익으로 구성된다. (○ , ×)

03 상업적 구매행위는 기업의 이익 창출을 목적으로 한다. (○ , ×)

04 구매(Purchasing)는 공공조달보다 상위 개념이다. (○ , ×)

05 민간구매는 7R과 같은 단기적·경제적 목표 달성에 집중한다. (○ , ×)

06 구매행위와 조달행위는 목적과 관리 범위에서 차이가 없다. (○ , ×)

OX 퀴즈　정답 및 해설

01 ×
공공조달은 복잡한 법적·제도적 요구사항이 동시에 적용된다.

02 ×
국민의 세금과 공공기금을 재원으로 한다.

03 ○
기업의 구매 활동은 원가 절감, 효율성 확보, 경쟁력 강화 등 이익 창출이 직접적인 목적이다.

04 ×
구매는 물품·서비스를 획득하는 행위 자체를 의미한다.

05 ○
민간구매는 기업의 단기적 효율성과 경제적 성과를 달성하는 데 집중한다.

06 ×
구매행위는 단순히 물품·서비스를 획득하는 행위이고, 조달행위는 계획·집행·사후관리까지 포함하는 더 넓은 개념이다.

CHAPTER **04**

공공조달의 구성체계

01 공공조달의 구성체계

1 개념

① 공공조달의 구성체계는 일반적 공공조달의 목적과 목표 달성 여부, 개별 국가의 공공조달 운영 환경에 따라 추구하는 효율성, 효과성 여부를 결정하는 핵심요인
② 적합한 체계를 선택하고 운영하는 방안이 매우 중요

2 공공조달의 구성체계

① **공공조달의 법적 체계**: 정부 등 공공부문에 물품이나 용역(서비스), 공사의 조달 방법을 규율하는 법령, 행정규칙과 기준, 지침과 관련한 정책과 제도의 집합
② **공공조달의 조직적 체계**: 법적 체계를 기반으로 물품이나 용역(서비스), 공사의 조달 실행과 관리를 담당하는 조직의 구조와 절차의 집합
  - 조직적 체계의 구성요소: 공공조달의 집중화, 공식화, 전문화 수준에 따라 다양한 계층과 운영 절차로 이루어짐
  - 중앙조달기관(CPB: Cental Procurement Bureau)과 자체조달기관

중앙조달기관	공공조달의 실행과 관리 권한이 높은 수준으로 집중화, 공식화, 전문화된 경우 채택
자체조달기관	위와 반대의 경우로 중앙정부의 국가기관, 지방자치단체 같은 개별 공공기관이 조달기관으로서 자체적인 공공조달 역할을 수행하는 것이 일반적

  - 대부분의 국가에서 완전히 중앙조달기관 또는 자체조달기관 중심의 조직체계를 보유하는 경우는 없으며, 국가 수준에서 통일된 공공조달의 법적 체계를 확립하고 중앙조달기관과 자체조달기관이 역할을 분담하는 형태가 일반적
  - 1990년대 이후 전통적으로 자체조달기관 중심의 공공조달을 실행하던 EU 국가 등에서 중앙조달기관 체계의 도입이 확산된 것은 공공조달의 전략적 활용과 관련해 가장 효율적이면서도 효과적인 운영모델로 인식된 결과
③ **공공조달의 운영적 체계**: 정부 등 공공부문이 물품이나 용역(서비스), 공사의 구체적인 조달 과정을 규율하는 절차, 기준 및 원칙의 조합

중앙집중형 공공조달	단일 또는 분야별 전문화된 국가기관이 국가 내 모든 공공기관의 조달수요를 전담해 처리
분산형 공공조달	공공조달 권한이 부여된 각 조달기관이 자체적으로 공공조달 실행과 관리를 담당
병립형(Hybrid) 공공조달	실제 공공조달 운영체계는 대부분 2개 유형의 운영체계를 개별 국가의 공공조달 운영 환경을 고려해 병행 채택하는 병립형 모델을 활용

---

3 공공조달의 법적 체계

① 법적 체계
- 「헌법」 → 「공공조달법」 → 「공공계약법」 → 「행정규칙」 → 「개별 입찰 및 계약 조건」 순으로 구체화·세분화
- 대부분의 국가에서는 헌법적 차원에서부터 기업의 안정적이고 실효적인 참여를 보장하기 위해 특별법적 성격의 계약 법령과 행정규칙을 제정해 운영
- 국내 공공조달의 법적 체계는 「국가계약법」과 「지방계약법」을 중심으로 규율
- 공공조달의 계약법제가 헌법적 기초에 따라 제정되었다고 볼 경우 「헌법」의 경제조항과 기본권 조항을 최상위 법적 근거로 볼 수 있음
- 해당 「헌법」상 조항은 공공조달을 통한 국가 차원의 정책지원 역할인 전략적 공공조달 관점에서 중소기업과 여성 기업, 장애인 기업, 사회적기업, 기술개발기업, 혁신기업 등을 대상으로 한 정책적 지원의 근거이자 역할 수행의 「헌법」적 근거

공공조달 관련 「헌법」적 규정		
경제적 측면	제119조 제1항	"대한민국의 경제 질서는 개인과 기업의 경제상의 자유와 창의를 존중함을 기본으로 한다."
정책적 측면	제119조 제2항	"국가는 균형 있는 국민경제의 성장 및 안정과 적정한 소득의 분배를 유지하고, 시장의 지배와 경제력의 남용을 방지하며, 경제주체 간의 조화를 통한 경제의 민주화를 위해 경제에 관한 규제와 조정을 할 수 있다."
	제123조 제2항	"국가는 지역 간의 균형 있는 발전을 위해 지역경제를 육성할 의무를 진다."
	제123조 제3항	"국가는 중소기업을 보호·육성해야 한다."
	제127조 제1항	"국가는 과학기술의 혁신과 정보 및 인력의 개발을 통해 국민경제의 발전에 노력해야 한다."

② 「헌법」적 근거

관련 「헌법」 조항	내용	입법 근거
제10조	행복 추구에 관한 규정	공공계약법상의 계약자유의 원칙
제11조	평등의 원칙에 관한 규정	공정한 낙찰자 선정기준
제15조	직업선택의 자유에 관한 규정	지역 제한 관련 제도
제37조 제2항	기본권 제한의 한계에 관한 규정	입찰참가자격 제한 등
제119조 제1항	자유와 창의를 존중하는 경제 질서에 관한 규정	시장의 기본원리인 '경쟁'을 기본으로 하는 입찰규정과 낙찰규정
제119조 제2항	경제민주화에 관한 규정	사회경제적 정책(전략적 공공조달)
제123조 제2항	지역 간의 균형발전과 지역경제육성 의무에 관한 규정	지역 제한 등 지역업체 참여 활성화
제123조 제3항	중소기업 보호 및 육성	중소기업의 공공조달 시장참여 확대
제127조 제1항	과학기술의 혁신과 정보 및 인력개발 통한 경제발전에 관한 규정	고용창출, 혁신촉진 등(전략적 공공조달)

③ 「국가를 당사자로 하는 계약에 관한 법률」(이하 "국가계약법")과 「지방자치단체를 당사자로 하는 계약에 관한 법률」(이하 "지방계약법")

- 「국가계약법」: 1995년 세계무역기구(WTO) 체제하에서 회원국의 공공조달 관련 사항을 규정하는 정부조달협정(GPA)에 가입하기 위한 요건 중 하나로 공공조달을 규율하는 법령이 요구되면서 제정

「국가계약법」 관련 조항	내용	비고
제1조 목적	국가를 당사자로 하는 계약에 관한 기본적인 사항을 정함으로써 계약업무를 원활하게 수행할 수 있도록 함	• 공공조달의 전반에 관한 사항을 규율하기보다는 협의 관점에서 계약 중심의 내용을 규정 • 「국가재정법」의 시행으로 폐지된 「예산회계법」 제6장의 계약 관련 조항을 대체하기 위한 입법적 배경이 작용
제2조 적용 범위	국제입찰에 따른 정부조달계약과 국가가 대한민국 국민을 계약상대자로 하여 체결하는 계약[세입(歲入)의 원인이 되는 계약을 포함한다] 등 국가를 당사자로 하는 계약에 대하여 적용	정부조달협정(GPA)에 따른 "국제입찰"을 통한 정부조달계약을 규율
제3조 다른 법률과의 관계	국가를 당사자로 하는 계약에 관하여는 다른 법률에 특별한 규정이 있는 경우를 제외하고는 이 법에서 정하는 바에 따름	공공조달의 구체적 이행수단으로 계약과 관련해서는 「국가계약법」이 다른 사법과 공법에 앞서 우선 적용되는 특별법적 성격임을 명시

- 「지방계약법」: 2005년 지방분권이 강화되는 추세와 함께 "지방자치단체의 특성을 반영한 계약제도를 마련해 지방자치단체가 체결하는 계약의 투명성과 효율성을 높이려는" 목적으로 제정(기본적인 법률의 체계는 「국가계약법」과 유사)

「지방계약법」 관련 조항	내용	비고
제1조 목적	지방자치단체를 당사자로 하는 계약에 관한 기본적인 사항을 정함으로써 계약업무를 원활하게 수행할 수 있도록 함	입법 취지에 따라 "국가"가 아닌 "지방자치단체"의 계약과 관련한 사항에 우선 적용함을 명시
제2조 적용 범위	지방자치단체가 계약상대자와 체결하는 수입 및 지출의 원인이 되는 계약 등에 대하여 적용	
제4조 다른 법률과의 관계	지방자치단체를 당사자로 하는 계약에 관하여는 다른 법률에 특별한 규정이 있는 경우 외에는 이 법에서 정하는 바에 따름	

제3조 교육·과학 및 체육에 관한 사항의 적용	교육·과학 및 체육에 관한 사항에 관하여는 "지방자치단체의 장" 또는 "특별시장·광역시장·도지사"는 "교육감"으로, "행정안전부장관"은 "교육부장관"으로, "행정안전부"는 "교육부"로 각각 봄	「지방자치법」 등에 따라 교육·과학과 체육에 관한 계약 사항은 "특별시, 광역시, 도"(이하 '광역시도')가 아닌 광역시도별 교육청과 해당 교육청의 교육감 소관임을 밝힘
제5조 국제입찰에 의한 지방자치단체 계약의 범위	국제입찰에 의한 지방자치단체 계약은 지방자치단체가 체결하는 공사·물품·용역의 계약 중에서 대한민국이 당사자인 정부조달에 관한 조약·협약·협정 등이나 그 밖의 국제규범에 따라 행정안전부장관이 그 적용 대상인 지방자치단체, 대상 금액, 공사·물품·용역의 범위를 정하여 고시함	정부조달협정(GPA)에서 국가기관과 달리 지방자치단체에 적용되는 조달 대상물의 적용 범위 등을 명시하여 국제적으로도 국가와 지방자치단체 등이 계약에 관한 사항을 각각 달리 적용함을 천명

④ 공공조달 및 계약법령의 종류

- 「국가계약법」 체계
  - ┌ 「국가계약법」과 같은 법 시행령, 같은 법 시행규칙 적용 대상 기관: 국가기관과 그 소속기관, 공기업, 준정부기관, 기타공공기관 등
  - ├ 공공조달은 재정 지출을 수반한다는 점에서 관련 법령으로서 「국가재정법」의 적용을 받음
  - └ 「국가계약법」과 같은 법 시행령, 같은 법 시행규칙의 위임을 받은 행정규칙: 고시, 훈령, 지침 등의 형태로 179건이 존재
- 「지방계약법」 체계
  - ┌ 「지방계약법」과 같은 법 시행령, 같은 법 시행규칙 적용 대상 기관: 지방자치단체와 그 소속기관, 지방의회, 지방교육청, 국공사립 초중고등학교와 특수교육기관, 지방의료원, 지방자치단체출연연구원 등
  - ├ 「지방계약법」과 같은 법 시행령, 같은 법 시행규칙의 위임을 받은 행정규칙: 고시, 훈령, 지침 등의 형태로 26건이 존재
  - └ 공공조달 재정 지출 관련 규율: 「지방재정법」의 적용을 받음
- 「조달사업법」과 「전자조달법」 체계
  - ┌ 국가 중앙조달기관인 조달청도 기본적으로는 중앙행정기관으로서 「국가계약법」 체계의 적용 대상
  - ├ 중앙조달 사업을 운영하기 위해 필요한 규정과 절차 등은 「조달사업법」을 통해 정함
  - └ 조달청은 국가종합전자조달시스템(나라장터)을 운영

➕ plus

「조달사업법」과 「전자조달법」 체계

- 「조달사업에 관한 법률」
- 「조달사업에 관한 법률 시행령」
- 「조달사업에 관한 법률 시행규칙」
- 「조달품질원 시험·분석 규칙」
- 「전자조달의 이용 및 촉진에 관한 법률」
- 「전자조달의 이용 및 촉진에 관한 법률 시행령」
- 「전자조달의 이용 및 촉진에 관한 법률 시행규칙」

• 공공기관 등의 계약관련법 체계
  ┌ 공기업, 준정부기관 등의 공공조달도 기본적으로는 「국가계약법」 체계가 적용
  ├ 공기업 등의 운영 특성을 고려해 시행규칙 단위에서 별도로 규정한 「공기업·준정부기관 계약사무규칙」을 통해 규율
  └ 「공공기관의 운영에 관한 법률」에 따른 '기타공공기관'은 재정경제부 내부 행정규칙인 기타공공기관 계약사무 운영규정을 통해 규율

🔖 **더 알아보기 적용대상별 적용 법적 체계**

구분	국가기관 및 소속기관 등	지방자치단체 (지방교육청) 및 소속기관 등	공공기관 등
입법원리	「헌법」	「헌법」	「헌법」
법률	「국가계약법」	「지방계약법」	「국가계약법」
시행령	시행령	시행령	시행규칙
시행규칙	시행규칙	시행규칙	「공기업·준정부기관 계약사무규칙」
행정규칙	계약예규/ 고시, 훈령, 지침	고시, 훈령, 지침	–

4 공공조달의 조직적 체계

① 다수의 국가에서는 공공조달이 재정 지출을 기반으로 하므로 국가재정을 담당하는 중앙행정기관이 공공조달 또는 계약 관련 법령과 조달정책을 규율하는 경우가 일반적
② 중앙행정기관 내 공공조달이나 계약과 관련해 다수의 정부 부처가 연계되어 있는 경우, '위원회' 형태의 조정기관이 병행 운영
③ 구체적인 공공조달 정책과 제도의 수립·실행과 관련해서는 공공조달과 계약 관련 법령 소관 중앙행정기관이 아닌 별도의 국가 중앙조달기관(미국 GSA, 영국 CCS, 캐나다 PSPC 등)이 병행 또는 별도로 담당해 운영하는 경우가 일반적
④ 공공조달의 조직적 체계

구분	법적	운영적	감시·감독
총괄기관	재정경제부, 행정안전부	조달청	국회, 감사원
유관기관	유관 중앙행정기관	개별 조달기관	부패방지기관 (국민권익위원회 등)
내외부 조정·실무기관	조달정책심의위원회	개별 조달기관의 계약심의위원회	개별 조달기관 내부 감사부서

구분	중앙조달기관	자체조달기관
대상	• 국가, 지자체 및 공공기관 공공조달 수요를 통합하여 실행 관리하는 기관 • 국가별로 국방, 의료, 교육, 사회복지 등 정부 기능별로 복수의 기관 존재 가능	공공조달 법령 준수 의무가 있는 모든 국가기관(중앙행정기관), 지방자치단체, 공공기관
목표	상대적으로 공공조달의 정책적 목표에 중점을 두는 경우가 많음	상대적으로 공공조달의 운영적 목표에 중점을 두는 경우가 많음
역할	• 국가 또는 중앙정부(연방 등) 수준의 공공조달 실행 및 관리 • 일부 국가는 공공조달법령, 정책 및 제도의 제정, 관리와 관련한 기능 수행	• 지역 또는 개별 기관 수준의 공공조달 수요에 대한 실행 및 관리 • 대부분 공공조달 법령, 정책 및 제도의 제정과 관리 기능은 없으며, 상위 법령의 위임에 따른 자체 조달기준 수립 가능
조달실행 관리범위	• 국가별 공공조달 수요에 대한 실행 및 관리 범위가 상이 • 중앙행정기관(정부부처 등) 수요만 한정, 특정 조달금액 이상 한정, 특정 조달 대상물 한정 등 다양한 형태가 존재	• 기본적으로 해당 조달기관의 조달수요의 실행 및 관리 • 일부 국가에서는 광역지방자치단체 등이 소속 기초지방자치단체 등의 공공조달 수요를 통합하여 실행 및 관리하는 경우도 있음
조직 형태	• 국가기관(중앙행정기관) 등 공공기관 • 정부출연기관, 공기업	• 국가기관(중앙행정기관)과 지방자치단체 등 공공기관 • 중앙조달기관도 해당 기관의 자체조달 수요의 실행 및 관리 관점에서는 자체조달기관으로 볼 수 있음

※ 공공조달의 특성상 중앙조달기관(CPB: Central Purchasing Body)과 자체조달기관의 구분은 국가별 정치체제인 중앙집권형, 분권형 시스템과 연계성이 높음

5 공공조달의 운영적 체계

① 운영적 체계는 조직적 체계와 연계성이 있으며, 실제 공공부문 전반의 구체적인 조달의 실행과 관리방법은 중앙집중적(Centralized), 분산적(De-centralized), 혼합적(Hybrid) 공공조달로 구분됨

구분	중앙집중형(Centralized)	분산형(De-centralized)	혼합형(Hybrid)
내용	국가의 모든 공공조달 수요를 통합하여 실행 및 관리	조달기관의 공공조달 수요를 통합하지 않고 개별적으로 실행 및 관리	조달정책제도, 조달 대상물, 조달기관, 조달규모 등에 따라 조달 수요를 통합 또는 분산하는 이원화된 실행 및 관리

특징	규모의 경제 기반 정책적 지원 역할에 상대적 적합	개별 조달기관에 특화된 수요의 유연한 대응에 적합	공공조달의 운영적 목표와 정책적 목표의 균형적 추진에 적합
법적 기준	통일된 공공조달 및 계약 법령, 규정, 기준 및 절차 수립	조달기관별 독립적인 공공조달 및 계약법령, 규정, 기준 및 절차 수립	통일된 공공조달 및 계약 법령 등에 따라 위임된 범위 내에서 조달기관별 개별 조달기준과 절차 수립
장점	• 경제적 측면에서 규모의 경제를 통한 운영적 효율성 추구 • 정책적 측면에서 표준화된 절차와 기준에 따른 신속한 실행을 통한 효과성 제고	• 개별 조달기관의 수요에 신속하고 고객화된 접근 가능 • 개별 조달기관의 내부적 현안과 연계한 공공조달 활용 가능	종합적 조달여건을 고려하여 조달수요의 통합과 분산에 따른 효과 모두 달성 가능
단점	• 개별 조달기관의 고객화된 조달 수요 충족도 저하 • 통합적 운영에 따른 복잡성과 기간 지연	• 규모의 경제가 확보되지 않으므로 운영적 효율성 저하 • 상이한 조달법규 및 절차로 공공조달 체계의 운영 안정성 저하	통합과 분산 운영을 위한 법적, 시스템적 기반 미비 시 실행 및 관리부담 가중

② 미국, 영국, 캐나다 등 현대적 공공조달시스템을 구축한 국가에서는 정치 행정시스템에 따라 상대적 차이가 존재하나 혼합적(Hybrid) 공공조달 운영체계를 보유하고 있다고 볼 수 있음

③ 우리나라는 국가 중앙조달기관인 조달청을 중심으로 한 집중적 조달비중이 약 30%, 지자체 등 자체조달기관을 통한 분산적 조달이 약 70%로 운영되는 혼합적 운영체계를 보유

④ 혼합적 공공조달 운영체계에서는 효율성 향상에 기여를 목적으로 규모의 경제를 통한 비용 대비 가치 향상, 거래비용 절감, 정책 목표의 신속한 구현, 공공조달 실행과 관리 역량과 전문성 향상 등의 목적으로 중앙조달(구매)기관(CPB)을 운영

⑤ OECD 회원국의 대부분[35개국 중 32개국(91%)]에서 정책 목표 구현, 규모의 경제와 비용 대비 가치 확보 등을 목적으로 국가 또는 연방수준의 중앙조달(구매)기관을 설립·운영 중

02 내외부 감독

1 감사 이론

① 스튜어드십(Stewardship) 이론에 따르면 감사는 타인의 재산을 위탁받거나 그 사람을 대리해 업무를 수행하는 사람의 충실성을 확인하는 데 중요성이 인식되면서 확산

② 20세기 말 조직의 회계 관련 업무의 내부감사를 통해 조직의 성과 향상과 비즈니스 성공에 미친 기여도가 확인되면서 다양한 분야에서 감사를 적용(Aulic & Isvara, 2021)

③ 초기에 공공조달 감사는 사기와 부패를 예방하고 효과적이고 효율적인 운영·관리에 중점을 두었으나, 최근에는 향후 발생할 수 있는 위험을 선제적으로 식별하고 관리함으로써 이를 예방하는 데 중점

2 공공조달 감사

① 공공조달 감사는 기본적으로 공공조달과 계약 관련 법률, 규정의 준수를 중심으로 시작

② 현대적인 공공조달 체계 내에서 감사의 목표는 비용 대비 가치와 운영전략, 법규 준수가 보편적으로 채택(CIPS, 2015)

③ 공공조달 감사는 공공조달의 중요성과 영향력이 증대됨에 따라 이를 효과적으로 관리하지 못할 경우 발생하는 위험 역시 가중되면서 그 중요성이 더욱 강조됨

④ 공공조달 감사는 공공조달이 공공의 이익을 충족하는 동시에 조달 재원인 예산의 낭비를 방지하는 역할을 하므로 중요함

3 감사원 감사

① **감사원의 감사사무 처리규칙**: '감사'는 "법에 따라 감사원이 실시하는 결산검사와 회계검사, 직무감찰 활동"으로 정의

② **감사사무**: "감사 대상 모니터링, 감사계획의 수립 등 감사의 준비부터 감사실시, 감사결과의 처리 및 시행, 이행관리까지 일련의 감사과정에서 감사와 관련해 수행되는 모든 사무"를 포함

③ **회계검사**: "회계의 적정을 기하고 회계 부정과 예산 낭비, 예산집행의 비효율성 등을 개선, 시정하기 위해 국가 등의 회계 관련 사무와 이를 수행하는 공무원 등의 직무에 대해 조사·점검·확인·분석·검증"하는 활동

④ **직무감찰**: "행정기관 등의 사무, 그 소속 공무원 등의 직무와 직무 관련 행위를 조사, 평가 등의 방법으로 법령상, 제도상 또는 행정상의 모순이나 문제점을 적출해 이를 시정, 개선하기 위한 행정 사무감찰과 공무원 등의 위법·부당행위를 적발해 이를 바로잡기 위한 대인감찰"을 수행하는 활동

⑤ **공공조달감사**: 각 조달기관 조직의 조달 프로세스를 검토해 법적·기술적 구조 준수 여부를 확인하고, 조달 관행의 효율성과 효과성을 평가

⑥ **공공조달 감사의 유형**

규정준수감사 (Compliance Audit)	공공조달실행과 관리 과정에서 법적 체계에서 규정된 법령이나 규칙, 기준 등의 준수 여부 등을 확인해 공공조달 관행이 법적 요건 충족, 표준·조달기관 내부 운영기준이나 관리정책과 일치하는지 확인

성과감사 (Performance Audits)	공공조달 지출을 통해 비용 대비 가치를 확보한 조달 대상물의 획득 여부 같은 조달 효율성 평가, 전략적 활용과 연계한 공공조달 정책과 제도의 목적과 목표 달성 여부, 수준의 적정성을 검토
재무감사 (Financial Audit)	공공조달 지출 기록을 검토해 정확성을 확인하고 사례비, 입찰담합, 횡령 같은 부패, 사기행위 발생 여부 등을 확인
특수목적감사 (Special Purpose Audits)	부패행위 발생, 조달기업 이행능력 평가, 신규 전자조달시스템 등의 구축 성과와 새로운 공공조달정책, 제도의 실행성과처럼 특정 요구사항과 문제를 식별하고 개선하기 위한 특별한 목적으로 시행

4 공공조달의 3대 기본원칙

① 경쟁(Competitiveness), 차별 금지(Non-discriminant)·평등 대우(Equal treatment), 투명성(Transparency)

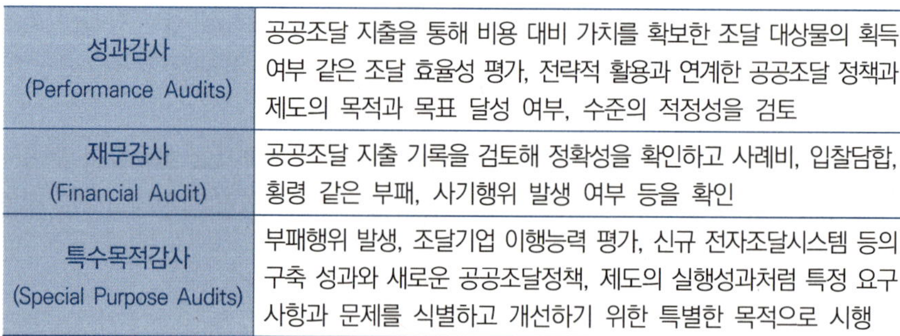

더 알아보기 **공공조달의 3대 기본원칙**

(1) 경쟁(Competitiveness)
- 모든 공급자에게 공정한 경쟁 기회를 보장
- 경쟁을 통해 가격 대비 가치(Value for Money)를 확보하고, 최적의 공급자를 선정
- 독점이나 특혜를 배제하고, 입찰 과정에서 경쟁을 촉진하는 제도 운영

(2) 차별 금지(Non-discriminant)·평등 대우(Equal treatment)
- 모든 참여 기업을 동등하게 대우
- 국적, 규모, 지역 등에 따른 차별 금지
- 동일한 기준과 절차를 적용하여 공정성 확보

(3) 투명성(Transparency)
- 입찰공고, 평가, 낙찰, 계약 체결 등 전 과정의 공개
- 전자조달시스템(예 나라장터)을 통해 국민과 기업이 확인 가능
- 부정·비리 방지, 국민 신뢰 확보, 책임성 강화

② UN, WTO, OECD, EU, WB, ADB 등 주요 국제기구에서 제시

5 공공조달 감사 관련 일상적 점검사항

성과 설명	해당 조달 대상물을 확보해 궁극적으로 목적하는 사업성과 달성 여부의 평가
계약 가치 계산	해당 조달 대상물의 요구 대비 배정예산의 적정성, 비용 대비 가치 달성 가능성 평가
입찰 문서	입찰공고문, 규격서, 시방서, 참가자격 등과 관련한 형식적 요건 설정의 적정성과 내용적 측면의 부당한 요구가 있는지 평가
낙찰 기준과 절차	공공계약 법령에 따라 해당 입찰에서 채택하는 낙찰자 선정방법(적격심사, 2단계 경쟁, 협상에 따른 계약, 경쟁적 대화 등)의 형식적 측면의 규정 준수와 결과적 조달 목적의 부합성 평가
통지	조달, 계약 진행 절차와 관련해 공개적이고 공식적인 방법으로 입찰자와 낙찰자, 계약상대자와 연락이 이루어졌는지 판단

<table>
<tr><td>입찰 평가</td><td>평가 과정에서 경쟁성에 기반해 차별 없는 동등한 대우가 구현될 수 있는 평가 기준 수립, 평가위원회 구성, 평가 방법·절차 등 규정의 부합성과 조달원칙의 부합 여부 판단</td></tr>
</table>

6 공공조달 감사 절차

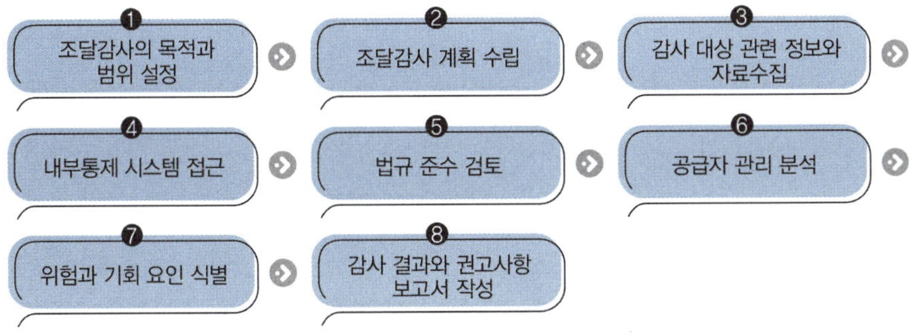

단원별 출제예상문제

01

다음 중 공공조달 구성체계의 핵심 요소로 보기 어려운 것은?

① 조직 체계
② 법·제도 체계
③ 조달 절차 체계
④ 민간소비자 체계

해설

민간소비자는 공공조달 구성체계의 요소가 아니다.

02

공공조달에서 법·제도 체계의 역할로 옳은 것은?

① 조달 대상 생산
② 계약 이행 수행
③ 공급자 선정 개입
④ 조달 절차의 기준 제공

해설

법·제도 체계는 조달 절차의 기준과 원칙을 제시한다.

03

조달 절차 체계에 포함되는 단계로 가장 적절한 것은?

① 사전기획 및 계약 이행
② 기업 생산 활동
③ 민간시장 유통
④ 정책 홍보

해설

조달 절차는 사전기획부터 계약·이행까지의 흐름을 포함한다.

04

공공조달 구성체계가 필요한 가장 근본적인 이유는?

① 계약 속도 향상
② 행정 인력 감축
③ 기업 이윤 보장
④ 공정성과 효율성 확보

해설

구성체계는 공정성과 효율성 등 공공조달의 기본원칙을 제도적으로 보장한다.

05

다음 중 구성체계 요소 간 관계에 대한 설명으로 옳은 것은?

① 조직 체계만 중요하다.
② 상호 연계되어 조달을 운영한다.
③ 각 요소는 독립적으로 작동한다.
④ 절차 체계는 법·제도와 무관하다.

해설

구성체계 각 요소는 상호 연동된다.

06

공공조달의 구성체계가 미흡할 경우 발생할 수 있는 문제는?

① 경쟁 촉진
② 조달 분쟁 증가
③ 조달 전문성 강화
④ 공공서비스 품질 향상

해설

구성체계의 미흡은 분쟁·비효율로 이어진다.

07

공공조달의 구성체계를 단계적 흐름이 아닌 "체계(system)"로 이해해야 하는 이유로 가장 적절한 것은?

① 계약 건수를 늘리기 위해
② 조달 절차를 단순화하기 위해
③ 조달 담당자의 책임을 줄이기 위해
④ 구성요소 간 상호작용이 조달 성과에 영향을 미치기 때문에

해설

공공조달은 법·조직·절차·시장 각 요소가 상호작용하며 성과를 만들어내는 시스템이다.

정답 01 ④ 02 ④ 03 ① 04 ④ 05 ② 06 ② 07 ④

08

공공조달 구성체계가 공공서비스와 직접 연결되는 이유는?

① 예산 규모 때문
② 계약 건수 때문
③ 공급자 수 때문
④ 체계가 서비스 전달을 좌우하기 때문

해설

구성체계는 공공서비스 실행 기반이다.

09

다음 중 공공조달 구성체계에서 기준과 한계를 설정하는 역할을 수행하는 요소는?

① 조직 체계
② 시장 체계
③ 법·제도 체계
④ 절차 체계

해설

법·제도 체계는 조달 행위의 기준, 범위, 한계를 규정한다.

10

공공조달 구성체계에서 조직 체계의 역할로 가장 적절한 것은?

① 조달 대상물 생산
② 조달 정책의 실행과 운영
③ 계약 분쟁 판결
④ 시장가격 형성

해설

조직 체계는 법과 절차를 실제로 집행하는 주체이다.

11

중앙조달의 가장 핵심적인 특징으로 옳은 것은?

① 조달 권한의 분산
② 조달 절차의 다양화
③ 전문성과 규모의 경제 활용
④ 개별 기관의 자율성 극대화

해설

중앙조달은 조달 권한을 집중시켜 전문성 확보와 규모의 경제를 달성하는 방식이다.

12

분산조달(자체조달)에 대한 설명으로 가장 적절한 것은?

① 전문성 확보가 용이하다.
② 조달 기준이 완전히 동일하다.
③ 모든 조달을 중앙조달기관이 수행한다.
④ 개별 기관이 수요 특성에 맞게 직접 조달한다.

해설

분산조달은 개별 수요기관이 수요 특성에 맞게 자율적으로 조달을 수행한다.

13

「국가계약법」과 「지방계약법」의 구분 기준으로 가장 적절한 것은?

① 계약 금액
② 계약 방식
③ 계약 기간
④ 계약 주체의 성격

해설

「국가계약법」은 국가를, 「지방계약법」은 지방자치단체를 계약 주체로 한다.

14

공공조달의 조직적 체계에 대한 설명으로 옳은 것은?

① 조달 절차만을 의미한다.
② 조달 관련 기관 간 역할 분담 구조이다.
③ 계약 대상물 분류 체계이다.
④ 공급자 조직을 의미한다.

해설

조직적 체계는 조달 기능을 수행하는 기관 구조이다.

정답   08 ④   09 ③   10 ②   11 ③   12 ④   13 ④   14 ②

15

운영적 체계에 해당하는 요소로 가장 적절한 것은?

① 헌법 규정
② 조직 편제
③ 입법 구조
④ 조달 절차와 운영 방식

해설

운영적 체계는 실제 조달이 어떻게 수행되는지를 의미한다.

16

중앙조달기관의 가장 큰 강점으로 옳은 것은?

① 전문성 축적
② 기관별 다양성
③ 계약 자율성 확대
④ 수요 반영의 유연성

해설

중앙조달기관은 조달 전문성을 체계적으로 축적할 수 있는 것이 강점이다.

17

자체조달기관 방식의 장점으로 가장 적절한 것은?

① 규모의 경제
② 절차 표준화
③ 개별 수요 특성 반영
④ 통일된 기준 적용

해설

자체조달은 개별 수요 특성을 반영하여 현장 맞춤형 조달이 가능하다.

18

혼합형(Hybrid) 조달 방식에 대한 설명으로 옳은 것은?

① 법적 근거가 없다.
② 자체조달을 금지한다.
③ 중앙조달만 허용된다.
④ 중앙조달과 자체조달을 병행한다.

해설

혼합형은 조달 유형·금액·대상에 따라 방식을 달리한다.

19

공공조달에서 감독 및 관리적 책임이 강조되는 가장 근본적인 이유는?

① 공급자가 많기 때문에
② 조달 기간이 길기 때문에
③ 계약 건수가 많기 때문에
④ 국민의 세금이 사용되기 때문에

해설

공공조달은 국민의 세금을 사용하는 행위이므로 감독 및 관리적 책임이 강조된다.

20

다음 중 공공조달에서 관리적 책임(Accountability)에 대한 설명으로 옳은 것은?

① 공급자에게만 책임이 있다.
② 절차만 지키면 책임이 면제된다.
③ 결과에 대해서는 책임지지 않는다.
④ 의사결정과 성과에 대한 설명 책임을 진다.

해설

관리적 책임은 과정과 결과 모두에 대한 설명 책임을 의미한다.

21

공공조달 감독 기능의 주요 목적은?

① 행정 편의
② 공급자 보호
③ 계약 속도 향상
④ 부정·비효율 방지

해설

감독은 부패, 비효율, 오류를 예방하기 위한 기능이다.

정답　　15 ④　16 ①　17 ③　18 ④　19 ④　20 ④　21 ④

22

다음 중 감독과 관리가 제대로 이루어지지 않을 경우 발생할 가능성이 가장 높은 것은?

① 경쟁 촉진　　　　② 공공 신뢰 저하
③ 행정 효율성 증가　④ 계약 단순화

감독 부실은 공공조달에 대한 국민 신뢰를 약화시킨다.

23

공공조달에서 감독 기능이 과도하게 강화될 경우 나타날 수 있는 부작용으로 가장 적절한 것은?

① 책임성 강화　　　② 투명성 향상
③ 행정 경직성 증가　④ 공정성 확보

과도한 통제는 조달의 유연성과 효율성을 저해할 수 있다.

24

관리적 책임이 단순히 '처벌'이 아닌 '설명 책임'으로 이해되어야 하는 이유는?

① 행정 부담 감소
② 조달 실패 은폐
③ 공급자 보호
④ 학습과 제도 개선

설명 책임은 조달 시스템 및 제도의 개선으로 이어진다.

25

공공부문에서 감사의 중요성이 특히 강조되는 이유는?

① 절차를 단순화하기 위해서이다.
② 내부 통제를 약화시키기 위해서이다.
③ 민간기업과 동일한 운영 구조이기 때문이다.
④ 공공재정 사용의 투명성과 신뢰 확보를 위해서이다.

공공조달은 국민의 세금이 투입되므로 투명성과 신뢰 확보가 핵심이다.

26

감사원이 공공조달을 감사하는 주된 목적은?

① 적법·공정한 조달 집행 여부 확인
② 계약 금액 확대
③ 조달 속도 향상
④ 공급자 보호

감사원의 공공조달 감사는 법령 준수와 공정성 확보에 중점을 둔다.

27

감사에서 '경쟁성' 원칙 위반 여부를 판단할 때 가장 중요한 기준은?

① 계약 금액
② 낙찰자 수
③ 입찰 기회의 개방성과 차별 여부
④ 계약 기간

경쟁성은 모든 기업에게 공정한 참여 기회가 제공되었는지가 핵심이다.

28

다음 중 감사 시 '위험 신호(Red Flag)'에 해당하는 사례는?

① 경쟁 입찰 참여자 다수　② 반복적 수의계약 체결
③ 계약 변경 없음　　　　④ 계약 기간 준수

반복적 수의계약 체결은 특혜·담합 가능성을 내포한다.

29

공공조달 감사 절차의 일반적인 순서로 옳은 것은?

① 즉시 제재 → 사후 검토
② 자료 수집 → 처벌 → 보고
③ 결과 분석 → 자료 수집 → 시정 조치
④ 계획 수립 → 자료 수집 → 분석·평가 → 결과 통보

감사는 계획 – 집행 – 분석 – 결과 통보의 체계적 절차를 따른다.

22 ②　23 ③　24 ④　25 ④　26 ①　27 ③　28 ②　29 ④

OX 퀴즈 · 정답 및 해설

01 중앙조달은 규모의 경제와 전문성 확보에 유리하다. (○ , ×)

02 분산조달은 모든 경우에 중앙조달보다 효율적이다. (○ , ×)

03 구성체계가 미흡해도 공공서비스 성과에는 큰 영향이 없다. (○ , ×)

04 공공조달 구성체계는 계약 체결 이후에는 중요하지 않다. (○ , ×)

05 공공조달의 구성체계는 법·조직·절차가 상호 연계된 구조이다. (○ , ×)

06 감사는 사후 처벌만을 목적으로 한다. (○ , ×)

07 감독이 강화될수록 항상 조달 효율성도 함께 증가한다. (○ , ×)

08 성과감사는 계약의 법적 적합성만 평가한다. (○ , ×)

09 공공조달 감사는 계약 체결 이후에만 수행된다. (○ , ×)

01 ○
중앙조달은 비용 절감과 전문성 축적 효과가 있다.

02 ×
분산조달은 유연성은 높지만 전문성과 효율성은 낮아질 수 있다.

03 ×
구성체계 미흡은 공공서비스의 품질 저하로 직결된다.

04 ×
이행·성과까지 전 과정에 영향을 미친다.

05 ○
공공조달의 구성체계는 상호 연계성이 핵심 개념이다.

06 ×
감사는 예방·개선 기능도 수행한다.

07 ×
과도한 감독은 경직성을 초래할 수 있다.

08 ×
성과감사는 결과와 효과를 평가한다.

09 ×
사전·사후 감사 모두 가능하다.

02

공공조달 원칙 및 방법

CHAPTER 01

공공조달 원칙

01 공공조달 5대 기본원칙

더 알아보기 공공조달 원칙의 개요

(1) 공공조달은 GDP에서 차지하는 비중이 크며, 정부가 제공하는 행정서비스의 품질과 성과에 직접적인 영향을 미침
(2) 조달기관 담당자에게 높은 수준의 법적·윤리적 기준과 함께 효율적·효과적 업무 수행 책임이 요구됨
(3) 공공조달의 성과를 확보하기 위해서는 요구사항 식별, 계약 체결, 계약 이행, 사후관리 등 조달 전 주기에 걸쳐 일관된 업무 수행 기준과 실행원칙을 준수하는 체계가 필요함
(4) 현대 공공조달 체계에서는 국제적으로 표준화된 공공조달 기본원칙의 준수가 핵심 요소로 강조됨
(5) 정부조달협정(GPA), UN, 세계은행, OECD, EU 등이 공통적으로 채택한 공공조달의 기본원칙: 투명성(Transparency), 비용 대비 가치(Value for Money, VFM), 경쟁성(Competitiveness), 차별 금지 및 동등한 대우(Non-discrimination and Equal Treatment), 책임성(Accountability)
(6) OECD는 공공조달의 기본원칙 달성을 위해 실행·관리 단계에서 준수해야 할 원칙을 제시함
   • 기본원칙: 투명성, 청렴성, 효율성, 접근성, 책임성
   • 실행원칙: 균형성, 참여, 전자조달 활용, 역량개발, 평가, 위험관리, 통합

1 투명성(Transparency)

① 공공조달에서 가장 중요한 원칙은 투명성이며, 이를 통해 공정성이 확보됨
② 공공조달 전 단계에 걸쳐 최대한의 투명성을 확보할 수 있는 절차와 기준 마련이 필요
③ 투명성은 공급기업을 포함한 모든 이해관계자에게 공정하고 동등한 대우 보장을 위한 선행조건
④ 공정성은 동일한 정보 제공, 동일한 절차 적용, 동일한 문서 기준, 자유로운 접근 보장을 통해 구현
⑤ 투명성을 확보하기 위한 대표적인 공공조달 실행 절차는 경쟁적 조달방식, 특히 완전히 공개적인 입찰절차임
⑥ 공개경쟁입찰은 투명성을 확보하는 가장 효과적인 수단으로 평가됨
⑦ 투명성 확보는 공정성뿐만 아니라 청렴성(Integrity) 향상에도 기여함

2 비용 대비 가치(Value for Money)

① 공공기관이 조달을 통해 요구사항을 충족하는 최적의 비용·품질 조합을 확보하는 것
② 구매 시점의 단순한 최저가격 선택을 의미하지 않음

✓ Check Q&A

국제기구에서 공통적으로 채택하는 공공조달 기본원칙이 아닌 것은?

① 투명성
② 경쟁성
③ 수익성
④ 책임성

정답 ③
수익성은 민간 논리이며 공공조달 기본원칙이 아니다.

③ 생애주기 관점에서 종합적으로 판단되어야 함 ⇒ 총소유비용(TCO: Total Cost of Ownership), 생애주기비용(LCC: Life Cycle Cost), 공급업체의 역량, 해당 조달사업과 연계된 정부 정책·제도의 목표 달성 여부

④ 공공조달에서의 효율성은 최적의 조달 가치 조합을 갖춘 대상물을 확보하는 것으로, 조달 프로젝트 전 기간에 걸쳐 지속가능성, 비용 효율성, 품질, 효과성 간의 조합에 우선순위를 두는 원칙이 중요

3 경쟁(Competition)

① 경쟁은 비용 대비 가치 확보를 통해 공공조달 재정과 운영 자원의 효율성, 효과성을 확보하기 위한 것

② 공공조달을 통해 수요자(조달기관)가 공급자(조달기업)로부터 합리적인 가격과 품질로 원하는 수준의 조달 대상물을 확보할 수 있는 가장 효과적인 방법

③ 공공조달의 가장 기본적인 원칙인 투명성은 공개적인 경쟁을 통해 달성 가능하며, 그 결과로서 청렴성을 입증하는 데는 경쟁원칙의 준수가 매우 중요

④ 공공조달 절차에 경쟁을 촉진하는 기준과 방법이 적용되면 투명성, 책임성, 공정성, 청렴성이 확보

4 차별 금지와 동등한 대우(Non-discrimination and Equal Treatment)

① 공공조달 과정에서 잠재적 공급업체 또는 계약자에게 입찰, 평가, 계약 등 공공조달 절차 모든 과정에서 동등하게 참여할 기회를 부여하고, 공정하게 평가받을 수 있도록 보장하는 원칙

② 참여 기업의 국적, 인종, 종교, 연령, 성별 등에 따라 차별이 없도록 하기 위한 핵심 요소

③ 국내외를 불문하고 조달기관이 원하는 특정 조달 대상물을 기술적, 품질적, 가격적, 법규 부합성 등을 충족하는 조달기업을 대상으로 불필요하거나 비합리적인 입찰 참여 자격이나 요건을 설정하면 안 됨

5 책임성(Accountability)

① 공공조달의 책임성은 조달 의사결정과 그런 의사결정으로 실행된 조달결과와 성과를 달성하기 위해 책임을 다해 업무를 성실히 수행하는 것

② 책임성을 갖춘 공공조달의 실행은 공공조달 이해관계자에게 신뢰를 주고, 공익을 확보하기 위한 기반

③ 책임성을 확보하기 위해서는 공공조달 절차에서 요구되는 활동과 결과에 이해관계자가 상시 접근해 정보를 확인하고, 필요한 경우 이의를 제기할 수 있도록 해야 함

④ 조달기업과 이해관계자가 제기한 문제점은 공개적인 방법으로 신속하게 해결하거나 처리결과를 피드백하는 절차 마련이 필요

⑤ 공공소달 실행원칙으로서 접근성, 평가, 역량개발, 참여 촉진 등이 책임성 원칙을 구현하는 효과적인 방법

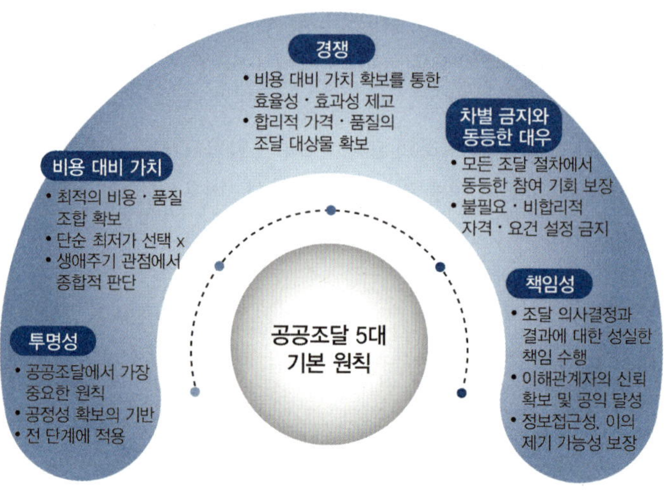

02 공공조달 실행원칙

📌 더 알아보기 공공조달 12대 실행원칙(OECD, 2015년)

(1) 핵심 실행원칙
- 투명성(Transparency)
- 청렴성(Integrity)
- 접근성(Access)
- 참여(Participation)
- 효율성(Efficiency)
- 균형성(Balance)
- 전자조달시스템(e-Procurement) 활용
- 역량(Capacity) 개발
- 통합(Integration)
- 평가(Evaluation)
- 위험관리(Risk Management)
- 책임성(Accountability)

(2) 각각 고유한 독립성이 있으나, 유기적 연계성을 통한 상호작용이 필요
(3) 공공조달을 실행하는 기반을 구현하는 원칙으로 전자조달시스템 활용, 전자정부시스템 간 통합, 공공조달 담당자의 실무 능력 또는 역량개발이 필요

1 투명성(Transparency)

① 공급업체와 일반대중을 포함한 모든 이해관계자에게 전체 공공조달 과정을 공개하고 접근이 가능하도록 만드는 것(UNOPS, 2012)

② **투명성 강화 효과**: 공공조달 전반의 거버넌스와 성과 개선, 접근성과 청렴성 향상, 비용 대비 가치 등 공공조달 성과 향상

③ **투명성 확보의 목적**
- 공공조달 전 과정에서 잠재적 조달기업을 대상으로 한 공정하고 공평한 대우를 촉진
- 잠재적인 국내외 조달기업, 단체, 일반국민을 포함한 모든 이해관계자에게 공공조달 정보에 제한 없는 접근을 보장해 정보의 획득과 활용을 보장

- 공공조달 지출 예산의 배정단계, 전체 계약 이행과 관리 과정에 걸쳐 자금 지출의 흐름을 모니터링할 수 있게 해 가시성을 향상
④ 투명성 부족의 위험성
  - 부실 관리, 사기, 부패 사례
  - 왜곡된 경쟁 상품이나 용역(서비스)의 품질이 좋지 않거나, 목적에 부합하지 않거나, 고비용 발생
  - 국민의 정부 신뢰도 저하
⑤ 투명성 강화 방안
  - 조달정책과 제도 공개, 주기별 조달계획 사전 공개, 공개적 입찰공고, 입찰공고 시 평가기준 공개, 계약 체결 관련 정보와 계약금액 공개
  - 시의 적절한 불만·항의·분쟁 조정 시스템 구축
  - 공공조달 담당자와 관련된 재정·이해상충 정보 공개, 공급업체 제재 목록 공표, 공공조달 단계별 다양한 정보의 공개와 절차의 이행
⑥ 투명성 향상을 위한 공공조달정보시스템 운영사례
  - 우리나라: '나라장터'('차세대나라장터'에서는 목록화된 보고서 외 분석 도구 제공), '조달데이터허브' / 구매 규격 사전 공개(물품, 용역의 경우 추정가격 5,000만원 이상인 경우 의무적)
  - 호주: 'AusTender'
  - 영국: '사후브리핑(Debriefing)' 제도(EU 조달 기준값을 초과하는 계약을 대상)

2 청렴성(Integrity)

① 공공기관과 조달기업 등 이해관계자가 윤리적이고 정직한 행동에 기반해 공공조달 규정을 준수하고 절차를 이행하는 원칙(OECD, 2025)
② 실무적으로 공공조달 과정 전반에 걸쳐 부패, 사기, 이해상충, 기타 비윤리적인 관행에 따른 업무처리를 방지하는 것
③ 청렴성 확보 방안
  - 공공조달에 참여하는 이해관계자에게 전체 단계에서 높은 수준의 청렴성 준수를 요구하는 절차와 서약을 요구(청렴성 확보 구조 또는 행동강령)
  - 공공조달과 관련해 청렴성 확보가 필요한 특정한 위험에 대응하기 위해 조정, 강화된 관리수단을 활용
  - 조달기관 담당 인력을 대상으로 청렴성 인식을 높이고 이를 강화, 유지하기 위한 교육프로그램을 개발해 정기적인 교육을 시행
  - 조달기업에 공공조달 청렴성 관리 구조에 대응하는 내부통제, 규정 준수, 부패(청탁, 뇌물) 방지를 위한 수단을 개발하고 그 이행 여부를 감시
④ 청렴성 부족의 위험성
  - 뇌물, 리베이트, 담합(카르텔), 사기, 인척주의, 인맥주의, 고객주의, 공모·입찰 조작을 포함한 부패에 따른 공적자금 손실과 열악한 제품, 용역(서비스) 제공
  - 공급 시 제품 대체를 통한 자원 사기, 도난에 따라 품질이 낮은 재료가 제공

- 공공서비스 제공 또는 공직 퇴직 이후 고용 과정에서 이해상충이 적절히 관리되지 않을 경우, 부당한 영향으로 불필요하거나 공공의 요구·이익에 부합하지 않는 계약 체결

⑤ 청렴성 강화 방안
  - 구체적 기준과 행동강령 제정·운영: 공공기관의 조달 담당자를 위한 구체적인 기준(행동강령, 이해상충정책 등)을 마련해 공공조달의 특수성과 관련된 위험성을 완화

우리나라	해외 대표 사례
• 조달청 공무원은 「부패방지권익위법」 제8조, 「공무원 행동강령」에 따라 「조달청 공무원 행동강령」, 「조달청 공무원복무규정」을 제정해 운영 • 「조달청 공무원 행동강령」: 공무원으로서 일반적으로 요구되는 사항을 중심으로 조달업무 수행과 관련된 특성을 반영 • 「조달청 공무원복무규정」: 조달공무원의 특성을 반영한 공정성과 청렴성을 보장하기 위한 업무처리 기준을 제시	튀르키예: 2002년 공공조달법(PPL)에 따라 공공조달청(PPA)을 설립하여 공공조달 규제·감독 기능을 수행

- 청렴성 강화 교육: 효과적인 내외부 통제를 보장하는 수단과 역량, 청렴성 관련 교육을 시행

우리나라	해외 대표 사례

• 조달공무원
  – 입직 시 '공공조달역량개발원'에서 공무원으로서의 기본적인 공직자세(국가관, 윤리관, 공직관)와 반부패·청렴교육을 시행
  – 신입직원 외 승진자와 초급관리자도 반부패·청렴교육 실시
• '공무원 의제' 대상 민간의 외부 평가위원 대상 청렴성 강화교육 시행: 윤리행동강령, 평가 대상 업체와 사전접촉 행위 금지, 금품수수 행위에 따른 수사, 조달청 평가위원 해촉 사례교육
• 민간기업인 입찰기업 또는 계약상대자에게도 「국가계약법」 제5조의2에서 청렴계약서 작성을 의무화
	• 독일: 연방조달청은 부패방지 담당자의 지원과 조언, 부패 관련 워크숍과 교육 실시
	• 신입 직원은 부패 방지 워크숍 의무적 참여

- 내외부 통제 수단의 마련과 실행: 공공조달 절차에 일반 국민 등의 참여 보장

우리나라	해외 대표 사례
• 한국재정정보원의 디지털예산회계시스템(dBrain+): 공공지출 감시 기능 • 국보조금 통합관리망(e나라도움): 보조금 중복지급과 부정수급 방지 • '지방재정관리시스템(e호조시스템)': 지방재정 공공지출 감시 • 나라장터: 'dBrain+', 'e호조시스템'과 연계 • 공정거래위원회: '입찰담합징후분석시스템(BRIAS)' 운영 • 조달청: '담합통계분석시스템' 운영	• 브라질: 연방 회계감사원실의 '공공지출 감시기구(Public Spending Observatory)' • 공공지출관측소(Public Spending Observatory) 운영 • 추적 사례: 이해상충 가능성, 면제·포기의 부적절한 사용과 상당한 수준의 계약 수정, 입찰담합 등

3 접근성(Accessibility)

① 공공조달 기회 확보와 관련해 소외계층이나 장애인을 포함한 모든 잠재적 공급업체가 정부 계약에서 공정하고 평등하게 경쟁할 수 있도록 조달절차를 설계하고 실행하는 체제
② 접근성의 핵심은 모든 규모의 잠재적 경쟁자가 조달기회에 접근(참여)할 수 있도록 보장
③ 접근성 확보 방안
  - 공공부문과 사업참여를 확대하고 일관되고 안정적인 제도적, 법적 규제수단 마련
  - 법적 기준에 따라 표준화되고 수요자의 요구에 비례하는 명확한 요구사항과 입찰에 필요한 규정, 지침 등을 통합적으로 포함한 입찰문서를 제공
  - 경쟁적 입찰방법을 기본으로 활용하되, 예외적으로 제한적 경쟁방법 또는 단수의 공급자 방법을 활용(예외 적용은 될 수 있는 대로 최소화)
④ 접근성 부족의 위험성
  - 경쟁입찰의 예외 적용(직접 입찰, 가속화 절차 등)으로 경쟁이 제한되고 조달의 행정적 효율성이 훼손됨
  - 복잡한 공공조달 규칙과 표준화되지 않은 입찰문서 적용으로 신규 진입자와 중소기업을 포함한 잠재적 경쟁자의 광범위한 참여 방해
  - 중소기업이 공공조달 프로세스에 참여하는 데 장애물(규제 부담, 재정적 제약, 기술 전문성 부족, 뇌물 요청)에 직면
⑤ 공공조달 기회와 정보 접근성 제고 사례
  - 국내 공공조달 법적 체계에서 모든 입찰공고는 지정정보처리장치 게시를 원칙: 「국가계약법 시행령」 제33조와 「지방계약법 시행령」 제33조에 지정정보처리장치 이용을 의무화
  - 조달데이터허브: 공공조달 데이터를 통합적으로 제공

4 균형성(Balance)

① 공공조달 재원을 전략적으로 활용해 운영 효율성과 정책 효과성을 모두 달성할 수 있도록 관련 정책과 제도를 실행하는 요소
② 균형성 확보 방안
  - 정책 효과 달성 방법으로 공공조달을 사용하는 것을 평가
  - 정책 효과 달성을 위해 공공조달시스템에 통합하기 위한 실행전략 개발
  - 정책 효과 달성에 공공조달이 미친 영향력을 기반으로 효과성 측정 방법 마련
③ 균형성 부족의 위험성
  - 2차 정책 목표(정책 효과성)와 1차 조달 목표(효율적 재정 운용)[시기 적절하고 경제적이며 효율적인 방식으로 정부 사명을 달성하는 데 필요한 상품과 용역(서비스) 제공]의 불균형

PART 02

• 2차 정책 목표(정책 효과성)를 해결하기 위한 공공조달 전략과 정책의 영향을 측정하기 위한 데이터 또는 적절한 방법론 부족
• 2차 정책 목표(정책 효과성)를 해결하기 위한 전략과 정책의 효과를 측정하기 위한 법적 요건의 부재, 인센티브 부족, 재정·인적 자원 부족 현상 초래
• 많은 국가에서 공공조달을 통한 다수의 정책 목표에 따라 과도한 부담을 지게 될 우려가 있으며, 새로운 의무와 전략 시스템의 관리가 불가능해지거나 이를 충족하기 어려워질 위험이 있음

④ 공공조달 운영의 균형성 확보를 위한 OECD 권고
• 「국가계약법」과 「지방계약법」을 통해 예정가격을 합리적으로 산정하도록 기준을 마련하고, 과다·과소 계상을 방지하여 조달 효율성을 확보하도록 하고 있음
• 「국가계약법 시행령」은 경쟁입찰의 경우 예정가격 이하의 최저가격 입찰자 순을 기본으로 하되, 계약 이행능력, 일자리 창출 실적 등 정책적 평가요소를 함께 심사하도록 규정함
• 「조달사업법」에서는 "공공조달과 관련된 성과관리 및 평가"와 "기업의 사회적 책임 장려를 위한 조달 절차에서 환경, 인권, 노동, 고용, 공정거래, 소비자 보호 등의 사회적·환경적 가치 반영"을 규정하여 공공조달의 1차 운영적 목표와 2차 정책지원 목표가 균형을 이룰 수 있게 함

5 참여(Participation)

① 조달기업을 비롯한 이해관계자가 공공조달 전체 과정에 걸쳐 제공되는 조달 기회에 더 폭넓게 참여할 수 있도록 포용성과 참여를 강화하는 조치를 시행하는 체제
② 참여 부족의 위험성
• 조달 계획과 계약 수정 등의 진행 과정에서 정보에 충분히 접근하지 못할 수도 있음
• 투명성과 개방성 그 자체만으로 이해관계자의 참여를 보장하기에는 충분하지 않음
• 일반 국민과 시민사회 단체 등은 공공조달 모니터링에 참여할 수 있는 훈련된 인력의 힘이 부족하거나 예산이 충분하지 않은 경우 실질적 참여가 제한될 수 있음
• 상당한 위험이나 관리 부실을 수반하는 고가 또는 복잡한 조달 프로세스에는 일반 국민 등 외부 이해관계자를 직접 참여시키는 데 한계가 있음
③ 공공조달 체계에서 중소기업 참여 확대를 위한 지원 사례
• 「판로지원법」 제4조에서 "중소기업자의 수주 기회가 늘어나도록" 규정: 여성기업(물품·용역 공급 실적의 5% 이상, 공사 실적의 3% 이상), 장애인기업(1%) 등 최소한도를 규정
• 중소기업자 우선조달제도: 고시금액(2.3억원) 미만은 중소기업에 우선 조달 기회를 부여하고, 1억원 미만은 소기업과 소상공인에게 우선 조달할 수 있는 기회를 부여

- 지역 소재 중소기업: 물품·용역의 경우 추정가격 3.3억원 미만(일부 지역 5.0억원, 일부 안전점검 용역 등 1.5억원), 공사의 경우 추정가격 기준 100억원 미만(종합공사), 10억원 미만(전문공사 등)은 해당 시·군·구 지역에 소재한 업체에 공급 기회를 부여하거나 공동수급체로 참여할 수 있는 기회를 부여
- 호주: 법인이 아닌 연방 기관이 조달 총액의 최소 10%를 중소기업으로부터 조달
- 멕시코: 「공공부문 취득, 임대, 서비스법」 ⇒ 제조 공정이 60일을 초과하는 재화의 경우, 해당 공급업체가 중소기업, 중소 국영기업인 경우, 동등한 조건하에 선급금의 10%에서 50%까지 지급

6 효율성(Efficiency)

① 윤리적, 법적 기준을 준수하면서 품질, 비용, 납품기한 간의 최적의 균형을 보장하는 방식으로 상품이나 용역(서비스), 공사를 조달하는 원칙
② 낭비를 최소화하고 비용 대비 가치를 극대화함으로써 공공 자금으로 최상의 결과를 얻는 데 중점
③ 효율성 확보 방안
- 공공조달시스템과 제도적 틀을 간소화
- 수요자의 요구를 효율적으로 충족하기 위한 기술적 절차를 수립
- 공공조달 절차를 개선하고 중복을 줄이며, 비용 대비 가치 향상을 위한 도구를 개발하고 활용
④ 효율성 부족의 위험성
- 기능적 중복, 비효율적인 사일로, 중복, 번거로운 절차, 낭비
- 고객의 요구와 기대에 부합하지 않는 조달 대상물 공급
- 적격한 조달기업의 낙찰, 계약 기회 확보가 곤란하고 관리 부실
- 중앙조달과 분산조달 간의 조정, 협의 부재로 부적절한 공공조달 의사결정
⑤ 공공조달의 효율성 향상을 위한 OECD 권고
- 기존 프로세스와 제도를 평가해 기능적 중복, 비효율적인 사일로, 기타 낭비 원인을 식별해 행정적 관료주의와 비용을 줄임
- 건전한 기술적 수단과 절차를 활용해 조달 결과가 고객의 요구를 충족할 수 있도록 함
- 조달 절차를 개선하고 중복을 줄이며 더 많은 비용 대비 가치를 향상하기 위한 도구를 개발하여 사용

7 전자조달(e-Procurement) 활용

① 투명성, 책임성, 효율성, 공정성, 동등한 대우 같은 기본원칙과 여타 실행원칙을 체계적, 안정적, 지속적으로 이행할 수 있도록 보장하는 것
② 전자조달시스템 구축 목적(취지): 조달기업 간의 경쟁을 촉진하고 지속 가능한 조달 관행을 구축하는 동시에 투명성, 책임성, 접근성을 강화해 비용 대비 가치 증진에 기여

③ 전자조달 활용 효과
- 업무 전반의 효율성 개선, 조달기업의 공개적 입찰 참여를 보장하여 조달기관의 책임성 강화와 투명성을 크게 향상
- 자동화와 표준화를 통해 업무처리 시간을 절감하고, 인적 오류 발생 위험성을 낮춰 신뢰성 향상
- 공공조달 데이터를 실시간으로 수집, 분석, 가공해 성과평가에 활용하거나 조달기업에 제공함으로써 참여도를 향상
- 중소기업, 환경보호, 혁신촉진, 사회적 책임 관련 고려사항을 반영한 정책과 제도를 실행하기 위한 플랫폼 역할

④ 전자조달시스템 활용 부족의 위험성
- 개별 조달의 높은 행정비용과 비효율적이고 느린 조달 절차
- 조달 기회 정보와 투명성 부족으로 경쟁의 저하

⑤ 전자조달 활용 원칙 권고사례(OECD)
- 정보통신기술(ICT)을 공공조달에 활용해 투명성과 공공입찰 접근성을 보장하고, 경쟁을 촉진하며, 계약 체결과 관리 절차를 간소화하고, 비용 절감을 촉진하며, 공공조달과 공공재정정보를 통합
- 모듈식, 유연성, 확장성, 보안성을 갖춘 최첨단 전자조달 도구를 추구해 비즈니스 연속성, 개인정보 보호와 무결성을 보장하고, 공정한 대우를 제공하며, 민감한 데이터를 보호하는 동시에 비즈니스 혁신을 가능하게 하는 핵심 역량을 제공
- 전자조달 도구는 사용이 간편하고 목적에 적합하며, 가능한 한 모든 조달기관에서 일관성 유지가 필요
- 지나치게 복잡한 시스템은 신규 진입 기업이나 중소기업에 구현 위험과 어려움을 야기

8 역량(Capacity) 개발

① 조달기업 또는 계약업체가 계약 요건을 충족해 이행할 수 있는 능력을 지속적으로 개발

② 공공조달 역량의 핵심
- 계약 체결, 이행과 관련된 재정, 장비, 인력, 기타 보유 자원의 적정성을 확보
- 공급업체로서 조달기업은 수요기관의 요구를 충족하기 위해 필요한 기술, 지식, 경험을 종합한 전문성을 확보
- 조달계획, 실행, 품질관리를 포함해 해당 조달사업의 전체 단계를 효과적으로 관리할 수 있는 능력을 개발

③ 역량 개발 부족의 위험성
- 공공조달이 주문 기능에서 보다 전략적인 기능으로 전환하는 기능 저하
- 공공조달 규칙이 복잡해 오류나 분쟁 발생 증가
- 공공조달의 다학제적 특성에 따른 전문적 조달업무 처리 역량 저하
- 공공조달이 전문적이고 유망한 직무로 인식되지 않아 유능한 인력 유입 제한

9 평가(Evaluation)

① 공공조달의 평가 원칙은 공정성, 투명성, 비용 대비 가치 달성에 중점
② 공공조달 재정지출의 책임성과 윤리적 집행을 강화
③ 평가 실행 미흡 시 발생 가능한 위험
  - 공공조달 데이터는 항상 견고하고 일관된 방식으로 수집되지 않기 때문에 통계 정보는 정확하고 신뢰할 수 없으며 향후 조달 결정에 사용할 수 없음
  - 성과 측정 프레임워크나 지표가 부족해 시간이 지남에 따라 공공조달시스템의 효과성을 분석하는 데 방해가 됨
  - 개발 협력 제공자가 외부 자금을 구현하기 위해 국가 공공조달시스템을 사용하는 것을 방지할 수 있는 성과 평가 부족

10 위험관리(Risk Management)

① 위험을 모니터링하고 선제적으로 식별할 수 있도록 체계적인 위험관리 절차와 기준 마련, 시행
② 복잡한 대규모 시설공사 프로젝트 등에서는 위험성 발생 빈도와 규모, 파급력이 크게 나타나므로 위험관리가 적극적으로 실행되고 관리되어야 함
③ 위험관리 미흡 시 발생 가능한 위험
  - 대규모의 복잡하고 전문적인 조달사업(프로젝트)에서 조달기관과 조달기업, 기타 이해관계자의 낮은 위험관리 인식에 따른 실행 ⇒ 해당 사업의 조달 전체 단계에서 예산 낭비와 비효율성을 증가시킴
  - 국내외적인 경제위기 또는 공공재정이 부족한 경우, 공공조달 재정지출 과정에서 위험관리가 미흡하면 재정적 위험 증가
  - 공공조달 재정지출 과정에서 횡령, 사기, 공적자금 오남용, 부패 증가
  - 조달(계약)기관의 대외적 신인도 저하, 잠재적 평판 저하가 지속될 개연성 존재
④ 공공조달의 위험관리 활동 단계

위험 식별 ▷ 위험 평가 ▷ 위험 해결(처리) ▷ 위험 모니터링 ▷ 지속적 개선

위험 식별 단계	해당 공공조달 사업과 관련해 입찰, 계약 체결과 이행, 사후관리 등 전체 과정에서 발생할 수 있는 기술적·경제적·법적 위험성 등 잠재적 위험 요소를 식별
위험 평가 단계	식별된 잠재적 위험 중 발생 빈도·확률·잠재적 파급력 등을 종합해 위험도를 평가하고, 관리 우선순위를 결정
위험 해결(처리) 단계	식별된 위험 중 실제 발생 위험을 해결하고, 높은 수준의 위험 발생 예방
위험 모니터링 단계	위험을 예방하거나 발생한 위험의 해결 방안 효과를 평가하고, 예측하지 못한 새로운 위험의 발생을 추적, 감시
지속적 개선 단계	위험관리 원칙 실행 과정에서 학습된 교훈과 변화하는 상황을 기반으로 위험관리 프로세스를 정기적으로 검토하고 개선

PART 02

⑤ 입찰담합지표분석시스템(BRIAS): 공정거래위원회에서 운영하는 것으로, 입찰 과정에서 발생할 수 있는 주요한 입찰 실패 유발 위험요인인 담합의 유형별 패턴을 사전 분석해 식별·관리

11 책임성(Accountability)

① 조달 과정에 참여하는 개인과 조직이 자신의 행동과 결정에 책임을 져야 하며, 관련 이해관계자들에게 자신의 행동을 정당화할 수 있어야 함
② 책임성 제고 방안
- 공공조달 전체 단계를 감독할 수 있도록 명확한 업무 경계를 설정
- 조달기관과 조달기업 등 공공조달 참여자와 이해관계자에게 적용할 실효성 있는 제재 방안 개발
- 공공조달 참여자와 이해관계자에게 투명하고 공정한 절차에 기반해 제기된 불만과 이의를 신속 처리
- 내부통제와 외부통제, 감사가 통합적 연계성을 유지한 채 실행되며, 이를 위해 필요한 자원을 충분히 투입
③ 책임성 미흡 시 발생 가능한 위험
- 공공조달 관련 기준과 절차에 책임성 확보 요소가 명확하게 반영되지 않음
- 공공조달 과정에서 발생하는 조달기업이 제기한 이의와 분쟁에 효과적인 대응이 약화되고 미흡한 구제 조치 등으로 불만 증가
- 내부통제 기능의 부실화, 외부통제와 감사 요구에 대응하기 위한 효과적인 감독 체계, 관리기법과 기준 등의 부재로 관리감독 기능 부실화와 오류 발생 심화
- 명확한 공공조달 절차와 성과 등에서 관리 목표가 수립되지 않고 관리 주기가 불명확하거나 실질적인 관리감독이 이루어지지 않음
- 공공조달 재정지출 통제를 통한 조달 비용 절감과 전략적 가치 달성 기회를 상실할 수 있음
- 업무 수행 결과에 따른 과도한 두려움과 위험 회피 문화로 사후적으로 발생 가능한 '결과에 따른 두려움이나 위험 회피'를 유발하는 시스템은 결과 지향적이지 않을 수 있음

12 통합(Integration)

① 전 세계적으로 공공조달은 국가 GDP의 14% 내외, 정부 재정지출의 30% 내외를 차지하면서 정부의 정책과 제도의 효과적인 운영을 지원하고 선도하는 역할을 수행
② 이 지출은 정부 등 공공부문의 주요 기능에 영향을 미치는 만큼 공공재정관리, 예산, 용역(서비스) 등 정부의 주요 업무 프로세스와 지원 시스템 간 통합이 필요
③ 정부 등 공공부문의 주요 기능과 시스템 통합 방안
- 공공조달 프로세스와 공공재정관리 절차를 결합해 재정지출의 효율성을 향상

- 공공조달 전체 단계의 프로세스와 계획 수립을 최적화하기 위해 중장기적 예산을 수립하는 등 투자가 필요
- 공공사업, 공공 – 민간파트너십(PPP), 양허를 포함해 공공조달과 유사 속성을 보유한 사업에 적합한 경우, 공공조달 원칙을 적용

④ 통합성 부족의 위험성
- 조달계획 수립 시 조달 대상 사업의 소요 재정과 인력 등 요구사항을 상세하게 반영할 수 없고, 결과적으로 정부예산 반영 가능성이 낮아짐
- 예산·조달 계획은 다년 기준이 아닌 연간 기준으로 준비되는 경우가 많기 때문에 정부의 중기 전략적 우선순위 간 일치성을 저하시키고 조달 의사결정의 유연성을 감소시킴
- 정부와 민간부문 파트너 간의 협정을 계획, 실행, 모니터링하는 것은 투명성과 청렴성 측면에서 관리 부담 증가
- 전자조달시스템이 재무관리정보시스템(FMIS)을 포함한 다른 전자정부시스템과 충분히 통합되지 않을 경우 전자조달시스템 활용성 저하 우려

01

공공조달 기본원칙이 필요한 가장 근본적 이유는?

① 민간기업 보호
② 계약 기간 단축
③ 행정 절차 간소화
④ 공공재정 사용에 대한 책임성 확보

해설

공공조달은 국민의 세금을 사용하는 행위이므로 책임성과 공익성 확보가 핵심이다.

02

비용 대비 가치(VFM)의 의미로 가장 적절한 것은?

① 최저가 구매
② 단기 비용 절감
③ 공급자 이윤 최소화
④ 생애주기 관점의 최적 가치 확보

해설

비용 대비 가치(VFM)는 총소유비용(TCO), 생애주기비용(LCC), 성과 등을 포함한 개념이다.

03

공공조달에서 경쟁성이 필요한 가장 큰 이유는?

① 가격·품질 측면의 효율성 확보를 위해
② 행정 절차를 단순화하기 위해
③ 특정 기업을 보호하기 위해
④ 계약 기간을 단축하기 위해

해설

경쟁은 가격 인하와 품질 개선을 통해 공공조달의 효율성과 효과성을 높인다.

04

차별 금지 및 동등한 대우 원칙에 가장 부합하는 설명은?

① 대기업 참여를 제한한다.
② 지역 업체를 우선 선정한다.
③ 기존 거래 업체에 가점을 부여한다.
④ 모든 업체에 동일한 기준을 적용한다.

해설

모든 공급자는 동일한 조건과 기준에 따라 평가받아야 한다.

05

공공조달에서 책임성이 강조되는 이유로 가장 적절한 것은?

① 조달 속도를 높이기 위해
② 공급자 부담을 줄이기 위해
③ 국민의 세금을 사용하기 때문에
④ 계약 실패의 책임을 회피하기 위해

해설

공공조달은 공공재정 집행이므로 의사결정과 결과에 대한 책임이 필수적이다.

06

공공조달에서 투명성 원칙의 핵심 내용으로 가장 적절한 것은?

① 조달 담당자의 재량 확대
② 계약 체결 이후 정보 공개
③ 조달 절차와 기준의 명확한 공개
④ 모든 이해관계자에 대한 정보 비공개

해설

투명성은 조달 전 과정에서 정보·절차·기준을 명확히 공개하는 것을 의미한다.

정답 01 ④ 02 ④ 03 ① 04 ④ 05 ③ 06 ③

07

투명성이 확보되지 않은 공공조달이 초래할 수 있는 결과로 가장 적절한 것은?

① 부패 및 특정 업체 특혜 발생
② 행정 효율성 증대
③ 조달 전문성 강화
④ 경쟁 심화

해설

정보 비공개와 불명확한 절차는 부패와 불공정 조달로 이어질 가능성이 크다.

08

다음 중 청렴성 확보를 위한 조치로 옳은 것은?

① 윤리 기준 및 행동강령 준수
② 조달 담당자의 재량 확대
③ 이해충돌 상황 방치
④ 비공식 협상 허용

해설

윤리 기준과 행동강령 준수는 청렴성 확보의 핵심 수단이다.

09

접근성이 부족한 공공조달이 초래할 수 있는 문제로 가장 적절한 것은?

① 시장 경쟁 촉진
② 조달 효율성 증가
③ 신규 기업 참여 확대
④ 특정 기업 중심의 구조 고착화

해설

접근성이 부족한 공공조달은 경쟁 제한과 특정 기업 독점으로 이어질 수 있다.

10

청렴성이 확보되지 않은 공공조달의 가장 심각한 문제는?

① 조달 속도 저하
② 단기 비용 증가
③ 경쟁 참여 확대
④ 공공조달 전반에 대한 신뢰 상실

해설

청렴성 훼손은 공공조달 시스템 전체에 대한 국민 신뢰를 붕괴시킨다.

11

공공조달에서 균형성 원칙의 핵심 내용으로 가장 적절한 것은?

① 1차 조달 목표와 2차 정책 목표의 조화
② 정책 목표를 무제한적으로 반영
③ 가격보다 정책 목표를 우선
④ 조달 효율성 배제

해설

균형성은 효율적 조달이라는 1차 목표와 정책 지원이라는 2차 목표 간 조화를 의미한다.

12

균형성 원칙을 고려하지 않은 공공조달의 가장 큰 위험은?

① 조달 효율성 저하와 정책 목표 실패
② 행정 절차 간소화
③ 단기 경쟁 심화
④ 계약 기간 단축

해설

정책 목표를 과도하게 반영하면 비용 증가와 조달 실패로 이어질 수 있다.

정답 07 ① 08 ① 09 ④ 10 ④ 11 ① 12 ①

13

공공조달에서 참여 원칙의 주요 목적은?

① 경쟁 제한
② 계약 절차 축소
③ 특정 기업 보호
④ 이해관계자 참여 확대

해설

참여 원칙은 다양한 주체의 조달 참여 기회를 확대하는 데 목적이 있다.

14

공공조달에서 효율성 원칙의 핵심 의미는?

① 최저가 계약 체결
② 신속한 계약 종료
③ 공급자 이윤 최소화
④ 비용 대비 최상의 가치 확보

해설

효율성은 단순히 최저가가 아닌 VFM 확보를 의미한다.

15

효율성 원칙을 준수했을 때 기대할 수 있는 효과로 옳지 않은 것은?

① 중복 절차 감소
② 비용 낭비 감소
③ 자원 활용 극대화
④ 법령 위반 가능성 증가

해설

효율성은 법령 준수를 전제로 하며 위반을 허용하지 않는다.

16

전자조달 활용의 주요 목적으로 가장 적절한 것은?

① 조달 절차의 투명성과 효율성 강화
② 조달 담당자의 재량 확대
③ 오프라인 계약 확대
④ 정보 접근 제한

해설

전자조달은 조달 절차의 투명성·접근성·효율성 강화를 동시에 달성하는 수단이다.

17

다음 중 역량 개발이 필요한 이유로 가장 적절한 것은?

① 조달 절차가 단순하기 때문에
② 정책 목표가 감소하기 때문에
③ 가격 경쟁이 사라졌기 때문에
④ 조달 환경이 복잡해지고 있기 때문에

해설

조달 환경은 복잡·고도화되고 있어 전문 역량이 필수적이다.

18

역량 개발이 미흡할 경우 발생할 수 있는 문제로 가장 적절한 것은?

① 정책 목표 달성 강화
② 조달 효율성 및 성과 저하
③ 경쟁 촉진
④ 투명성 자동 확보

해설

전문성 부족은 조달 실패(비효율적 조달과 성과 저하)로 이어진다.

정답   13 ④   14 ④   15 ④   16 ①   17 ④   18 ②

19

평가 원칙이 제대로 작동하지 않을 경우 발생할 수 있는 문제는?

① 조달 성과의 개선
② 동일한 실패의 반복
③ 정책 목표의 명확화
④ 효율성의 자동 확보

해설

평가가 없으면 개선과 환류가 불가능하며 동일한 실패를 반복할 수 있다.

20

공공조달에서 위험관리의 주된 목적은?

① 공급자 보호
② 계약 지연 유도
③ 위험의 완전 제거
④ 위험의 사전 식별과 통제

해설

위험관리는 위험을 사전에 파악하고 관리 가능한 수준으로 통제하는 것을 의미한다.

21

위험관리가 미흡한 공공조달에서 가장 발생 가능성이 높은 문제는?

① 경쟁 촉진
② 조달 성과 향상
③ 예산 낭비와 사업 실패
④ 계약 이행 안정성 확보

해설

위험관리 부재는 재정 손실과 조달 실패로 이어질 가능성이 높다.

22

공공조달에서 책임성 원칙의 핵심 내용은?

① 의사결정과 결과에 대한 설명 책임
② 조달 실패 시 책임 면제
③ 계약 종료 후 책임 소멸
④ 공급자에게 책임 전가

해설

책임성은 의사결정과 조달 결과에 대해 설명하고 책임지는 것을 의미한다.

23

책임성이 약화된 공공조달이 초래할 수 있는 가장 심각한 결과는?

① 절차 단순화
② 조달 속도 증가
③ 국민 신뢰 상실
④ 경쟁 확대 촉진

해설

책임성 약화는 공공조달 전반에 대한 신뢰 붕괴로 이어진다.

24

다음 중 통합 원칙이 요구되는 이유로 가장 적절한 것은?

① 경쟁 제한을 위해
② 정책 목표 축소를 위해
③ 중복과 비효율 방지를 위해
④ 조달 담당자의 권한 강화를 위해

해설

통합은 분절된 조달 운영으로 인한 중복과 비효율을 줄인다.

정답 19 ② 20 ④ 21 ③ 22 ① 23 ③ 24 ③

25

통합이 이루어지지 않은 공공조달의 문제점으로 가장 적절한 것은?

① 정책 목표와 조달 운영 간 괴리
② 전략적 조달 강화
③ 책임성 자동 확보
④ 성과 관리 용이

해설

통합 부재는 정책 목표와 조달 운영 간 단절을 초래한다.

26

다음 중 OECD가 제시한 공공조달 실행원칙에 해당하지 않는 것은?

① 투명성
② 효율성
③ 최저가 원칙
④ 전자조달 활용

해설

최저가 원칙은 조달 방식의 하나이지 OECD가 제시한 공공조달 실행 원칙에 포함되지 않는다.

27

공공조달 실행원칙이 필요한 가장 근본적인 이유는?

① 기본원칙을 실제 조달 현장에서 구현하기 위해
② 계약 담당자의 재량을 확대하기 위해
③ 조달 절차를 복잡하게 하기 위해
④ 공급자 수를 제한하기 위해

해설

실행원칙은 기본원칙을 실제 조달 현장에서 작동하도록 만드는 실천 기준이다.

28

다음 중 실행원칙들이 지향하는 궁극적 목표는?

① 계약 체결 자체
② 공급자 이윤 극대화
③ 전략적 공공조달 실현
④ 조달 절차의 형식적 준수

해설

실행 원칙은 공공조달을 전략적 정책 수단으로 작동시키기 위한 것이다.

29

공공조달에서 실행원칙을 무시한 채 정책 목표만 과도하게 반영할 경우 발생할 수 있는 문제는?

① 공정성 강화
② 효율성 자동 확보
③ 전략적 조달 강화
④ 목표 과부하와 조달 실패

해설

실행원칙 부재는 비용 증가와 성과 저하로 이어진다.

01	비용 대비 가치(VFM)는 최저가 낙찰과 동일한 개념이다.	(○ , ×)
02	경쟁성은 공공조달의 효율성을 높이는 핵심 원칙이다.	(○ , ×)
03	차별 금지 원칙은 국제 정부조달 규범에서도 중요하게 다뤄진다.	(○ , ×)
04	공공조달에서 투명성은 공정성과 경쟁성 확보의 선행조건이다.	(○ , ×)
05	균형성은 공공조달의 효율성과 정책 지원 기능을 동시에 고려하는 원칙이다.	(○ , ×)
06	참여 원칙은 접근성과 투명성 원칙과 밀접하게 연계된다.	(○ , ×)
07	효율성 원칙은 공공조달의 비용 대비 가치 실현과 직결된다.	(○ , ×)
08	전자조달은 투명성과 접근성을 동시에 강화하는 실행원칙이다.	(○ , ×)
09	평가는 공공조달의 지속적 개선을 위한 핵심 수단이다.	(○ , ×)
10	위험관리는 조달 완료 이후 감사 단계에서만 필요하다.	(○ , ×)

PART 02

01 ×
VFM은 가격뿐 아니라 성과와 품질을 종합적으로 고려한다.

02 ○
경쟁을 통해 가격 인하와 품질 개선 효과가 발생한다.

03 ○
차별 금지 원칙은 GPA 등 국제협정의 핵심 원칙이다.

04 ○
투명성이 확보되어야 공정 경쟁과 동등한 대우가 가능하다.

05 ○
균형성은 두 목표 간 조화를 전제로 한다.

06 ○
정보 접근과 절차 공개가 전제되어야 참여가 가능하다.

07 ○
효율성은 VFM 달성을 핵심 목표로 한다.

08 ○
전자조달은 정보 공개와 접근성 제고가 핵심 효과이다.

09 ○
평가 결과는 제도 개선으로 환류되어야 한다.

10 ×
위험관리는 사전·중·사후 전 과정에 적용된다.

CHAPTER

02

경쟁적 공공조달 방법

01 개요

1 조달 실행 방법

① 공급할 업체를 어떻게 선정할 것인지에 따라 결정
② 경쟁 여부에 따라 경쟁적 방법과 비경쟁적 방법으로 구분

2 유엔국제거래법위원회(UNCITRAL)의 공공조달모델법

구분	주요 내용	장점	단점
공개입찰	잠재적 공급업체가 특정 프로젝트나 용역(서비스)에 대한 입찰참가를 공개적 요청	• 경쟁 기반의 투명성과 효율성 확보 • 자격 있는 공급업체의 공공조달 참여 확대	• 절차적, 형식적 요건의 경직성 • 상대적 기간 소요가 많아 절차 지연
제한입찰 (선별입찰)	사전 자격 심사를 거친 특정 공급업체 또는 계약업체로 제한	조달 과정이 복잡하거나 전문적이거나 다수의 입찰을 평가하는 경우에 소요되는 비용과 시간 절감	과도한 제한요건은 입찰 참가를 제한할 수 있음
견적요청	• 조달기관이 잠재적 공급업체에 가격 견적 요청 • 요건 명확, 가격 비교에 중점	조달기관이 가장 비용 효율적인 옵션을 비교하고 선택 가능	• 비용 증가 및 비용 대비 가치 저하 가능 • 특정 업체 편향 등 부정 행위 발생 가능성 • 복잡하거나 혁신적 조달 사업에 부적합
2단계 경쟁	• 1단계에서 자격과 경험을 평가 • 2단계에서는 가격, 설계, 납품 계획 포함한 세부 제안서 평가	• 참여 유도 및 경쟁 촉진 • 보다 나은 조달 결과 도출 가능	• 절차 복잡, 지연 가능, 초기비용 증가, 2단계에서 경쟁 감소 • 평가 방법과 기준에 따라 자격 제한 가능
협상 없는 제안요청	잠재적 공급업체가 제안서를 제출하고, 조달기관이 협상 없이 제안서를 평가	공정하고 투명하며 경쟁적인 선정 과정	• 잠재적 비용 증가 • RFP 불명확 시 실질적 투명성 저하 • 유연성 부족
대화기반 제안요청	최종 제안서를 제출하기 전에 최종 후보로 선정된 입찰자들과 논의를 통해 프로젝트 요건과 해결책 구체화	최적의 해결책이 처음부터 명확하게 드러나지 않는 복잡한 프로젝트에 유용	• 비용 증가, 편향 가능성 • 투명한 절차 유지의 어려움 발생 가능

연속협상 제안요청	• 가격 및 비가격 요소를 모두 고려하여 평가 • 가장 높은 순위의 제안 자부터 순차적으로 협상 진행	순차적 협상을 통해 적합한 조달기업 선정	• 선 순위 기업의 발주기관 요구 수용에 따른 부담 증가 • 입찰 시 최상의 조건 미제시 가능성
경쟁적 협상 (경쟁적 대화)	최초 입찰서 제출 후 입찰 자와 협상하여 제안 내용을 수정하고 개선(유연성 확보)	요건(과업 내용)을 명확히 하기 위해 유연성이 필요하거나 최초 입찰이 불규칙하거나 수용할 수 없을 때 사용	투명성 부족으로 부패와 비용 증가 가능
전자적 역경매	여러 공급업체가 최저가를 제시하기 위해 경쟁하는 온라인 실시간 구매 기법	비용 절감 효과 기대	• 품질 저하, 공급업체와 관계 저하 등 • 소규모 혁신적 기업의 참여 배제 가능성
단독/단일 공급원조달	• 경쟁입찰 과정 없이 특정 공급 업체로부터 구매하는 방법 • 특정 상황이나 제품 또는 용역(서비스)의 고유한 특성으로 인해 특정 공급업체 선정이 불가피할 경우	절차를 간소화하여 신속하고, 기존 관계를 활용할 수 있는 잠재력 제공	• 투명성 저하 • 비용 증가 가능성

02 경쟁적 조달 방법

1 공개입찰(일반경쟁)

① 필수적 입찰공고 내용
- 중립적이고 명확한 기술사양
- 자격을 갖춘 관심 있는 모든 잠재적 입찰자에게 개방
- 객관적인 입찰참가자격 기준을 제시
- 정부조달협정 등에 따라 국내 또는 국제적으로 공고
- 명확하고 객관적인 평가기준을 제시

② 공개입찰 절차의 단점
- 조달 작업 완료까지 긴 시간이 소요됨
- 엄격하고 경쟁적인 절차 준수 요구
- 명확하고 정확한 기술사양을 작성할 수 있는 기존 내부 역량이 있는 것으로 가정
- 기술사양 결정 과정에서 공급업체의 참여 제한
- 공급업체와 장기적인 관계 구축 가능성 제한

- 최소 비용 솔루션에만 집중
- 혁신 제약
- 과도한 형식주의로 잠재적 입찰기업의 입찰 과정 참가 제한

③ 공개적 조달 절차의 특징
- 최대한 다수의 조달기업 풀을 구성하고 입찰에 참여하도록 해 공공조달의 핵심적 실행원칙인 투명성, 공정성, 청렴성, 경쟁성을 확보하는 데 적합 ⇒ 대부분의 중요한 입찰에 적합한 방식
- 비용 대비 가치와 공공조달 이해관계자로부터 높은 수준의 신뢰성을 확보하는 데 적합
- 다양한 구체적 입찰 방법인 견적(RFQ), 제안요청(RFP), 2단계 입찰, 기본협정(FA: Framework Agreement) 등 대부분의 절차에 적용
- 입찰에 참여할 수 있는 자격이나 요건의 제한을 최소화하는 방식이 적용
- 공공조달의 원칙인 경쟁성과 접근성, 차별금지, 공정한 대우를 구현하는 기본적인 방법
- 입찰에 제한 없이 참여할 수 있다고 해서 모든 기업이 평가를 받을 기회를 얻는다는 것을 의미하지는 않음

2 선별적 입찰 절차

① 기본적으로 공개입찰 절차와 동일하나, 입찰참가자격 중 일정 요건을 갖춘 조달기업만 참가
② 경쟁성 확보를 위해 최소 3개 이상의 조달기업이 초대되는 것이 일반적
③ 선별적 입찰 절차가 오남용되는 경우 공공조달의 기본원칙인 경쟁성, 접근성, 차별 금지, 동등한 대우 원칙에 위배될 위험성이 매우 큼

3 제한적 입찰 절차

① 국가적 비상사태 또는 보안, 긴급상황, 공익을 위한 편의성, 연속성(예비부품, 추가, 확장) 또는 특수한 요구사항이 필요한 경우 등에 예외적으로 활용

더 알아보기 제한적 입찰 절차를 통해 특정 기업과 직접 계약하는 경우

(1) Single Contracting: 조달기관이 요구하는 특정한 복수의 기업이 존재하는 상황에서 가장 적합하다고 판단하는 하나의 조달기업을 선정해 계약을 체결하는 방법
(2) Sole Source Contract: 하나의 조달기업과 계약을 체결한다는 형식에서는 동일하나 해당 조달 대상물과 관련해 공급 가능한 조달기업이 많이 존재하지 않거나 선택할 수 없는 상황에서 특정한 1개 독점적 공급원과 계약을 체결하는 방법
(3) 두 방법은 외견상 동일한 형태의 직접계약 방식이나 특정 기업을 선택하는 단일기업 계약은 조달기관에게 상대적으로 유리한 가격조건, 계약조건 등을 설정할 수 있는 반면, 공급자가 단독으로 존재하는 단독공급기업 계약은 상대적으로 조달기업에 유리한 가격조건과 계약조건이 설정될 수 있음

② 우리나라는 제한적 입찰 절차 진행과 관련해 제한경쟁입찰을 통해 수행 경험, 기술, 전문 인력, 자격, 면허 등을 갖춘 조달기업에만 참여를 허용하는 방식을 경쟁 방법 중 하나로 적용

③ **수의계약**: 가장 높은 수준의 제한적 입찰 절차로 볼 수 있으며, 특정 조달기업을 지정해 공급하도록 하는 방법

> 📍 **더 알아보기** **공공조달의 구체적 실행 방식**
>
> (1) 구분: 경쟁적 조달 방법과 비경쟁적 조달 방법
> (2) 경쟁적 조달 방법의 원칙적 적용: 모든 공공조달은 경쟁을 기반으로 한 입찰 절차가 원칙. 다만, 공공조달 원칙을 위배하지 않고 조달 대상물을 신속하게 확보할 필요가 있는 경우 예외적으로 비경쟁적 방법 허용
> (3) 경쟁적 조달 방법(Competitive Procurement)
>   • 조달 전 과정에서 절차, 기준, 정보를 모든 이해관계자에게 공개하여 실행
>   • 공개입찰과 공개 평가를 중심으로 운영
> (4) 비경쟁적 조달 방법(Non-competitive Procurement)
>   • 조달기관이 공급업체를 직접 선택하거나 특정 공급업체로 경쟁 범위를 제한
>   • 대표적 방식: 수의계약
> (5) 두 조달 방법의 적용 관계
>   • 원칙적으로 경쟁적 조달 방법이 우선 적용
>   • 실제로는 각 방법의 장단점을 고려하여 조달사업 목적에 가장 적합한 방식을 선택·병행 활용
> (6) 경쟁입찰의 의미와 중요성
>   • 경쟁입찰은 공공조달 기본원칙 중 경쟁성을 구현하는 핵심 수단
>   • 시장에서 형성된 적정 가격으로 적합한 공급업체로부터 조달 대상물을 확보할 수 있는 가장 유리한 방법
> (7) 조달기관 관점에서 입찰 절차는 공공조달 단계 중 가장 중요하고 영향력이 큼 → 조달 의사결정 시 입찰방법 검토가 최우선 사항
> (8) 일반적 입찰방법 유형
>   • 공개경쟁입찰
>   • 선택경쟁입찰
>   • 제한경쟁입찰
> (9) 예외적 비경쟁 방식: 조달 대상물의 특수성, 전문성, 공급 가능 기업의 희소성이 큰 경우 단일 기업과의 협상, 견적을 통한 직접 구매 가능
> (10) 우리나라의 입찰 및 계약 방식
>   • 경쟁적 조달 방법: 일반경쟁(공개), 지명경쟁(선별), 제한경쟁
>   • 비경쟁적 조달 방법: 수의계약(특정 기업과 단독으로 직접 계약)

➕ plus

경쟁적 조달 방법의 장점 및 한계

장점	• 조달 절차 전반의 공개적 진행 • 조달기업의 참여 기회 확대 • 경쟁성 강화 • 투명성 확보
한계	• 조달 기간이 길어질 수 있음 • 문서 작성 및 행정 부담 증가

1 개요

① **경쟁적 입찰 절차 실행의 핵심**: 공급업체 선정방법과 연계한 구체적 입찰 방법 결정이 중요
② **적절한 입찰 방법 선택을 위한 주요 고려요소**
- 조달기관의 임무 및 해당 조달사업의 요구사항
- 조달 대상물의 품목 특성
- 시장상황
- 조달의 시급성
- 사업 이행에 요구되는 기술 수준
③ **경쟁적 조달에 따른 대표적 입찰 유형**
- 공개(일반)경쟁
- 지명(선택)경쟁, 제한경쟁
④ **경쟁적 입찰의 주요 실행 방식**
- 제안요청(RFP: Request for Proposal)
- 2단계 입찰(Two-Stage Tendering)
- 경쟁적 대화(Competitive Negotiation)
- 전자적 역경매(ERA: Electronic Reverse Auction)

2 제안요청(RFP: Request For Proposal)

① **2개 봉투(Two Envelope)로 구성된 조달 방식**
- 입찰자가 기술제안서와 가격제안서를 각각 작성
- 조달기업이 수요기관의 요구사항을 충족하기 위해 구체적인 대안을 제안
- 기술제안서 평가 → 기술제안서 통과자의 가격제안서 평가 → 기술제안서 평가점수 + 가격 평가점수 합산 → 기준 점수 이상 최고점자를 우선협상대상자로 선정하고 협상을 진행
② **협상 없는 제안요청(RFPWN: Request For Proposal Without Negotiation)**
- 제안서를 평가한 후 별도의 협상 없이 낙찰자를 결정하는 방법
- 공급자 선정이 가격 요소와 비가격 요소(기술적 전문성, 자격, 과거 수행 경험 등)에 따라 이루어지는 평가 방법
- 제안요청서(RFP)에 공개된 평가기준에 따라 기술제안서 평가점수와 가격 평가점수를 합산해 가장 높은 점수를 받은 입찰자를 공급자로 선정하고 계약 체결
- 국내 운영 중인 제도: 적격심사제도(적격심사를 위해 제출하는 서류가 사실상 정량적 자료 중심의 기술제안서에 해당)
③ **대화 기반 제안요청(RFPWD: Request For Proposal With Dialogue)**
- 가장 만족스러운 솔루션을 얻기 위해 입찰자 간 대화를 통해 요구사항을 구체화하는 방식

➕ plus

- 제안요청 방법은 대부분의 국가에서 전문적인 기술, 지식, 경험이 필요한 컨설팅형 서비스[지식기술 기반 전문용역(서비스)]의 조달에 주로 적용
- 제안요청과 유사한 방법으로 볼 수 있는 2단계 입찰 방식은 물품, 비컨설팅 서비스[인력 투입 중심 용역(서비스)]나 공사 조달에 주로 활용

➕ plus

제안요청 평가방법 4가지 유형

- 품질 · 비용기반선정(QCBS: Quality and Cost-Based Selection): 기술제안서의 품질과 해당 조달사업에 소요될 예산(가격제안서의 가격)을 모두 고려하는 공급업체 선정 방법
- 품질기반선정(QBS: Quality-Based Selection): 단순히 가격이 아닌 전문성, 경험, 기술력을 바탕으로 가장 적격한 품질의 조달 대상물을 공급할 수 있는 업체를 선정하는 방법
- 고정예산선정(FBS: Fixed Budget Selection): 조달기관이 해당 조달사업에 고정된 예산을 배정하고, 해당 예산 범위 내에서 가장 우수한 품질의 제안서를 제출한 조달기업을 선정하는 방법(기본적으로 배정된 예산 범위 내에서 입찰가가 가장 높은 조달기업이 선정)
- 최소비용선정(LCS: Least Cost Selection): 최소 기술 요건을 충족하는 제안서 중 가장 낮은 가격을 제시하는 제안서를 우선적으로 선정하는 방법(기본적으로 실제 입찰가격이 가장 큰 가중치를 갖지만, 최소 품질기준은 반드시 충족해야 함)

- 최종 대화 단계를 통해 도출된 제안요청 내용 관련 최고 제안을 한 조달기업을 공급업체로 선정하는 절차
- 적용이 효과적인 경우
  - 조달 대상물의 제안요청 내용을 상세화, 공식화하기가 곤란해 조달기업과 대화를 통해 향상된 제안요청 내용을 도출하고, 이에 따른 제안을 유도할 필요가 있는 경우
  - 연구, 실험, 연구개발을 목적으로 계약 체결이 필요한 경우
  - 공개입찰 절차를 통해 제안요청을 시행했으나, 입찰서 미제출 등으로 입찰이 취소된 경우
- 제안서 평가와 공급업체 선정 과정
  - 제안요청서(RFP)에 명시된 사전 평가기준에 따라 기술제안서 평가 후 대화순위를 결정해 대화진행 결과를 반영한 최고 제안 내용을 담은 제안서 접수
  - 대화 순위에 포함된 입찰기업이 대화 후 제출한 최고 제안 내용을 담은 입찰서를 가격제안서와 함께 평가
  - 사전 공개된 평가기준에 따라 조달기관의 요구사항을 가장 잘 충족하는 입찰자를 공급업체로 선정
- 국내 운영 중인 유사 제도: 경쟁적 대화에 의한 계약

④ **연속협상 제안요청**(RFPWCN: Request For Proposals With Consecutive Negotiations)

- 제안서를 제출한 조달기업의 기술적 제안서를 평가해 일정 기준을 충족하는 다수의 업체가 선정되면, 평가 순위에 따라 가격조건을 충족하는 업체를 공급업체로 선정
- 연속협상 기반 제안요청의 적용 여부는 기술제안서를 제출할 수 있는 충분한 수의 기업이 존재하는지에 달려 있음
- 국내 운영 중인 제도: 협상에 의한 계약(정보과학기술 등 집약도가 높은 지식을 활용해 고부가가치를 창출하는 지식기반사업의 계약을 체결하는 경우)

⑤ **경쟁적 협상**(Competitive Negotiations)

- 해당 조달 대상물을 공급할 수 있는 자격을 갖춘 다수의 조달기업과 조달기관이 협상을 통해 조달기관의 요구를 명확히 하거나 개선한 제안요청 내용을 완성하고 최종적으로 협상된 제안 내용을 기준으로 가장 우수한 제안서를 제출한 입찰자를 공급업체로 선정하는 방법
- 시간이 많이 소요되어 긴급성이 있는 조달 대상물의 적용에는 부적합

3 **2단계 입찰**(Two-Stage Tendering)

① 기술제안서와 가격제안서를 동시에 제출하는 것이 아니라 각각 별도로 제출(제안서 제출이 두 단계로 진행)

② 2단계 입찰 방법의 장단점

장점	• 잠재적 입찰자인 조달기업이 입찰공고문의 기술사양과 과업범위 정의에 참여할 수 있으므로 공급업체를 선정하고 계약을 체결하는 데 유연한 접근방법 • 우선협상대상자는 해당 요건을 잘 이해하고 있을 개연성이 높으므로, 계약이행 과정에서 발생할 수 있는 위험을 감소 • 예비협상대상자는 기술제안과 설명 논의를 통해 과제의 기술사양과 작업범위를 개선하기 위해 제안할 수 있음 • 입찰 2단계의 기간을 단축 • 합의된 기술사양과 작업 범위에 맞춰 기술적 접근 방식과 방법론을 조정할 수 있음 • 예비협상대상자가 기술사양과 작업범위 정의에 조기 참여하여 위험 최소화 • 기술사양과 과업범위의 합의가 성립한 후에 2단계에서 안정적으로 검토된 가격 제안서를 제출 • 계약은 합의된 기술사양과 과업범위를 기반으로 협상 • 우선협상대상자의 자격이 1단계 입찰과정에서 검증되므로 계약 이행 역량 관점에서 신뢰성이 높음
단점	• 입찰 절차가 2단계로 진행되므로 조달 대상물의 공급 시점까지 장기간이 소요 • 최고 순위 입찰자 간 2단계 협상 과정의 복잡성과 난도가 높아질 경우 장기화될 수 있음 • 기술사양 협상과 과업범위 확정 과정에서 가격이 인상되거나 2단계 협상 과정에서 수요기관과 조달기업이 대립할 개연성이 있음 • 우선협상대상자가 선정되면 경쟁이 종료되므로 협상 결과에 따라 계약가격이 상승하는 등의 영향을 받을 수 있음

③ 2단계 제안요청 방법 적용이 적합한 경우
- 조달 전에 완전한 기술사양을 마련하기가 어려운 경우
- 조달기관의 요구사항을 기준으로 최적의 대안을 확보하기 위해 계약조건이나 기술사양 등을 개선할 필요가 있으며, 그에 따라 공급 역량을 갖춘 조달기업과 논의가 필요한 경우
- 공개입찰 절차를 진행했음에도 입찰서가 제출되지 않았거나 조달이 취소된 경우
- 제안요청 내용을 보완해 새로운 입찰 절차를 진행하지 않아 입찰 성립 가능성이 낮은 경우

4 전자적 역경매(ERA: Electronic Reverse Auction)

① 여러 공급업체가 상품이나 용역(서비스)의 최저가를 제시하기 위해 경쟁하는 온라인 실시간 구매 기법
② 가격을 낮춰 입찰하므로 비용절감 효과 기대
③ 품질 저하, 공급업체와 관계 저하, 소규모 혁신적 기업의 참여 배제 개연성

단원별 출제예상문제

01

경쟁적 공공조달 방법의 원칙적 적용 이유로 가장 적절한 것은?

① 계약 이행 기간을 단축하기 위해
② 특정 공급자의 기술을 보호하기 위해
③ 조달기관의 행정 부담을 최소화하기 위해
④ 공공조달의 기본원칙인 경쟁성과 투명성을 구현하기 위해

해설

경쟁적 조달 방법은 다수의 공급자 참여와 공개 절차를 통해 경쟁성과 투명성을 확보하기 위한 원칙적 방법이다.

02

경쟁적 조달 방법의 단점으로 가장 적절한 것은?

① 경쟁성 약화
② 계약 투명성 저하
③ 조달기업 참여 제한
④ 행정 절차로 인한 시간 지연 가능성

해설

표준화된 공개 절차 적용으로 문서 준비 및 절차 수행에 시간이 소요될 수 있다.

03

경쟁입찰 절차의 역할에 대한 설명으로 옳은 것은?

① 조달 의사결정에서 가장 핵심적인 단계이다.
② 계약 체결 이후 단계에서 중요성이 크다.
③ 조달 단계 중 영향력이 가장 낮다.
④ 기술 평가 단계만을 의미한다.

해설

입찰 절차는 공급자 선정과 직결되며, 조달 성과에 결정적 영향을 미친다.

04

경쟁적 조달 방법을 적용할 때 조달기관이 우선적으로 검토해야 할 사항은?

① 사후 감사 계획
② 입찰 방법의 선택
③ 계약 변경 가능성
④ 계약 이행 관리 방안

해설

조달 의사결정 시 가장 먼저 검토해야 할 사항은 적합한 입찰 방법의 선택이다.

05

우리나라에서 채택하고 있는 경쟁입찰 방식의 조합으로 옳은 것은?

① 일반경쟁, 제한경쟁, 수의계약
② 공개경쟁, 지명경쟁, 제한경쟁
③ 공개경쟁, 협상경쟁, 직접계약
④ 선택경쟁, 단독협상, 공개입찰

해설

우리나라는 일반(공개), 지명(선별), 제한경쟁 방식을 채택하고 있다.

06

경쟁입찰이 공공조달의 기본원칙 중 '경쟁성'을 구현하는 방식으로 가장 적절한 것은?

① 협상을 통한 조건 조정
② 특정 기업을 사전에 선정
③ 조달기관 재량에 따른 업체 지정
④ 다수 공급자 간 경쟁을 통한 공급자 선정

해설

경쟁입찰은 공급자 간 경쟁을 통해 경쟁성 원칙을 실현한다.

정답 　01 ④　02 ④　03 ①　04 ②　05 ②　06 ④

07

다음 중 경쟁적 조달 방법의 구체적 실행방식에 해당하지 않는 것은?

① 제안요청(RFP)
② 2단계 입찰
③ 경쟁적 대화
④ 수의계약

해설

수의계약은 비경쟁적 조달 방법에 해당한다.

08

경쟁적 대화(Competitive Negotiation) 방식이 주로 활용되는 경우로 가장 적절한 것은?

① 긴급 소액 조달
② 단순 반복 구매
③ 표준화된 상용제품 조달
④ 조달기관이 요구사항을 명확히 정의하기 어려운 경우

해설

경쟁적 대화는 복잡하거나 혁신적인 조달사업에 적합하다.

09

전자적 역경매(ERA: Electronic Reverse Auction)의 핵심 특징으로 옳은 것은?

① 협상을 통해 계약조건을 조정한다.
② 실시간 경쟁을 통해 가격을 낮춘다.
③ 기술 점수만으로 낙찰자를 결정한다.
④ 공급자가 가격을 점진적으로 인상한다.

해설

전자적 역경매(ERA)는 전자 시스템을 통해 공급자 간 가격 경쟁을 유도한다.

10

다음 중 경쟁적 조달 실행방식과 주된 평가 초점의 연결로 가장 적절한 것은?

① ERA - 기술 협상
② RFP - 가격 단일 기준
③ 경쟁적 대화 - 수의계약
④ 2단계 입찰 - 기술 적합성 후 가격 평가

해설

2단계 입찰은 기술 검토 후 가격 경쟁을 진행한다.

11

경쟁적 대화 방식의 장점으로 가장 적절한 것은?

① 복잡한 요구사항에 대한 해결방안 도출 가능
② 조달 담당자의 재량 확대
③ 행정 절차의 단순화
④ 조달 기간 단축

해설

경쟁적 대화는 기술적·계약적 불확실성이 높은 경우 효과적이다.

12

RFP 방식에서 평가기준을 사전에 명확히 제시해야 하는 이유로 가장 타당한 것은?

① 협상 가능성을 높이기 위해
② 평가자의 재량을 확대하기 위해
③ 투명성과 공정성을 확보하기 위해
④ 계약 변경을 용이하게 하기 위해

해설

사전에 평가기준을 명확히 제시하는 것은 투명성과 동등대우 원칙 확보를 위한 필수 요소이다.

정답 07 ④ 08 ④ 09 ② 10 ④ 11 ① 12 ③

13

다음 중 경쟁적 조달 방법과 비경쟁적 조달 방법의 관계에 대한 설명으로 가장 타당한 것은?

① 두 방법은 상호 배타적으로 운영된다.
② 비경쟁적 방법이 항상 우선 적용된다.
③ 조달기관의 선택에 따라 무제한 적용 가능하다.
④ 경쟁적 방법을 원칙으로 하되, 예외적으로 비경쟁적 방법이 허용된다.

해설

경쟁적 조달이 원칙이며, 공공조달 원칙을 저해하지 않는 범위에서 예외적으로 비경쟁적 방법이 허용된다.

14

경쟁적 조달 방법이 투명성 확보에 기여하는 이유로 가장 적절한 것은?

① 평가 결과만 공개되기 때문에
② 계약조건을 사후에 공개하기 때문에
③ 절차 전반이 공개적으로 진행되기 때문에
④ 조달 담당자의 전문성에 의존하기 때문에

해설

경쟁적 조달 방법은 절차·기준·정보가 공개됨으로써 투명성이 확보된다.

15

경쟁적 조달 실행방식의 선택과 관련한 설명으로 가장 타당한 것은?

① 조달 담당자의 선호에 따라 선택한다.
② 모든 조달사업에는 동일한 입찰방식을 적용해야 한다.
③ 가격 경쟁이 가능한 경우에도 경쟁적 대화가 우선된다.
④ 조달 대상물의 복잡성과 시장상황을 종합적으로 고려해야 한다.

해설

입찰방식 선택은 대상물 특성, 시장상황, 기술 수준 등을 종합적으로 고려해야 한다.

16

조달기관이 경쟁적 조달 방법을 선택할 때 가장 유의해야 할 점으로 적절한 것은?

① 행정 편의성
② 특정 기업 보호
③ 조달 기간 단축 여부
④ 공공조달 원칙 준수 여부

해설

경쟁적 조달은 공공조달의 목표와 원칙 준수를 전제로 선택되어야 한다.

17

경쟁적 조달 방법의 적용이 부적절할 수 있는 예외적 상황으로 옳은 것은?

① 조달 대상물의 전문성과 희소성이 매우 높은 경우
② 다수 공급자가 존재하는 경우
③ 표준화된 물품의 조달인 경우
④ 시장 경쟁이 활발한 경우

해설

공급 대상물의 전문성과 희소성이 매우 높아 공급 가능 기업이 극히 제한된 경우에는 비경쟁적 방식이 허용될 수 있다.

18

경쟁입찰을 통해 기대할 수 있는 효과로 옳지 않은 것은?

① 시장가격 반영
② 공급자 경쟁 촉진
③ 조달 투명성 강화
④ 계약 변경의 자유 확대

해설

경쟁입찰은 계약 변경의 자유 확대와 직접적인 관련이 없다.

정답 13 ④ 14 ③ 15 ④ 16 ④ 17 ① 18 ④

19

다음 중 부적절한 경쟁적 조달 실행방식을 선택함으로 인해 발생할 수 있는 위험으로 옳은 것은?

① 경쟁성 강화
② 투명성 향상
③ 공급자 참여 확대
④ 조달 실패 가능성 증가

해설

대상물의 특성과 부합하지 않는 입찰방식은 조달 실패로 이어질 수 있다.

20

전문성과 복잡성이 높은 용역을 제한경쟁 방식으로 추진할 경우 발생할 수 있는 문제로 가장 적절한 것은?

① 가격 경쟁 과열
② 공급자 과다 참여
③ 평가 기준 단순화
④ 적격 공급자 부족으로 인한 조달 실패

해설

전문 역량을 갖춘 공급자가 충분하지 않으면 조달 실패 위험이 커진다.

21

경쟁적 조달 실행방식의 적정성 확보가 의미하는 바로 가장 적절한 것은?

① 행정 절차를 최소화하는 것
② 특정 기업을 보호하는 것
③ 가격을 최우선으로 고려하는 것
④ 기술·가격·계약 요건을 종합적으로 고려하는 것

해설

적정성은 기술적·가격적·계약적 요건의 균형을 의미한다.

22

경쟁적 조달 실행방식의 적절한 관리를 통해 조달기관이 달성할 수 있는 목표로 옳지 않은 것은?

① 책임성 확보
② 조달 실패의 위험 완화
③ 이해관계자의 신뢰 확보
④ 조달 담당자의 재량 확대

해설

경쟁적 조달은 담당자의 재량 확대가 아니라 책임성과 객관성 확보를 목표로 한다.

23

다음 사례에 가장 적합한 경쟁적 조달 실행방식은?

> 조달기관은 고도의 전문성과 창의적 해결방안이 필요한 공공 IT 플랫폼 구축 사업을 추진 중이며, 사업 범위와 기술 요구사항을 사전에 명확히 정의하기 어렵다.

① 경쟁적 대화
② 공개경쟁 입찰
③ 전자적 역경매
④ 최저가 낙찰제

해설

요구사항이 불명확하고 복잡한 사업은 경쟁적 대화 방식이 적합하다.

정답 19 ④ 20 ④ 21 ④ 22 ④ 23 ①

01	경쟁적 조달은 원칙적으로 모든 이해관계자에게 절차와 기준을 공개한다.	(○ , ×)
02	경쟁적 조달에서는 항상 최저가 입찰자가 선정된다.	(○ , ×)
03	제안요청(RFP) 방식은 기술과 가격을 종합적으로 평가하는 경쟁적 조달 실행방식이다.	(○ , ×)
04	2단계 입찰에서는 1단계에서 가격 평가가 이루어진다.	(○ , ×)
05	경쟁적 대화 방식은 조달기관이 요구사항을 명확히 정의하기 어려운 경우에 적합하다.	(○ , ×)
06	전자적 역경매는 주로 기술 경쟁을 강화하기 위한 제도이다.	(○ , ×)
07	경쟁적 조달 실행방식의 선택은 조달 대상물의 특성과 시장상황을 고려해 이루어져야 한다.	(○ , ×)
08	비경쟁적 조달은 경쟁적 조달이 곤란한 경우에 한해 예외적으로 허용된다.	(○ , ×)
09	경쟁적 조달과 비경쟁적 조달은 조달 목적 달성을 위한 상호 보완적 수단이다.	(○ , ×)

OX 퀴즈 | **정답 및 해설**

01 ○
공개성은 경쟁적 조달의 핵심 요소이다.

02 ×
경쟁적 조달에는 종합평가 방식 등 다양한 선정 기준이 존재한다.

03 ○
RFP는 대표적인 종합평가 방식이다.

04 ×
1단계는 기술적 적합성 평가가 중심이다.

05 ○
경쟁적 대화 방식은 복잡·혁신 조달에 효과적인 방식이다.

06 ×
전자적 역경매(ERA)는 가격 경쟁을 강화하는 제도이다.

07 ○
조달 실패를 방지하기 위한 핵심 원칙이다.

08 ○
공공조달 운영의 기본원칙이다.

09 ○
두 방식은 상황에 따라 병행하여 활용될 수 있다.

비경쟁적 공공조달 방법

01 개요

① **적용**: 조달기관이 특정 공급업체를 직접 선택해서 필요한 조달 대상물을 공급받는 경우

② **적용 사례**
- 시간이 부족한 상황에서 공익적 긴급성
- 조달 대상물의 기술적 전문성
- 맞춤형 특화 용역(서비스) 등 조달 요구의 특수성이 높은 경우
- 특허, 저작권 등 지적재산권 보호 필요
- 기존에 공급된 조달 대상물 간 호환성이 중요한 경우

③ **비경쟁적 조달 방법의 장단점**

장점	• 절차와 기간이 짧기 때문에 신속한 조달이 가능 • 특화된 조달 대상물 접근성이 높아지기 때문에 조달기관에 적합한 조달 대상물을 확보할 가능성이 높음 • 민감한 사안이 포함된 조달사업에서 비밀 보장 • 기존에 검증된 공급자 간 관계를 강화
단점	• 경쟁 과정에서 검증과 조정이 이루어지지 않아 과도한 비용을 지불할 개연성 • 절차와 기준이 공개되지 않기 때문에 공정성 의문이나 특정 기업의 특혜 논란 발생 등 투명성 저하 • 반복적으로 실행될 경우 특정 공급기업에 과도한 의존성이 발생해 장기적으로 안정적 공급 위협

④ **비경쟁적 조달 방법의 구체적 실행 방식**
- 견적요청 방법
- 단독(Sole Source)・단일(Single Sorce) 공급자를 결정해서 직접 계약하거나 특정 공급업체와 직접 계약하는 방법

02 견적요청(RFQ: Request For Quotation)

① 가격 외 다른 선정기준을 고려할 필요성이 크지 않은 경우에 적합

② **견적요청 절차**
- 공정성과 투명성을 확보하기 위해 사전 표준화된 견적요청 문서를 작성해 최소 3명 이상의 입찰자가 참여할 수 있도록 요청
- 표준화된 서면 견적요청 문서에는 조달기관에서 요구하는 품질, 수량, 조건, 납품기간 같은 구체적인 요구사항과 기타 특별한 계약조건을 명확하게 제시

- 입찰자에게 실질적인 참여를 보장하기 위해 견적을 준비하고 제출할 충분한 준비기간 부여(일반적으로 5일 내외) 및 입찰자가 견적서를 제출한 이후에는 이를 변경하거나 추가 협상 불허
- 가장 낮은 가격을 제출한 입찰자를 낙찰자로 선정(견적 가능한 최저 가격 수준을 설정하는 경우도 있음)

③ 견적요청의 장단점

장점	• 조달기간 및 선정기간 단축 • 응답 가능성 향상
단점	• 오남용될 경우 부적정하게 집행될 개연성(수요기관이 견적요청하므로) • 특정 조달기업으로부터 신속히 공급받기 위해 적용 가능한 수준으로 수량, 금액 등을 분할해 오남용할 개연성이 존재 • 특정 소수의 기업에 의존

03 단독공급원 조달(수의계약) 및 소액구매

1 단독공급원 조달(수의계약)

① 단독공급원 조달 방법: 해당 조달 대상물을 생산 또는 공급할 수 있는 조달기업이 유일한 경우, 그 조달기업으로부터 공급받는 방식

② 구분: 단독공급원 조달과 단일공급(Single Source Procurement) 조달 방법

단독공급원 조달	조달 대상물의 공급요건을 충족하는 업체가 단 하나만 존재
단일공급 조달	수요기관이 요구하는 조달 대상물을 공급할 수 있는 다수의 조달기업이 존재함에도 전략적인 관계 구축 목적 등으로 하나의 기업을 직접 선택해 계약을 체결하는 방법

⇒ 경쟁 배제로 공공조달의 주요 기본원칙(투명성, 공정성, 효율성 등)이 저하될 수 있으므로 예외적인 상황에서만 사용

③ 직접조달 방법 적용이 적합한 경우
- 천재지변으로 발생한 재난 같은 비상상황에서 이를 예방하고 복구하기 위해 필요한 조달 대상물 공급
- 수요기관의 요구사항이 적정하게 설정되었다는 전제하에 해당 요구를 충족할 수 있는 조달기업 또는 개인이 하나만 존재한다고 객관적으로 인정할 수 있는 경우
- 특허, 호환성 또는 지식재산권 등 배타적 권리에 따라 다른 조달기업이나 개인으로부터 조달할 수 없는 상황이거나 기존 업무를 안정적으로 연속성 있게 수행하는 것이 적합하다고 인정되는 경우
- 경쟁 기반의 입찰방법을 적용하는 것보다 직접 계약방법을 적용하는 것이 객관적으로 명백히 유리한 경우
- 해당 조달 대상물을 생산, 공급하는 조달기업이 단 하나만 존재하는 경우

- 공공조달 관련 법령 등에 명시된 조건을 충족해 직접조달 방법의 법적 정당성이 확보된 경우

2 소액구매

① **유엔(UN)**: 5,000달러(사전 승인을 받은 경우 최대 1만달러)
② **미국**: 국내에서 체결되는 경우 1만달러, 국외에서 체결되는 경우 3만 5,000달러
③ **우리나라**: 정부구매카드(500만원 내외), 정부유류구매카드
④ **소액구매의 장점**
- 경쟁적 조달 절차 이행과정에서 발생하는 시간, 비용, 인력 등을 감소시켜 거래 비용을 절감
- 대량으로 발생하는 유사한 소규모 구매 수요를 효과적으로 처리
- 소규모 구매와 관련된 관리 부담을 크게 감소

01

비경쟁적 공공조달 방법의 가장 본질적인 특징으로 옳은 것은?

① 국제입찰을 원칙으로 한다.
② 공개입찰 절차를 필수로 한다.
③ 특정 공급자를 선정하여 계약한다.
④ 다수 공급자 간 경쟁을 전제로 한다.

해설

비경쟁적 조달은 경쟁을 전제로 하지 않고 특정 공급자와 직접 계약하는 방식이다.

02

다음 중 비경쟁적 공공조달 방법이 원칙적으로 허용되지 않는 경우는?

① 긴급 재난 대응
② 표준 규격의 반복적 구매
③ 국가 안보와 직결된 조달
④ 대체 공급자가 존재하지 않는 경우

해설

표준 규격의 반복적 구매는 경쟁적 조달이 원칙이다.

03

비경쟁적 조달 방법이 경쟁적 조달에 비해 가지는 일반적 장점으로 가장 적절한 것은?

① 투명성 강화
② 경쟁성 확보
③ 절차의 신속성
④ 가격의 객관성

해설

비경쟁적 조달은 절차가 간소하여 신속한 조달이 가능하다.

04

비경쟁적 조달 방법이 공공조달의 기본원칙과 충돌할 가능성이 가장 큰 이유는?

① 경쟁 제한
② 조달 비용 증가
③ 계약 기간 단축
④ 공급자 책임 증가

해설

경쟁 제한은 공공조달의 기본원칙인 투명성과 공정성의 저하 위험을 수반한다.

05

다음 중 비경쟁적 공공조달 방법의 대표적인 형태는?

① 공개경쟁입찰
② 제한경쟁입찰
③ 지명경쟁입찰
④ 수의계약

해설

수의계약은 대표적인 비경쟁적 조달 방식이다.

06

수의계약의 적용 요건으로 가장 적절하지 않은 것은?

① 긴급성
② 경쟁 가능성
③ 대체 불가능성
④ 기술적 특수성

해설

경쟁 가능성이 있다면 경쟁적 조달이 원칙이다.

정답   01 ③   02 ②   03 ③   04 ①   05 ④   06 ②

07

다음 중 비경쟁적 조달 방법 적용 시 조달기관이 가장 중점적으로 관리해야 할 사항은?

① 계약 기간
② 공급자의 기업 규모
③ 기본원칙의 훼손 여부
④ 계약 금액의 증가 가능성

해설

비경쟁적 조달은 투명성과 공정성 등 기본원칙의 훼손 위험이 크므로 엄격한 관리가 필요하다.

08

비경쟁적 조달 방법의 법적 성격에 대한 설명으로 옳은 것은?

① 경쟁적 조달과 동일한 법적 지위를 가진다.
② 경쟁적 조달의 예외로 제한적 허용된다.
③ 경쟁적 조달의 보조적 수단이다.
④ 국제 기준에서 금지된다.

해설

비경쟁적 조달은 경쟁적 조달의 예외로 제한적으로 허용된다.

09

다음 중 비경쟁적 조달 방법을 선택할 때 요구되는 조달기관의 태도로 가장 적절한 것은?

① 재량 확대
② 절차 단축 우선
③ 공급자 편의 고려
④ 객관적 사유에 대한 명확한 기록

해설

비경쟁적 조달은 사후 감사 대비를 위해 근거 기록이 필수이다.

10

비경쟁적 조달이 공공조달 성과에 미치는 영향에 대한 설명으로 가장 적절한 것은?

① 항상 효율성을 높인다.
② 항상 비용을 증가시킨다.
③ 경쟁적 조달보다 우월하다.
④ 상황에 따라 긍정·부정적 영향을 모두 가질 수 있다.

해설

비경쟁적 조달은 적용 상황에 따라 성과가 달라진다.

11

다음 중 비경쟁적 조달 방법의 남용을 방지하기 위한 제도적 장치로 가장 적절한 것은?

① 공급자 추천제도
② 경쟁 절차 간소화
③ 계약 금액 상한 설정
④ 사전·사후 통제 및 감사 강화

해설

통제와 감사는 비경쟁적 조달의 핵심 관리수단이다.

12

비경쟁적 조달 방법을 경쟁적 조달과 병행 활용해야 하는 이유로 가장 타당한 것은?

① 조달 목적 달성을 위한 유연성 확보
② 조달 담당자의 재량 확대
③ 행정 편의성 확보
④ 국제 기준 회피

해설

상황에 따른 유연한 조달 전략이 필요하다.

정답   07 ③   08 ②   09 ④   10 ④   11 ④   12 ①

13

특허권, 저작권 등으로 인해 대체 공급자가 없는 경우 적용 가능한 조달방식은?

① 일반경쟁입찰   ② 제한경쟁입찰
③ 지명경쟁입찰   ④ 수의계약

해설

대체 불가능성은 비경쟁적 조달의 핵심 요건으로, 수의계약이 대표적인 비경쟁적 조달 방법이다.

14

수의계약 적용 시 조달기관이 반드시 확보해야 할 사항으로 가장 적절한 것은?

① 최저 가격
② 공급자의 시장 지위
③ 계약 기간의 장기성
④ 적용 사유에 대한 객관적 근거

해설

수의계약은 적용 사유의 객관성과 근거 기록이 필수이다.

15

다음 중 수의계약 적용이 가장 부적절한 사례는?

① 긴급 복구 공사
② 특정 기업과 반복적 계약
③ 국가 안보 관련 특수 장비 구매
④ 대체 기술이 없는 전문 소프트웨어 도입

해설

반복적 수의계약은 남용으로 평가될 수 있다.

16

경쟁적 조달과 비경쟁적 조달의 관계에 대한 설명으로 옳은 것은?

① 두 방식은 동등한 원칙이다.
② 비경쟁적 조달이 우선 적용된다.
③ 경쟁적 조달은 국제조달에만 적용된다.
④ 경쟁적 조달이 원칙, 비경쟁적 조달은 예외이다.

해설

공공조달의 기본 구조는 경쟁적 조달 원칙, 비경쟁적 조달 예외이다.

17

감사 관점에서 비경쟁적 조달이 중점 점검 대상이 되는 이유로 가장 적절한 것은?

① 계약 기간이 짧아서
② 기술 수준이 낮아서
③ 경쟁 제한 가능성이 높아서
④ 국제 기준이 적용되지 않아서

해설

경쟁 제한은 부패·위법 위험을 높이므로 중점 점검 대상이 된다.

18

다음 중 감사 시 위법 소지가 가장 큰 사례는?

① 긴급 재난 복구를 위한 수의계약
② 특허 기술 도입을 위한 수의계약
③ 경쟁 가능함에도 편의상 수의계약
④ 국가 기밀 관련 계약

해설

정당한 사유 없는 수의계약은 위법 소지가 크다.

19

수의계약과 관련한 설명으로 옳지 않은 것은?

① 절차가 간소하다.
② 경쟁성은 제한된다.
③ 예외적으로 허용된다.
④ 항상 공공조달 원칙을 위반한다.

해설

수의계약은 원칙의 예외이나, 요건 충족 시 허용된다.

정답   13 ④   14 ④   15 ②   16 ④   17 ③   18 ③   19 ④

최종점검 OX 퀴즈

01 경쟁적 조달은 투명성과 공정성 확보에 유리하다.　　(○ , ×)

02 비경쟁적 조달은 경쟁적 조달을 대체하는 일반적 방식이다.　　(○ , ×)

03 비경쟁적 조달은 공공조달 감사에서 고위험 영역으로 분류된다.　　(○ , ×)

04 비경쟁적 조달이라 하더라도 절차·기준·근거는 명확히 남겨야 한다.　　(○ , ×)

05 수의계약은 대표적인 비경쟁적 공공조달 방법이다.　　(○ , ×)

06 비경쟁적 공공조달 방법은 공공조달의 기본원칙을 전혀 적용받지 않는다.　　(○ , ×)

01 ○
경쟁적 조달은 공개 절차가 핵심이므로 투명성·공정성 확보에 유리하다.

02 ×
비경쟁적 조달은 경쟁적 조달의 예외적 방식이다.

03 ○
비경쟁적 조달은 경쟁 제한과 재량 확대 때문에 고위험 영역으로 분류된다.

04 ○
책임성과 투명성 확보를 위한 필수 조건이다.

05 ○
수의계약은 특정 공급자와 직접 계약하는 방식으로 대표적인 비경쟁적 공공조달 방법이다.

06 ×
예외적 방식이라도 기본원칙은 적용된다.

03

전달조달시스템

CHAPTER **01**

전자조달시스템 개요

01 전자조달시스템(e-Procurement System) 개념

1 개념

① 인터넷 등 정보통신 네트워크를 기반으로 물품·용역(서비스)·공사의 소싱, 구매, 계약, 지불 등 조달 전 과정을 전자적으로 처리하는 시스템의 집합
② 공공조달 관점에서 전자조달시스템은 공공조달 프로세스를 실행하고 관리하기 위해 전자적으로 정보를 처리하고 분석하는 시스템을 의미
③ 전자조달시스템은 공공조달의 투명성, 경쟁성, 효율성, 책임성을 제고하고, 조달 관련 정보의 공개성과 접근성을 강화하는 핵심 인프라로 기능

2 도입 목적

① 비용 절감
② 업무 효율성 향상
③ 조달 과정의 가시성 및 관리 수준 제고

3 정의

세계은행	"정부가 공공부문에서 요구하는 공사, 상품, 컨설팅 서비스를 조달하기 위해 공급업체와 조달관계를 수행하는 데 정보기술(특히 인터넷)을 사용하는 것"
EU	"공공조달 프로세스에 초점을 맞추어 공공조달 절차 전반에 걸친 정보통신기술(ICT)에 기반한 공공조달 업무처리시스템"

4 전자조달시스템으로 구현되는 공공조달 절차

5 세계의 평가

우리나라의 국가종합전자조달시스템(KONEPS)은 2002년 서비스 개통 이후 유엔 전자정부 대상 등을 수상하면서 전세계적으로 모범적 구축, 운영 사례로 평가

＋ plus

전자조달시스템의 도입 배경

- 행정 효율성 부족: 기존 조달업무는 서류 제출, 수작업 처리 중심으로 진행되어 업무 속도가 느리고 오류 발생 가능성이 높았음
- 투명성과 신뢰성 확보 필요: 조달 과정에서 정보 비공개와 불투명성이 문제로 지적되었고, 공정한 경쟁을 보장하기 위한 제도적 장치가 필요했음
- 디지털 기술 발전: 인터넷과 ICT 기술의 발전으로 전자적 방식의 조달이 가능해지면서, OECD 등 국제기구에서도 공공조달의 디지털화를 권고함
- 국가 정책적 요구: 정부는 전자정부 11대 과제 중 하나로 국가종합전자조달시스템(나라장터)을 2002년 구축하여, 조달행정을 아날로그에서 디지털 기반으로 전환함

☑ Check Q&A

전자조달시스템 도입의 주요 목적과 가장 거리가 먼 것은?

① 비용 절감
② 업무 효율성 향상
③ 조달 과정의 가시성 제고
④ 공급자 이윤 극대화

정답 ④

전자조달시스템은 공공조달의 효율성과 관리 강화를 위한 것이지 공급자 이윤 극대화가 목적은 아니다.

02 전자조달시스템 유형

1 전자조달시스템의 도입

① 1970년대 후반부터 공공조달 데이터 수집 및 추적 목적으로 미국의 "연방조달데이터시스템(FPDS)" 등 도입

② 1980년대와 1990년대 들어서 캐나다, 영국, 미국, EU, 한국 등 여러 국가에서 공공조달 성과를 개선하고 자동화 및 표준화를 촉진하기 위해 EDI와 같은 전자적 통신수단을 기반으로 한 문서처리 플랫폼을 사용하기 시작 ⇒ 업무 완료에 필요한 시간과 인적 오류 발생 가능성을 줄이기 위해 종이 기반 프로세스에서 탈피 시도

③ 2000년대 중반, 입찰 단계에 초점을 맞춘 다양한 전자조달 솔루션의 광범위한 도입 및 활용과 함께 본격적인 변화 시작

④ 2014년까지 모든 OECD 국가는 조달 입찰공고를 공개하고 하나 이상의 전자조달 플랫폼을 도입했으며, 대부분은 법적으로 활용을 의무화

⑤ 2005년 영국의 조달청은 전자조달시스템을 전자적 소싱(e-Sourcing) 시스템과 전자적 구매(e-Purchsing) 시스템 등 2가지 유형으로 범주화

2 전자적 소싱(e-Sourcing) 시스템

① **개념**: 공공조달 대상물을 제공할 공급자를 찾고 평가하는 과정 등 소싱 활동 지원에 초점을 맞춘 시스템

② **주요 기능**: 공급업체 데이터베이스, 전자적 입찰(e-Tendering), 평가(e-Evaluation), 협업(e-Collaboration), 협상(e-Negotiation) 기능 외에도 전자적 경매(e-Auction), 계약관리(Contract Management) 업무와 관련한 기능도 지원

③ 전자적 소싱 시스템의 목적
- 조달 절차의 투명성 강화
- 공급업체의 참여 기회 확대
- 경쟁성 제고를 통한 합리적 가격 형성
- 조달 과정의 표준화 및 기록 관리 강화

④ **주로 적용되는 조달 단계**: 조달 기획 이후 입찰·경쟁·선정 단계

3 전자적 구매(e-Purchasing) 시스템

① **개념**: 이미 계약된 공급업체 또는 조달 대상물을 대상으로 주문, 계약 이행, 납품, 대금 지급 등 구매·집행 단계를 전자적으로 처리하는 시스템

② **주요 기능**: 전자 주문 및 발주, 전자 계약 및 계약 관리, 납품 확인 및 검수, 전자 세금계산서·대금 지급

③ 전자적 구매 시스템의 목적
- 반복적·정형적 구매 업무의 효율성 제고
- 구매 집행 과정의 신속성·정확성 확보
- 행정비용 및 처리시간 절감(구매, 지불 과정의 관리 수월성과 실행 효율성 확보)
④ 주로 적용되는 조달 단계: 계약 체결 이후 구매·이행·지급 단계

4 전자적 소싱과 전자적 구매 시스템의 구분

전자적 소싱	경쟁 중심 / 전략적 단계
전자적 구매	집행 중심 / 운영적 단계

⇒ 두 유형은 분리되기도 하나, 현대 전자조달시스템에서는 통합적으로 연계되어 운영되는 경우가 많음

03 전자조달시스템 운영 환경

1 공공조달 지출 분석

① 전자조달시스템을 어떤 시스템 유형으로 구현할 것인지는 공공조달 지출 분석에 기반해 결정하는 것이 효과적
② 지출 분석
- 공공조달 지출규모(Spend), 시장의 난이도(Difficulty) 차원
- 시장의 난이도: 복잡성(Complexity), 위험(Risk)
③ 공공조달 지출 유형: 2개 차원에 포함된 3가지 요소(지출규모, 시장의 복잡성 및 위험)에 따라 기술적, 전략적, 인수, 레버리지 등으로 분류

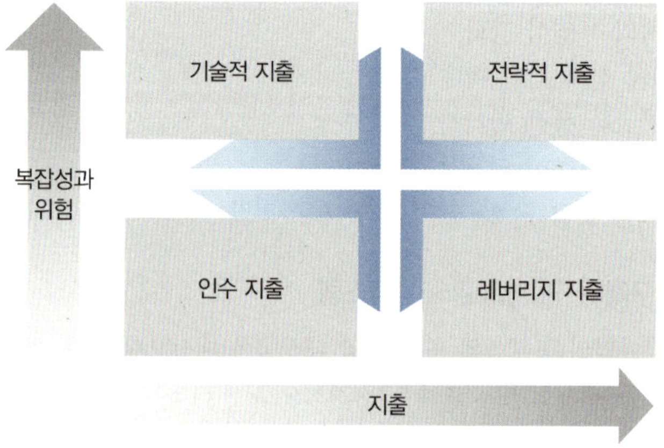

2 기술적(Technical) 지출 유형: 높은 복잡성과 위험, 낮은 지출

① 기술적 복잡성이 높고 공공조달시장 내 경쟁의 약화로 정부의 구매력이 상대적으로 낮은 상황에서 독점적 공급으로 높은 가격이 형성될 수 있는 시장
② 조달 대상이 고도의 기술·전문성을 요구하는 유형 .
③ 공급업체 수가 제한적이며, 기술적 대체 가능성이 낮음
④ **주요 목표**: 기술 적합성 확보, 품질·성능 중심 조달(가격보다는 기술 평가, 전문성 검증이 중요)
⑤ 제한경쟁, 협상 방식, 기술 평가 중심 입찰 활용
⑥ 전자조달시스템 구축은 계약관리와 수요관리에 중점[인소싱(In-Sourcing)이 선호될 수 있음]

3 전략적(Strategic) 지출 유형: 높은 복잡성과 위험, 높은 지출

① 전자조달시스템 전환은 제안 요청, 관심 표명, 혁신 촉진, 공개입찰과 장기적 관계 수립, 제휴 계약 프로세스에 중점을 두고 검토하는 체제가 효과적
② 조달 대상의 전략적 중요도가 매우 높은 유형으로, 공급 위험도 역시 높음
③ 대체가 어렵고, 공공서비스의 성과·안정성에 직접적 영향
④ **주요 목표**: 장기적 안정성 확보, 공급자와의 협력적 관계 구축, 위험 관리
⑤ 장기계약, 협상, 파트너십 중심 조달 방식 활용

4 인수(Acquisition) 지출 유형: 낮은 복잡성과 위험, 낮은 지출

① 조달 대상의 전략적 중요도와 공급 위험이 모두 낮은 유형
② 표준화된 물품·용역이 주 대상
③ 다수의 공급업체가 존재하여 대체 가능성이 높음
④ **주요 목표**: 행정 효율성, 조달 절차의 신속성, 거래비용 최소화
⑤ 전자조달시스템의 구축은 거래 효율성을 향상할 수 있는 전자카탈로그(e-Catalogue), 전자지불(e-Payment), 업무흐름(Workflow) 관리 기능에 중점을 두는 것이 효과적

5 레버리지(Leverage) 지출 유형: 낮은 복잡성과 위험, 높은 지출

① 조달 대상의 전략적 중요도는 낮지만, 지출 규모가 큰 유형
② 공급업체 수는 비교적 충분하나, 조달 규모로 인해 가격 영향력이 큼
③ **주요 목표**: 가격 경쟁을 통한 비용 절감, 협상력을 활용한 조건 개선
④ 전자적 경매(e-Auction), 견적(e-Quoting), 기본협정(Framework Agreement) 등을 활용하는 방안이 효과적

1 전자조달시스템의 발전

① 전자조달: 광의적으로 공공조달의 운영적, 전술적, 전략적 조달을 지원하기 위한 전자적 데이터 처리를 의미

② 전자조달시스템 발전 5단계

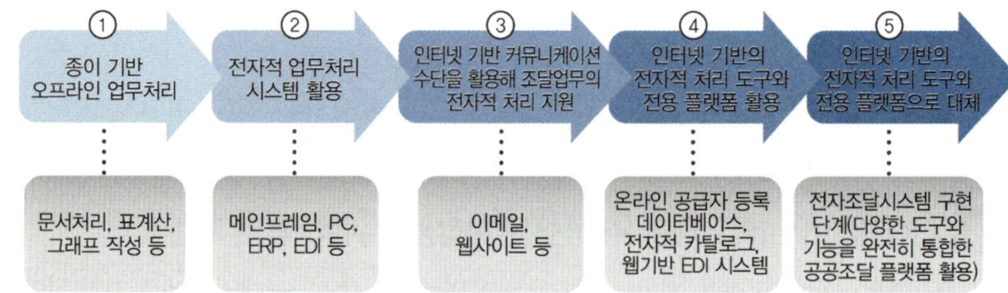

2 전자조달 도구 및 프로그램(애플리케이션)

① 전통적 공공조달 프로세스를 지원하는 전자시스템

- 문서 기반의 오프라인 중심으로 실행되던 공공조달 프로세스를 메인프레임, 개인용컴퓨터(PC), 전자데이터교환(EDI), 전사적 자원관리(ERP) 시스템 등을 활용해 지원하는 전자조달시스템 구현 단계 도구
- 목적: 행정 효율성 제고, 업무처리 속도 향상, 기록 관리 및 책임성 강화
- 특징: 조달 절차의 보조적 수단, 제도 혁신보다는 운영 효율 개선에 초점
- 주요 전자적 도구와 프로그램(애플리케이션)

EDI (전자데이터 교환)	서로 다른 두 조직의 컴퓨터 프로그램 간에 전자메시지를 교환
확장형 마크업 언어 (XML)	월드와이드웹(WWWW)에서 문서를 쉽게 교환
월드와이드웹 (WWW)	텍스트, 그래픽, 애니메이션, 비디오가 포함된 '웹페이지'를 저장하고 배포하는 '웹서버'로 구성
전사적 자원관리시스템 (ERP)	• 회사 또는 조직의 운영과 관련된 다양한 비즈니스 관행, 프로세스, 업무 흐름을 통합하고 자동화하는 경영정보시스템 • ERP시스템을 활용해 공공조달 환경에서는 조달-지불(Procure-to-Pay) 프로세스의 전자적 처리 기능 구현
전자메일 (e-mail)	• 전자메시지를 교환하는 인터넷 기반 애플리케이션 • 초기 제안서의 전자적 접수 수단으로 활용되었으나, 실제 운영과정에서 인터넷 연결의 안정성, 수신 제안서의 무결성과 보안 수준에 따라 활용성이 크게 제약

② 전통적 조달 프로세스를 대체하는 인터넷 도구 및 플랫폼

- 기존 공공조달 절차의 일부 또는 전부를 인터넷 기반 도구로 대체
- 특징: 반복적·소액·표준화된 구매에 적합, 조달 소요 시간 단축, 거래 절차 간소화
- 유의점: 공공조달의 기본원칙(투명성·경쟁성·책임성)을 훼손하지 않도록 제도적 통제 필요
- 전자조달시스템을 활용하기 위한 본격적인 지원 도구 및 플랫폼

전자소싱 (e-Sourcing) 도구	조달기관이 전자적인 방식으로 다양한 공급업체의 제안, 견적, 입찰 등을 비교해 가장 적합한 공급업체를 선정할 수 있도록 지원
전자입찰 (e-Tendering) 도구	기존 종이 입찰서 대신 전자적 입찰서를 작성해 송수신할 수 있는 기능
전자경매 (e-Auction)	• 계약단계를 지원 • 전자경매(순방향 전자경매)는 판매자가 더 높은 가격에 판매하는 데 목표를 두고, 역경매(Reverse Auction)는 구매자가 낮은 가격에 구매하는 것을 목표
전자주문 (e-Ordering)과 웹기반 ERP	계약 체결과 계약 관리를 지원
전자적 정보 (e-Informing) 제공	인터넷 기술을 사용해 내외부 당사자와 조달정보를 수집하고 배포하는 프로세스(조달 프로세스의 특정 단계와 직접적인 관련은 없음)

③ 전자입찰 및 보완적 도구 활용 방식

- 경쟁적 조달의 핵심 단계인 입찰 절차를 전자적으로 구현
- 전자입찰, 전자제안서 제출, 전자평가, 전자역경매 등 포함
- 효과: 경쟁성 및 투명성 강화, 평가의 객관성 제고
- 보완적 도구는 가격·기술 평가, 계약·사후관리 기능을 지원
- 전자입찰 도구

전자역경매 (e-Reverse Auction)	국내의 경우, 전자역경매 방식은 채택하지 않고 있음
전자카탈로그 (e-Catalogue)	• 가구, 복사장비, 교육훈련 서비스, 사무실 청소 서비스 구매는 전자카탈로그를 활용하는 대표적 조달 대상물에 해당 • 국내의 경우, '종합쇼핑몰'이 전자카탈로그 기능을 구현한 시스템
동적구매시스템 (DPS: Dynamic Purchasing System)	조달기관이 장기간에 걸쳐 물품이나 용역(서비스), 공사를 전자적으로 구매할 수 있도록 지원하는 전자적 도구

☑ **Check Q&A**

전통적 공공조달 프로세스를 지원하는 전자시스템의 특징으로 가장 적절한 것은?

① 기존 조달 절차를 인터넷 플랫폼으로 전면 대체한다.
② 공공조달 법·제도를 변경하여 운영한다.
③ 기존 조달 절차를 유지하면서 전자적으로 지원한다.
④ 민간 B2B 거래 방식을 그대로 도입한다.

정답 ③

해당 시스템은 절차를 바꾸지 않고 전자적으로 보조·지원하는 방식이다.

➕ **plus**

전자카탈로그 개념
- 전자 형식으로 열람, 구매할 수 있는 상품이나 용역(서비스)을 나열한 웹사이트 등의 형태
- 그림, 가격, 상품·용역(서비스) 설명 등의 정보를 포함할 수 있음
- 거래, 관리 비용을 절감하고, 주문 절차를 간소화하며, 허가된 시스템 외부에서 이루어지는 무단 구매를 줄일 수 있음
- 다른 플랫폼과 상호 운용이 가능해야 함

3 민간 온라인 플랫폼(B2B)과 통합 및 연계

① 인터넷 등 정보통신 네트워크와 기술발전, 구매 행동의 변화에 따라 소비자 중심의 플랫폼 도입과 연계를 추진(공공 전자조달시스템과 민간 B2B 플랫폼을 연계하여 민간시장의 효율성과 혁신적 거래 방식 활용)

② 미국의 GSA: 상업용 플랫폼 프로그램(Commercial Platform Program)을 운영하고, 민간부문의 B2B 온라인 플랫폼을 활용해 공공조달 요건을 충족하는 다양한 상업용 상품을 공급하는 업체를 등록하고, 조달기관이 이를 통해 구매할 수 있도록 함

③ 기대 효과: 공급자 풀 확대, 중소기업 참여 확대

④ 주의사항: 공공조달 원칙과 민간 플랫폼 운영 논리 간 충돌 가능성, 법·제도적 정합성 확보 필요

---

05 전자조달시스템 표준 기능 및 요구사항

1 공공조달시스템의 표준 기능과 요구사항

전자조달계획 (e-Procurement Plan)	적절한 업무 영역을 설정하고, 설정된 업무별로 조달 방법과 예산, 업무 내에서의 카테고리 분류 기능 보유
전자게시/알림 (E-Publishing/ Notifications)	입찰, 견적 등에 대한 공고문 게시 및 변경 공고, 추가 고시 등의 기능과 규격서, 과업지시서, 계약조건 등 세부적인 입찰정보 제공 기능 및 입찰 공고에 대한 상세한 검색 기능과 공고 변경 및 정정 공고에 대한 알림 기능 등 제공
전자입찰모듈 (E-Tendering Module)	행위자 일방의 장비나 내부 서버의 시스템 시계에 의존하지 않는 표준시를 기반으로 한 타임스탬프를 객관적으로 증명할 수 있는 형태로 유지·관리
전자평가/낙찰 (E-Evaluation/ Award)	• 투찰서의 사전 열람 불가 등 절차 및 시간과 관련한 접근 통제 기능 • 각 업무 단계별 이의제기 또는 취소 프로세스와 이에 따른 프로세스 변경 기능
전자계약관리 (E-Contract Management)	재정정보시스템(FMIS)과 통합 또는 연계
공급업체관리 (Vendor Management)	• 입찰참가를 위한 공통 자격조건과 사업별 특성에 맞는 입찰참가자격을 부여하고 관리 • 신용평가정보, 이행실적정보, 각종 결격사항 정보 등 관리 및 종합쇼핑몰 등록 품목에 대한 "계약이행실적" 정보 관리
경매(Auction)	전자입찰 기능(전자역경매 기능은 운영 실효성이 낮아 채택하지 않음)

2 조달 포털(웹 포털) 기능

① 공급업체, 구매자 등록부
② 부서별 연간 조달 계획
③ 다가올 입찰 초대 관련 조기 경고통지(일반 조달 통지), 현재 입찰 기회 목록(특정 조달 통지)
④ 계약 수주, 입찰 문서 업로드 알림
⑤ 입찰 업로드
⑥ 입찰 추적 기능
⑦ 지능형 검색, 입찰 매칭 기능

3 공급업체와 조달기관 등록 데이터베이스

공급업체	전자조달시스템에 등록함으로써 공식적인 입찰참가자격을 확보하고, 기타 시스템에서 제공하는 서비스를 이용
조달기관	시스템에 등록함으로써 입찰공고 게시, 평가, 전자주문 등 조달과 구매를 위한 기능을 활용

4 전자통지 및 전자정보 제공 서비스

① 전자조달시스템의 전자적 통지 기능을 통해 조달계획, 입찰계획과 관련한 문서를 작성하고 게시할 수 있음
② 필요한 경우 적합한 참가자격을 갖춘 공급업체에 통지하거나 직접 문서를 다운로드할 수 있는 기능을 제공

5 전자입찰 관련 구성요소

① 공급업체가 게시된 입찰공고에 따른 참가 준비를 하고 전자입찰서를 제출할 수 있도록 지원
② 보안(암호화 기술)이 중요

6 전자경매(e-Auction)와 전자역경매(e-Reverse Auction)

① 전자역경매 방법은 주로 가격 외 고려사항이 중요하지 않은 상용화·표준화된 범용적 상품 조달에 활용하는 데 적합
② 전체 가격 제안에 영향을 미칠 수 있는 기술적 평가 매개변수가 적용되는 복잡한 입찰에는 부적합

7 전자견적, 전자구매, 전자지불 도구

① 상대적으로 낮은 가치를 지니면서 일상적으로 대규모 활용이 이루어지는 물품이나 용역(서비스), 공사 등에 적합
② P2P 도구의 이용은 경매나 입찰 프로세스가 적합하지 않은 소액의 물품이나 용역(서비스) 조달, 계약에 적합

8 전자카탈로그(e-Catalogue)

① 전통적인 전자입찰, 전자견적, 경매 등의 방식보다 진보된 전자구매 프로그램
② 조달기관의 관점에서 전자카탈로그는 공급업체 관리 카탈로그를 통해 원하는 상품을 신속하게 검색하고, 요구사항 문서를 작성하며, 공급업체를 식별할 수 있도록 구축
③ 전자카탈로그의 상품 분류코드와 식별코드가 중요하며, '유엔 표준 제품 및 서비스 분류체계(UNSPSC)'를 주로 사용

9 정부 구매카드(P – Card: Purchasing Card)

① 신용카드와 유사하며, 조달기관의 구매 담당자에게 제공
② 특정 범주의 품목, 특정 거래 가치, 특정 기간 내에서 구매한도를 설정해 운용하는 경우가 일반적
③ 장점: 거래 수수료 절감 가능, 공급업체는 보다 낮은 가격으로 공급하고자 노력, 현금 흐름을 개선해 경영 안정성 확보에 도움

10 전자지불(e-Payment) 및 전자영수증(e-Receipt)

① 공급업체에 지불하는 경우: 전자자금이체(EFT) 또는 구매카드 기능 등으로 지불
② 공급업체의 수수료, 보증금 등 납부 요청 영수증에 따른 지불: 등록·거래 수수료, 입찰·계약 이행 보증증권, 환불 등의 기능은 신용카드나 직불카드, 인터넷뱅킹, 전자자금이체, 은행창구 입금 등의 방법으로 구현

11 전자파일 관리와 업무흐름(Workflow) 관리

① 모든 전자조달시스템은 전자적 조달업무, 계약업무 처리와 관련된 전자문서를 공통 형식으로 변환해 데이터베이스에 저장
② 파일 관리: 시스템의 보안과 안정성에 중요한 역할 수행
③ 업무흐름 관리: 승인 프로세스(재무, 법률, 수신)에 관련된 모든 당사자에게 문서를 전자적으로 라우팅해 계약관리 지원

06 전자조달시스템 도입 성과

1 행정 효율성 및 비용 절감

① 조달 절차의 전자화로 처리 시간 단축
② 문서 작성·제출·보관 비용 감소
③ 반복 업무 자동화로 행정 부담 완화
④ 조달 인력·시간·비용의 효율적 활용

2 투명성·청렴성 강화

① 조달 전 과정의 전자적 기록·공개
② 입찰·평가·계약 과정의 추적 가능성 확보
③ 부정·부패 발생 가능성 감소
④ 공공조달에 대한 국민 신뢰 제고

3 경쟁성 및 참여 확대

① 지리적·시간적 제약 완화
② 조달기업의 입찰 접근성 향상
③ 중소기업 및 신규 기업의 참여 확대
④ 경쟁 촉진을 통한 조달 품질 및 가격 개선

4 책임성 및 성과 관리 강화

① 계약 이행 과정의 체계적 관리
② 사후 평가 및 성과 분석 가능
③ 감사 및 점검 대응력 향상
④ 조달 성과에 대한 명확한 책임 구조 형성

5 정책 지원 및 관리

① 공공조달 데이터를 활용한 정책 분석
② 사회적·환경적 가치 반영 여부 관리
③ 조달 성과의 정책 환류 가능
④ 공공조달의 전략적 활용 기반 마련

✔ **Check Q&A**

전자조달시스템 도입으로 기대되는 행정 효율성 성과로 가장 적절한 것은?

① 계약 절차 복잡화
② 문서 관리 비용 증가
③ 조달 처리 시간 단축
④ 공급자 수 감소

정답 ③
전자화는 시간·비용 절감 효과를 가져온다.

PART 03

01

전자조달시스템(e-Procurement System)의 가장 기본적인 정의로 옳은 것은?

① 민간기업의 구매관리 시스템
② 전자결제만을 수행하는 시스템
③ 국제무역을 위한 전자상거래 플랫폼
④ 조달 전 과정을 전자적으로 처리하는 시스템

해설

전자조달시스템은 소싱, 구매, 계약, 지불 등 조달 전 과정을 전자적으로 처리하는 시스템이다.

02

다음 중 전자조달시스템이 기존 종이 기반 조달방식과 비교해 가지는 특징으로 가장 적절한 것은?

① 수작업 중심 처리
② 계약 이후 단계 제외
③ 전자적 업무처리 기반
④ 절차의 비공개성 강화

해설

전자조달시스템은 종이 기반 업무를 전자적 처리 방식으로 전환한 것이다.

03

전자조달시스템이 단순 구매 기능을 넘어 지원하는 영역으로 옳은 것은?

① 회계 감사
② 인사 관리
③ 조세 행정
④ 전략적 소싱 및 공급망 관리

해설

현대 전자조달시스템은 전략적 소싱과 공급망 관리까지 지원한다.

04

다음 중 전자조달시스템 활용 영역에 대한 설명으로 옳은 것은?

① 공공부문에서만 활용된다.
② 민간부문에서만 활용된다.
③ 국제기구에서만 활용된다.
④ B2B, B2C, B2G 거래에서 활용된다.

해설

전자조달시스템은 민간과 공공을 포함한 다양한 거래 형태에서 활용된다.

05

전자조달시스템이 민간보다 공공부문과 더 강하게 연계되어 인식되는 이유로 가장 적절한 것은?

① 공공조달이 공공부문의 핵심 구매 활동이기 때문에
② 민간에서는 전자기술을 사용하지 않기 때문에
③ 공공조달은 경쟁이 없기 때문에
④ 법적 규제가 없기 때문에

해설

공공조달은 공공부문의 핵심 구매 활동이므로 전자조달시스템과의 정합성이 높다.

06

다음 중 전자조달시스템이 현대 공공조달체계에서 가지는 위상에 대한 설명으로 가장 적절한 것은?

① 보조적 수단
② 선택적 활용 도구
③ 국제협약 이행 수단
④ 공공조달 실행과 관리의 핵심 인프라

해설

전자조달시스템은 공공조달 실행과 관리 전반의 핵심 인프라이다.

정답　　01 ④　02 ③　03 ④　04 ④　05 ①　06 ④

07

전자조달시스템이 공공조달의 기본원칙에 기여하는 방식으로
옳지 않은 것은?

① 투명성 강화
② 경쟁성 제고
③ 책임성 강화
④ 조달 절차의 임의성 확대

해설

전자조달시스템은 절차의 임의성을 줄이고 표준화·통제를 강화한다.

08

다음 중 전자조달시스템 도입이 공공조달 관리 수준을 향상
시키는 핵심 이유로 가장 적절한 것은?

① 공급자 수 제한
② 정보 비대칭 심화
③ 계약 담당자의 재량 확대
④ 조달 정보의 통합적 관리와 공개

해설

전자조달은 정보의 통합적 관리와 공개를 통해 관리 수준을 향상시
킨다.

09

다음 중 레버리지 지출과 전략적 지출의 가장 큰 차이점은?

① 계약 기간
② 기술 난이도
③ 조달 대상의 전략적 중요도
④ 조달 절차의 전자화 여부

해설

레버리지 지출과 전략적 지출의 가장 큰 차이점은 시장의 난이도
(복잡성, 위험) 차이에 따른 '조달 대상의 전략적 중요도'이다.

10

공공서비스 성과와 직결되어 장기적 안정성이 중요한 지출
유형은?

① 인수 지출
② 기술적 지출
③ 전략적 지출
④ 레버리지 지출

해설

전략적 지출은 대체 곤란·고위험·고중요 조달로 장기적 안정성 확
보가 중요하다.

11

기술적 지출 유형에 가장 적합한 조달 전략은?

① 기술 평가 및 협상 중심 조달
② 최저가 중심 공개경쟁
③ 단순 카탈로그 구매
④ 소액 수의계약

해설

기술적 지출은 가격보다 기술 적합성이 우선된다.

12

인수 지출에 대한 조달 전략으로 가장 부적절한 것은?

① 절차 간소화
② 전자조달 활용
③ 표준 규격 적용
④ 장기 파트너십 구축

해설

장기 파트너십 구축은 전략적 지출에 적합하다.

13

다음 중 전자적 소싱의 도입 효과로 가장 적절한 것은?

① 계약 기간 단축
② 공급업체 수 제한
③ 경쟁성 및 투명성 강화
④ 구매 담당자의 재량 확대

해설

전자적 소싱은 경쟁과 정보 공개를 통해 투명성을 강화한다.

정답 07 ④ 08 ④ 09 ③ 10 ③ 11 ① 12 ④ 13 ③

14

전자적 구매의 주요 목적과 가장 거리가 먼 것은?

① 행정비용 절감
② 반복 업무의 자동화
③ 공급업체 경쟁 촉진
④ 구매 집행의 효율성 제고

해설

경쟁 촉진은 전자적 소싱의 목적에 가깝다.

15

다음 중 전자적 소싱과 전자적 구매를 구분하는 핵심 기준으로 가장 적절한 것은?

① 사용 주체
② 적용 법률
③ 조달 단계
④ 시스템 구축 비용

해설

전자적 소싱은 경쟁 단계, 전자적 구매는 집행 단계에 적용된다.

16

다음 중 전자조달시스템 구성요소의 활용이 공공조달 기본원칙과 가장 직접적으로 연결되는 경우는?

① 전통적 지원 시스템 → 효율성
② 인터넷 플랫폼 대체 → 경쟁성
③ 전자입찰 도입 → 투명성
④ 민간 B2B 연계 → 수익성

해설

전자입찰은 공개·기록을 통해 투명성을 직접 강화한다.

17

다음 사례 중 전통적 조달 프로세스를 대체하는 인터넷 도구 및 플랫폼에 가장 적합한 것은?

① 대규모 SOC 건설공사
② 반복 구매되는 표준 사무용품
③ 단일 공급자만 가능한 국방 물자
④ 고도의 기술 평가가 필요한 연구용역

해설

표준화·반복 구매는 인터넷 플랫폼 대체 방식에 적합하다.

18

다음 중 전자조달 도구의 도입 수준이 가장 높은 경우는?

① 전자입찰 시스템 도입
② 조달 공고의 온라인 게시
③ 종이문서를 전자문서로 대체
④ 민간 B2B 플랫폼과의 통합 운영

해설

전자조달 도구의 도입 수준은 '단순한 디지털화 → 시스템화 → 통합화'로 점차 확대 발전한다.

19

다음 중 전자조달 도구 및 프로그램의 유형을 조달 방식 변화 수준이 낮은 것부터 높은 것으로 올바르게 나열한 것은?

① 전통적 지원 시스템 → 전자입찰 → 인터넷 플랫폼 대체
② 인터넷 플랫폼 대체 → 전통적 지원 시스템 → 전자입찰
③ 전자입찰 → 전통적 지원 시스템 → 민간 B2B 연계
④ 민간 B2B 연계 → 전자입찰 → 전통적 지원 시스템

해설

• 전통적 지원 시스템: 절차 유지
• 전자입찰: 핵심 절차 전자화
• 인터넷 플랫폼: 절차 대체

20

조달기관이 신속성은 확보하되 경쟁성과 투명성 저하 위험을 관리해야 하는 경우, 가장 주의 깊게 검토해야 할 전자조달 구성요소는?

① 전통적 조달 프로세스를 대체하는 인터넷 플랫폼
② 전통적 공공조달 지원 전자시스템
③ 전자입찰 및 보완적 도구
④ 조달계획 관리 모듈

해설

플랫폼 대체 방식은 신속하지만 원칙 훼손 위험이 있다.

정답   14 ③   15 ③   16 ③   17 ②   18 ④   19 ①   20 ①

21

전자조달시스템이 투명성과 청렴성을 강화하는 주된 이유는?

① 조달 정보의 전자적 기록·공개
② 조달 담당자의 재량 확대
③ 계약 조건의 단순화
④ 입찰 참가 제한

기록·공개는 부정 방지와 신뢰 확보의 핵심이다.

22

입찰·계약 단계에서 전자조달시스템의 역할로 가장 적절한 것은?

① 표준화된 입찰·계약 절차 지원
② 조달 정책 결정
③ 민간기업 평가
④ 시장가격 통제

전자조달은 표준화된 절차 제공을 통해 경쟁성과 투명성을 확보한다.

23

계약 이행 및 사후관리 기능의 목적은?

① 조달기업 보호
② 입찰 참여 제한
③ 계약 절차 단순화
④ 계약 성과와 책임성 관리

이행·사후관리는 조달 성과 관리와 책임성 확보를 위한 기능이다.

24

전자조달시스템의 표준화 요구사항에 대한 설명으로 가장 타당한 것은?

① 기관별 자율 운영을 확대한다.
② 조달 절차의 다양성을 보장한다.
③ 민간 시스템과 분리를 강화한다.
④ 시스템 간 연계와 일관성을 확보한다.

표준화는 시스템 간 연계성과 일관성 확보가 핵심이다.

25

전자조달시스템이 사용자 중심으로 설계되어야 하는 이유로 가장 적절한 것은?

① 법적 규제 완화
② 조달기업의 비용 증가
③ 행정 통제 강화
④ 참여 장벽 완화와 경쟁성 강화

접근성 향상은 참여 장벽의 완화로 공급자 참여 확대와 경쟁성 강화로 이어진다.

26

A 조달기관은 입찰·계약 단계는 전자적으로 처리하지만, 계약 이행 결과와 변경 이력은 별도로 관리하고 있다. 이 경우 가장 직접적으로 훼손되는 전자조달시스템의 요구사항은?

① 계약 경쟁성　　　　② 사용자 편의성
③ 책임성과 성과 관리　④ 입찰 참여 기회 확대

계약 이행·변경 이력 관리 부재는 책임성과 성과 관리 기능을 약화시킨다.

27

조달 담당자가 요구사항을 명확히 정의하지 않은 채 전자입찰을 진행해 입찰 후 반복적인 계약 변경이 발생했다. 이 사례에서 가장 부족했던 전자조달 표준 기능은?

① 보안 기능
② 전자입찰 기능
③ 기록·보존 기능
④ 사전 단계(요구사항 정의) 지원 기능

요구사항 정의는 조달 전 단계의 핵심 기능이며, 미흡할 경우 조달 실패로 이어진다.

21 ①　22 ①　23 ④　24 ④　25 ④　26 ③　27 ④

28

전자조달시스템에 조달 정보는 축적되지만, 감사기관이 요구하는 형식으로 데이터 추출이 어렵다. 이 경우 가장 문제가 되는 요구사항은?

① 표준화 및 상호운용성
② 시스템 안정성
③ 사용자 접근성
④ 전자입찰 기능

해설

감사 연계를 위해서는 데이터 표준화와 상호운용성이 필수다.

29

B 기관은 조달 담당자의 업무 효율성을 이유로 조달기업용 화면은 복잡한 상태로 유지하고 있다. 이로 인해 발생할 수 있는 문제로 가장 적절한 것은?

① 입찰 절차의 자동화
② 중소기업 참여 저하
③ 보안 수준 강화
④ 기록 관리 강화

해설

사용자 중심 요구사항에는 조달기업, 특히 중소기업의 접근성도 포함된다.

30

전자조달시스템에 입찰·계약 정보는 공개되지만 평가 과정과 기준은 일부만 공개된다. 이 경우 가장 직접적으로 훼손되는 공공조달 원칙은?

① 효율성
② 경쟁성
③ 투명성
④ 신속성

해설

평가 과정의 비공개는 투명성을 저해한다.

31

다음 중 전자조달시스템 구성요소 선택에 대한 판단으로 가장 타당한 것은?

① 반복적 소액 구매일수록 전자입찰이 필수적이다.
② 민간 B2B 연계는 경쟁입찰 원칙을 적용할 수 없다.
③ 제도 안정성이 중요한 경우 전통적 지원 시스템이 적합하다.
④ 고위험·고가 조달일수록 인터넷 플랫폼 대체가 적합하다.

해설

법적·제도적 안정성이 핵심일 때는 새로운 플랫폼보다 안정성과 신뢰성이 우선되는 검증된 기존 전자조달 지원 시스템을 활용하는 것이 적합하다.

32

전자조달시스템 도입이 경쟁성 강화로 이어지는 이유로 가장 적절한 것은?

① 특정 기업 우대
② 가격 통제 강화
③ 입찰 절차 비공개
④ 접근성 향상으로 참여 확대

해설

접근성 향상은 참여 기업 수를 늘려 경쟁을 촉진한다.

33

다음 중 전자조달시스템 도입 성과를 '공공조달의 전략적 활용' 관점에서 가장 잘 설명한 것은?

① 입찰 절차 자동화
② 조달 업무의 전산화
③ 계약 문서의 전자 저장
④ 조달 데이터를 활용한 정책 성과 관리

해설

전략적 활용은 정책 분석과 성과 환류까지 포함한다.

정답 28 ① 29 ② 30 ③ 31 ③ 32 ④ 33 ④

최종점검 OX 퀴즈

01 전자조달시스템 도입 성과는 단순한 행정 편의성 개선에 한정된다. (○ , ×)

02 전자조달시스템은 조달 과정의 투명성을 높이지만, 감사 및 사후 통제 기능과는 직접적인 관련이 없다. (○ , ×)

03 전자조달시스템 도입은 조달기업 간 경쟁 참여 기회를 확대하는 효과를 가진다. (○ , ×)

04 전자적 소싱은 조달의 경쟁 단계에 초점을 둔다. (○ , ×)

05 전자적 구매는 공급업체 간 경쟁을 강화하는 데 목적이 있다. (○ , ×)

06 현대 전자조달시스템에서는 전자적 소싱과 전자적 구매가 연계되어 운영되는 경우가 많다. (○ , ×)

07 레버리지 지출은 조달 규모를 활용해 가격 협상력이 크다. (○ , ×)

08 전자조달 도구의 활용 수준이 높아질수록 조달 방식의 제도적 변화 가능성도 커진다. (○ , ×)

09 입찰 · 계약 단계는 전자조달시스템에서 경쟁성과 투명성이 가장 집중되는 영역이다. (○ , ×)

10 표준화는 조달기관 간 운영 방식의 차이를 줄이기 위한 요구사항이다. (○ , ×)

11 사용자 중심 요구사항에는 조달기업의 접근성 고려도 포함된다. (○ , ×)

12 정부 구매카드(P – Card)는 거래 수수료 절감과 공급업체의 현금 흐름 개선에 도움이 된다. (○ , ×)

---

01 ✕
투명성 · 경쟁성 · 책임성 · 정책 지원까지 포함한다.

02 ✕
전자조달시스템은 입찰 · 계약 · 지급 전 과정의 기록을 축적하여 감사, 사후 점검, 책임 추적을 가능하게 한다.

03 ○
온라인 기반 입찰 참여로 지역 · 시간 제약이 완화되어 더 많은 조달기업이 경쟁에 참여할 수 있다.

04 ○
전자적 소싱은 입찰 · 평가 · 선정이 핵심 기능이다.

05 ✕
경쟁 강화는 전자적 소싱의 목적이다.

06 ○
조달의 전 주기 통합 관리가 일반적이다.

07 ○
레버리지 지출은 경쟁을 통한 비용 절감이 핵심이다.

08 ○
플랫폼 대체형일수록 제도 영향이 크다.

09 ○
입찰 · 계약 단계는 조달기업 간 경쟁이 실제로 발생하고, 낙찰자 선정이라는 핵심 의사결정이 이루어지는 구간이다.

10 ○
전자조달시스템의 표준화는 조달 절차, 전자문서, 데이터 형식 등을 통일하여 기관별 · 부서별 운영 방식의 차이를 최소화하는 것을 목적으로 한다.

11 ○
전자조달시스템의 사용자 중심 요구사항은 조달기관 담당자뿐만 아니라 조달기업, 특히 중소기업과 신규 참여자의 접근성과 이용 편의성까지 포함한다.

12 ○
카드로 결제하므로 행정비용과 거래비용이 줄어들고, 신속하게 대금이 지급되어 자금 유동성이 개선된다.

CHAPTER **02**

국가종합전자조달시스템(나라장터)

01 국가종합전자조달시스템(나라장터) 개요

1 도입 배경과 목적

① 2002년 「전자정부 11대 과제」 중 하나로 추진
② 기존 공공조달: 오프라인·문서 기반 → 비효율·불투명·신뢰성 저하
③ 도입 목적: 공공기관 조달업무 전자화로 행정 효율성 제고, 투명성·청렴성 강화, 조달 신뢰성 확보

2 발전 단계

1997~2001년	EDI 기반 전산화(Digitization)
2002~2024년	인터넷 기반 전자화·자동화(Digitalization)
2025년~	AI·빅데이터·블록체인·클라우드 기반 디지털전환(DX)

3 주요 기능과 특징

① 등록 → 입찰공고 검색 → 입찰 → 계약 → 검사·검수 → 대금지급까지 전 과정을 온라인 처리
② 모듈형 시스템으로 1개 핵심시스템과 20여 개 지원시스템으로 구축

4 핵심 프로세스(Main Process)

발주	발주계획·사전규격공개, 조달요청 등
전자입찰	입찰공고 등록, 투찰, 평가, 개찰 등
전자계약	계약서 작성, 계약의 변경·관리 등
계약이행	검사검수, 대금 지급 등
종합쇼핑몰	상품 검색·주문, 2단계 경쟁 등

5 지원 프로세스(Sub Process)

① 업체등록 관리
② 보증시스템
③ 목록정보시스템(UNSPSC 기반)
④ 통합검색, 조달통계, 문서유통
⑤ 하도급지킴이, 가격관리, 표준연계시스템 등

✓ Check Q&A

나라장터를 통해 조달기업이 처리할 수 없는 업무는?

① 입찰서 제출
② 계약 체결
③ 검사검수
④ 대금 지급 요청

정답 ③
검사검수는 발주기관의 권한이며, 조달기업은 요청만 가능하다.

6 성과 및 국제적 평가

① UN, OECD 등 국제기구에서 최고 수준 전자조달시스템으로 평가

UN(2004)	전자조달 베스트 프랙티스 모델
OECD(2004)	더는 개선이 필요 없는 수준(No Further Action Required)
WCIT(2006)	Global IT Excellence Award
AFACT(2007)	e-Asia Award

② 베트남, 코스타리카, 몽골 등 9개국에 전자조달시스템 수출
③ 이용자 수·거래 규모 대폭 증가
④ 국가 통합 공공조달 허브(Hub) 역할 수행

02 국가종합전자조달시스템 이용자

1 개념

① 전자조달시스템 이용자는 공공조달 전 과정에 참여하거나 이를 지원하는 모든 주체를 의미
② 단순 사용자 개념을 넘어 조달의 투명성·효율성·책임성을 구현하는 핵심 구성 요소로 작용

2 조달기관(수요기관)

① 국가기관, 지방자치단체, 공공기관 등 공공조달의 수요 주체
② 주요 역할
   • 조달계획 수립 및 구매요구
   • 전자입찰·전자계약·이행관리 수행
   • 전자조달시스템을 통한 절차의 표준화·투명화 실현
③ 전자조달 활용 효과
   • 업무처리 속도 향상
   • 행정비용 절감
   • 감사 및 사후관리 용이성 확보

3 조달기업(공급자)

① 물품·용역·공사를 공급하는 민간기업
② 전자조달시스템을 통해 입찰 참여, 제안서 제출, 계약 체결 및 대금 청구 수행
③ 기대 효과
   • 지역·규모와 관계없는 공정한 참여 기회 확대
   • 정보 접근성 향상
   • 거래비용 및 행정 부담 감소

4 조달관리기관(운영 · 지원기관)

① 전자조달시스템을 구축 · 운영 · 관리하는 기관
② 주요 기능
- 시스템 안정성 · 보안성 확보
- 사용자 지원 및 교육
- 제도 개선과 시스템 고도화
- 조달정책과 현장 집행을 연결하는 중추적 역할 수행

5 기타 이해관계자

① 감사기관, 감독기관, 정책입안자 등
② 전자조달시스템의 기록관리, 데이터 축적, 정보 공개 기능을 활용해 통제 · 평가 및 정책 개선 수행

03 발주 절차와 중앙조달

1 개념

① 발주 절차: 조달기관이 조달 필요성을 인식한 이후 계약 체결에 이르기까지 수행하는 일련의 공식적 과정
② 전자조달시스템을 통한 발주 절차는 표준화 · 투명화 · 자동화됨
③ 발주 단계는 조달의 경쟁성 · 효율성 · 책임성 확보에 핵심적인 단계

2 일반적인 발주 절차

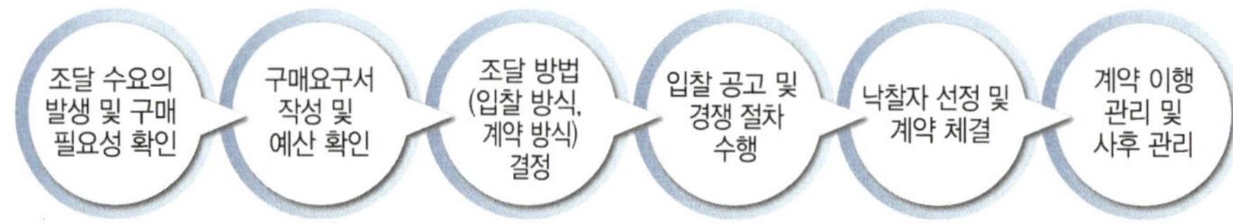

3 전자조달시스템과 발주 절차

① 전자조달시스템은 발주 절차 전반을 온라인으로 연계 · 관리
② 발주 관련 정보가 시스템에 기록 · 축적 ⇒ 감사 가능성 제고, 사후 검증 및 정책 분석 용이
③ 발주 담당자의 재량은 줄이고 규칙 기반 의사결정 강화

4 중앙조달의 개념과 특징

① 중앙조달: 다수의 수요기관을 대신해 중앙조달기관이 조달업무를 일괄 수행하는 방식으로, 개별 기관 조달(분산조달)과 대비되는 개념

② 대표적 중앙조달기관: 조달 전문기관
③ 중앙조달의 주요 특징
- 규모의 경제 실현을 통한 비용 절감
- 표준화된 규격·절차 적용
- 조달 전문성 축적
- 수요기관의 행정 부담 경감

5 중앙조달과 개별조달의 비교

중앙조달	효율성·전문성·통제 강화, 대량·반복 구매에 적합
개별조달	수요기관의 자율성·신속성 확보, 특수·소규모 조달에 적합

6 발주 절차와 중앙조달의 관계

① 발주 절차는 중앙조달 여부에 따라 설계·운영 방식이 달라짐
② 중앙조달을 활용할 경우: 수요기관은 발주 일부 단계만 수행, 중앙조달기관이 입찰·계약 수행
③ 전자조달시스템은 중앙조달과 개별조달을 통합적으로 지원

더 알아보기 나라장터의 중앙조달과 자체(분산)조달 기준

구분	조달청 구매	수요기관 구매
국가기관	• 1억원 이상의 물품 및 용역 • 추정가격 30억원 이상 종합공사 계약 • 추정가격 3억원 이상 전문공사, 전기공사, 정보통신공사, 소방시설공사 • 단가계약 방식으로 수요기관을 위해 체결한 계약	• 1억원 미만의 물품 및 용역 • 긴급구매물자(천재 지변 등) • 국방 목적 수행 등 비밀을 요하는 물자 • 조달청장이 구매위임한 경우 　– 음식료품류, 동식물품류, 농수산물 　– 무기 등 총포, 화약류와 그 구성품 　– 차량용 유류
지방자치단체 (교육기관 포함)	단가계약 방식으로 수요기관을 위해 체결한 계약	단가계약 이외의 계약(2008년부터 완전 자율화)
공기업·준정부기관	• 중소기업자 간 경쟁제품으로 추정가격 재정경제부 고시금액 이상인 물품 • 계약부서 비리 적발 시 2년간 모든 계약을 조달청에 의무적으로 위탁	조달청 구매 대상 이외의 물품

04 전자입찰, 계약, 지불절차

1 전자입찰 절차

① 개념
- 입찰 공고 단계부터 개찰 및 낙찰자 결정에 이르기까지의 전 과정을 전자조달시스템을 통해 처리하는 입찰 방식
- 종이문서와 대면 중심의 기존 입찰 방식에서 벗어나 정보기술 기반의 비대면·비접촉 행정을 구현하는 제도

② 주요 특징
- 입찰 공고, 입찰서 제출, 개찰 결과, 평가 결과 등 입찰 전 과정의 주요 정보가 전자조달시스템에 의해 자동으로 공개·관리 ⇒ 입찰 과정의 임의적 개입을 최소화하고 절차의 일관성을 유지하는 기반
- 입찰 참여 기업은 시간·장소의 제약 없이 인터넷을 통해 입찰에 참여 가능 ⇒ 지역·규모에 따른 참여 장벽이 완화되고 중소기업 및 신규 진입 기업의 조달시장 접근성이 크게 향상
- 모든 입찰 행위와 결과가 전자적으로 기록·보존되며, 기록이 자동 생성됨에 따라 입찰 과정에서의 조작, 담합, 사후 변경 가능성이 현저히 감소

③ 제도적 효과
- 조달시장 전반의 경쟁성을 제고하고, 입찰 참여자 간의 공정한 경쟁 환경을 조성함으로써 투명성·공정성·객관성을 확보하는 데 핵심적인 역할 수행
- 전자서명, 암호화 기술, 사용자 인증 체계 등을 활용하여 입찰 정보의 기밀성과 무결성을 확보하고, 외부 침해나 정보 유출 위험을 효과적으로 차단
- 입찰 절차의 표준화는 조달기관 간 운영 방식의 편차를 줄이고, 입찰 참여 기업이 제도와 절차를 쉽게 이해하고 예측할 수 있도록 함으로써 제도의 신뢰도를 높이는 데 기여

2 전자계약 절차

① 개념: 전자입찰을 통해 낙찰자가 선정된 이후 계약 체결에 이르는 전 과정을 전자적으로 처리하는 절차로, 계약 행정의 신속성과 효율성을 제고하는 핵심 수단

② 일반적인 계약 절차
- 계약서 초안 준비 → 계약서 초안 검토 → 계약응답서 제출 → 계약응답서 접수 → 계약보증서 접수 → 최종 계약서 발송 및 확정
- 이 모든 단계가 전자조달시스템 내에서 체계적으로 관리

③ 주요 특징
- 계약서 작성, 전자서명, 계약 확정이 모두 시스템상에서 이루어지므로, 대면 계약이나 우편 발송에 소요되던 시간과 행정비용을 대폭 절감
- 계약 조건, 계약 금액, 이행 기간 등 주요 계약 내용의 변경 이력을 자동으로 관리하여, 사후 분쟁 발생 시 명확한 근거 자료로 활용

- 계약 관련 문서는 전자적으로 보관되며 위·변조 방지 기술이 적용됨에 따라 문서의 신뢰성과 보존성이 강화되고, 장기 보관 및 검색의 효율성도 함께 향상
④ 제도적 효과
- 전자계약 도입을 통해 계약 체결 기간이 단축되고, 행정 처리 과정이 간소화되어 발주기관과 계약 상대방 모두의 업무 부담 감소
- 전자적 기록과 절차에 기반한 계약 체결은 계약 책임성을 명확히 하고, 계약의 법적 안정성과 집행력을 강화하는 제도적 기반으로 기능

3 전자지불 절차

① 개념: 계약 이행이 완료된 이후 대금 지급을 전자적으로 처리하는 단계로, 조달 절차의 최종 단계이자 계약 이행의 완결을 의미
② 물품 납품이나 용역 수행이 완료되면 검수·검사 결과와 연계하여 지급 요건이 자동으로 확인되고, 이에 따라 대금 지급 절차가 신속하고 체계적으로 진행
③ 주요 특징
- 지급 지연이나 임의적인 지급 조건 변경 가능성을 최소화하여, 계약 상대방의 예측 가능성과 신뢰도를 높이는 역할
- 모든 지불 내역은 전산으로 기록·관리되므로 감사, 사후 점검, 분쟁 처리 과정에서 객관적이고 명확한 근거 자료로 활용
- 특히 중소기업의 경우 대금 지급의 신속성과 투명성이 확보됨에 따라 자금 회전이 개선되고, 경영 안정성 제고에 실질적인 도움
④ 제도적 의미: 전자지불 절차는 조달 과정 전반에 대한 신뢰성을 완성하는 단계로서, 계약 이행과 보상의 공정성을 담보하는 중요한 기능을 수행

4 전자적 처리 단계별 정보 공개

① 정보 공개 원칙: 전자조달 시스템에서는 입찰, 계약, 지불의 전 단계에 걸쳐 정보 공개 원칙이 적용 ⇒ 전자조달의 핵심 가치 중 하나인 투명성을 실현하기 위한 제도적 장치
② 공개 대상 및 범위: 각 단계에서 처리된 결과는 입찰 참가자뿐만 아니라 일반 국민에게도 공개되어, 업무 처리 과정의 개방성(접근성), 투명성, 청렴성, 책임성을 강화하는 수단으로 활용
③ 발주계획 공개: 국가기관 등은 분기별로, 지방자치단체 등은 발주계획을 수립할 때마다 지체 없이 공개하도록 하여 조달 수요의 예측 가능성을 높임(수의계약도 입찰 여부와 관계없이 공개 대상에 포함)
④ 구매규격 사전 공개: 해당 입찰의 구매규격, 과업 내용, 수행 조건, 예정 가격 등의 적정성을 사전에 검증함으로써 특정 업체에 유리한 조건 설정이나 과도한 규격 제한을 예방

전자조달에서 지불 단계가 중요한 이유는?
① 경쟁성을 확보할 수 있기 때문
② 조달 절차의 최종 단계이기 때문
③ 정책 수립 단계이기 때문
④ 협상 단계이기 때문

정답 ②
지불 단계는 조달 절차의 완료를 의미하며 신뢰성과 직결된다.

⑤ 입찰 정보 공개의 효과
- 입찰 전 과정에서 수행된 전자적 업무 처리 결과가 입찰 참여 기업과 일반 대중에게 공개됨으로써 조달 행정 전반의 투명성과 청렴성 제고
- 공고 정보, 평가 기준, 평가 결과, 낙찰 결과 등이 공개되어 입찰 과정의 객관성과 공정성에 대한 사회적 신뢰 확보
- 정보 공개는 이해관계자의 접근성을 보장하고, 조달 정보의 독점이나 비공식 유통을 방지하는 역할
- 그 결과 정보 비대칭이 완화되고, 조달시장 전반에 대한 신뢰도가 향상되며, 공정 경쟁 기반이 강화

⑥ 축적된 전자 기록과 공개 정보는 향후 정책 평가, 제도 개선, 감사 및 사후 관리의 중요한 기초 자료로 활용

⇒ 단계별 정보 공개는 전자조달의 핵심 가치인 '투명성'을 구현하는 핵심 수단으로서, 공공조달 제도의 신뢰성과 지속 가능성을 뒷받침함

05 전자적 처리 절차 및 기준

1 입찰공고

① 입찰공고는 공공조달 절차의 공식적인 시작 단계로, 전자조달시스템을 통해 공개
② 전자입찰공고는 모든 잠재적 조달기업이 동일한 시점에 동일한 정보를 접근할 수 있도록 설계
③ 공고 내용에 포함되는 사항
- 조달 대상물의 명칭 및 내용
- 입찰 방식 및 계약 방법
- 참가자격 요건
- 입찰 일정(공고일, 마감일 등)
- 낙찰자 결정 기준 등
④ 전자조달시스템을 통한 공고는 정보 비대칭을 최소화하고 경쟁성을 확보하는 핵심 수단
⑤ 입찰공고 내용은 공고 이후 임의 변경이 제한되며, 변경 시에는 그 이력이 시스템에 기록
⑥ 전자적 입찰공고는 공고 누락, 특정 업체에 대한 정보 선별 제공, 사후 조작 가능성을 구조적으로 차단
⑦ 입찰공고 전자화는 공공조달의 투명성·공정성·책임성 확보를 위한 기본 전제 조건

 입찰공고 기간(「국가계약법 시행령」 제35조 – 추정가격 기준)

- 입찰공고: 입찰서 제출 마감일의 전일부터 기산하여 7일 전
- 협상계약: 긴급한 경우 단축공고 7일, 일반공고인 경우 40일
- 공사: 10억원 미만 7일, 10억원 이상 50억원 미만 15일, 50억원 이상 고시금액 미만 30일, 고시금액 이상 40일
- 입찰 시행 결과 유찰된 경우 재공고 또는 긴급공고이면 5일(단축) 또는 10일(일반)의 기간을 부여
- 추정가격 2,000만원 이하의 소액수의계약의 경우에는 입찰공고가 아닌 안내공고를 시행해야 하며 3일의 기간(토·일요일 포함) 부여(「지방계약법」 적용 시 토·일요일은 포함하나, 휴일은 제외)
- 현장설명이 필요한 공사계약을 위한 입찰공고에서는 입찰공고일로부터 현장설명일까지 사업수행능력평가(PQ) 비대상인 경우 7일, PQ 대상인 경우 30일의 신청기간을 부여
- PQ를 통과한 업체를 대상으로 한 현장설명 이후 10억원 미만 공사는 7일, 10억~50억원 미만 15일, 50억원 이상은 33일의 공고기간 부여
- 규격입찰, 기술입찰, 협상에 의한 계약, 경쟁적 대화방식에 의한 계약의 경우에는 1억원 미만 10일, 1억원 이상 10억원 미만 20일, 10억원 이상인 경우 40일
- 각각의 공고기간은 휴일을 포함하나 입찰공고일과 입찰마감일을 제외하고 기간을 산정(예를 들어 재공고가 진행되는 협상에 따른 계약 입찰공고일 10일은 입찰공고일과 마감일을 포함해 12일간 공고해야 10일의 공고기간을 준수할 수 있게 됨)
- 입찰공고 기간 중 전자입찰서의 접수는 입찰서 접수 마감 시간으로부터 최소 48시간 전부터 시작해야 하며, 개찰은 입찰서 접수 마감 시간으로부터 최소 1시간 후에 진행

2 예정가격 결정

① **예정가격**: 입찰에서 낙찰자 선정의 기준이 되는 가격으로, 과다·과소 산정을 방지하기 위해 합리적으로 산정되어야 함

② **예정가격 결정 과정**: 입찰 이전 단계에서 비공개로 처리되나, 절차 자체는 법령과 기준에 따라 표준화

③ **예정가격 산정**: 경쟁 상황, 조달 대상물의 특성, 계약 이행 여건 등을 종합적으로 고려하여 산정

④ **전자적 예정가격 관리의 핵심**: 담당자의 임의 개입 최소화, 산정 근거의 기록·보존, 사후 감사 가능성 확보

⑤ **관리 및 활용**: 예정가격은 전자조달시스템에 안전하게 저장되며, 입찰 종료 후에는 감사 및 분쟁 대응을 위한 근거 자료로 활용

➕ plus

예정가격의 3가지 유형

- 비예가 방식: 예정가격을 적용하지 않고 사업금액을 기준으로 입찰과 계약을 진행하는 방식으로, 1인 견적구매, 개산계약, 기술제안입찰, 협상에 따른 계약방법이 해당
- 단일예가 방식: 수의계약(복수예비가격을 활용하지 않고 임의적으로 정한 특정한 가격을 예정가격으로 활용)
- 복수예가 방식: 나라장터에서 집행되는 대부분의 입찰에 적용되는 방법으로, 기초금액을 기준으로 15개 복수예비가격을 생성해 입찰참가 조달기업이 2개씩 선택한 가격 중 가장 많이 선택된 4개를 산술평균한 값으로 산정

✏️ **더 알아보기** **가격 관련 용어 정리**

> • 사업금액: 해당 입찰공고의 발주계획에 따라 배정된 사업예산 금액
> • 추정가격: 사업금액에서 부가가치세를 제외한 금액으로, 정부조달협정 등에 따른 국제입찰 대상 여부를 판단하는 기준 가격
> • 기초금액: 예정가격을 작성하기 위해 해당 입찰공고의 조달 대상물과 관련한 거래실례가격과 원가계산금액 등을 참조해 결정한 금액으로, 사업금액 범위 내에서 결정
> • 복수예비가격: 기초금액을 기준으로 「국가계약법」 적용 입찰에서는 ±2% 범위, 「지방계약법」 적용 입찰에서는 ±3% 범위 내에서 임의로 산출한 15개 가격
> • 예정가격: 가격평가의 기준금액이면서 계약금액 결정의 기준이 되는 가격
> • 낙찰하한가격: 과도한 저가 투찰을 예방하기 위해 적격심사, 계약이행능력심사, 소액수의계약 등에서 예정가격을 기준으로 최저로 투찰 가능한 비율인 낙찰하한율과 예정가격을 곱해 산정한 가격
> • 낙찰하한율: 적격심사 등에서 낙찰이 가능한 예정가격 대비 최저 투찰률 또는 수행능력 평가 분야에서 만점을 받는 경우 적격심사를 통과할 수 있는 최저 투찰률

3 전자계약 및 소액수의계약

① **전자계약**: 낙찰자 결정 이후 계약 체결·변경·이행·종료까지 전 과정을 전자적으로 처리하는 방식

② **전자계약 체결**: 전자문서, 전자서명을 활용해 계약의 법적 효력과 진정성을 확보

③ **계약 관련 정보**: 전자조달시스템에 자동 저장되어 계약 이력 관리, 사후 감사, 분쟁 발생 시 증빙에 활용

④ **전자계약 절차의 표준화**: 계약 처리 시간 단축, 행정 비용 절감, 계약 오류 방지

⑤ **소액수의계약**: 절차를 생략하는 것이 아니라 전자적으로 간소화하여 관리하는 것이 원칙

⑥ **소액수의계약의 전자적 처리**
- 계약 상대방 선정 사유, 계약 금액, 계약 체결 과정을 기록·관리
- 소액 계약에서 발생할 수 있는 임의적 계약, 특혜 제공, 책임 회피 문제를 예방하기 위한 제도적 장치

⑦ **전자계약과 소액수의계약의 전자적 처리**: 공공조달의 투명성·책임성·감사 가능성을 실질적으로 강화

⊕ plus

소액수의계약
- 1인 견적서 제출: 2,000만원 이하(여성기업과 사회적기업 등은 5,000만원 이하)
- 2인 이상 견적서 제출: 2,000만원 초과 1억원 이하
- 조달 대상물별 소액수의계약 가능 금액
  - 물품과 용역(서비스): 1억원 이하
  - 종합공사: 4억원 이하
  - 전문공사: 2억원 이하
  - 기타공사(전기, 소방 등): 1.6억원 이하
- 견적서를 통해 제출 가능한 최저 가격
  - 「국가계약법」이 적용되는 계약의 경우: 물품과 용역(서비스)은 예정가격의 88% 이상이나, 청소 경비 등 단순 노무용역(서비스)의 경우는 90% 이상, 공사의 경우 89.745% 이상 가격으로 견적서를 제출해야 함
  - 「지방계약법」의 경우는 추정가격 2,000만원 이하 1인 견적서를 통한 수의계약의 낙찰하한율은 90% 적용
- 2025년 5월 1일부터 「지방계약법」, 7월 1일부터 「국가계약법」 적용 공사 수의계약의 낙찰하한율은 89.745%(기존 대비 2%p 상향)

02 단원별 출제예상문제

01

나라장터 구축의 직접적 목적과 가장 거리가 먼 것은?

① 공공기관 간 경쟁 유도
② 조달행정의 투명성 강화
③ 공공조달 업무의 전자화
④ 행정 효율성과 신뢰성 제고

해설

나라장터는 조달기관 간 경쟁 유도가 목적이 아니라, 조달 절차의 전자화·투명성·효율성 확보가 핵심 목적이다.

02

다음 중 나라장터의 '종합쇼핑몰' 기능에 대한 설명으로 가장 적절한 것은?

① 계약 체결 이전 단계의 시장조사 전용 시스템
② 민간 B2B 플랫폼을 대체하기 위한 상거래 시스템
③ 모든 물품을 반드시 입찰로만 구매하도록 하는 제도
④ 이미 계약된 물품을 전자적으로 주문·구매하는 시스템

해설

종합쇼핑몰은 다수공급자계약(MAS) 등으로 이미 계약된 물품·서비스를 전자적으로 검색·주문하는 구매 방식이다.

03

나라장터의 도입 효과로 보기 어려운 것은?

① 조달절차 처리 기간 단축
② 조달기업의 참여 기회 확대
③ 공공조달 정보의 실시간 공개
④ 조달기관의 자의적 계약 권한 확대

해설

나라장터는 전자화·표준화를 통해 자의성을 줄이고 통제와 투명성을 강화하는 시스템이다.

04

나라장터의 발전 단계 중 '디지털 전환(DX)' 단계의 특징으로 가장 적절한 것은?

① 입찰 공고의 온라인 게시
② 조달 문서의 전자적 저장
③ 프로세스 자동화 중심 운영
④ 데이터 기반의 지능형 조달 의사결정

해설

DX 단계는 AI·빅데이터·클라우드 등을 활용한 지능형·예측형 조달체계 구현이 핵심이다.

05

다음 설명에 가장 적합한 용어는 무엇인가?

> 조달기관과 조달기업이 한 번의 등록과 로그인으로 입찰, 계약, 이행, 대금 지급까지 전 과정을 처리할 수 있도록 통합 제공되는 국가 전자조달 플랫폼

① 전자상거래시스템
② 내부행정정보시스템
③ 공공구매관리시스템
④ 국가종합전자조달시스템

해설

제시문은 국가종합전자조달시스템(나라장터)의 정의에 대한 설명이다.

06

조달관리기관의 역할에 대한 설명으로 가장 적절한 것은?

① 전자조달시스템의 안정적 운영과 고도화를 담당한다.
② 개별 계약의 낙찰자를 최종 결정한다.
③ 조달기업의 가격 산정을 지원한다.
④ 조달기관의 구매계획을 승인한다.

해설

조달관리기관은 시스템 운영·보안·교육·개선을 담당하는 중추 기관이다.

정답　　01 ①　02 ④　03 ④　04 ④　05 ④　06 ①

07

중앙조달의 개념으로 가장 적절한 것은?

① 중앙조달기관이 다수 기관을 대신해 조달을 수행하는 방식
② 수요기관이 개별적으로 조달을 수행하는 방식
③ 조달기업이 발주를 주도하는 방식
④ 비경쟁적 계약만을 사용하는 방식

해설

중앙조달은 중앙조달기관이 여러 수요기관의 수요를 통합하여 조달을 수행하는 방식을 의미한다. 이를 통해 규모의 경제와 전문성을 확보한다.

08

다음 중 중앙조달이 특히 적합한 경우는?

① 기관 특화 용역
② 긴급 소규모 구매
③ 반복적 · 대량 구매
④ 소량 · 비정형 구매

해설

중앙조달은 동일하거나 유사한 품목을 대량으로 반복 구매할 때 가장 효과적이다. 반면 소량 · 특수 · 긴급 조달은 개별조달이 더 적합한 경우가 많다.

09

전자조달시스템이 중앙조달 운영에 기여하는 방식으로 가장 적절한 것은?

① 계약 이후 단계만 전산화
② 개별 기관별 상이한 절차 유지
③ 중앙조달 절차를 비공개로 전환
④ 중앙 · 개별조달 절차의 통합 관리

해설

전자조달시스템은 중앙조달과 개별조달을 구분하되, 동일한 시스템 내에서 발주 · 입찰 · 계약 정보를 통합적으로 관리함으로써 투명성과 효율성을 높인다.

10

다음 중 중앙조달과 개별조달의 비교 설명으로 옳은 것은?

① 개별조달은 전문성 축적에 유리하다.
② 중앙조달은 항상 신속성이 가장 높다.
③ 개별조달은 대량 구매에 가장 적합하다.
④ 중앙조달은 표준화와 효율성에 강점이 있다.

해설

중앙조달은 조달 규모 확대, 표준규격 적용, 전문인력 활용을 통해 효율성과 절차 표준화에 강점을 가진다. 반면 개별조달은 신속성과 자율성에 상대적으로 유리하다.

11

중앙조달이 확대될 경우 기대되는 구조적 변화로 가장 적절한 것은?

① 기관별 조달 방식의 다양화
② 조달 전문기관의 역할 강화
③ 발주 절차의 불투명성 증가
④ 조달기업의 참여 기회 축소

해설

중앙조달이 확대될수록 입찰 · 계약을 수행하는 조달 전문기관의 역할과 중요성이 커지며, 조달 역량이 기관 단위가 아닌 전문기관에 축적된다.

12

발주 절차 설계 시 중앙조달 여부를 고려해야 하는 이유로 가장 적절한 것은?

① 경쟁을 배제하기 위해
② 조달기업 수를 제한하기 위해
③ 전자조달시스템 사용을 회피하기 위해
④ 발주 절차의 단계와 책임 구조가 달라지기 때문

해설

중앙조달 여부에 따라 누가 발주를 하고, 누가 입찰 · 계약을 수행하며, 책임이 어디에 귀속되는지가 달라지므로 발주 절차 설계 시 이를 반드시 고려해야 한다.

정답   07 ①   08 ③   09 ④   10 ④   11 ②   12 ④

13

전자계약의 주요 효과로 옳지 않은 것은?

① 계약 책임성 강화
② 문서 위·변조 방지
③ 계약 체결 기간 단축
④ 계약 자유 원칙 확대

해설

전자계약은 계약 자유 원칙 확대가 아니라 절차의 표준화와 책임성 강화를 목표로 한다.

14

전자적 처리 단계별 정보 공개의 목적은?

① 기업 보호
② 행정 편의
③ 계약 자유 확대
④ 투명성 및 신뢰 확보

해설

정보 공개는 조달 과정에 대한 신뢰와 투명성을 높이기 위한 것이다.

15

다음 중 전자조달의 정보 공개 대상이 아닌 것은?

① 입찰공고　　　　② 낙찰 결과
③ 내부 감사 계획　　④ 평가 기준

해설

내부 감사 계획은 외부 공개 대상이 아니다.

16

전자조달 단계 중 경쟁성과 투명성이 가장 집중되는 영역은?

① 정책 수립 단계
② 입찰·계약 단계
③ 사후 평가 단계
④ 조직 운영 단계

해설

입찰과 계약 단계에서 경쟁과 정보 공개가 집중된다.

17

전자조달 정보 공개의 효과로 옳은 것은?

① 정보 비대칭 완화
② 행정 부담 증가
③ 책임성 약화
④ 경쟁 축소

해설

정보 공개는 조달기관과 기업 간 정보 비대칭을 줄인다.

18

전자조달 전 과정의 공통적인 특징은?

① 비공개
② 수기 처리
③ 자율 운영
④ 전산기록 기반 운영

해설

전자조달은 전 과정이 전산기록을 기반으로 운영된다.

19

전자입찰이 경쟁성과 투명성을 동시에 확보하는 이유는?

① 법률 완화
② 협상 확대
③ 가격 통제
④ 정보 공개와 기록 관리

해설

전자입찰은 정보 공개와 기록 관리로 투명성을 확보하고 공정한 경쟁을 유도한다.

정답　13 ④　14 ④　15 ③　16 ②　17 ①　18 ④　19 ④

20

전자조달의 전 과정을 통합 운영할 때의 가장 큰 효과는?

① 절차 단순화
② 조달 실패 감소
③ 법적 책임 축소
④ 투명성과 효율성 동시 강화

해설

전자조달의 전 과정을 통합 운영하는 경우 투명성과 효율성을 동시에 달성한다.

21

전자입찰과 수기입찰의 본질적 차이는?

① 정보 접근 방식　　② 참여 기업 수
③ 계약 기간　　④ 가격

해설

정보 접근의 개방성과 기록성이 전자입찰과 수기입찰의 핵심 차이이다.

22

전자계약에서 전자서명의 법적 의미는?

① 편의성
② 행정 관행
③ 계약 무효
④ 본인 인증 및 책임 부여

해설

전자서명은 계약 당사자의 본인 인증과 책임을 명확히 한다.

23

전자적 입찰공고의 가장 중요한 목적은?

① 공급자 간 동등한 접근 기회 제공
② 입찰 속도 단축
③ 담당자 편의성
④ 가격 통제

해설

전자공고는 모든 잠재적 공급자에게 공평한 정보 접근을 보장한다.

24

전자조달에서 예정가격 비공개의 이유는?

① 경쟁 제한
② 행정 편의
③ 공정 경쟁 유지
④ 계약 기간 단축

해설

사전 공개 시 담합 가능성이 높아진다.

25

전자계약의 가장 핵심적인 특징으로 옳은 것은?

① 계약 전 과정의 전자적 관리
② 계약 담당자의 재량 확대
③ 계약 체결 단계의 생략
④ 계약 문서의 비공개화

해설

전자계약은 체결뿐 아니라 변경·이행·종료까지 계약의 전 과정을 전자적으로 관리한다.

26

전자계약 절차의 표준화 효과로 보기 어려운 것은?

① 계약 오류 감소
② 행정 비용 절감
③ 계약 처리 시간 단축
④ 계약 담당자 재량 확대

해설

표준화는 재량 확대가 아니라 일관성과 통제를 강화한다.

27

소액수의계약을 전자적으로 처리하는 이유로 가장 적절한 것은?

① 계약 속도를 위해
② 경쟁 절차를 없애기 위해
③ 민간 플랫폼 활용을 위해
④ 임의적 계약을 방지하기 위해

해설

전자적 처리는 투명성·책임성 확보가 핵심 목적이다.

28

전자계약은 공공조달의 어떤 원칙을 강화하는가?

① 효율성
② 경쟁성
③ 투명성과 책임성
④ 유연성과 자율성

해설

계약 단계의 투명성과 사후 책임성이 핵심이다.

29

입찰공고를 전자조달시스템을 통해 실시할 때 기대되는 효과로 가장 적절한 것은?

① 발주 담당자의 재량 확대
② 절차 비공개를 통한 신속성 확보
③ 공고·변경 이력의 기록·관리 강화
④ 경쟁 제한을 통한 낙찰률 제고

해설

전자입찰공고는 공고·변경 이력이 자동 기록되어 투명성과 책임성이 강화된다.

정답 27 ④ 28 ③ 29 ③

최종점검 OX 퀴즈

01 나라장터는 조달청만 사용하는 중앙조달 전용 시스템이다. （ ○ , × ）

02 나라장터의 핵심 프로세스와 지원 프로세스는 분리된 독립 시스템으로 운영된다. （ ○ , × ）

03 나라장터는 디지털 전환 단계에서 AI · 빅데이터 기반 기능을 도입했다. （ ○ , × ）

04 전자조달시스템 이용자는 조달기관과 조달기업만으로 구성된다. （ ○ , × ）

05 전자조달시스템은 조달기업의 시장 접근성을 높이는 효과가 있다. （ ○ , × ）

06 조달관리기관은 전자조달시스템의 기술적 · 운영적 안정성을 책임진다. （ ○ , × ）

07 발주 절차는 조달 수요 발생 이후 계약 체결까지를 포함한다. （ ○ , × ）

08 중앙조달은 모든 조달사업에 일률적으로 적용되는 방식이다. （ ○ , × ）

09 전자입찰은 입찰 전 과정을 전자적으로 처리한다. （ ○ , × ）

10 전자계약은 종이계약보다 법적 효력이 약하다. （ ○ , × ）

01 ×
나라장터는 모든 공공기관과 조달기업이 이용하는 국가 통합 전자조달시스템이다.

02 ×
모듈형 구조이지만 상호 연계된 통합 시스템이다.

03 ○
차세대 나라장터는 4차 산업기술 기반 DX를 핵심으로 한다.

04 ×
운영기관, 감사기관 등 기타 이해관계자도 이용자에 포함된다.

05 ○
온라인 기반 공개 절차로 참여 기회와 정보 접근성이 확대된다.

06 ○
조달관리기관은 시스템 유지 · 보안 · 고도화가 핵심 역할이다.

07 ○
발주 절차는 조달의 시작 단계부터 계약 체결까지의 공식 과정이다.

08 ×
중앙조달은 대량 · 반복 구매 등에 적합하며, 모든 경우에 적용되지는 않는다.

09 ○
전자입찰은 공고부터 낙찰까지 입찰 전 과정을 전자적으로 처리한다.

10 ×
전자계약은 종이계약과 동일한 법적 효력을 가진다.

CHAPTER 03 나라장터 연계 계약관리 지원시스템 개요

01 종합쇼핑몰 이용절차

1 종합쇼핑몰

① 종합쇼핑몰의 개념과 목적

개념	• 국가종합전자조달시스템(나라장터) 내에서 운영되는 전자적 카탈로그 기반 구매 시스템 • 조달청과 단가계약(MAS 등)이 체결된 물품·서비스를 수요기관이 직접 선택·구매
목적	• 입찰 절차를 반복하지 않고 신속·간편한 조달 가능 • 소액·상용품 중심 조달에서 행정 효율성과 거래 편의성 제고

② 종합쇼핑몰의 적용 대상

- 규격이 표준화된 물품 또는 반복 구매가 필요한 상용 물품
- 다수 공급자가 존재하며 가격·조건 비교가 가능한 대상
- 주로 다수공급자계약(MAS) 체결 품목 중심으로 운영

③ 종합쇼핑몰 활용 절차

01	02	03	04	05
조달청과 공급업체 간 단가계약 체결	계약 품목이 종합쇼핑몰에 전자 카탈로그 형태로 등록	수요기관이 종합쇼핑몰에서 상품 검색·비교	수요기관이 구매 조건을 선택하여 전자주문	계약·납품·대금 지급까지 전자적으로 연계 처리

④ 종합쇼핑몰의 특징

- 입찰 생략을 통한 조달 소요기간 단축
- 가격·규격·계약조건의 사전 공개로 투명성 확보
- 수요기관의 구매 자율성 확대
- 조달청 중심의 계약 관리로 계약 안정성 확보

⑤ 종합쇼핑몰 활용의 효과

수요기관	행정 부담 감소, 신속한 구매
조달기업	안정적인 판로 확보, 거래 기회 확대
공공조달 전체	효율성·투명성·일관성 강화

2 다수공급자계약(MAS, Multiple Award Schedule) 제도

① 개념과 목적

개념	조달청이 동일한 품목에 대해 2인 이상 공급업체와 단가계약을 체결하고 수요기관이 종합쇼핑몰을 통해 업체를 선택하여 구매하는 계약 방식
목적	• 반복적·상용적 물품의 신속한 조달 • 경쟁을 유지하면서도 입찰 절차 생략 • 수요기관의 선택권 보장

② 다수공급자계약 대상 물품
- 규격(모델)이 확정되고 상용화된 물품
- 연간 납품실적이 3,000만원 이상인 업체가 3개사 이상
- 업체 공통의 상용 규격과 시험기준 존재
- 단가계약(제3자 단가계약 포함)이 가능한 물품
- 기타 조달청장이 필요하다고 판단하는 물품 등

③ 2단계 경쟁
- 2단계 경쟁의 적용

중소기업자 간 경쟁제품인 경우	납품 요구금액 1억원 이상
그 외 일반제품인 경우	납품 요구금액 5,000만원 이상(중소기업이 제조한 품목으로 5,000만~1억원 미만인 경우에는 바로 구매 가능)

- 2단계 경쟁을 통한 납품업체 선정기준: 종합평가방식과 표준평가방식

종합평가방식 (기본 + 선택)	가격, 적기 납품 등 기본 평가항목과 납품실적, 사후관리 등 선택 평가항목으로 구성
표준평가방식	• 종합평가방식의 평가항목을 활용하여 수요기관이 구매 가치에 따라 좀 더 쉽게 선택할 수 있는 2가지 평가방식을 제공 • 별도의 항목을 추가하거나 배점 조정은 불가

- 2단계 경쟁 시 중소기업자 간 경쟁제품은 계약단가의 10%를 초과해 인하한 가격으로 제안 불가
- 2개 품명 이상의 가구류에 대한 다수공급자계약 2단계 경쟁에서는 반드시 공동수급체 등록공고를 먼저 진행한 후 참가
- 제안요청 마감일은 공휴일을 제외하고 만 5일 이상을 부여

④ 조달기업의 제안서 제출
- 제안가격: 종합쇼핑몰 등록단가 이하로 가능
- 할인행사 중인 경우: 할인가격 이하로 제안
- 다량납품 할인율이 적용될 경우: 적용된 할인가격 이하로 제안
- 중소기업자 간 경쟁제품
  - 현재 계약가격의 90% 미만으로 제안 불가

- 할인행사 할인율 또는 다량납품 할인율이 10%를 초과하는 경우에도 계약가격의 90%로 평가
    - 할인행사 할인율과 다량납품 할인율이 상이할 경우: 둘 중 높은 할인율을 적용한 가격(또는 할인 후 낮은 가격)을 기준으로 평가
  - 공급업체가 제안서를 제출하지 않은 때: 쇼핑몰 계약가격으로 제안한 것으로 간주
  - 2단계 경쟁에 참가하는 업체는 제안서의 유효기간을 설정해 제안하며, 제안 마감 전에는 전자적으로 취소 가능하나 마감일 경과 후에는 취소 불가

⑤ 수요기관 납품업체 선정
  - 종합평점이 가장 높은 업체
  - 종합점수가 동일한 경우: 품질관리 평가항목 점수가 가장 높은 업체
  - 품질관리 평가항목 점수가 가장 높은 자가 복수인 경우
    - 가격평가방식 A형의 경우: 가격이 낮은 업체 > 가격이 동일한 경우 추첨
    - 가격평가방식 B형의 경우: 제안율이 낮은 업체 > 제안율이 동일한 경우에는 추첨
  - 가격평가방식(A형 또는 B형)의 평가결과도 동점인 경우: 자동추첨으로 선정
  - 제안서 평가에 필요한 서류가 누락 또는 불명확한 경우: 3일 이내로 보완 요구 가능

⑥ 납품요구
  - 수요기관은 제안서 유효기간 내에 납품요구
  - 장바구니에 담은 상태에서도 제안서 유효기간이 경과하면 납품요구 불가
  - 제안요청 후 계약이 수정되었거나 해지된 경우에도 제안 유효기간 이내이면 납품요구 가능(다수공급자계약이 종료된 이후에는 납품 요구 불가)
  - 수요기관의 납품요구금액(수량) 변경 요청이 있는 경우에는 납품업체가 동의하는 경우 반영 가능

02 혁신장터 활용 계약

1 개요

① 혁신장터: 공공조달을 통해 기술혁신 제품의 초기 판로를 지원, 공공부문의 혁신 수요를 조달로 연계하기 위해 구축된 전자조달 기반 플랫폼
② 혁신제품전용몰: 직접적인 계약 기능을 제공하지 않음(업체 판매희망가격)
③ 기존 경쟁입찰 중심 조달과 달리 기술성·혁신성 중심의 평가와 수의계약·시범구매 등 특례 절차를 활용

2 혁신제품 등록

① 혁신제품
  - 공공문제 해결에 기여, 기술적·사회적 혁신성을 보유, 초기 시장 형성이 필요한 제품
  - 혁신제품은 관계 부처 또는 조달청 평가를 통해 지정

② 지정 대상: 중소기업·벤처기업 중심 신기술·신제품·융복합 기술 제품
③ 혁신제품 지정
  • 혁신장터에 등록되어 공공기관에 노출됨
  • 혁신제품 지정 후 3년 동안 수의계약 가능(최대 3년 범위 내에서 연장 가능) (「국가계약법 시행령」 제26조)
④ **면책**: 공공기관의 혁신제품 구매책임자는 고의나 중대한 과실이 입증되지 않는 한 제품 구매로 생긴 손실의 면책을 적용(「조달사업법」 제27조)
⑤ 혁신제품 전용몰 등록 사전절차: 경쟁입찰참가자격 등록 및 물품목록번호(물품식별번호) 등록
⑥ 혁신제품 공급 절차
  • 등록 완료된 혁신제품은 수요기관이 자체적 수의계약 체결하거나, 조달청을 통해 조달 요청
  • 의무적 중앙조달 요청 대상 기관은 혁신제품도 일반 물품과 동일하게 1억원 이상인 경우 조달청에 중앙조달 요청
  • 혁신제품 전용몰의 혁신제품의 가격은 조달청에서 검증한 계약가격이 아니며, 업체의 판매희망가격임

3 혁신제품 지원

조달 절차상 특례	경쟁입찰 예외 인정, 수의계약 허용
초기 판로 지원	공공기관 우선 구매 유도, 시범구매 사업 연계
시장 확산 지원	성과 우수 제품의 후속 구매 확대, 민간시장 진출 기반 마련
기업 성장 지원	기술 고도화 유도, 혁신기업의 지속가능성 강화

03 벤처나라 활용 계약

1 개요

① 벤처나라는 조달시장 진입이 어려운 벤처·창업기업의 판로 개척을 지원하기 위해 구축된 조달 전용 플랫폼(「조달사업법」 제25조)
② 기존 입찰·다수공급자계약(MAS) 중심의 조달방식과 달리 단순·신속 등록 구조로 수요기관의 선택권 확대 및 기업의 시장 노출 강화
③ 가격경쟁 중심이 아닌 기업·제품 자격 중심 등록
④ 기술력과 혁신성을 갖춘 기업이 조달 실적 부족으로 배제되는 문제를 완화
⑤ 수요기관은 벤처나라를 통해 '등록제품 검색 → 비교 → 수의계약 또는 간편 구매' 가능
⑥ 공공조달을 중소·벤처기업 육성 정책 수단으로 활용한 대표적 제도

⑦ 벤처나라에 등록된 창업기업과 벤처기업 제품은 6년간 바로주문, 견적주문 등으로 구매 가능
⑧ **구매 가능 금액**: 추정가격 2,000만원 이하(여성기업, 장애인기업, 사회적기업 등은 5,000만원)

2 등록 대상

① 등록 가능 기업
- 「벤처기업 육성에 관한 특별법」에 따른 벤처기업
- 「중소기업 창업 지원법」에 따른 창업기업(사업 개시 7년 이내)
- 직접생산 능력 보유: 세부품명을 제조 물품으로 등록(또는 기술 관련 권리 + 협업기업을 통한 제조)

② 등록 대상 제품
- 벤처 · 창업기업이 직접 생산 · 공급하는 제품
- 기술성 · 혁신성 · 사업화 가능성이 인정되는 제품
- 기존 나라장터 종합쇼핑몰 등록이 어려운 초기 제품 포함

3 등록제품 지정 절차

① 추천기관 추천 방법: 추천기관 추천 → 온라인 신청 → 조달청 심사 → 지정결과 발표 → 벤처나라 상품 등록 → 지정증서 발급(추천기관 추천 없이 직접 신청하는 경우 '추천기관 추천' 불필요)

② 추천 후보 상품
- 우선구매 대상 기술개발제품과 중소벤처기업부 기술개발지원사업 대상 제품
- 조달청의 새싹기업 유망 제품
- 창조경제혁신센터의 혁신상품인증 제품
- 기타 추천기관이 기술 · 품질이 우수하다고 평가한 벤처 · 창업기업 상품

③ 추천기관의 추천
- 구체적인 추천 과정

1차	등록 자격, 직접생산 여부, 등록 제외 대상 여부 등 확인
2차	조달청 제안 기본 평가항목을 반영한 추천기관의 자체 평가기준에 따라 기술과 품질을 종합 심사해 추천 후보를 선정

- 평가항목

기술 평가항목	기술개발의 필요성, 난이도, 혁신성, 적용성, 차별성을 종합적으로 고려
품질 · 성능 평가항목	• 품질 · 성능의 신뢰성을 고려 • 제품의 사용자 편의성, 안전성, 효율성, 신뢰성, 내구성, 에너지 절약성, 보안성, 환경친화성과 관련된 인증 또는 공인시험성적서 등 확인 • 품질 · 성능 관련 공인 인증이 없는 신기술 물품이나 용역(서비스)의 경우에는 품질관리계획서의 제출 · 확인으로 대체

✓ Check Q&A

벤처나라 등록 대상 기업으로 옳은 것은?
① 모든 대기업
② 외국계 기업
③ 벤처기업 및 창업기업
④ 공기업

정답 ③
법령상 벤처기업 · 창업기업이 벤처나라 등록 대상이다.

4 지정 효과

① 온라인 홍보와 거래 지원
- 벤처나라와 나라장터 연계를 통한 공공기관의 구매 절차 지원
- 나라장터 종합쇼핑몰에 키워드 연관 검색을 통해 제품 노출
- 기타 판로 개척과 홍보 지원

② 벤처나라 지정과 지원
- 지정증서 발급
- 나라장터 엑스포 내 홍보부스 지원·운영
- 해외 구매자와 공공기관 구매상담회 개최
- 공공조달역량개발원의 우수한 교육, 컨설팅 정보 제공
- G-PASS 제도를 통한 해외 조달시장 진출 지원과 전담관제 지정을 통한 공공조달시장 진입 맞춤형 서비스 제공

04 디지털서비스몰 활용 계약

1 개요

① 디지털서비스몰
- 클라우드·소프트웨어·ICT 기반 디지털서비스를 공공부문이 신속하게 이용할 수 있도록 구축된 조달 플랫폼
- 기존의 물품·공사 중심 조달 방식의 한계를 보완하기 위한 제도

② 특징: 디지털 전환(Digital Transformation)을 지원하기 위해 이용 중심 계약, 신속 구매, 절차 간소화

③ 처리 절차: 수요기관은 디지털서비스몰을 통해 검색 → 비교 → 계약 → 이용을 전자적으로 처리

④ 공급 방법: 수의계약과 카탈로그계약 방법

⑤ 공공조달을 디지털 정책·혁신 정책의 실행 수단으로 활용하는 대표적 사례

2 등록 대상 및 서비스

① 등록 대상 서비스: 클라우드 서비스(SaaS, PaaS, IaaS), 상용 소프트웨어, 데이터·플랫폼·ICT 기반 디지털서비스

② 물리적 납품이 아닌 서비스 이용권 제공이 중심

③ 정기 구독형, 사용량 기반 과금 등 유연한 계약 구조 허용

④ 디지털서비스 특성에 맞춰 품질·보안·안정성 요건을 중점적으로 검토

3 계약 절차 및 특징

① 디지털서비스 제공기업의 등록

② 서비스 요건·기술·보안성 검토
③ 디지털서비스몰 등재
④ 수요기관의 서비스 검색·비교
⑤ 수의계약 또는 간소계약 방식으로 이용 계약
⑥ 서비스 이용 및 관리
⑦ 이용 실적 기반 성과 관리

4 제도적 특징

① 경쟁입찰 중심 구조에서 벗어나 신속성·유연성 강화
② 반복·소액·단기 이용에 적합
③ 이용 과정과 계약 이력이 전자적으로 기록·관리

05 이음장터 활용 계약

1 개요

① 조달 대상물 중 서비스 상품 제공 업체의 공공조달 판로 확대를 지원하기 위해 구축된 전용 온라인 상품몰
② 공공부문의 수요기관과 민간부문의 용역(서비스) 공급업체가 자유로운 협상을 통해 용역(서비스)을 직접 거래할 수 있도록 지원
③ **목적**: 공공기관의 특화된 수요가 있는 용역(서비스)을 식별하고, 이를 신속하고 전문적으로 공급할 수 있는 중소 용역(서비스) 기업의 참여를 확대함으로써 공공부문의 용역(서비스) 공급을 더욱 다양화
④ **등록 유형**: 콘텐츠, 유지보수, 임대, 위생방역, 환경 관련, 운송우편, 행정지원, 정보화, 농업어업, 보험의료, 교육훈련, 여행숙박, 치안 관련, 기타 등
⑤ **거래대상**: 부가가치세를 제외한 추정가격 2,000만원 이하의 용역(서비스)만 거래 가능(여성기업, 장애인기업, 사회적기업, 사회적협동조합, 자활기업, 마을기업은 5,000만원)
⑥ 대규모 경쟁입찰보다는 소액 수의계약, 간편 견적 비교 방식에 적합

2 제도적 특징

① 사전 수요와 공급 여부가 확인되지 않은 새로운 용역(서비스) 계약을 신속하게 지원
② **수요기관**: 필요한 용역(서비스)의 신속한 공급이 가능한 조달기업을 확보
③ **조달기업**: 조달청과 별도의 사전 계약 절차 없이 업체가 제공할 수 있는 용역(서비스)을 등록
④ 이음장터 등록 상품의 가격은 혁신제품 전용몰, 벤처나라 전용몰과 같이 업체의 판매희망가격임(거래당사자인 공공기관과 조달기업이 가격, 납품조건, 공급시기 등을 직접 협의)
⑤ 수요공급의 다양성과 신속성을 확보

단원별 출제예상문제

01

다수공급자계약에서 개별 계약이 성립되는 시점은?

① 물품 검수 시
② 제안서 제출 시
③ 납품요구 발송 시
④ 단가계약 체결 시

해설

납품요구는 2단계 계약의 성립을 의미한다.

02

다수공급자계약이 주로 적용되는 조달 대상은?

① 긴급 재난 물자
② 대형 건설공사
③ 고도의 연구개발 용역
④ 반복 구매되는 상용 물품

해설

다수공급자계약(MAS)은 표준화·반복 구매 물품에 적합하다.

03

다수공급자계약에서 2단계 경쟁의 본질에 대한 설명으로 가장 적절한 것은?

① 수요기관의 자유로운 업체 선택 경쟁
② 조달청과 기업 간 가격 협상
③ 최저가 낙찰을 위한 재입찰
④ 단일공급자 지정 절차

해설

2단계 경쟁은 수요기관이 계약된 업체 중에서 선택하는 경쟁이다.

04

다수공급자계약의 2단계 경쟁이 투명성에 기여하는 이유로 옳은 것은?

① 가격 협상이 자유롭기 때문
② 입찰공고를 생략하기 때문
③ 수요기관의 재량이 확대되기 때문
④ 선택 과정이 전자적으로 기록·관리되기 때문

해설

선택 과정이 전자적으로 기록·관리되기 때문에 감사와 사후 검증이 가능하다.

05

단가계약만 체결된 상태에서 아직 발생하지 않은 것은?

① 계약단가 확정
② 기본 계약 관계
③ 종합쇼핑몰 등록
④ 수요기관의 지출 의무

해설

지출 의무는 주문(납품요구) 시점에 발생한다.

06

다수공급자계약의 2단계 경쟁이 '입찰'과 다른 점은?

① 경쟁이 없다.
② 조달청이 주관한다.
③ 가격만으로 결정된다.
④ 이미 계약된 업체 간 선택 경쟁이다.

해설

2단계 경쟁은 계약 이후의 선택 경쟁이다.

정답 01 ③ 02 ④ 03 ① 04 ④ 05 ④ 06 ④

07

단가계약이 적합하지 않은 조달 대상은?

① 반복 구매 물품
② 상용 사무용품
③ 규격이 표준화된 제품
④ 고도의 창의성이 필요한 연구용역

해설

단가계약은 상용·표준화 물품에 적합하다.

08

2단계 경쟁의 핵심 효과로 가장 적절한 것은?

① 행정 절차 증가
② 계약 통제력 약화
③ 가격 하락만 유도
④ 선택 경쟁을 통한 품질·서비스 개선

해설

선택 경쟁을 통해 품질·서비스 개선을 유도한다.

09

혁신제품 지정의 핵심 평가 요소가 아닌 것은?

① 공공성
② 최저가격
③ 기술 혁신성
④ 사회적 기여 가능성

해설

혁신제품 지정은 가격보다 기술성과 혁신성을 중시한다.

10

혁신제품 공급 시 활용 가능한 계약 방식으로 옳은 것은?

① 수의계약 등 특례 적용 가능
② 일반경쟁입찰만 가능
③ 제한경쟁입찰만 가능
④ 계약 불가

해설

혁신제품은 조달 특례로 수의계약이 가능하다.

11

혁신제품 구매 이후 수행되는 단계로 옳은 것은?

① 입찰공고
② 계약 해지
③ 예정가격 산정
④ 납품 및 성과 관리

해설

납품 후 성과 관리를 통해 확산 여부를 판단한다.

12

혁신제품 지정의 궁극적 목표는?

① 조달시장 축소
② 입찰 절차 강화
③ 단기 예산 절감
④ 공공조달을 통한 혁신 촉진

해설

공공조달을 정책 수단으로 활용해 혁신을 촉진한다.

13

혁신장터 제도가 기존 경쟁입찰과 가장 크게 다른 점은?

① 수요기관 배제
② 가격 중심 평가
③ 전자시스템 미사용
④ 혁신성과 공공성 중심 평가

해설

혁신장터는 기술성과 혁신성 중심의 평가가 핵심이다.

정답   07 ④   08 ④   09 ②   10 ①   11 ④   12 ④   13 ④

14

혁신제품의 수의계약 허용이 정당화되는 이유로 가장 적절한 것은?

① 기업 요청
② 예산 부족
③ 행정 편의성
④ 공공 혁신 촉진이라는 정책 목적

해설

공공 혁신 촉진이라는 정책 목적 달성을 위해 계약 특례가 인정된다.

15

혁신제품 제도가 장기적으로 기대하는 효과는?

① 공공구매 축소
② 조달시장 폐쇄
③ 민간시장 확산 연계
④ 입찰 절차 단순화 달성

해설

공공조달을 통해 민간시장 확산을 유도한다.

16

벤처나라 제도가 필요한 배경으로 가장 적절한 것은?

① 실적 중심 조달 구조의 한계
② 벤처기업의 기술 부족
③ 국제 규범 요구
④ 민간시장 포화

해설

실적 중심 조달의 진입 장벽을 완화하기 위함이다.

17

벤처나라와 혁신장터의 공통점으로 가장 적절한 것은?

① 최저가 경쟁
② 대기업 중심
③ 국제조달 전용
④ 정책 연계형 조달

해설

벤처나라와 혁신장터 모두 정책 목표 달성을 위해 정책과 연계된 조달 수단이다.

18

벤처나라 제도의 성격으로 가장 적절한 것은?

① 민간쇼핑몰
② 국제 무역 플랫폼
③ 단순 구매 플랫폼
④ 정책 연계형 공공조달 수단

해설

벤처나라 제도는 벤처 기업의 육성 정책과 연계된 조달 제도이다.

19

벤처나라를 통해 수요기관이 기대할 수 있는 효과는?

① 선택 가능한 제품군 확대
② 조달 절차의 비공개
③ 가격 통제 강화
④ 입찰 절차 증가

해설

벤처나라는 조달청이 운영하는 벤처·창업기업 전용 온라인 쇼핑몰로, 혁신적인 제품을 공공조달시장에 소개하고 거래할 수 있도록 만든 플랫폼이다.

20

벤처나라와 종합쇼핑몰의 차이로 옳은 것은?

① 모두 MAS 계약 기반
② 벤처나라는 국제조달 전용
③ 벤처나라는 초기 기업 중심
④ 종합쇼핑몰은 수의계약 불가

해설

벤처나라는 초기 벤처·창업기업 지원에 초점이 있다.

정답 14 ④ 15 ③ 16 ① 17 ④ 18 ④ 19 ① 20 ③

21

디지털서비스몰의 주된 도입 목적은?

① 국제조달 확대
② 물품 조달 확대
③ 가격 경쟁 강화
④ 디지털 전환 지원

해설

디지털서비스몰은 공공부문의 디지털 전환을 지원하기 위해 도입되었다.

22

디지털서비스몰의 활용으로 기대되는 효과는?

① 경쟁 축소
② 절차 경직화
③ 공공서비스 품질 저하
④ 디지털 서비스의 접근성 확대

해설

다양한 디지털 서비스에 대한 접근성이 확대된다.

23

디지털서비스몰이 기존 조달 방식과 가장 크게 구별되는 점은?

① 이용 중심 계약 구조
② 가격 평가 방식
③ 법적 근거
④ 감사 제외

해설

디지털서비스는 이용 기반 계약이 핵심이다.

24

디지털서비스몰 계약이 공공조달 원칙과 연계되는 측면은?

① 투명성·효율성
② 비공개성
③ 독점성
④ 자율성

해설

전자 기록과 절차 간소화로 투명성과 효율성을 확보한다.

25

디지털서비스몰은 공공조달을 어떤 수단으로 활용한 사례인가?

① 단순구매 수단
② 정책실행 수단
③ 국제무역 수단
④ 민간 플랫폼 대체

해설

디지털 정책을 실행하는 조달 수단이다.

26

이음장터에서 주로 활용되는 계약 방식은?

① 일반경쟁입찰
② 국제입찰
③ 소액 수의계약
④ 제한경쟁입찰

해설

소액·간편 거래에 적합한 수의계약 중심이다.

27

이음장터에서 여성기업, 장애인기업 등이 거래할 수 있는 최대 금액은 부가세 포함 얼마인가?

① 2,200만원
② 5,500만원
③ 3,000만원
④ 4,000만원

해설

여성기업, 장애인기업 등은 부가세 포함 5,500만원까지 거래할 수 있다.

정답 21 ④ 22 ④ 23 ① 24 ① 25 ② 26 ③ 27 ②

최종점검 OX 퀴즈

01 종합쇼핑몰을 통한 주문 과정은 전자적으로 기록·관리되어 감사 대응이 가능하다. (○ , ×)

02 2단계 경쟁에서는 가격 외에도 납기, 서비스, 이행 실적 등이 고려될 수 있다. (○ , ×)

03 단가계약은 수량과 납기를 확정하는 계약이다. (○ , ×)

04 혁신제품은 가격 경쟁력을 최우선으로 평가한다. (○ , ×)

05 혁신장터 제도는 공공조달을 정책 수단으로 활용하는 사례이다. (○ , ×)

06 벤처나라 등록을 위해 조달 실적은 필수 요건이다. (○ , ×)

07 벤처나라는 초기 기업의 시장 노출을 확대하는 기능을 가진다. (○ , ×)

08 디지털서비스몰은 디지털 서비스의 신속한 공공 이용을 목적으로 한다. (○ , ×)

09 디지털서비스몰은 반복적·소액·단기 이용에 적합하다. (○ , ×)

10 이음장터에서 거래 가능한 용역(서비스)의 추정가격은 부가가치세를 제외하고 2,000만원 이하이다. (○ , ×)

OX 퀴즈 **정답 및 해설**

01 ○
전자적 기록·관리는 투명성과 책임성 확보에 기여한다.

02 ○
수요기관은 종합적인 요소를 고려해 납품업체를 선정할 수 있다.

03 ×
수량·납기는 주문 시 확정된다.

04 ×
혁신제품 지정 및 구매는 최저가격이 아니라 기술 혁신성, 공공성, 정책 기여도를 중심으로 평가한다. 가격은 절대적 기준이 아니다.

05 ○
혁신장터는 단순 구매가 아니라 공공조달을 통해 혁신·산업정책을 지원하는 정책적 조달 수단이다.

06 ×
벤처나라는 조달 실적 부족 기업을 지원하는 제도이다.

07 ○
벤처나라는 수요기관의 접근성을 높인다.

08 ○
디지털서비스몰의 핵심 목적이다.

09 ○
디지털서비스몰의 특성에 부합한다.

10 ○
추정가격은 부가가치세를 제외한 금액으로 2,000만원 이하이다.

CHAPTER 04 목록정보시스템 개요

01 물품목록제도와 물품목록법

1 물품목록제도

① 개요
- 「물품관리법」 제정(1962년) → FSC 도입(1968년) → 정부물품분류표 발간 (1970년) → 「물품목록법」 제정(1991년) → 나라장터 도입 및 UNSPSC 채택 (2002년) → 2006년부터는 정부 부문의 단일물품 취득과 사용, 폐기까지 전 과정에서 통일된 물품관리의 기준 정보로 활용
- 물품목록제도: 정부 물품을 체계적·효율적으로 관리하기 위해 물품을 체계적으로 분류하고, 고유번호를 부여하며, 물품정보를 목록화해 관리하는 제도
- 조달 대상 물품을 동일 기준, 동일 코드, 동일 명칭으로 관리하여 조달 효율성과 투명성 확보
- 전자조달시스템(나라장터)과 연계되어 입찰, 계약, 검사, 대금 지급까지의 전 과정에 활용
- 원칙적으로 모든 공공조달 대상물은 물품목록번호를 부여받아야 함
- 물품관리 관점에서는 소모품, 시설자재, 서비스 등은 물품관리대장 등록 대상이 아닌 경우 별도의 물품목록번호를 부여하지 않을 수 있으나, 공공조달 계약목적물로 인정받기 위해서는 반드시 물품목록번호가 부여되어야 함
- 조달청은 물품의 목록화와 물품목록제도의 운영 등을 담당하는 기관으로서 구체적인 목록화를 위한 식별정보와 관리정보를 포함한 목록자료를 제공하고 있음

② 목록화 일반 원칙

통일성	분류의 대상과 목적이 동일하면 분류체계가 단일화되어야 함
포괄성	기존 분류체계에 영향을 끼치지 않고, 현재의 품목과 신규품목을 모두 포괄할 수 있도록 분류의 범위가 책정되어야 함
상호배제성	하나의 품목이 둘 이상의 품명으로 분류될 수 없도록 분류되어야 함
단순성	분류명을 보면 상품의 특성을 바로 알 수 있도록 단순해야 함

③ 필요성
- 조달 물품의 명칭·규격이 기관별로 상이할 경우 중복 구매, 불필요한 예산 낭비, 통계·관리의 어려움 발생
- 이를 방지하기 위해 물품의 표준화, 체계적 분류, 통합 관리 필요
- 물품목록제도는 공공조달의 표준 언어 역할 수행

④ 조달 대상물인 물품이나 서비스를 공공기관에서 구매하기 위해서는 UNSPSC에 따라 부여된 세부품명번호가 있어야 함

➕ plus

군급분류체계
- 군급분류체계(FSC)(7자리): 군(2자리) + 급(2자리) + 품명(3자리)으로 구성된 물품분류번호(품명) 체계
- 물품목록번호(11자리): FSC(7자리) + 품목번호(4자리) 추가
- FSC는 물품분류번호(7자리)에 예속되어 있어 품목번호 단독으로는 식별이 불가능

☑ Check Q&A

물품목록제도의 가장 기본적인 목적은?

① 가격 인하
② 물품 표준화와 체계적 관리
③ 계약 절차 단축
④ 경쟁 제한

정답 ②

물품의 표준화·분류·관리로 조달 효율성을 높이는 제도이다.

2 「물품목록정보의 관리 및 이용에 관한 법률(물품목록법)」

① 용어의 정의

물품	동산(動産) 중 현금·유가증권, 그 밖에 대통령령으로 정하는 동산을 제외한 것
물품목록	물품에 관한 단일 분류체계를 확립하고 물품목록정보를 계속 획득하기 위하여 물품의 분류와 품명을 표준화하고, 다른 물품과 식별하기 위하여 그 특성을 기술한 목록
물품목록정보	물품의 생산·수급·관리 및 운용의 모든 분야에서 물품에 관한 정보를 효과적으로 얻고 이용할 수 있도록 물품정보에 관한 자료를 목록화하고 전산화함으로써 그 결과 얻어지는 물품에 관한 종합적·체계적인 정보
물품분류	물품을 기능·용도·성질에 따라 대·중·소·세 분류로 나누어 고유번호를 부여하는 체계
물품식별	물품을 생산자와 물리적·화학적 특성 등에 따라 나누어 고유번호를 부여하는 체계
품명	물품목록번호에 대응하는 물품유형의 이름
품목	물품식별번호에 대응하는 물품의 이름

② 목적: 물품의 분류체계를 통일하고, 물품정보에 관한 자료를 수집·분석·정리하여 목록화(目錄化)하고 전산화함으로써 물품의 생산·수급(需給)·관리 및 운용의 모든 분야에서 경제적·효율적으로 이용할 수 있는 종합적·체계적인 물품정보를 얻고 그 정보를 효율적으로 관리하고 이용할 수 있게 함

③ 적용 범위
- 국가기관과 지방자치단체가 보유하는 물품과 소요 예상 물품
- 「군수품관리법」에 따른 군수품은 적용 제외(일반 군수품 조달업무도 「물품목록법」을 적용해 물품목록정보를 등록, 활용/군수품목록정보는 「방위사업법」 제27조에 따라 방위사업청이 국가재고번호를 부여·관리)

④ 목록화 원칙
- 하나의 물품에는 하나의 식별번호를 부여
- 목록화지침서에 따라 목록화
- 생산자부호 또는 납품업자 부호를 부여해 목록화(별도의 생산자부호 등은 운영하지 않고 「부가가치세법」에 따라 등록하는 사업자등록번호를 기준으로 적용)
- 알맞은 품명이 없는 경우에는 새로운 품명을 만들어 부여
- 조달청장은 물품별로 중복되지 않도록 물품목록번호를 부여

⑤ 물품목록제도의 주요 기능
- 물품 분류체계 제공
- 물품 코드(물품번호) 부여
- 규격·속성 정보 관리
- 조달 통계 및 분석 기반 제공
- 입찰·계약 단계의 정확성 확보

⑥ 물품목록제도와 전자조달시스템의 관계
  • 물품목록제도는 전자조달시스템의 핵심 기초 인프라
  • 나라장터에서의 입찰공고, 계약 체결, 검사·지급 모두 물품목록정보를 기반으
    로 운영
  • 목록정보의 정확성이 조달 품질과 직결

02 목록정보시스템 이용 일반 절차

1 목록정보시스템

① 목록정보시스템은 공공조달에서 물품의 표준화·식별·관리를 위해 활용되는 시
스템
② 조달기관과 조달기업은 조달 절차 전반에서 목록번호(물품목록번호)를 기준으로
업무를 수행함

2 구성

① 지능형 검색 ② 검색 ③ 목록화 요청 ④ 공지사항 ⑤ 이용안내 등 총 5개 메뉴로
구성

지능형 검색	• 검색엔진이 목록정보 데이터베이스를 분석해 검색 결과를 보여주는 방식 • 통합검색과 상세검색 등 2가지로 구분
검색	품목검색, 품명검색, 물품안내지도, 분류변경이력검색, 품목변경이력검색 등 총 5개 메뉴로 구성 • 품목검색: 활용 빈도가 높은 검색 기능 중 하나로, 세부품명번호, 품명, 세부품명, 물품식별번호, 연계인증명, 품목명 등 총 6개 검색 항목 • 품명검색: 세부품명번호, 세부품명, 세부품명해설, 세부품명영문명, 품명, 품명해설, 영문품명 등 총 7개 검색 항목 • 물품안내지도: 대분류 정보(대분류번호·대분류명·분류설명)를 확인
목록화 요청	품목등록(식별번호 발급), 품목변경(식별번호 정보 변경), 품명등록(세부품명 신설), 속성등록(속성항목 추가), 업체명 변경(양도양수 등), 진행상태 조회, SMS 통보신청 변경 등 세부 메뉴로 구성

03 목록정보시스템 활용 목록화 절차

1 물품목록번호 구성

① 물품분류번호(8자리) + 물품식별번호(8자리)로 구성
② 물품분류번호의 분류체계는 국제 전자상거래 표준인 UNSPSC에 기반
③ 국내에서는 2자리를 추가해 세부품명번호(10자리)까지 관리

2 물품분류번호

① 기능·용도·성질에 따라 대·중·소·세분류로 나누어 번호 부여
② UNSPSC는 8자리 계층 구조(대·중·소·세분류)
③ 국내 공공조달에서는 10자리 세부품명번호 기준으로 입찰공고·계약 진행

3 물품식별번호

① 제조업체·모델별로 고유번호 부여
② 품목명은 세부품명, 제조업체명, 모델명, 대표속성값으로 구성
③ UNSPSC 표준과 직접 관련은 없으며, 국내 관리 목적에 따라 운영

4 목록화 절차 특징

① 세부품명번호(10자리)와 물품식별번호(8자리)를 통해 계약 목적물까지 식별 가능
② 세부품명은 용도·재질·형태 등 기준으로 추가 분류
③ 수요기관의 요구 속성정보를 모두 포함하지는 않음

04 물품목록정보의 관리 절차

1 상품의 분류체계

① 기본적으로 UNSPSC 분류체계에 따라 대·중·소·세분류로 분류
② UNSPSC에 분류가 없을 경우 유보코드(99부터 역순) 사용
③ 국내 법령, 산업표준과 다른 경우 국내 실정에 맞게 조정 가능
④ 세부품명번호는 물품분류번호 8자리 뒤에 2자리 추가(총 10자리)
⑤ 삭제된 세부품명번호는 재사용하지 않음
⑥ 세분화할 필요성이 없는 경우에도 하나의 세부품명번호를 생성
⑦ 분류 기준: 용도·기능 → 유사공정·제조업체 → 사용 재료
⑧ 융복합 상품은 주된 기능·용도 기준으로 분류, 필요 시 상품목록심의회 결정

2 품명의 신설 · 해설

① 품명 신설 절차

요청 · 검토 ▷ 심의회 상정 · 결정 ▷ 목록자료 입력 ▷ 목록정보시스템 등재

② **신설 사유**: 기존 세부품명이 없거나 기존의 계약에 영향이 없을 경우
③ **품명 부여 기준**: 많이 통용되는 명칭, UNSPSC 상품명, 순차적 명명 방식 표기, 한글 · 영문품명 병기, 유의어 등록 가능
④ **품명 해설 원칙**: 객관적 설명, 용도 · 기능 · 형태 · 장비명 · 주요 구성 부분 · 규격의 종류를 명확히 서술, 유사한 품명 간 구분 명확

3 품목관리 방법

① **물품식별번호 부여**: 기존 품목 없음 + 등록요건 충족 시 새로운 물품식별번호 부여
② **원칙**: 생산된 상품에 부여(서비스 · 주문제작품은 기관 요청 시 부여)
③ 동일 모델이라도 원산지 · 포장단위 다르면 별도 번호 부여
④ 융복합 품목은 구성품을 포괄하는 번호 부여
⑤ **용도 구분**: 일반용(1), 계약용(3), 시설자재용(4), 입찰공고용(5), 물품관리용(6)
(계약용 · 시설자재용 · 입찰공고용은 물품관리에 사용 불가/시스템장비, 복합상품, 서비스는 계약용 품목으로 구분)
⑥ **품목명**: 세부품명, 제조업체명, 모델명, 대표속성값 순으로 부여
⑦ **제조업체명 표기 기준**: 입찰참가자격 등록업체명, OEM/ODM 시 '(주문자상표부착)' '상표권 업체명' 등으로 표기

4 식별기준 관리

① 품명별 속성값으로 품목 구분
② 개별속성 항목은 중복 · 복합되지 않도록 정의
③ **측정단위(UOM)**: 반드시 기입, 국제 표준 표기법 준수(표준단위가 없는 경우, 제품설명서대로 표기)
④ **단위 표기 원칙**: 약자 · 복수형 금지, 소문자 사용(예외, 리터는 L), 백분율은 기호(%) 사용

5 상품이미지 및 기타 상품정보 관리

① 품목등록 시 실물 이미지(jpg/gif/png, 2MB 이하, 최대 5개) 등록
② **품질 관리**: 일반용 · 계약용 · 물품관리용 품목은 속성값의 품질과 상품 이미지 유무에 따라 1~3등급으로 구분 관리
③ **원산지국가명**: 반드시 입력, 품목명에 영문 2자리 코드명으로 표출(미국 US, 베트남 VN 등, 대한민국은 생략)

✓ Check Q&A

품명 해설의 기본 원칙 중 옳지 않은 것은?

① 객관적 설명
② 용도 · 기능 · 성능 명확히 기술
③ 유사 품명과 구분 불명확하게 작성
④ 형태 · 장비 · 구성 · 종류 기술

정답 ③

유사한 품명 간 구분이 명확해야 한다.

＋plus
- 물품관리에 사용되지 않는 품목의 경우에는 물품식별번호를 부여하지 않을 수 있음
- 「총포 · 도검 · 화약류 등의 안전관리에 관한 법률」 등 다른 법률에 따라 관리됨으로써 각 기관의 물품관리 대상에서 제외되는 품목은 물품식별번호를 부여하지 않는 것이 원칙

＋plus
- 품목명에 제조업체명을 기입할 때 (주), (재), (유), (사) 등은 표기하지 않음
- 긴급방역물자, 긴급구호물자 등 긴급물자를 신속하게 공급하기 위해 필요한 경우에는 30일 이내의 기간을 정해서 한시적으로 요청자가 기입한 제조업체명을 기준으로 목록화할 수 있음

05 목록정보의 최신화 및 국제 표준화

1 물품목록정보의 최신화

① 산업 변화·기술 발전·시장 환경 변화에 따라 기존 목록정보가 불일치할 수 있음
② 목록정보의 정확성과 신뢰성을 확보하기 위해 정기·수시 검토 필요
③ 조달청장이 목록정보를 검토하여 수정·변경·추가·삭제 수행
④ 각 기관은 목록 수정 필요 시 조달청에 요청해야 함
⑤ 목록화지침 변경 시 목록정보도 함께 최신화됨

2 상품분류체계의 정비

① 기본적으로 UNSPSC 분류체계를 따르되, 국내 실정에 맞게 보완·정비
② UNSPSC에 분류가 없을 경우 '유보코드(99부터 역순)' 사용
③ 국내 법령·산업표준과 다른 경우 국내 상황에 맞게 조정 가능

3 분류체계의 국제 표준화

① 국제 전자상거래 표준인 UNSPSC 등과 연계하여 호환성·상호운용성 확보
② 국내 실정과 다른 경우에는 국내 상황에 맞게 조정 가능
③ 국제 표준화는 글로벌 공급망 및 전자상거래 참여 확대에 기여
④ 해외 조달시장 진출 지원, 국제적 신뢰성 확보 목적
⑤ 공공조달의 투명성·신뢰성 강화

단원별 출제예상문제

01

목록정보시스템 이용의 출발 단계로 가장 적절한 것은?

① 계약 체결　　② 물품 식별
③ 대금 지급　　④ 납품 검사

해설

목록 활용은 먼저 조달 대상 물품을 정확히 식별하는 단계에서 시작된다.

02

목록정보시스템에서 신규 등록이 필요한 경우는?

① 수의계약일 때
② 소액계약일 때
③ 계약 금액이 클 때
④ 기존 목록에 없는 물품일 때

해설

기존 목록에 없는 물품만 신규 등록 대상이 된다.

03

목록 등록 심사 시 중점적으로 검토되는 사항으로 가장 적절한 것은?

① 중복 여부와 표준성
② 계약 기간
③ 납품 장소
④ 예산 규모

해설

목록 심사는 중복 등록 방지와 표준성 확보가 핵심이다.

04

목록정보시스템과 전자조달시스템의 관계로 옳은 것은?

① 수동으로만 연계된다.
② 독립적으로 운영된다.
③ 일부 단계만 연계된다.
④ 상호 연계되어 운영된다.

해설

목록정보시스템은 전자조달시스템과 연계되어 자동 처리된다.

05

목록정보의 최신성 유지가 중요한 이유는?

① 통계 작성 편의
② 조달 실패 예방
③ 행정 절차 축소
④ 계약 금액 인상

해설

오래된 정보는 잘못된 발주로 이어져 조달 실패의 위험을 높인다.

06

목록정보시스템을 활용하지 않을 경우 발생 가능한 문제로 가장 적절한 것은?

① 계약 기간 단축
② 품질 자동 향상
③ 조달 절차 간소화
④ 물품 중복 구매 증가

해설

표준 목록이 없으면 동일 물품의 중복 구매 위험이 커진다.

07

목록정보시스템이 조달 투명성에 기여하는 방식은?

① 협상 절차 확대
② 가격 공개 제한
③ 물품 정보 비공개
④ 동일 기준 정보 제공

해설

동일 기준의 물품 정보 제공은 투명성과 공정성을 강화한다.

정답　01 ②　02 ④　03 ①　04 ④　05 ②　06 ④　07 ④

08

목록정보시스템의 사후 관리가 미흡할 경우 가장 우려되는 문제는?

① 물품 정보 신뢰도 하락
② 시스템 속도 저하
③ 계약 건수 감소
④ 입찰공고 축소

해설

사후 관리 부족은 물품 정보의 신뢰성 저하로 이어진다.

09

국내 공공조달에서 입찰·계약 시 기준으로 사용하는 번호는?

① 10자리 세부품명번호
② 8자리 물품분류번호
③ 8자리 물품식별번호
④ 사업자등록번호

해설

국내에서는 UNSPSC 8자리 체계에 2자리를 추가한 10자리 세부품명번호를 기준으로 한다.

10

물품분류번호는 몇 단계 계층 구조로 이루어지는가?

① 2단계 ② 3단계
③ 4단계 ④ 5단계

해설

대·중·소·세분류의 4단계 계층 구조로 이루어진다.

11

물품식별번호는 무엇을 기준으로 부여되는가?

① 품명과 세부품명
② 제조업체와 모델
③ 사업자등록번호
④ UNSPSC 코드

해설

물품식별번호는 제조업체와 모델별로 고유번호를 부여한다.

12

품목명은 어떤 요소들로 구성되는가?

① 세부품명, 제조업체명, 모델명, 대표속성값
② 품명, 품목번호, 사업자번호
③ 분류번호, 품명, 품목명
④ 품명, 가격, 납품업체

해설

품목명은 세부품명, 제조업체명, 모델명, 대표속성값으로 구성된다.

13

UNSPSC의 기본 구조는 몇 자리인가?

① 6자리
② 7자리
③ 8자리
④ 10자리

해설

UNSPSC는 8자리 계층 구조로 구성된다.

14

국내에서 추가로 운용하는 세부품명번호는 몇 자리인가?

① 8자리
② 9자리
③ 10자리
④ 12자리

해설

국내에서는 8자리 분류번호에 2자리를 추가해 10자리 세부품명번호를 운용한다.

정답 08 ① 09 ① 10 ③ 11 ② 12 ① 13 ③ 14 ③

15

물품식별번호는 언제 부여되는가?

① 등록요건 충족 + 기존 품목 없음 시
② 기존 품목 존재 시
③ 계약 체결 후
④ 품명 신설 후

해설

물품식별번호는 기존 품목이 없고 등록요건 충족 시 부여된다.

16

동일 모델이라도 원산지가 다를 때의 물품식별번호는?

① 동일 번호
② 별도 번호
③ 조건부 동일
④ 심의회 결정

해설

동일 모델이라도 원산지가 다르면 각각 부여한다.

17

OEM/ODM 물품의 경우 제조업체명 표기는 어떻게 하는가?

① (주문자상표부착) 표시 후 업체명 기입
② 상표권 업체명만 기입
③ 제조업체명 생략 가능
④ 공급업체명 기입

해설

계약서를 첨부하여 (주문자상표부착) 표시 후 업체명을 기입한다.

18

측정 단위 표기 원칙 중 옳지 않은 것은?

① 약자 사용 금지
② 복수형 사용 금지
③ 소문자 사용 원칙
④ %는 'percent'로 표기

해설

%는 기호 그대로 사용해야 하며 'percent'로 쓰지 않는다.

19

원산지국가명은 어떻게 입력해야 하는가?

① 생략 가능
② 품목명에 한글로 표기
③ 계약서 첨부 시만 표기
④ 품목명에 영문 코드로 표기

해설

원산지국가명은 반드시 입력하고, 품목명에 영문 2자리 코드명으로 표기한다.

20

대한민국 원산지 표기는 어떻게 하는가?

① KOR
② ROK
③ 생략
④ KOREA

해설

원산지 표기 시 대한민국은 생략한다.

21

융복합 상품의 분류 기준은?

① 가격 기준
② 재료 기준
③ 제조공정 기준
④ 주된 기능·용도 기준

해설

융복합 상품은 주된 기능·용도를 기준으로 분류한다.

정답 15 ① 16 ② 17 ① 18 ④ 19 ④ 20 ③ 21 ④

22

목록정보 최신화는 누가 담당하는가?

① 재정경제부장관
② 각 기관장
③ 조달청장
④ 감사원장

해설

목록정보 최신화는 조달청장이 정기·수시로 검토·수정한다.

23

목록정보 최신화는 어떤 방식으로 이루어지는가?

① 정기·수시 검토
② 5년마다 일괄 변경
③ 기관 요청 시만 변경
④ 국제 표준 변경 시만 반영

해설

목록정보는 정기·수시 검토를 통해 최신화한다.

24

각 기관이 목록정보 수정 필요 시 어떻게 해야 하는가?

① 자체 수정
② 조달청에 요청
③ 감사원에 보고
④ 재정경제부에 보고

해설

각 기관은 조달청에 요청해야 한다.

25

목록화지침 변경 시 목록정보는 어떻게 되는가?

① 변경 없음
② 기관별 자율 반영
③ 국제 표준화 이후 반영
④ 목록정보도 함께 최신화

해설

목록화지침 변경 시 목록정보도 최신화된다.

26

국제 표준화의 효과 중 옳지 않은 것은?

① 공공조달 투명성 강화
② 해외 조달시장 진출 지원
③ 글로벌 공급망 참여 확대
④ 국내 표준과의 불일치 확대

해설

국제 표준화는 국내 표준화와의 불일치 확대가 아니라 호환성 확보가 목적이다.

정답 22 ③ 23 ① 24 ② 25 ④ 26 ④

최종점검 OX 퀴즈

OX 퀴즈 **정답 및 해설**

01 물품목록제도는 공공조달 물품을 표준화하여 관리하기 위한 제도이다. (○ , ×)

02 물품목록정보의 정확성은 조달 품질에 영향을 미친다. (○ , ×)

03 목록번호는 입찰 단계에서만 사용된다. (○ , ×)

04 목록 심사는 중복 등록을 방지하기 위한 기능을 가진다. (○ , ×)

05 UNSPSC 분류체계는 6자리 계층 구조로 이루어져 있다. (○ , ×)

06 품목명은 세부품명, 제조업체명, 모델명, 대표속성값으로 구성된다. (○ , ×)

07 동일 모델이라도 원산지가 다르면 동일한 물품식별번호를 사용한다. (○ , ×)

08 측정 단위 표기에서 리터는 소문자 l로 표기해야 한다. (○ , ×)

09 각 기관은 목록정보를 자체적으로 수정할 수 있다. (○ , ×)

---

01 ○
물품목록제도의 핵심 개념이다.

02 ○
부정확한 목록정보는 잘못된 물품 구매로 이어질 수 있으므로, 정확성은 조달 품질 확보의 핵심 요소이다.

03 ×
목록번호는 계약 · 검사 · 지급까지 전 과정에서 활용된다.

04 ○
중복 방지는 목록 심사의 핵심 목적이다.

05 ×
UNSPSC 분류체계는 대 · 중 · 소 · 세분류의 4단계, 총 8자리 계층 구조로 이루어진다.

06 ○
품목명은 세부품명, 제조업체명, 모델명, 대표속성값 네 가지 요소로 구성된다.

07 ×
동일 모델이라도 원산지가 다르면 별도 번호를 부여한다.

08 ×
리터는 대문자 L로 표기한다.

09 ×
목록정보 수정 시 각 기관은 조달청에 요청해야 하며 자체 수정은 불가하다.

박문각
공공조달관리사
필기

04

전략적 공공조달

전략적 공공조달

01 공공조달의 전략적 활용

1 공공조달 인식의 변화

① 역사적으로 공공조달은 효율적인 재정 집행과 법률·규제 준수를 중시하는 행정 기능으로 인식되어 왔음

② 2000년대 중반 이후 국민경제에서 공공조달이 차지하는 비중이 확대되고, 정부지출에서 공공조달의 비중도 함께 증가함

③ 이에 따라 공공조달은 단순한 비용 지출 수단이 아니라, 정책적 가치를 창출할 수 있는 수단으로 인식되기 시작함

2 전략적 공공조달

① 전략적 공공조달의 핵심: 공공조달의 전통적 가치인 운영적 효율성을 유지하면서 경제개발, 환경, 혁신, 사회적 책임 등 전략적 정책 목표와의 연계

② 전략적 공공조달의 구현: 특정 정책 목표와 연계된 조달 대상물 또는 기업에 물량·금액을 할당하거나 평가에서 우대하는 방식으로 구현

③ 이러한 접근은 과거의 '우선조달(Preferential)'과 '연계(Linkage)' 개념에서 발전하여 현대 공공조달에서는 할당(set-aside) 및 우선구매 제도로 구체화됨

④ 국제적으로 전략적 공공조달은 중소기업지원, 녹색조달, 혁신조달, 사회적 책임조달 등 4개 분야를 중심으로 발전함

🔎 더 알아보기 공공조달 재정 지출 규모의 국가별 사례

(1) 전 세계 공공조달 지출 규모: 약 13조 달러(OCP, 2020년)

(2) 국가연구개발 예산 중 공공부문의 비중: 20~30%(OECD 회원국 평균 약 30%)

(3) OECD 회원국: 공공조달 지출 비중은 정부 총 지출의 약 27.8% 수준(GDP의 약 12.9%)

(4) 우리나라: '24년 기준 공공조달 225조원(국가예산 656.9조원의 34.25%)

02 전략적 공공조달의 실행

1 전략적 공공조달(SPP: Strategic Public Procurement)의 개념과 출발점

① 효율적인 공공조달 재정지출을 통해 중소기업, 환경, 혁신, 사회적 책임 같은 정책적·사회적 영향력이 큰 부문의 성과 향상을 지원하거나 주도하는 방향으로 공공조달을 운영하는 것 ⇒ "비용 대비 가치"를 높이는 것

② 전략적 공공조달(SPP)은 공공부문의 시장 지배력·구매력을 단순한 경제적 목적을 넘어 사회·정치적 목표 달성에 전략적으로 활용하려는 관점에서 출발

✅ **Check Q&A**

전통적으로 공공조달이 강조해 온 기능으로 가장 적절한 것은?

① 산업 경쟁력 강화
② 정책 실험 수단
③ 효율적 재정 집행과 법규 준수
④ 혁신 기술 확산

정답 ③

전통적으로 공공조달은 행정 기능으로 인식되어 재정 효율성과 법·규제 준수를 강조하였다.

➕ **plus**

공공조달 재정의 국가별 사례
• 미국: 중소기업혁신연구(SBIR) 프로그램
• EU 국가: 녹색공공조달, 순환경제 패키지, 공공조달(PPI) 프로그램
• 영국: 사회적가치법
• OECD: 기업책임경영(RBC), ESG

③ EU 공공조달지침(2014) 핵심 목표
- 환경적, 사회적, 혁신적 요소를 고려한 전략적 조달의 촉진
- 수명주기비용(Life-Cycle Costing), 생산 과정과 관련된 기준 고려 등

④ UN의 지속가능발전목표(SDGs) 2030 의제(조달 분야): 모든 국가가 지속가능발전을 실현하기 위해 필요한 재정적 자원 확보와 효율적 배분을 뒷받침하는 핵심 요소로, 공공·민간 자금 조달, 예산 편성, 자원 배분의 투명성과 효과성을 강조

2 현대 공공조달에서 전략적 목표의 중요성

① 2020년대 이후 공공조달은 효율성 중심에서 사회적 책임성과 전략적 가치를 동시에 고려

② 조달 정책과 제도 설계·집행 과정에서 전략적 목표 반영은 핵심 원칙으로 자리매김

③ 전략적 공공조달은 지속가능하고 포용적인 성장을 달성하기 위한 수단

④ EU에서는 공공조달 과정에서 경쟁과 효율성을 확보하는 데 중점을 두었으나, 새로운 전략적 조달 요소로 경제·사회·환경 같은 특정 목표뿐만 아니라 혁신같은 보다 일반적인 목표와 교육·공중보건·양성평등 등 다양한 정책적 목표를 고려할 필요성이 대두되어 전략적 활용의 범위가 확대됨

3 우선구매

① 2000년대 초반 '우선조달(Preferential)'과 '연계(Linkage)'라는 용어가 등장하고, 현대 공공조달시스템에서 할당(Set-aside) 방식으로 구체화
- 일정한 물량과 금액을 할당(Set-aside)하거나, 평가에서 우대하는 방식의 우선적 구매(Preferential Purchasing) 제도 활용
- 중소기업, 환경(녹색), 혁신, 사회적 책임성을 강화하는 방향으로 추진

② 우리나라: 우선구매 형태로 추진
- 활용 비중: 중소기업지원 > 사회적 책임 조달 > 녹색조달 > 혁신조달 순
- 우선구매제도 활용을 중심으로 한 전략적 활용 비중은 최근 5년 평균 약 62.2%

4 전략적 공공조달의 실행

① 전략적 공공조달의 실행 영역: 중소기업지원, 환경 보호(녹색조달), 혁신 촉진, 사회적 책임 강화

② 실행 수단: 우선구매제도, 평가 시 가점 부여, 조달 기준에 환경·사회·혁신 요소 반영

③ 단순한 예산 집행이 아니라 정책 성과 창출형 조달로 전환

5 전략적 공공조달의 정책적 의의

① 공공조달은 재정 효율성 확보, 정책 목표 달성, 사회적 가치 창출을 동시에 추구하는 도구

② 전략적 공공조달은 공공조달을 국가 정책 수행의 핵심 수단으로 재정의

단원별 출제예상문제

01

2000년대 중반 이후 공공조달 인식 변화의 주요 배경으로 옳은 것은?

① 민간시장 위축
② 국제기구의 강제 규정
③ 조달 절차의 복잡성 증가
④ 공공조달의 경제적 비중 확대

해설

국민경제와 정부지출에서 공공조달 비중이 확대된 점이 인식 변화의 핵심 배경이다.

02

전략적 공공조달에서 강조되는 핵심 방향은?

① 민간 자율성 확대
② 최저가 위주의 조달
③ 조달 절차의 단순화
④ 운영 효율성과 정책 목표의 연계

해설

공공조달의 전통적 가치인 효율성 추구와 전략적 정책 목표를 연계하는 것이 핵심이다.

03

다음 중 전략적 공공조달의 정책 목표에 해당하지 않는 것은?

① 환경
② 경제개발
③ 행정 편의성
④ 사회적 책임

해설

행정 편의성은 언급되지 않으며, 경제 · 환경 · 혁신 · 사회적 책임이 핵심이다.

04

'우선조달(Preferential)' 개념이 현대 공공조달에서 발전한 형태로 가장 적절한 것은?

① 최저가 낙찰제
② 경쟁입찰 의무화
③ 민간 위탁 확대
④ 할당(set-aside) 및 우선구매

해설

우선조달 개념은 현대 공공조달에서 할당(set-aside) 및 우선구매 제도로 구체화되었다.

05

전략적 공공조달은 조달 대상물 선정 시 무엇을 고려하도록 요구하는가?

① 가격 요소
② 기술 요소
③ 발주자의 재량
④ 정책 목표와의 연계성

해설

전략적 공공조달은 정책적 목표와 연계된 조달을 전제로 한다.

06

국제적으로 전략적 공공조달의 대표적 활용 분야에 해당하지 않는 것은?

① 녹색조달
② 민영화 촉진
③ 중소기업지원
④ 사회적 책임 조달

해설

민영화 촉진은 전략적 공공조달의 대표적 활용 분야가 아니다.

정답   01 ④   02 ④   03 ③   04 ④   05 ④   06 ②

07

전략적 공공조달의 도입 취지를 가장 정확히 설명한 것은?

① 공공조달의 민간 이전
② 비용 절감 기능의 배제
③ 조달 절차의 법적 규제 완화
④ 공공구매력을 정책적 가치 창출에 활용

해설

전략적 공공조달은 공공부문의 구매력을 사회·정책적 목적 달성에 활용하는 것이 핵심 취지이다.

08

다음 중 전략적 공공조달의 실행 수단으로 제시된 방식은?

① 무작위 추첨
② 사전 시장 개입
③ 가격 가중치 축소
④ 물량·금액 할당 또는 평가 우대

해설

할당(set-aside) 및 평가 우대 방식이 핵심 수단이다.

09

전략적 공공조달이 전통적 공공조달과 구별되는 핵심 요소는?

① 정책 목표와의 연계
② 중앙조달기관 축소
③ 법적 구속력 약화
④ 경쟁 배제

해설

전략적 공공조달은 정책 목표를 조달 과정에 적극 반영한다는 점에서 구별된다.

10

EU 공공조달지침 2014 개정의 핵심 목표로 옳은 것은?

① 조달 절차 단순화
② 가격 경쟁의 완전 배제
③ 조달 담당자의 책임 축소
④ 환경·사회·혁신 요소를 고려한 전략적 조달 촉진

해설

EU는 2014년 지침 개정을 통해 전략적 공공조달을 공식 목표로 제시하였다.

11

전략적 공공조달이 정책수단으로 활용되는 이유로 옳지 않은 것은?

① 정책 목표 달성 수단 가능
② 공공조달의 경제적 비중 확대
③ 공공조달의 정치적 중립성 강화
④ 공공조달의 사회적 영향력 증가

해설

전략적 공공조달은 정치적 중립성 강화보다는 정책적 활용에 초점이 있다.

12

전략적 공공조달의 성격으로 가장 적절한 것은?

① 행정 집행 중심
② 정책 성과 창출
③ 단기 예산 중심
④ 시장 개입 최소화

해설

전략적 공공조달은 정책 성과 창출을 목표로 한다.

13

공공조달에서 사회적 책임성 고려가 중요한 이유로 옳은 것은?

① 조달 속도 향상
② 조달 비용 증가
③ 민간 경쟁 제한
④ 사회적 가치 실현

해설

사회적 책임성은 공공조달을 통한 사회적 가치 실현을 가능하게 한다.

14

다음 중 전략적 공공조달의 핵심 원칙으로 볼 수 없는 것은?

① 효율성
② 임의성
③ 혁신 촉진
④ 사회적 책임성

해설

전략적 공공조달은 임의적이 아니라 정책적 기준에 따라 운영된다.

15

전략적 공공조달이 조달정책과 제도에서 차지하는 위상 변화로 가장 적절한 설명은?

① 임시 정책
② 보조적 수단
③ 예외적 적용
④ 핵심 원칙으로 정착

해설

전략적 목표 반영은 현대 조달정책의 핵심 원칙이다.

16

다음 중 전략적 공공조달의 실행 수단으로 가장 적절한 것은?

① 무작위 구매
② 가격 단일 기준
③ 사후 관리 생략
④ 사회·환경 기준 반영

해설

전략적 공공조달은 조달 기준에 사회·환경 요소를 반영한다.

17

전략적 공공조달의 장기적 효과로 가장 적절한 것은?

① 지속가능한 정책 성과 축적
② 조달 시장 축소
③ 행정 부담 증가
④ 경쟁 원칙 폐기

해설

전략적 공공조달은 장기적으로 정책 성과 창출을 목표로 한다.

정답　　13 ④　14 ②　15 ④　16 ④　17 ①

최종점검 OX 퀴즈

01 공공조달은 역사적으로 정책 수단보다는 행정 기능으로 인식되어 왔다. (○ , ×)

02 우선조달 개념은 현대 공공조달에서 할당(set-aside) 방식으로 발전하였다. (○ , ×)

03 전략적 공공조달은 단순히 비용 절감을 목적으로 한다. (○ , ×)

04 EU 공공조달지침 2014 개정은 전략적 공공조달 개념을 제도적으로 반영하였다. (○ , ×)

05 사회적 책임 공공조달(SRPP)은 고용, 노동권, 사회적 포용 등을 포함한다. (○ , ×)

06 전략적 공공조달은 지속가능하고 포용적인 성장을 달성하기 위한 수단이다. (○ , ×)

07 전략적 공공조달은 중소기업지원, 혁신 촉진과 같은 정책 영역과 연계된다. (○ , ×)

08 전략적 공공조달은 공공조달을 국가 정책 수행의 핵심 수단으로 재정의한다. (○ , ×)

---

01 ○
공공조달은 역사적으로 행정 기능으로 인식되어 왔다.

02 ○
우선조달 개념은 현대 공공조달시스템에서 우선적으로 채택하고 있는 할당(Set-aside) 방식으로 구체화되었다.

03 ×
비용 절감을 넘어 정책적 가치 창출을 목표로 한다.

04 ○
EU는 2014년 공공조달지침 개정을 통해 환경, 사회, 혁신 요소를 고려한 전략적 조달 촉진을 공식 목표로 채택하였다.

05 ○
SRPP는 공공조달을 통해 일자리 창출, 노동·사회권 보호, 기회 균등, 사회적 포용을 실현하는 것을 목표로 한다.

06 ○
전략적 공공조달은 환경 보호, 사회적 가치 창출, 혁신 촉진 등을 통해 지속가능하고 포용적인 성장을 목표로 한다.

07 ○
전략적 공공조달은 중소기업지원, 혁신 조달, 환경 정책 등 다양한 정책 영역과 연계되어 실행된다.

08 ○
전략적 공공조달은 공공조달을 단순한 재정 지출이 아니라 국가 정책 목표를 실현하는 핵심 정책 도구로 재정의한다.

PART 04

CHAPTER 02 중소기업 조달

01 중소기업 조달

1 개념과 의의

① 중소기업 조달은 공공조달을 통해 중소기업의 판로를 지원하고 국가경제의 균형 발전을 도모하기 위한 정책적 조달
② 공공조달은 단순 구매 수단을 넘어 중소기업 육성 정책의 핵심 수단으로 활용됨
③ 중소기업은 대기업 대비 자본·기술·마케팅 역량이 취약하므로 제도적 지원 필요
④ **공공조달 지출 규모**: 일반적으로 국가 GDP의 12~15%에 해당

2 정책적 목적

① 중소기업의 안정적 판로 확보
② 고용 창출 및 지역경제 활성화
③ 중소기업의 기술개발 및 혁신 유도
④ 공공조달 시장 내 경쟁 기반 유지 및 다변화

🖋 **더 알아보기**　　**정부 등 공공기관(수요자)이 중소기업(공급자)에 제공하는 장점**

> (1) 중소기업은 공공기관이 공정한 사업 관행을 준수할 것이라고 확신
> (2) 공공조달에서의 실적과 경험은 국내 민간시장과 해외 수출시장 등에서 경쟁력을 갖추고 신뢰성을 확보할 수 있는 수단
> (3) 고용·사회복지·지역 활성화 등의 사회적 성과 향상에도 기여
> ⇒ 경영안정성 확보, 설비투자나 사업 규모 확장, 고용·부가가치·혁신을 촉진
> ⇒ 정책적 지원의 목표: 새로운 시장 창출, 시장질서 확립, 적합한 경쟁 환경 조성 등

3 관련 법 및 제도적 기반

① 「중소기업제품 구매촉진 및 판로지원에 관한 법률」
② 「조달사업에 관한 법률」
③ 공공기관의 중소기업제품 구매 의무제도 운영
④ 일정 금액 이하 또는 특정 품목에 대해 중소기업자 간 경쟁제도 적용

4 중소기업자 간 경쟁제도

① 지정된 중소기업자 간 경쟁제품에 한해 중소기업만 참여 가능한 경쟁입찰 방식
② 대기업의 참여 제한을 통해 중소기업 보호
③ 공정성과 경쟁성을 전제로 함

➕ plus

OECD 회원국의 중소기업
- 전체 기업 수 99%, 전체 고용의 60%를 중소기업이 담당하고, 부가가치 중 50~60% 창출
- 고용과 부가가치 측면에서 중소기업의 기여도는 제조업보다 용역(서비스) 산업에서 높은 것으로 나타남

✓ Check Q&A

중소기업 조달의 가장 기본적인 목적은?

① 조달비용 최소화
② 중소기업의 안정적 판로 확보
③ 대기업 경쟁력 강화
④ 조달 절차 단순화

정답 ②
공공조달을 통해 중소기업의 지속 가능한 시장 참여를 지원하는 것이 핵심 목적이다.

✓ Check Q&A

중소기업자 간 경쟁제도의 주요 특징으로 옳은 것은?

① 대기업 우대
② 모든 품목 적용
③ 중소기업만 참여 가능
④ 수의계약 전용

정답 ③
지정된 품목에 대해 중소기업만 경쟁에 참여할 수 있다.

5 운영 원칙

① 공공조달의 기본원칙(경쟁성·투명성·공정성 등) 유지
② 과도한 보호로 인한 경쟁 약화 방지
③ 조달 품질 및 계약 이행 능력 확보 필요

6 한계와 유의점

① 한계
- 가격·품질 경쟁력 부족 시 조달 실패 가능성
- 형식적 참여로 인한 제도의 실효성 저하 위험

② 유의점: 중소기업 역량 강화 정책과 병행 필요

🖊 더 알아보기 중소기업이 공공기관 계약을 체결하고 이행하는 과정에서 경험한 어려움

(1) 느린 결제 주기(44.5%)
(2) 입찰명세서가 너무 좁게 작성되어 실제 경쟁이 불가능함(35.5%)
(3) 용역(서비스)이나 제품 실제 사용자 간 연락이 어려움(31.6%)
(4) 신청에 필요한 서류가 너무 많음(28.8%)
(5) 다른 기업 간 경쟁으로 가격이 너무 낮아 공급이 불가능함(27.8%)
(6) 특정 구매 결정 담당자 관계 혼란(26.9%)
(7) 새로운 제품이나 용역(서비스)의 고려를 꺼림(25.7%)
(8) 입찰명세서가 너무 일반적이고 부정확하게 작성됨(23.9%)
(9) 계약 체결에 필요한 서류가 너무 많음(23.7%)
(10) 입찰 마감과 실제 계약 결정 사이의 과도한 지연(23.4%)
(11) 대기업과 경쟁하기가 어려움(22.4%)
(12) 부실 계약업체를 적발하기 위한 엄격한 성과 감사 부재(19.6%)
(13) 입찰보증금 요건(18.3%)
(14) 이행보증금 요건(17.0%) 등

02 공공조달 정책과 중소기업지원 방안의 통합

1 중소기업의 공공조달 참여 확대

공공조달의 전략적 활용과 사회경제적 발전에 기여할 수 있는 방안으로 범위가 확장

2 제로유엔환경계획(UNEP)

정부의 지속가능한 공공조달 정책에서 고용과 중소기업 발전이 최우선 과제

3 공공조달의 전략적 활용을 통해 중소기업지원을 강화하는 분야

혁신촉진, 환경보호, 양성평등, 사회적 약자 문제의 해결을 통한 사회적 결속 강화 등

4 전략적 활용을 통한 공공조달을 추진하는 과정에서 정부가 당면하는 어려움

① 중소기업을 대상으로 한 정책적 지원의 효과 대비 운영적 효율성 저하
② 중소기업이 당면하고 있는 어려움을 식별하고 이를 효과적으로 측정·평가해 개선방안을 도출하기 위한 지식과 정보가 부족
③ 공공조달 정책 vs 중소기업지원 통합 효과

구분	공공조달 정책 단독	중소기업지원 단독	통합 시 효과
목적	효율적·투명한 구매	판로 확대·경쟁력 강화	정책 목표 + 중소기업 성장 동시 달성
수단	입찰·계약 제도	지원금·판로 지원	공공구매력 활용
효과	예산 절감·투명성	기업 성장·고용 창출	혁신 촉진·사회적 가치 실현

단원별 출제예상문제

01

중소기업 조달이 정책 수단으로 활용되는 이유로 가장 적절한 것은?

① 시장 경쟁 배제
② 행정 편의성 증대
③ 경제의 균형 발전 도모
④ 조달 담당자의 권한 확대

해설

중소기업 조달은 고용과 지역경제 활성화를 포함한 경제의 균형 발전을 목표로 한다.

02

중소기업 조달의 법적 근거로 가장 직접적인 법률은?

① 「국가계약법」
② 「중소기업기본법」
③ 「조세특례제한법」
④ 「중소기업제품 구매촉진 및 판로지원에 관한 법률」

해설

「중소기업제품 구매촉진 및 판로지원에 관한 법률」은 중소기업 조달과 판로 지원을 직접 규율하는 핵심 법률이다.

03

중소기업 조달이 필요한 이유로 가장 거리가 먼 것은?

① 자본력 부족
② 조달 경험 과다
③ 시장 접근성 제한
④ 기술력 부족 가능성

해설

중소기업은 일반적으로 조달 경험이 부족한 경우가 많다.

04

중소기업 조달 정책의 기대 효과로 보기 어려운 것은?

① 고용 창출
② 기술 혁신 촉진
③ 지역경제 활성화
④ 조달 경쟁 완전 배제

해설

경쟁은 유지되어야 하며 완전 배제는 지양된다.

05

중소기업 조달에서 공공기관이 유의해야 할 사항은?

① 가격만 고려
② 계약 절차 생략
③ 조달 품질과 이행 능력 확보
④ 보호 우선, 품질 고려 배제

해설

정책적 지원과 함께 품질과 계약 이행 능력도 중요하다.

06

중소기업 조달이 공공조달 원칙과 충돌하지 않기 위해 필요한 조건은?

① 경쟁성과 공정성 유지
② 보호 중심 운영
③ 평가 기준 완화
④ 단독계약 확대

해설

중소기업 조달도 공공조달의 기본원칙 내에서 이루어져야 한다.

정답 01 ③ 02 ④ 03 ② 04 ④ 05 ③ 06 ①

07

중소기업 조달은 어떤 목표와 가장 밀접한가?

① 재정 통제
② 행정 효율성
③ 조세 형평성
④ 사회적 가치 실현

해설

중소기업 육성은 대표적인 사회·정책적 가치다.

08

중소기업 조달 정책이 지향하는 조달시장 구조는?

① 독점 시장
② 폐쇄형 시장
③ 단일 공급자 시장
④ 다수 기업 참여 시장

해설

다수 중소기업의 참여를 통해 시장 경쟁을 유지한다.

09

중소기업 조달과 병행되어야 할 정책으로 적절한 것은?

① 기업 역량 강화 지원
② 입찰 제한 강화
③ 단가 통제
④ 평가 생략

해설

중소기업의 실질적 경쟁력 확보를 위해 역량 강화를 지원하는 것이
중요하다.

10

중소기업자 간 경쟁제도의 적용 대상은?

① 중소기업자 간 경쟁제품으로 지정된 품목
② 모든 공공조달 사업
③ 용역계약 전부
④ 긴급조달 사업

해설

중소기업자 간 경쟁제품으로 지정된 품목에 한해 제도가 적용된다.

11

중소기업자 간 경쟁제도의 운영 시 가장 중요하게 고려해야
할 요소는?

① 보호 강도
② 경쟁 배제
③ 계약 편의성
④ 공정성과 품질 확보

해설

제도의 취지와 공공조달 원칙을 동시에 충족해야 한다.

12

중소기업 조달이 실패로 이어질 가능성이 가장 높은 경우는?

① 경쟁이 치열한 경우
② 품질 기준이 명확한 경우
③ 평가 기준이 투명한 경우
④ 참여 기업의 역량이 부족한 경우

해설

참여 기업의 역량이 부족한 경우 계약 이행 실패로 연결될 수 있다.

정답 07 ④ 08 ④ 09 ① 10 ① 11 ④ 12 ④

13

중소기업 조달 정책이 장기적으로 추구하는 방향은?

① 자생적 경쟁력 확보
② 지속적 보호
③ 대기업 전환
④ 조달 독점

해설

보호를 넘어 경쟁력 강화가 궁극적 목표다.

14

중소기업 조달에서 과도한 보호의 부작용으로 옳은 것은?

① 참여 확대
② 품질 개선
③ 경쟁 약화
④ 혁신 촉진

해설

보호 위주의 운영은 경쟁력 약화를 초래할 수 있다.

15

중소기업 조달이 공공조달 전체에 기여하는 효과로 가장 적절한 것은?

① 절차 단축
② 가격 고정
③ 계약 단순화
④ 시장 다양성 확대

해설

다양한 기업의 참여로 조달시장 구조가 확대되고 안정된다.

16

중소기업 조달 정책의 성공 여부 판단 기준으로 가장 적절한 것은?

① 계약 건수
② 보호 대상 수
③ 정책 예산 규모
④ 지속적 참여와 품질 수준

해설

지속성과 품질이 핵심 성과 지표다.

17

중소기업 조달과 공공조달 기본원칙의 관계로 옳은 것은?

① 예외 관계
② 상충 관계
③ 보완 관계
④ 무관

해설

중소기업 조달은 기본원칙을 전제로 보완적으로 운영된다.

18

중소기업지원 정책을 공공조달과 연계하는 주된 이유는?

① 정책 집행의 실효성 확보
② 대기업 참여 제한
③ 가격 통제 강화
④ 계약 분쟁 감소

해설

조달과 연계할 때 중소기업지원 정책의 실질적 효과가 높아진다.

정답 13 ① 14 ③ 15 ④ 16 ④ 17 ③ 18 ①

19

다음 중 강조되는 중소기업 조달 정책의 방향은?

① 시장 배제
② 단기 보호 중심
③ 경쟁 역량 강화
④ 예외적 계약 확대

해설

중소기업의 지속 가능한 성장을 위해 경쟁 역량 강화가 핵심이다.

20

공공조달과 중소기업 정책 통합 시 전제로 삼는 요소는?

① 행정 편의성
② 신속성 우선
③ 단일 정책 적용
④ 조달 효율성과 공정성

해설

통합 추진 시에도 조달의 기본원칙은 유지되어야 한다.

21

중소기업지원을 조달 절차에 반영하는 방식으로 적절한 것은?

① 조달 절차 외 별도 지원
② 입찰·계약 단계 반영
③ 수의계약 일반화
④ 사후 평가 배제

해설

조달 단계 전반에 정책 목표를 반영하는 것이 통합의 핵심이다.

22

공공조달 정책과 중소기업지원 방안 통합이 지향하는 구조로 가장 적절한 것은?

① 조달 목표의 정책 목표 종속
② 정책 목표의 조달 목표 대체
③ 1차·2차 목표의 상호 보완
④ 경쟁성의 완전 배제

해설

조달의 경제성과 중소기업지원이라는 정책 목표의 균형이 핵심이다.

23

다음 중 바람직하지 않은 중소기업 조달 정책 운영은?

① 경쟁 역량 중심 지원
② 정책 간 정합성 확보
③ 과도한 경쟁 제한
④ 조달 절차 연계

해설

경쟁을 과도하게 제한하는 방식은 바람직하지 않다.

OX 퀴즈 정답 및 해설

01 중소기업 조달은 공공조달을 중소기업 육성 정책 수단으로 활용하는 것이다. (○ , ×)

02 중소기업자 간 경쟁제도는 모든 조달 품목에 적용된다. (○ , ×)

03 중소기업 조달은 경쟁성과 공정성을 전제로 한다. (○ , ×)

04 중소기업 조달은 고용 창출과 지역경제 활성화에 기여한다. (○ , ×)

05 중소기업 조달 정책은 장기적으로 자생적 경쟁력 확보를 목표로 한다. (○ , ×)

06 공공조달은 중소기업지원 정책을 실행하기 위한 정책 수단으로 활용될 수 있다. (○ , ×)

07 중소기업 조달 정책 통합은 조달의 효율성보다 정책 목표를 우선시한다. (○ , ×)

08 중소기업지원 정책은 조달 절차와 분리하여 운영하는 것이 효과적이다. (○ , ×)

09 공공조달과 중소기업 정책의 통합은 정책 중복을 줄이는 효과가 있다. (○ , ×)

10 중소기업 조달 정책은 단기적 보호보다 지속 가능한 성장에 초점을 둔다. (○ , ×)

---

01 ○
정책적 조달의 대표적 사례다.

02 ×
지정된 경쟁제품에 한해 적용된다.

03 ○
조달의 기본원칙을 유지해야 한다.

04 ○
정책적 목표 중 하나이다.

05 ○
경쟁력 강화가 궁극적 목표다.

06 ○
공공조달의 정책적 기능을 명확히 인정하고 있다.

07 ×
효율성과 공정성을 전제로 정책 목표를 통합하는 것이 원칙이다.

08 ×
조달 절차와의 연계를 통한 통합 운영을 강조한다.

09 ○
통합을 통해 분절된 정책 운영의 비효율을 완화할 수 있다.

10 ○
경쟁 역량 강화와 시장 참여 확대가 핵심 방향이다.

PART 04

CHAPTER 03

녹색공공조달

01 개요

1 개념

① OECD 회원국 국민의 약 50.4%가 정부의 기후변화와 관련한 정책적 대응에 최우선의 노력을 요구하나, 국민적 신뢰도는 상대적으로 낮음
② 공공조달은 정부가 환경 목표를 달성하는 데 중요한 역할을 수행
③ 녹색공공조달
  • 정부와 지방자치단체 등 공공부문의 구매력을 활용하여 환경에 미치는 영향을 최소화하는 물품·용역(서비스)·공사를 조달하는 전략적 공공조달 방식
  • 지속가능발전목표(SDGs) 달성을 지원하는 전략적 수단으로 활용

2 적용 대상과 범위

① 환경 영향이 큰 건물, 식품·케이터링, 차량, 컴퓨터, 에너지 사용 제품 등의 조달 분야에 적용
② 전략적 공공조달(SPP)의 일부로, 범위는 상대적으로 좁고 환경적 지속가능성에 초점

3 국제적 정책 배경

① 기후위기 대응, 탄소배출 저감, 자원 재활용, 물 절약 등 녹색 전환을 위해 OECD 회원국의 노력이 확대되고 있음
② OECD 조사에 따르면, 국민의 약 절반은 기후변화 대응을 정부의 최우선 과제로 인식하나, 정책 성과에 대한 신뢰는 상대적으로 낮음
③ 파리협정을 통해 환경적으로 지속가능한 선택을 우선시하는 동시에, 공공조달 프로세스의 무결성과 비용 효율성 확보를 동시에 추구하는 방안이 필수 원칙이 됨

02 녹색공공조달에서 중소기업의 역할

친환경 제품 공급자	• 녹색제품(에너지 효율, 재활용, 저탄소 인증 등)을 생산·공급하여 공공기관의 구매 수요 충족 • 최소녹색기준 충족 시 조달시장 진입 가능 → 중소기업의 판로 확대
정책 참여자	• K-RE100(재생에너지 100% 사용 선언) 참여를 통해 정부의 탄소중립 정책에 기여 • 재생에너지 사용 비율이 높은 기업은 최소녹색기준 면제 혜택
혁신·성장 기회 확보	• 기후에너지환경부·조달청 협력으로 녹색기술 보유 중소·벤처기업의 공공시장 진출 지원 • 입찰 평가에서 친환경 인증·저탄소 제품 보유 기업에 가점 부여 → 경쟁력 강화 • 전시회 참여, 시범구매, 해외 진출 지원 등 다양한 성장 기회 제공
사회적 가치 실현	• 녹색공공조달을 통해 지속가능한 소비·생산 구조 확산에 기여 • 중소기업이 친환경 산업 생태계의 중심으로 자리매김

03 녹색공공조달의 목표

1 목표

① GPP는 비용 대비 가치(Value for Money)를 유지하면서 환경적 목표와의 균형 추구

② 기후변화 대응, 오염 감소, 자원 효율성 향상, 지속가능한 생산·소비 촉진, 생물 다양성 보호, 온실가스 감축 등을 지원함

2 의무 요건과 목표 설정

① 국가마다 상이하여 GPP 목표만 설정하거나 의무 요건과 목표를 모두 채택 또는 의무 요건과 목표 없음

② 목표는 녹색 기준을 포함한 입찰 비율, 특정 품목 적용 비율 등으로 설정되며, 성과 평가와 동기부여 수단으로 활용됨

③ GPP 관련 목표는 GPP 개혁을 총괄하는 중앙기관이나 각 조달기관에서 개별적으로 설정 가능

④ 목표는 계약 당국 간 협의를 통해 개발될 때 가장 효과적

⑤ **목표의 실효성을 높이기 위한 방안:** 실행과제와 시장 제약요인을 고려하는 등 현실적인 수준에서 목표 설정

⑥ GPP 목표는 특정 제품이나 용역(서비스) 그룹에 한정되어 적용될 수 있으며, 국가·지역·지방정부 등 행정 수준에 따라 달라질 수 있음

01

다음 중 녹색공공조달이 주로 적용되는 분야로 옳지 않은 것은?

① 건물 조달
② 차량 구매
③ 에너지 사용 제품
④ 단순 사무행정 용역

해설

녹색공공조달(GPP)은 환경 영향이 큰 물품·공사·서비스에 주로 적용된다.

02

녹색공공조달과 전략적 공공조달(SPP)의 관계에 대한 설명으로 옳은 것은?

① 두 개념은 동일하다.
② GPP는 SPP보다 범위가 넓다.
③ SPP는 환경 목표를 포함하지 않는다.
④ GPP는 SPP의 일부로 환경적 측면에 초점을 둔다.

해설

GPP는 전략적 공공조달(SPP) 중 환경적 지속가능성에 집중한 하위 개념이다.

03

OECD 회원국의 녹색공공조달(GPP) 운영 실태에 대한 설명으로 옳은 것은?

① 환경 규제와는 무관하게 운영된다.
② 모든 회원국이 동일한 의무 기준을 적용한다.
③ 녹색공공조달은 일부 개발도상국만 시행한다.
④ 목표만 설정한 국가, 의무와 목표를 병행하는 국가가 혼재한다.

해설

국가별로 GPP 도입 수준과 방식은 상이하며, 목표 설정만 하는 국가도 존재한다.

04

녹색공공조달(GPP)이 공공조달의 정책 수단으로 활용되는 주된 이유로 가장 적절한 것은?

① 공공조달 규모가 작기 때문에
② 조달 절차가 단순하기 때문에
③ 공공부문의 구매력이 크기 때문에
④ 민간시장에 미치는 영향이 제한적이기 때문에

해설

공공조달은 GDP 대비 큰 비중을 차지하며, 정부의 구매력은 시장과 생산 구조에 실질적인 영향을 미칠 수 있다.

05

다음 중 녹색공공조달이 추구하는 환경적 정책 목표로 가장 거리가 먼 것은?

① 생물 다양성 보호
② 자원 효율성 제고
③ 온실가스 감축
④ 단기 예산 절감

해설

녹색공공조달은 단기 예산 절감이 아니라 환경적 지속가능성 달성을 주요 목표로 한다.

06

OECD 조사에서 나타난 국민 인식에 대한 설명으로 옳은 것은?

① 기후변화 대응을 정부의 최우선 과제로 인식하는 비율이 절반 수준이다.
② 환경정책은 민간의 책임이라는 인식이 지배적이다.
③ 정부의 환경정책 성과에 대한 신뢰가 매우 높다.
④ 공공조달의 역할은 미미하다.

해설

국민의 약 50%가 기후변화 대응을 정부의 최우선 과제로 인식한다.

정답 01 ④ 02 ④ 03 ④ 04 ③ 05 ④ 06 ①

07

녹색공공조달이 비용 대비 가치(Value for Money) 원칙과 관련해 가지는 특징으로 가장 적절한 것은?

① 환경 목표 달성을 위해 비용 효율성을 배제한다.
② 환경 성과와 경제성을 함께 고려한다.
③ 최저가격 입찰을 우선 적용한다.
④ 가격 평가를 전면 금지한다.

해설

녹색공공조달은 환경적 가치와 비용 대비 가치(VFM)를 동시에 고려하는 균형적 접근을 취한다.

08

녹색공공조달이 중소기업에 미치는 영향에 대한 설명으로 옳은 것은?

① 중소기업과는 무관한 제도이다.
② 중소기업의 조달 참여를 제한한다.
③ 대기업 중심의 조달 구조를 강화한다.
④ 친환경 기술을 보유한 중소기업에 새로운 시장 기회를 제공한다.

해설

녹색공공조달은 친환경 제품과 기술을 보유한 중소기업의 공공시장 진입을 촉진한다.

09

녹색공공조달 목표 설정의 주요 기능으로 가장 적절한 것은?

① 성과 모니터링과 동기부여
② 조달기관의 재량 확대
③ 경쟁 절차 생략
④ 단기 예산 절감

해설

GPP 목표는 성과 평가와 이행 촉진을 위한 관리 도구이다.

정답 07 ② 08 ④ 09 ①

최종점검 OX 퀴즈

01 녹색공공조달은 공공조달의 비용 효율성을 완전히 배제한다. (○ , ×)

02 녹색공공조달은 전략적 공공조달의 일환으로 환경적 지속가능성에 초점을 둔다. (○ , ×)

03 OECD 회원국 모두가 녹색공공조달 의무 요건을 채택하고 있다. (○ , ×)

04 공공조달의 높은 구매력은 녹색 전환을 촉진하는 정책 수단이 될 수 있다. (○ , ×)

05 녹색공공조달은 중소기업의 시장 진입 기회를 확대할 수 있다. (○ , ×)

06 GPP 목표는 성과 평가와 무관하게 선언적 의미만 가진다. (○ , ×)

07 녹색공공조달은 기후변화 대응과 자원 효율성 향상을 정책 목표로 포함한다. (○ , ×)

OX 퀴즈 | 정답 및 해설

01 ×
GPP는 비용 대비 가치와 환경 목표의 균형을 중시한다.

02 ○
GPP는 SPP의 하위 개념이다.

03 ×
일부 국가는 목표나 의무 요건이 없다.

04 ○
정부의 구매력은 시장과 생산 방식을 변화시키는 영향력이 있다.

05 ○
친환경 산업에서 중소기업은 중요한 공급자이다.

06 ×
GPP 목표는 성과 측정과 이행 촉진에 활용된다.

07 ○
GPP는 환경 정책 전반을 지원하는 조달 방식이다.

CHAPTER 04  혁신을 위한 공공조달

01 개념

① 정부 및 지방자치단체가 혁신적인 제품·용역(서비스)을 수용함으로써 공공조달을 통해 시장 형성 및 판로 확대를 지원하는 전략적 활용 방식
② 국가 및 지역 차원의 혁신 촉진
③ 생산성과 포용성 향상에 기여 가능

02 전략적 공공조달과의 관계

① 전략적 공공조달의 핵심 영역 중 하나
② 단순한 가격 중심 조달이 아니라, 경제적 가치, 환경적 가치, 사회적 가치, 법적 책임 등을 통합적으로 고려하는 접근 방식

03 지속가능한 공공조달(SPP: Sustainable Public Procurement)

① 전략적 공공조달, 사회적 책임 조달과 개념적으로 연결
② 지속가능한 개발의 3대 축: 경제 개발, 사회 개발, 환경 보호의 통합 촉진이 목적
③ 정의(CIPS, 2008): 조직이 재화와 용역(서비스)을 조달하는 전 과정에서 조직뿐 아니라 사회·경제에 이익을 창출, 환경 피해를 최소화, 전 생애주기 관점에서 비용 대비 가치(VFM)를 달성하는 과정

🖋 더 알아보기 비용 대비 가치(VFM)

(1) 투입된 비용에 비해 얼마나 효과적이고 효율적으로 원하는 성과를 달성했는지를 평가하는 개념
(2) 단순히 '가장 저렴한 가격'을 의미하는 것이 아니라, 품질·효율성·지속가능성·성과까지 종합적으로 고려해 최적의 가치를 추구
(3) 핵심 요소: 경제성(Economy), 효율성(Efficiency), 효과성(Effectiveness), 지속가능성(Sustainability)

✓ Check Q&A

다음 중 전략적 공공조달의 특징으로 가장 적절한 것은?

① 가격 중심 결정
② 단기 예산 절감 우선
③ 경제·환경·사회 요소의 통합 고려
④ 조달기관 내부 효율성만 중시

정답 ③
전략적 공공조달은 다양한 가치 요소를 통합적으로 고려한다.

➕ plus
CIPS(영국공인조달공급협회, 2008)의 정의
지속가능한 공공조달(SPP)을 경제적·환경적·사회적 요인을 균형 있게 고려하여 현재와 미래 세대 모두에게 이익을 주는 방식으로 상품과 서비스를 획득하는 과정이라고 정의

✓ Check Q&A

지속가능한 공공조달(SPP)의 3대 축에 포함되지 않는 것은?

① 경제 개발
② 사회 개발
③ 환경 보호
④ 기술 독점

정답 ④
지속가능성의 세 축은 경제·사회·환경이다.

04 혁신을 위한 공공조달의 정책적 의의

① 공공조달을 단순 구매 수단이 아닌 정책 목표 달성 수단으로 활용
② 경제·환경·사회·법적 측면에서 전 지구적, 국가적, 지역적 차원의 긍정적 효과 창출을 지향

더 알아보기 혁신조달의 이점 – 유럽위원회의 혁신 조달지침(European Commission, 2021)

(1) 경제 회복, 녹색·디지털 전환, EU의 회복력 강화
(2) 최적의 예산으로 더 높은 품질의 공공서비스 제공
(3) 발생하는 요구 해결
(4) 공공서비스의 현대화
(5) 스타트업과 혁신 중소기업의 출범, 성장 지원
(6) 시장을 혁신으로 전환 등
⇒ 공공조달과 혁신 간의 효과적인 연계는 공공서비스의 효율성과 효과성을 높이고, 경제성장과 경쟁력을 촉진

단원별 출제예상문제

01

혁신을 위한 공공조달의 가장 핵심적인 목적은?

① 가격 인하
② 조달 절차 단축
③ 발주 담당자의 재량 확대
④ 혁신 제품·서비스 수용을 통한 시장 형성

해설

혁신 제품과 서비스(용역)의 수용을 통해 시장 형성과 판로 확대를 지원한다.

02

혁신을 위한 공공조달이 기여하는 효과로 옳지 않은 것은?

① 혁신 촉진
② 생산성 향상
③ 포용성 증대
④ 조달 절차의 비공개화

해설

오히려 공공성 강화가 목적이다.

03

CIPS(2008)가 정의한 지속가능한 공공조달의 핵심 관점은?

① 전 생애주기 관점의 비용 대비 가치
② 단기 계약 비용
③ 공급자 수 확대
④ 절차 간소화

해설

전 생애주기 관점의 비용 대비 가치(VFM) 달성이 핵심이다.

04

혁신을 위한 공공조달은 공공조달을 무엇으로 인식하는가?

① 행정 절차
② 단순 구매 행위
③ 정책 목표 달성 수단
④ 민간 시장 보조 수단

해설

공공조달을 정책 목표를 달성하기 위한 수단으로 인식한다.

05

다음 중 혁신 공공조달의 효과로 옳은 것은?

① 조달시장 폐쇄
② 가격 경쟁 배제
③ 계약 책임 완화
④ 혁신기업의 판로 확대

해설

혁신기업의 판로 확대는 혁신 공공조달이 추구하는 효과이다.

06

혁신 공공조달에서 공공부문의 역할로 가장 적절한 것은?

① 가격 경쟁만을 통해 공급자를 선정한다.
② 기술 개발의 모든 책임을 민간에 전가한다.
③ 조달 과정에서 정책 목표 개입을 배제한다.
④ 초기 수요자가 되어 혁신 제품의 시장 진입을 지원한다.

해설

혁신 공공조달에서 공공부문은 초기 수요자로서 혁신 제품을 구매·활용하여 시장 형성과 기술 확산을 지원하는 역할을 수행한다.

정답 01 ④ 02 ④ 03 ① 04 ③ 05 ④ 06 ④

07

다음 중 혁신을 위한 공공조달이 기존 전통적 공공조달과 가장 크게 구별되는 점은?

① 법령 적용 여부
② 가격 평가 비중
③ 조달 절차의 존재 여부
④ 정책 목적 달성의 수단으로 조달을 활용한다는 점

해설

전통적 조달은 효율성과 비용 절감을 중심으로 하나, 혁신 공공조달은 혁신 촉진·산업 육성 등 정책 목표 달성을 위한 수단으로 조달을 활용한다는 점이 핵심적인 차별점이다.

08

혁신 공공조달 추진 시 조달기관이 직면할 수 있는 특징적인 위험으로 가장 적절한 것은?

① 가격 담합 위험
② 행정 절차 미준수 위험
③ 계약 이행 기간 단축 위험
④ 기술 불확실성과 성과 미달성 가능성

해설

혁신 제품은 개발·실증 단계에 있는 경우가 많아 기술적 불확실성과 성과 미달성 가능성이 존재한다.

09

다음 중 혁신 공공조달을 효과적으로 추진하기 위한 전제조건으로 가장 적절한 것은?

① 수요기관의 명확한 문제 정의와 수요 제시
② 최저가 낙찰 원칙의 엄격한 적용
③ 조달 절차의 완전한 민간 위임
④ 기존 제품 중심의 규격 고정

해설

혁신 공공조달의 출발점은 수요기관이 해결하고자 하는 문제와 필요 기능을 명확히 제시하는 것이며, 이를 통해 민간의 혁신적 해결책을 유도할 수 있다.

10

혁신을 위한 공공조달과 지속가능한 공공조달의 관계 설명으로 가장 적절한 것은?

① 서로 무관한 개념이다.
② 혁신 공공조달이 SPP를 대체한다.
③ 전략적 공공조달의 맥락에서 상호 연계된다.
④ 혁신 공공조달은 환경 요소를 고려하지 않는다.

해설

혁신 공공조달은 전략적 공공조달의 맥락에서 지속가능한 공공조달과 상호 연계된다.

최종점검 OX 퀴즈

01 혁신을 위한 공공조달은 단순히 가격 경쟁을 강화하는 제도이다. (○ , ×)

02 전략적 공공조달과 지속가능한 공공조달은 완전히 다른 개념이다. (○ , ×)

03 혁신 공공조달은 공공조달을 정책 목표 달성 수단으로 본다. (○ , ×)

04 혁신 공공조달은 국가 및 지역 수준의 혁신 촉진을 목표로 한다. (○ , ×)

05 혁신 공공조달은 생산성과 포용성 향상에 기여할 수 있다. (○ , ×)

OX 퀴즈 | 정답 및 해설

01 ×
가격 중심이 아닌 혁신·가치 중심 접근이다.

02 ×
두 개념은 분리된 것이 아니라, 전략적 공공조달의 틀 안에서 지속가능성, 사회적 책임, 혁신 요소가 서로 연계되어 작동한다.

03 ○
혁신 공공조달은 단순한 구매 행위가 아니라, 혁신 촉진, 시장 형성, 사회·경제적 가치 창출 등 정책 목표를 달성하기 위한 수단이다.

04 ○
혁신 공공조달은 공공조달을 통해 국가·지역 차원의 혁신을 촉진하고, 생산성과 포용성을 향상시키는 것을 목표로 한다.

05 ○
혁신 공공조달은 공공조달을 통해 혁신을 촉진하고 생산성과 포용성을 향상시키는 효과를 기대할 수 있다.

PART 04

CHAPTER 05

사회적 책임 조달
(SRPP: Socially Responsible Public Procurement)

01 개념

1 사회적 책임 조달

① 공공조달 관련 법령, 규정, 기준을 중심으로 조달정책과 관행에 기업책임경영(RBC: Responsible Business Conduct) 활동을 촉진하는 요소를 반영
② 기업이 환경, 사회적 가치, 준법경영 등을 활성화함으로써 공익을 보호하고 공공조달 지출의 책임성을 강화하는 전략적 활용 방안

2 공공조달의 목표

① 혁신 촉진
② 녹색공공조달과 순환 경제 촉진
③ 중소기업의 공공조달 계약 접근성 지원
④ 글로벌 공급망 내 책임 있는 기업행동(RBC) 증진 등

3 특징

① 전 세계 국가별 공공조달 규모는 평균적으로 국내총생산(GDP)의 12~15%를 차지
② 녹색조달, 혁신조달, 중소기업 조달과 함께 전략적 공공조달의 주요 유형 중 하나로 제시됨

02 기업책임경영(RBC)

1 OECD 다국적기업 가이드라인(MNE 가이드라인)

기업책임경영의 가장 포괄적인 국제표준을 제시 ⇒ 정부는 노동자 권리, 인권, 환경, 뇌물수수, 정보공개 등 기업의 책임과 관련된 주요 영역에서 기업에 비구속적으로 권고
① **기업책임경영의 목표**: 환경, 인권, 노동권, 소수자 고려사항, 장애인, 장기실업자, 성별 고려사항, 정직성 등 8개 항목으로 구성
② **전략적 공공조달과 기업책임경영**: 세부 주제에서는 차이가 있을 수 있으나, 경제적·환경적·사회적 가치 추구라는 점에서 포괄적 개념으로 연결됨
③ **사회적 책임 조달의 역할**: 기업의 사회적 책임 이행을 공공조달을 통해 유도·확산하는 역할 수행

✓ Check Q&A

사회적 책임 조달(SRPP)에 대한 설명으로 가장 적절한 것은?

① 최저가 구매를 위한 조달 방식
② 조달 절차의 간소화를 위한 제도
③ 공공조달에 사회적 가치와 책임을 반영하는 방식
④ 민간조달을 대체하는 제도

정답 ③
SRPP는 공공조달을 통해 사회적·윤리적 책임을 실현하는 전략적 조달 방식이다.

➕ plus
전략적 공공조달
• 경제적 가치 추구 중심에서 경제적, 환경적, 사회적, 법적 요소를 통합적으로 고려
• 전체적 비용, 가치, 영향력의 최적 구성을 달성하는 방향으로, 지속 가능한 공공조달, 기업책임경영조달, 녹색조달, 혁신조달, 사회적 가치 조달 등을 포괄하는 개념

④ 전통적 공공조달 체계는 비용 대비 가치를 달성할 수 있는 방향으로 설계되었으나, 2000년대 이후 순수한 최저 비용 중심적인 접근 방식에서 탈피해 환경적·사회적 비용을 총비용 대비 가치의 일부로 고려하는 수명주기비용(LCC: Life Cycle Cost) 방식으로 변화

⑤ 전략적 공공조달과 기업책임경영이 공통적으로 '공공조달을 통해 환경 목표 달성을 촉진'하는 체계 도입

2 기업책임경영과 전략적 활용

① 전략적 활용에서 큰 장애물 중 하나는 최저 가격 중심의 공급업체를 선정하는 규정과 관행

② EU를 중심으로 '경제적으로 가장 유리한 입찰자(MEAT: Most Economically Advantageous Tender)'를 낙찰자로 선정하는 기준을 채택해 가격적 요소 외에 성능, 품질, 기타 정책 목표 달성을 고려한 요인을 함께 평가함으로써 제도적 실행 기반을 강화

PART 04

단원별 출제예상문제

01
사회적 책임 조달에서 강조하는 기업 활동은?

① 해외 진출
② 가격 경쟁
③ 단기 납품 능력
④ 기업책임경영(RBC)

해설

사회적 책임 조달(SRPP)에서는 기업책임경영(RBC)이 핵심 개념으로 제시된다.

02
사회적 책임 조달의 목적에 해당하지 않는 것은?

① 공익 보호
② 조달 담당자의 재량 확대
③ 공공조달 지출 책임성 강화
④ 기업의 환경·사회 가치 활성화

해설

재량 확대는 사회적 책임 조달의 목적에 해당하지 않는다.

03
사회적 책임 조달이 포함되는 상위 개념은?

① 전통적 공공조달
② 전략적 공공조달
③ 비경쟁적 조달
④ 민관협력 조달

해설

사회적 책임 조달(SRPP)은 녹색조달·혁신조달과 함께 전략적 공공조달의 한 유형이다.

04
다음 중 사회적 책임 조달의 정책 목표로 보기 어려운 것은?

① 책임 있는 기업 행동 촉진
② 노동·인권 보호
③ 최저가 낙찰 보장
④ 사회적 가치 실현

해설

최저가 낙찰은 전통적 조달의 논리이며 SRPP의 핵심 목표가 아니다.

05
사회적 책임 조달의 이해관계자에 포함되지 않는 것은?

① 일반 국민(소비자)
② 비정부기구(NGO)
③ 공공조달 전문가
④ 외국 조달기관

해설

이해관계자는 국가 내부의 다양한 주체를 중심으로 구성된다.

06
사회적 책임 조달이 전통적 공공조달과 구별되는 핵심 특징은?

① 조달 대상의 단순화
② 계약 이행 기간의 단축
③ 조달 절차의 전면 비공개
④ 조달을 정책 실현 수단으로 활용

해설

사회적 책임 조달은 단순 구매가 아니라 정책 목표 달성을 위한 전략적 조달이다.

정답　01 ④　02 ②　03 ②　04 ③　05 ④　06 ④

07

다음 중 사회적 책임 조달에서 중점적으로 고려되는 가치로 가장 적절한 것은?

① 조달 속도
② 가격 경쟁력
③ 행정 편의성
④ 사회·환경적 책임

해설

SRPP는 사회적·윤리적 책임과 가치 반영이 핵심이다.

08

사회적 책임 조달에서 기업에게 기대되는 역할로 옳은 것은?

① 최저가 입찰만 제시
② 공공조달 참여 배제
③ 책임 있는 기업 행동 이행
④ 법적 책임만 최소한으로 준수

해설

공공조달을 통해 기업의 사회적 책임 이행을 촉진한다.

09

다음 중 사회적 책임 조달의 정책 목표에 해당하지 않는 것은?

① 인권 보호
② 노동 기준 강화
③ 공정거래 질서 확립
④ 조달 절차의 무작위화

해설

조달 절차의 무작위화는 정책 목표와 무관하다.

10

다음 중 사회적 책임 조달과 가장 관련 깊은 국제기구는?

① IMF   ② WTO
③ APEC   ④ OECD

해설

OECD는 사회적·환경적 가치 반영 공공조달을 지속적으로 권고해 왔다.

11

사회적 책임 조달이 강조되는 배경으로 가장 적절한 것은?

① 공공조달의 정책적 활용 확대
② 공공조달 시장 축소
③ 조달 경쟁의 약화
④ 민간조달의 실패

해설

공공조달을 정책 수단으로 활용하려는 흐름 속에서 SRPP가 강조된다.

12

사회적 책임 조달이 전략적 공공조달에서 갖는 의의로 가장 적절한 것은?

① 경쟁 입찰의 제한
② 행정 절차의 축소
③ 조달 비용의 최소화
④ 공공조달을 정책 실행 수단으로 활용

해설

사회적 책임 조달은 공공조달을 통해 정책 목표를 달성하려는 전략적 접근이다.

13

국가별 사회적 책임 조달 정책이 상이한 주된 이유는?

① 기술 발전 수준
② 국제 규범의 강제성
③ 조달 대상물의 동일성
④ 정책 우선순위와 사회적 요구의 차이

해설

국가별 사회·경제적 환경과 정책 목표 차이가 반영되므로 정책이 상이하다.

정답　07 ④　08 ③　09 ④　10 ④　11 ①　12 ④　13 ④

14

사회적 책임 조달이 전략적 공공조달 체계에서 갖는 의미로 가장 적절한 것은?

① 공공조달의 민영화
② 전통적 조달 원칙의 폐기
③ 공공조달의 가치 지향성 강화
④ 공공조달 비용 증가의 정당화

해설

사회적 책임 조달은 공공조달의 사회적·윤리적 가치 지향을 강화한다.

15

사회적 책임 조달이 녹색조달·혁신조달과 함께 언급되는 이유로 가장 적절한 것은?

① 모두 비경쟁적 조달 방식이기 때문이다.
② 모두 소액계약에만 적용되기 때문이다.
③ 모두 전략적 공공조달의 유형이기 때문이다.
④ 모두 국제조약에 의해 강제되기 때문이다.

해설

세 유형 모두 공공조달을 정책 수단으로 활용하는 전략적 공공조달이다.

16

사회적 책임 조달을 효과적으로 운영하기 위해 가장 필요한 것은?

① 경쟁 절차의 최소화
② 가격 평가 요소의 제거
③ 조달 담당자의 단독 판단
④ 이해관계자 요구의 종합적 고려

해설

다양한 이해관계자의 관점과 가치를 균형 있게 조달 제도에 반영하는 것이 중요하다.

정답 14 ③ 15 ③ 16 ④

최종점검 OX 퀴즈

01 사회적 책임 조달은 공공조달의 2차 정책 목표에 해당한다. (○ , ×)

02 사회적 책임 조달은 녹색조달, 혁신조달과 분리된 개념이다. (○ , ×)

03 사회적 책임 조달의 목표는 이해관계자별로 동일하다. (○ , ×)

04 OECD는 공공조달을 사회적 가치 실현의 수단으로 활용할 것을 권고한다. (○ , ×)

05 사회적 책임 조달은 기업의 사회적 책임 이행을 유도하는 기능을 가진다. (○ , ×)

06 사회적 책임 조달은 기업의 환경·사회적 책임 활동을 조달 정책에 반영한다. (○ , ×)

07 사회적 책임 조달의 목적에는 공공조달 지출의 책임성 강화가 포함된다. (○ , ×)

---

01 ○
보완적 정책목표다.

02 ×
전략적 공공조달의 포괄적 틀 안에 포함된다.

03 ×
이해관계자별로 다양한 가치와 의제가 존재한다.

04 ○
국제기구의 전략적 공공조달 논의에 포함된다.

05 ○
공공조달을 통해 책임 있는 기업 행동을 촉진하는 것이 목적이다.

06 ○
기업책임경영(RBC) 요소 반영이 핵심이다.

07 ○
사회적 책임 조달은 기업책임경영(RBC)을 조달에 반영하고, 공익 보호 및 공공조달 지출의 책임성을 강화하는 것이 주요 목적이다.

박문각
공공조달관리사
필기

05

전략적 공공조달의 활용

CHAPTER 01

우선구매제도

01 우선구매제도 개요

1 별도배정(Set-aside) 프로그램

① 공공조달 우선구매제도: 공공조달을 정책 수단으로 활용하는 대표적 방식
② 핵심 목적: 시장 경쟁에서 구조적으로 불리한 기업이나 제품에 대해 공공부문의 구매력을 활용하여 시장 접근 기회를 제공
③ 목표: 단순 보호나 특혜가 아니라, 경쟁 참여 기회 확대, 장기적 경쟁 기반 형성
④ 공공조달 기본원칙과의 관계: 공공조달의 기본원칙(경쟁성, 효율성, 투명성)과 긴장 관계에 있으나, 경쟁을 배제하기 위한 제도가 아니라 경쟁이 가능하도록 여건을 조성하는 제도로 이해
⑤ 따라서 우선구매제도는 1차 조달 목표(효율적 구매)와 2차 정책 목표(중소기업 육성, 혁신, 사회적 가치) 간의 균형 속에서 설계·운영되어야 함

2 명칭 등

① 국가별 명칭

미국, 캐나다	별도배정(Set-aside)
EU	유보된 계약(Reserved contract)
우리나라	우선구매(Preferential Purchasing)

② 구매 규모(금액, 비율 등) 보장, 평가 우대 또는 우선 공급 기회 보장 측면에서 유사한 제도
③ 별도배정은 다자간협정인 정부조달협정(GPA)과 양자 간 자유무역협정(FTA) 등에서 공공조달시장 개방과 양허 조달대상에서 제외

3 각국의 우선구매제도

캐나다	• 공공조달을 활용해 계약금액의 최소 5%를 자격을 갖춘 원주민기업이 공급할 수 있도록 의무화(실제 2018년 1.03%에 불과) • PSIB에 따른 조달에는 달러 임곗값이 없으며 캐나다 자유무역협정의 의무가 면제
미국	• 미국 중소기업청(SBA)은 주로 대출 형태로 소기업을 지원 • 공공조달 별도배정(Set-aside) 프로그램을 포함한 다양한 지원정책과 제도를 개발하고 연방정부조달에 소기업, 취약계층, 여성기업이 최대한 참어할 수 있는 환경을 조성하기 위한 역할을 강화 • 중소기업법(Small Business Act)상 구체적 지원 대상: '여성 소유, 서비스 장애 재향군인 소유, 경제적으로 낙후된 지역(HUBZone)의 중소기업, 사업

	개발 프로그램에 참여하는 사회적, 경제적으로 취약한 개인이 소유, 통제하는 소규모 사업체'가 대표적 • 목표: 전체적으로 중소기업 대상 연방정부 계약의 23%(여성 소유 중소기업 5%, 소기업 5%, HUBZone 중소기업 3%, 서비스 장애 재향군인 소유 중소기업 3%)
호주	• 원주민조달정책(IPP: The Indigenous Procurement Policy): 원주민이 50% 이상 소유한 기업이 대상 • NIAA의 연간 물량 목표(적격 조달 수): 매 회계연도에 적격 조달의 3%를 원주민기업에 할당 • 호주 정부는 외부 기관인 서플라이네이션(Supply Nation)을 통해 원주민 사업체의 인증을 관리
유럽연합 (EU)	• EU 법률 체계에서 경쟁을 강조 → 별도배정(Set-aside) 프로그램의 활용이 최소한이었음을 의미 • 2004년 EU 공공조달지침(EU Public Procurement Directive)을 채택하고, 별도배정(Set-aside)의 가능성이 도입됨

02 우선구매제도(별도배정) 활성화 과제

1 문제 인식

별도배정(Set-aside) 프로그램 같은 우선구매제도의 필요성과 효용성은 확인되고 있으나, EU의 경우 별도배정 제도에 대한 부정적 인식으로 적극적이고 전면적인 도입을 우려

> • 우선구매제도는 제도적으로는 마련되어 있으나 실제 집행률은 목표 대비 미흡
> • 별도배정 물량이 형식적으로 편성되거나 실질 구매로 연계되지 않는 문제 발생
> • 수요기관의 인식 부족과 소극적 운영이 주요 원인으로 지적됨

2 효용성 강화 및 문제점 예방 노력

① 기본원칙인 경쟁성이 저하될 수 있다는 부정적 영향이 발생하지 않도록 하는 것이 필요
② 객관적인 목표설정과 관리를 위한 모니터링, 데이터 수집과 관련한 신뢰성과 타당성을 향상하는 노력이 필요
③ 지속가능성과 지원의 타당성을 확보하기 위해 지원 대상 기업과 단체 등을 대상으로 한 엄격한 인증 절차와 규정 준수를 위한 관리체계를 강화하는 방안이 필요
④ 제도의 운영 목적과 취지에 관한 공공기관과 담당자의 인식을 전환하기 위한 교육과 문화 개선이 필요

✔ **Check Q&A**

우선구매 활성화를 위해 요구되는 관리 방식으로 가장 적절한 것은?

① 사후 실적만 관리
② 구매 전 과정 관리
③ 가격만 관리
④ 계약 단계 생략

정답 ②
구매 전 과정에 대한 관리가 필요하다.

3　수요기관 중심의 이행 책임 강화

① 우선구매는 단순 권고가 아닌 이행 관리가 필요한 정책 수단
② 수요기관의 구매 계획 수립 단계에서부터 별도배정 물량 반영 필요
③ 기관장의 관심과 내부 관리체계 구축이 제도 실효성에 중요한 요소

4　제도 운영의 실효성 제고

① 우선구매 실적에 대한 점검·평가 체계 강화 필요
② 목표 미달 기관에 대한 사후 관리 및 개선 요구
③ 단순 실적 집계가 아닌 구매 과정 전반의 관리 필요

5　제도 이해도 및 담당자 역량 강화

① 우선구매 관련 법·제도 이해 부족이 운영 저해 요인
② 실무 담당자를 대상으로 한 교육 및 안내 강화 필요
③ 우선구매 대상 제품·기업 정보 접근성 제고 필요

6　정책 연계 및 제도 개선

① 다른 공공조달 정책과의 연계적 운영 필요
② 우선구매가 조달 편의가 아닌 정책 목표 달성 수단임을 명확화
③ 제도 운영 결과를 반영한 지속적 개선 체계 구축 필요

단원별 출제예상문제

01

공공조달 우선구매제도의 기본적인 목적에 대한 설명으로 가장 적절한 것은?

① 시장에서 불리한 주체의 조달시장 접근 기회를 확대하기 위함
② 공공조달의 경쟁을 원천적으로 제한하기 위함
③ 특정 기업에 영구적인 보호를 제공하기 위함
④ 조달 절차를 단순화하기 위함

해설

우선구매제도는 경쟁 배제가 아니라, 구조적으로 불리한 기업의 시장 접근 기회를 확대하기 위한 정책 수단이다.

02

공공조달 우선구매제도와 공공조달 기본원칙의 관계에 대한 설명으로 옳은 것은?

① 경쟁성·효율성과는 무관하다.
② 기본원칙을 전면적으로 대체한다.
③ 투명성을 저해하므로 예외적으로만 허용된다.
④ 기본원칙과 긴장 관계에 있으나 균형을 전제로 한다.

해설

우선구매제도는 기본원칙(경쟁성·효율성)과 긴장 관계에 있으나, 1차·2차 목표 간 균형 속에서 운영된다.

03

캐나다의 공공조달 우선구매제도의 특징으로 가장 적절한 것은?

① 원주민 기업 등 포용성 강화를 중시
② 별도배정을 통한 경쟁 제한 중심
③ EU 단일시장 원칙을 엄격히 적용
④ 대기업 보호를 위한 제도

해설

캐나다는 중소기업과 원주민 기업의 조달 접근성 확대를 중점적으로 추진한다.

04

미국에서 우선구매제도가 경쟁 제한이 아니라 경쟁 촉진으로 인식되는 이유로 가장 적절한 것은?

① 가격 경쟁을 제거하기 때문에
② 경쟁을 완전히 배제하기 때문에
③ 경쟁을 중단하고 직접 계약하기 때문에
④ 경쟁 가능한 범위 내에서 시장을 분리하기 때문에

해설

미국은 경쟁을 없애는 것이 아니라 경쟁이 가능한 시장을 별도로 구성한다.

05

호주의 공공조달 우선구매제도의 주요 정책적 방향은?

① 중소기업의 영구적 보호
② 산업 경쟁력 강화와 연계
③ 국제조달시장 개방 최소화
④ 조달 효율성보다 형평성 우선

해설

호주는 공공조달을 산업 경쟁력 강화 수단으로 활용한다.

06

EU가 미국식 별도배정(Set-aside) 제도에 상대적으로 부정적인 이유는?

① 기술 수준이 낮기 때문
② 행정 비용이 높기 때문
③ 조달 효율성이 낮기 때문
④ 단일시장·개방경쟁 원칙과 충돌하기 때문

해설

EU는 단일시장·개방경쟁 원칙을 중시해 직접적인 경쟁 제한 제도에 소극적이다.

정답 01 ① 02 ④ 03 ① 04 ④ 05 ② 06 ④

07

EU가 중소기업 참여 확대를 위해 주로 활용하는 방식은?

① 별도배정
② 수의계약 확대
③ 조달 가격 상향 조정
④ 분할 발주 및 절차 단순화

해설

EU는 경쟁을 유지하면서 분할 발주, 절차 완화 등 간접적 지원 방식을 활용한다.

08

공공조달 우선구매제도가 '경쟁의 예외'가 아니라 '경쟁 기반 확대 수단'으로 평가되는 이유로 가장 적절한 것은?

① 경쟁이 불가능한 시장을 경쟁 가능하게 만들기 때문에
② 경쟁을 폐지하고 보호를 강화하기 때문에
③ 조달 절차를 간소화하기 때문에
④ 공공조달 비용을 줄이기 때문에

해설

우선구매제도는 경쟁을 배제하는 것이 아니라 경쟁 자체가 어려운 영역에서 경쟁 기반을 조성한다.

09

다음 중 국가별 우선구매제도 특징의 연결이 가장 적절한 것은?

① 미국 – 간접적 지원 중심
② 호주 – 단일시장 원칙 최우선
③ 캐나다 – 포용성과 접근성 강화
④ EU – 별도배정 제도 적극 활용

해설

캐나다는 포용성과 접근성, 미국은 별도배정, EU는 간접 지원, 호주는 산업 경쟁력 연계가 특징이다.

10

별도배정 우선구매제도의 운영상 문제로 가장 적절한 것은?

① 수요기관의 실질적 이행 부족
② 제도 자체의 법적 근거 부족
③ 공급기업의 기술력 부족
④ 전자조달시스템 미구축

해설

제도가 존재함에도 불구하고 수요기관의 소극적 운영과 이행 부족이 활성화를 저해한다.

11

우선구매제도의 실효성 강화를 위해 가장 먼저 요구되는 것은?

① 민간시장 연계
② 가격 경쟁 강화
③ 공급기업 수 확대
④ 수요기관의 인식 개선

해설

우선구매제도의 활성화를 위해 수요기관의 인식 부족 해소가 선결 과제로 제시된다.

12

별도배정 우선구매 물량과 관련하여 지적된 문제는?

① 법령상 금지
② 예산 편성의 불가능성
③ 조달청 단독 집행 구조
④ 형식적 배정에 그치는 경우

해설

별도배정 물량이 실제 구매로 이어지지 않는 형식적 운영이 문제점으로 지적된다.

정답 07 ④ 08 ① 09 ③ 10 ① 11 ④ 12 ④

13

우선구매 실적 관리와 관련해 요구되는 개선 방향은?

① 수의계약 확대
② 민간위탁 전환
③ 사전 계획 폐지
④ 실적 점검 및 평가 강화

해설

단순 집계가 아닌 점검·평가를 통한 관리 강화가 필요하다.

14

우선구매제도의 성과 확보에 중요한 주체는?

① 조달청
② 조달기업
③ 수요기관
④ 감사기관

해설

실제 구매를 집행하는 주체로서 수요기관의 역할이 중요하다.

15

우선구매제도가 정책 수단으로서 의미를 갖기 위해 필요한 접근은?

① 예외적 적용
② 가격 중심 조달
③ 단기 실적 중심 운영
④ 정책 목표와의 연계 운영

해설

우선구매를 단순 조달 방식이 아닌 정책 목표 달성 수단으로 인식해야 한다.

16

우선구매제도의 운영을 저해하는 요인으로 언급되지 않은 것은?

① 제도에 대한 안내 부족
② 조달기업의 참여 거부
③ 수요기관의 소극적 태도
④ 담당자의 제도에 대한 이해 부족

해설

공급기업의 참여 거부는 일어나지 않는다.

17

우선구매 관련 교육·안내를 강화하는 주된 목적은?

① 제도 이해도 제고
② 예산 절감
③ 경쟁 제한
④ 감사 대응

해설

담당자의 제도에 대한 이해 부족을 해소하기 위해 교육을 강화할 필요성이 있다.

18

별도배정 우선구매제도의 지속적 개선을 위해 필요한 것은?

① 민간 이양
② 제도 폐지
③ 일회성 점검
④ 운영 결과의 환류

해설

운영 결과를 반영한 지속적 개선 체계 구축이 필요하다.

정답　　13 ④　14 ③　15 ④　16 ②　17 ①　18 ④

최종점검 OX 퀴즈

OX 퀴즈 **정답 및 해설**

01 공공조달 우선구매제도는 공공조달의 기본원칙과 완전히 배치되는 제도이다. (○ , ×)

02 미국의 별도배정(Set-aside) 제도는 경쟁을 완전히 제거하는 방식이다. (○ , ×)

03 EU는 중소기업 보호를 위해 경쟁 제한적 우선구매제도를 적극 도입하고 있다. (○ , ×)

04 공공조달 우선구매제도는 1차 조달 목표와 2차 정책 목표 간의 균형을 전제로 한다. (○ , ×)

05 별도배정 우선구매제도는 제도적 기반은 있으나 집행 측면에서 한계가 지적된다. (○ , ×)

06 우선구매제도는 다른 공공조달 정책과 연계될 필요가 있다. (○ , ×)

07 우선구매는 조달 편의성을 중심으로 하는 제도임을 전제로 한다. (○ , ×)

01 ×
기본원칙과 긴장 관계는 있으나 균형 속에서 운영된다.

02 ×
경쟁을 완전히 제거하는 것이 아니라 별도의 경쟁시장을 형성하는 방식이다.

03 ×
EU는 개방경쟁 원칙을 유지하며 간접적 지원 방식을 선호한다.

04 ○
효율적 구매(1차)와 정책 목표 달성(2차) 간 균형이 핵심이다.

05 ○
제도는 존재하지만 실질 집행이 미흡하다.

06 ○
정책 간 연계하여 운영할 필요성이 있다.

07 ×
조달 편의가 아닌 정책 목표 달성 수단이다.

CHAPTER 02 중소기업지원 조달

01 중소기업지원 개요

1 개요

① 전략적 공공조달 관점에서 정부 등 공공부문은 중소기업의 공공조달시장 참여 확대를 주요 정책 목표로 설정함
② 입찰참가, 평가, 낙찰, 계약 전 과정에서 중소기업의 진입장벽을 제거하기 위한 적극적 조치를 강화함
③ 정책 방향은 정부조달협정(GPA)을 기반으로 한 국제적 공공조달 실행 기준과 연계됨
④ OECD 및 EU 회원국들은 공통적으로 다음 원칙을 통해 진입장벽 제거를 추진함
  • 평등한 대우 보장
  • 개방적 접근성 제공
  • 효과적인 경쟁 원칙의 실행

2 중소기업의 참여 확대를 위한 접근 방식

① 입찰 규모가 중소기업의 참여를 부당하게 제한하지 않도록 설계
② 공공조달 프로세스 및 문서가 불필요하게 복잡하지 않도록 설계
③ 조달 절차는 조달 대상물이 내포한 가치와 위험 수준에 비례하여 간소화하여 설계
④ 공공조달 참여 자격 요건으로 재무적 안정성을 과도하게 요구하지 않도록 설계
⑤ 수요정보의 인지, 입찰참가 등을 전자화 또는 디지털화해 접근성을 제고

02 중소기업과 공공구매제도

1 개요

① 중소기업의 정의
  • 2015년부터 「중소기업기본법」에 따라 업종별 평균 매출액 이하이면서 자산총액이 5,000억원 미만인 기업(2014년 이전에는 상시근로자 수와 자본금, 매출액 기준 중 하나만 충족하면 중소기업)
  • 중소기업은 매출액 규모에 따라 중기업, 소기업, 소상공인 등 3개 유형으로 분류
② 중소기업의 경제적 위상
  • 우리나라 중소기업은 기업 수 기준 99.9%, 종사자 수 기준 약 81%를 차지하는데도, 매출액 기준 비중은 약 44%에 불과
  • 이는 중소기업이 양적으로는 다수, 질적으로는 상대적 취약 구조에 있음을 의미

✓ Check Q&A

중소기업의 공공조달시장 참여 확대를 위해 OECD 및 EU 회원국들이 공통적으로 추진하는 원칙이 아닌 것은?

① 효과적인 경쟁 원칙 실행
② 대기업 우선 낙찰 보장
③ 평등한 대우 보장
④ 개방적 접근성 제공

정답 ②

대기업 우선 낙찰 보장은 오히려 중소기업의 참여를 제한하는 방향이다.

✓ Check Q&A

우리나라 중소기업의 기업 수 비중으로 가장 적절한 것은?

① 약 70%
② 약 85%
③ 약 95%
④ 약 99.9%

정답 ④

중소기업은 전체 기업 수의 99.9%를 차지한다.

PART 05

③ 중소기업 공공구매제도의 개념 및 목적

- 정의: 법률상 정의된 용어는 아니나, 통상적으로 「중소기업제품 구매촉진 및 판로지원에 관한 법률(판로지원법)」을 중심으로 중소기업이 생산한 물품·용역·공사를 공공기관이 구매하도록 지원하는 제도
- 목적: 중소기업의 안정적 판로 확보, 공공조달을 통한 시장 진입장벽 완화, 대기업 대비 불리한 구조를 정책적으로 보완
- 공공구매제도의 유형

유형	제도	주요내용
운영	중소기업제품 구매목표비율제도	중소기업, 여성기업, 장애인기업, 기술개발제품 우선구매제도별 총구매액 또는 물품구매액 기준 법정 구매목표 비율을 설정하고 관리
구매	중소기업자 간 경쟁제도	사전 지정 절차를 거친 특정 제품에 대해 중소기업자 간 제한경쟁을 통해 물품 공급
	공사용 자재 직접(분리) 구매제도	일정 규모 이상 공공공사 소요 공사자재 중 '공사용 자재 직접구매 대상품목'에 대해 중소기업자 간 제한경쟁을 통해 물품 공급
	직접생산확인제도	중소기업자 간 경쟁제도를 통해 공급되는 중소기업자 간 경쟁제품에 제도 취지를 저해하는 대기업 제품, 외산제품 공급 차단을 위해 중소기업의 직접생산 여부를 확인
	중소기업 기술개발제품 우선구매제도	「판로지원법」 제13조에 따른 13종의 중소기업 기술개발제품에 대한 우선구매
	소기업제품 우선구매제도	중소기업자 간 경쟁제품 중 별도 지정 또는 중소벤처기업 부령으로 정한 공동사업을 통해 공급하는 물품에 대해 소기업·소상공인 간 제한경쟁을 통한 계약 지원
계약	계약이행능력 심사제도	중소기업자 간 경쟁제도의 운영 실효성 확보를 위해 적격한 공급역량을 보유한 공급업체를 선정하는 낙찰자 선정 기준
	다수공급자 물품계약(MAS)제도	중소기업자 간 경쟁제품을 포함 공공기관의 공통 반복적 구매 수요가 있는 물품에 대하여 사전 검증된 다수의 중소기업을 공급자로 계약하고 상시적 공급 지원
	소액수의계약 대상업체 조합 추천제도	중소기업자 간 경쟁제품 중 해당 조합으로부터 소기업 또는 소상공인을 추천받아 수의계약을 지원
	중소기업자 우선조달제도	중소기업자 간 경쟁제품 이외 일반 제품에 대하여 중소기업 간(1억원~2.2억원 미만) 또는 소기업·소상공인 간(1억원 미만) 제한경쟁을 통한 계약 지원
금융	기술개발제품 성능인증 및 성능보험 제도	중소기업이 기술개발 제품에 대한 성능을 정부가 검증하고 해당 검증제품에 대한 성능보험 가입을 통한 구매 관련 문제 면책
	공공구매론	중소기업이 조달 계약한 제품 공급에 필요한 자금을 저렴한 금리로 약정한 금융기관으로부터 대출 지원

2 공공구매제도의 운영 기반

① 중소기업 공공구매제도의 1차적 목표: 중소기업의 공급 기회 확대 ⇒ 구매목표비율 제도 활용
② 기관별 구매총액의 50% 이상을 중소기업에서 구매하도록 규정
③ 중소기업 기술개발제품 우선구매 대상 제품: 중소기업 공공구매액(총 구매액의 50%)의 15% 이상 구매
④ 여성기업: 물품·용역(서비스) 총 구매액의 5%, 공사 총 구매액의 3% 이상 의무 구매
⑤ 장애인기업: 총 구매액의 1% 이상을 의무 구매

3 중소기업 공공구매제도의 운영 현황

① 대상 기관: 2024년 공공구매제도에서 구매대상 의무가 부과된 공공기관은 국가기관, 지방지차단체 등 9개 유형별 총 863개 기관
② 공공구매제도 공급 중소기업: 중소기업자, 중소기업협동조합이 해당
③ 직접생산확인서: 중소기업자 간 경쟁제품을 공급하기 위해 요구되는 직접생산확인을 갈음할 수 있는 서류
④ 중소기업 공공구매 대상별 실적: 2023년말 기준 중소기업자 간 경쟁제품 구매실적은 약 31.6조원(물품 구매액 23조원) 규모로, 전체 중소기업 공공구매액(127.3조원)의 약 24.8% 수준

03 중소기업자 간 경쟁제도

1 중소기업자 간 경쟁제도

① 개념: 공공기관이 중소기업자 간 경쟁제품으로 지정된 물품과 용역(서비스) 구매 시 중소기업자만을 대상으로 제한경쟁 또는 지명경쟁 방법에 따라 조달하는 것을 의무화하는 제도 ⇒ 공공조달에서 중소기업만을 대상으로 경쟁입찰을 실시하도록 하는 제도
② 목적: 대기업의 시장 지배를 방지하고 중소기업의 판로 확보와 자생력 강화
③ 법적 근거: 「중소기업제품 구매촉진 및 판로지원에 관한 법률」

2 중소기업제품 구매목표비율제도(「판로지원법」 제5조)

① 공공구매제도별로 구매 의무가 부여된 공공기관이 연간 구매해야 하는 최소 비율을 설정하고, 이를 계획하고 실적을 보고하도록 관리하는 제도

PART 05

② 중소기업제품 공공구매목표비율 제도

구분	의무구매비율	근거 법령
중소기업제품	총 구매액[물품, 용역(서비스), 공사]의 50% 이상	「판로지원법」 제5조
기술개발제품	중소기업 물품구매액의 15% 이상	「판로지원법」 제13조
여성기업제품	물품 및 용역(서비스)은 각 구매총액의 5% 이상, 공사는 공사 구매총액의 3% 이상	「여성기업법」 제9조
장애인기업제품	총 구매액의 1% 이상	「장애인기업 활동촉진법」 제9조의2
창업기업제품	총 구매액의 8% 이상	「중소기업창업 지원법」 제38조

3 중소기업자 간 경쟁제품과 공사용 자재 직접구매제도

① 적용 대상 제품
- 공공기관 구매액이 10억원 이상의 기본 요건을 충족하는 품목
- 공사용 자재 직접 구매(분리발주) 대상 공사의 범위(종합공사는 40억원 이상인 공사 / 전문건설공사, 전기·통신공사, 소방시설공사 등 전문공사는 3억원 이상인 공사로 직접구매 대상 품목의 추정가격이 4,000만원 이상인 공사)

② 대상 품목의 지정 유효기간: 모두 3년

③ 낙찰자 선정: 계약 이행능력심사

④ 적용 제외 사유
- 재난 관련 공사로 발주가 시급하다고 인정되는 경우
- 공사용 자재의 직접구매로 국방·국가안보가 저해될 우려가 있다고 인정되는 공사의 경우
- 기타 공사용 자재의 직접 구매가 곤란하다고 공공기관의 장과 관할 지방중소벤처기업청장이 협의한 경우(도서, 벽지 등 특수한 공사현장이나 원자재 가격 파동 등으로 자재 수급 곤란, 공사의 품질 확보 곤란, 공사 비용의 현저한 증가 등)

4 직접생산확인제도

① 공공기관이 발주한 중소기업자 간 경쟁제품과 공사용 자재 등 직접구매 대상 품목을 대상으로 경쟁입찰로 참여하거나 1,000만원 이상의 수의계약을 체결하기 위해서는 해당 제품별로 직접생산확인증명을 요구하는 제도

② 정책적 지원을 받는 중소기업에 지원의 정당성을 확보할 수 있는 최소 자격요건으로서 적정한 공장, 시설, 공정, 인력의 투입 기준을 제시

③ 목적: 명의대여나 하도급 위장 납품 방지, 실제 생산능력을 갖춘 기업만 참여

④ 발급 특성: 유효기간 존재, 세부 품명 단위로 관리, 3년 단위로 대상 품명 조정

5 계약 이행능력심사제도

① 중소기업자 간 경쟁제품 공공구매 시 중소기업의 특성을 고려해 만든 별도의 낙찰자 결정 기준

② 심사기준: 입찰가격, 납품이행능력, 신인도, 결격사유로 구성
③ 종합평점이 88점 이상인 자를 낙찰자로 결정

입찰금액 (추정가격 기준)	입찰 가격	납품이행능력			신인도	결격 사유	낙찰 하한율	적격심사 (대비)
		납품 실적	기술 능력	신용 평가 등급				
10억원 이상	55점	5점	10점	30점	+3 ~ −2점	−30	87.995%	80.495% (7.5%p↑)
고시금액 이상 ~ 10억원 미만	60점	5점	5점	30점				
고시금액 (2.2억원) 미만	70점	−	−	30점 *				84.245% (3.75%p↑)

* 고시금액 미만인 중소기업자 간 경쟁입찰에 참여하는 소기업·소상공인 또는 창업
기업(7년 이내)은 신용평가등급에 관계 없이 만점 부여

6 적격조합확인제도

① 중소기업의 운영 여건이 단독으로 공공조달에 참가할 요건을 충족하지 못한 경우,
조합을 통해 입찰에 참가함으로써 부족한 역량을 보완해 공급 기회를 확보할 수
있는 제도
② 인증 요건
• 조합원의 1/2 이상이 직접생산확인증명서를 보유하고 있을 것
• 조합 수준에서 품질관리 및 사후관리 기준을 마련해 운영하고 있을 것
• 조합이 중소기업자 간 경쟁입찰에 참여할 수 있다는 허가 사항이 정관에 명시되어
있을 것
• 공공구매 업무 관련 교육을 연간 10시간 이상 이수한 상근 임직원을 2명 이상
보유하고 있을 것
• 조합이 중소기업자 간 경쟁입찰을 하는 제품 시장에서의 점유율이 50% 이하일 것

7 조합추천 소액수의계약

① 공공기관이 추정가격 1억원 미만의 중소기업자 간 경쟁제품을 구매하는 경우,
조합이 추천한 중소기업과 수의계약을 체결할 수 있도록 지원하는 제도
② 추정가격 2,000만원 미만인 경우에는 2개 이상의 소기업이나 소상공인을 추천,
2,000만원 이상 1억원 이하인 경우에는 5개 이상의 업체를 추천
③ 1개 이상의 비조합원사를 반드시 포함

8 공공구매론

① 중소기업이 공공기관과 계약한 사실을 근거로 은행에서 생산·운영 자금을 대출받을 수 있는 금융서비스
② 계약금액(단가계약은 발주금액)에서 선금 수령액을 제외한 금액의 최대 80%까지 대출 가능
③ 공공기관의 계약 대금은 대출 상환의 안정성 등을 고려해 은행이 지정한 별도 계좌로 지급

9 기술개발제품 공공기관 실증지원 사업

① 중소기업의 기술개발제품을 공공기관 현장에 설치해 성능시험 등 실증지원을 통해 공공기관의 중소기업 제품 구매 촉진을 지원하는 제도
② 실증지원 대상제품은 해당 지원사업의 공고일로부터 인증 유효기간이 90일 이상인 제품
③ 실증지원 사업의 형태: 공공기관수요형과 중소기업제안형
④ 현장 실증 대상 제품으로 선정되면 제품당 최대 3,000만 원까지, 현장 실증비용의 80%를 지원
⑤ 실증지원 예산으로 활용 가능한 항목: 제품의 설치와 철거 비용, 현장 입회시험과 공인성적서 발급 테스트 비용, 재료비와 계측장비 임차 비용 등

10 기술개발제품 우선구매제도

① 공공기관이 물품을 구매할 경우, 물품 구매액의 15% 이상을 중소기업이 개발한 기술개발제품(13종)으로 우선구매해 중소기업 기술개발제품의 판로를 지원하는 제도
② 공공기관은 중소기업 기술개발제품을 구매할 경우 수의계약 가능
③ 공공기관 구매 의무: 중소기업 물품 구매액의 15% 이상을 우선구매 대상 기술개발제품으로 구매

11 성능인증제도

① 중소벤처기업부에서 중소기업이 개발한 기술개발제품이 성능을 확보했음을 확인, 증명해 공공기관의 기술개발제품 구매를 지원하는 제도
② 공공기관이 성능인증제품을 구매할 경우 수의계약 가능

12 기술개발제품 시범구매제도

① 우선구매 대상 기술개발제품의 구매 활성화와 창업자의 원활한 판로 개척을 지원하기 위해 별도의 평가절차를 통해 시범구매제품을 선정하는 방식으로, 공공기관의 기술개발제품 구매 의사결정을 대행하는 제도
② 기술개발제품이 시범구매제품으로 선정되면, 제도 참여 구매기관의 제품 수요 발생 시 수의계약 등의 방법으로 제품 구매를 지원

단원별 출제예상문제

01

전략적 공공조달 관점에서 중소기업지원 조달의 핵심 목적은?

① 중소기업의 공공조달시장 참여 확대
② 대기업 중심의 공급 안정성 확보
③ 국제기업 우대 조달체계 구축
④ 조달절차의 완전한 표준화

해설

정부는 중소기업의 공공조달시장 참여 확대를 위해 진입장벽 제거 조치를 강화한다.

02

OECD와 EU 회원국이 중소기업 조달 지원을 위해 공통적으로 강조하는 원칙으로 옳지 않은 것은?

① 평등한 대우 보장
② 개방적 접근성 제공
③ 효과적인 경쟁 원칙 실행
④ 특정 기업군에 대한 배타적 보호

해설

평등성·개방성·경쟁성 강화를 통해 진입장벽 제거를 강조하며, 특정 기업에 대한 배타적 보호는 해당되지 않는다.

03

중소기업의 조달 참여 확대를 위한 입찰 설계 원칙으로 가장 적절한 것은?

① 입찰 규모를 최대화하여 경쟁을 유도한다.
② 조달 문서를 표준과 무관하게 복잡하게 설계한다.
③ 중소기업 전용 절차를 모든 조달에 일괄 적용한다.
④ 조달 대상물의 가치와 위험에 비례해 절차를 설계한다.

해설

조달 절차는 조달 대상물이 내포한 가치와 위험 수준에 비례하여 간소화하여 설계되어야 한다.

04

중소기업 구조와 관련한 설명으로 옳은 것은?

① 매출 규모의 지속적 확대
② 1인 기업의 비중이 매우 높음
③ 고용 창출력이 대기업보다 높음
④ 2인 이상 기업의 비중이 지속 증가

해설

중소기업 중 약 76.5%가 1인 기업으로 설명된다.

05

중소기업 공공구매제도의 주된 목적은?

① 대기업 보호
② 수의계약 확대
③ 가격 경쟁 촉진
④ 중소기업의 판로 확대

해설

중소기업의 안정적 판로 확보가 핵심 목적이다.

06

중소기업 공공구매제도가 필요한 배경으로 가장 적절한 것은?

① 중소기업이 민간시장 접근에 구조적 한계가 있기 때문
② 중소기업의 기술력이 대기업보다 우수하기 때문
③ 공공기관 구매 절차가 단순하기 때문
④ 조달가격을 상승시키기 위해

해설

중소기업은 공공조달시장 진입과 판로 확보에 구조적 어려움이 있어 중소기업 공공구매제도가 필요하다.

정답 01 ① 02 ④ 03 ④ 04 ② 05 ④ 06 ①

07

중소기업 공공구매제도의 정책적 성격으로 옳은 것은?

① 순수한 효율성 중심 제도
② 조달비용 최소화 제도
③ 시장개입적 정책 수단
④ 조달기관 자율제도

해설

공공구매를 통해 중소기업을 지원하는 시장개입적 정책 수단이다.

08

중소기업 공공구매에서 강조되는 정책 방향은?

① 최저가 경쟁
② 단가 인하 중심
③ 대기업과의 공동구매
④ 정책목적형 구매 병행

해설

기술개발제품·혁신제품 등 정책 연계 구매가 강조된다.

09

중소기업 공공구매제도의 정책적 의미로 가장 적절한 것은?

① 경쟁 제한 수단
② 조달 효율성만을 추구
③ 시장 기능을 전면 대체
④ 공공조달을 통한 구조적 불균형 보완

해설

대기업 대비 불리한 구조를 정책적으로 보완하기 위한 제도이다.

10

중소기업 구매 비율 관리가 중요한 이유로 가장 적절한 것은?

① 법적 의무 이행 여부를 점검하기 위해
② 조달기관의 권한을 확대하기 위해
③ 계약 절차를 단순화하기 위해
④ 조달기업 수를 감소하기 위해

해설

공공기관의 중소기업 제품 구매 의무 이행 여부를 관리·점검하기 위함이다.

11

중소기업 구매목표비율제도의 핵심 내용은?

① 대기업 낙찰 제한
② 조합 중심 계약 의무
③ 중소기업 제품만 구매 의무
④ 공공기관별 중소기업 제품 구매 목표 설정

해설

공공기관이 일정 비율 이상 중소기업 제품을 구매하도록 목표를 설정하는 제도이다.

12

중소기업자 간 경쟁제품 지정의 효과로 가장 적절한 것은?

① 일반경쟁 전환
② 수의계약 확대
③ 중소기업 간 경쟁 유도
④ 대기업의 단독 참여 허용

해설

경쟁제품으로 지정되면 해당 품목은 중소기업 간 경쟁 방식으로 조달되므로 중소기업 간 경쟁을 유도한다.

정답 07 ③ 08 ④ 09 ④ 10 ① 11 ④ 12 ③

13

공사용 자재 직접구매제도의 취지로 옳은 것은?

① 하도급 간소화
② 시공사 원가 절감
③ 설계 변경 최소화
④ 중소기업의 자재 판로 확보

해설

공사용 자재를 발주기관이 직접 구매해 중소기업 제품의 구매를 보장한다.

14

직접생산확인을 받기 위한 핵심 요건으로 가장 적절한 것은?

① 실제 생산설비 보유
② 납품 실적만 확인
③ 재무제표 제출
④ 조합 추천

해설

직접생산확인은 실제 생산설비와 인력을 갖추었는지가 핵심 판단 기준이다.

15

적격조합확인제도의 주된 목적은?

① 조합원 수 확대
② 대기업 공동 참여
③ 조합의 해산 유도
④ 조합의 입찰 참여 허용

해설

일정 요건을 갖춘 조합이 조합원 대표로 조달에 참여할 수 있도록 한다.

16

공공구매론의 목적은?

① 납기 단축
② 금융 지원
③ 조달가격 인하
④ 계약 변경 완화

해설

공공조달 계약을 기반으로 중소기업의 자금 조달을 지원한다.

17

기술개발제품 우선구매제도의 핵심 내용은?

① 최저가 우선
② 외자제품 배제
③ 조합 추천 필수
④ 일정 비율 우선 구매

해설

기술개발제품을 일정 비율 이상 우선 구매하도록 하는 제도이다.

18

성능인증제품의 조달상 혜택으로 옳은 것은?

① 경쟁 배제
② 수의계약 의무
③ 계약 기간 연장
④ 우선구매 또는 가점

해설

성능인증제품은 우선구매나 평가 가점을 받을 수 있다.

19

기술개발제품 시범구매제도의 목적은?

① 대량 납품
② 시장 독점
③ 가격 담합
④ 초기 판로 개척

해설

기술개발 초기 제품의 공공시장 진입과 판로 개척을 지원한다.

정답 13 ④ 14 ① 15 ④ 16 ② 17 ④ 18 ④ 19 ④

20
중소기업자 간 경쟁제도에서 대기업 참여는?

① 전면 허용
② 의무 참여
③ 원칙적 제한
④ 조합 승인 시 가능

해설

중소기업 보호를 위해 대기업 참여는 원칙적으로 제한된다.

21
중소기업자 간 경쟁 예외 사유로 옳은 것은?

① 납기 여유
② 조합 요청
③ 가격 상승
④ 기술·품질 확보 곤란

해설

중소기업만으로 기술·품질 확보가 어려운 경우 예외가 인정된다.

22
중소기업 구매목표비율제도의 관리 주체로 적절한 것은?

① 조합
② 수요기관
③ 금융기관
④ 개별 기업

해설

공공기관(수요기관)이 구매 실적을 관리한다.

23
공공조달에서 중소기업 정책의 공통 목적은?

① 산업 기반 강화
② 경쟁 축소
③ 비용 절감
④ 수입 대체

해설

중소기업 성장과 산업 생태계 강화를 목표로 한다.

24
직접생산확인 위반 시 가능한 조치는?

① 경고만 부여
② 계약 유지
③ 참여 제한
④ 가격 인상

해설

위반 시 입찰 참가 제한 등 제재가 가능하다.

25
조합추천 소액수의계약의 금액 기준은?

① 법령으로 정한 소액 기준
② 고정 금액 없음
③ 조합 자율
④ 기관 자율

해설

관계 법령에서 정한 소액 기준 내에서만 허용된다.

26
기술개발제품 우선구매제도와 가장 관련 깊은 정책 목표는?

① 환경 보호
② 혁신 촉진
③ 가격 안정
④ 수입 억제

해설

기술혁신 제품의 시장 진입을 촉진한다.

정답   20 ③   21 ④   22 ②   23 ①   24 ③   25 ①   26 ②

27

성능인증제도의 특징으로 옳은 것은?

① 조합 인증
② 국가 인증
③ 수요기관 인증
④ 민간 자율 인증

해설

성능인증제도는 국가 차원의 공식적인 인증 제도이다.

28

기술개발제품 시범구매는 주로 어떤 단계의 제품을 대상으로
하는가?

① 양산 완료
② 외자 제품
③ 단종 제품
④ 상용화 초기

해설

상용화 초기 단계의 기술개발제품을 대상으로 한다.

29

중소기업자 간 경쟁제도 운영의 한계로 옳은 것은?

① 수요 부족
② 과도한 경쟁
③ 대기업 독점
④ 품질 관리 부담

해설

중소기업 중심 조달로 품질 관리 부담이 발생할 수 있다.

30

다음 중 중소기업자 간 경쟁제도와 기술개발제품 지원제도의
공통 목적은?

① 조달 절차의 단순화
② 가격 통제
③ 중소기업의 경쟁력 강화
④ 대기업의 참여 확대

해설

두 제도 모두 중소기업의 경쟁력 강화와 시장 진입을 지원하는 데 목
적이 있다.

정답 　27 ②　28 ④　29 ④　30 ③

최종점검 OX 퀴즈

01 정부의 중소기업지원 조달 정책은 입찰·평가·계약 전 과정에서의 진입장벽 제거를 포함한다. (○ , ×)

02 중소기업 조달 지원은 정부조달협정(GPA)과 무관한 독자적 국내 정책이다. (○ , ×)

03 중소기업 공공구매제도는 「판로지원법」을 중심으로 운영된다. (○ , ×)

04 중소기업 공공구매는 조달 효율성만을 최우선으로 한다. (○ , ×)

05 중소기업 공공구매는 공공조달을 정책 수단으로 활용한 사례이다. (○ , ×)

06 중소기업 구매목표비율제도는 모든 계약을 중소기업과 체결하도록 강제한다. (○ , ×)

07 직접생산확인제도는 위장 중소기업의 조달 참여를 방지하기 위한 제도이다. (○ , ×)

08 조합추천 소액수의계약은 일정 금액 이하에서만 허용된다. (○ , ×)

09 공공구매론은 공공기관이 직접 자금을 대출하는 제도이다. (○ , ×)

10 기술개발제품 공공기관 실증지원 사업은 기술 성능 검증을 목적으로 한다. (○ , ×)

11 기술개발제품 우선구매제도는 혁신 촉진 정책과 연계된다. (○ , ×)

12 기술개발제품 시범구매는 초기 시장 진입을 지원한다. (○ , ×)

---

01 ○
입찰참가, 평가, 낙찰, 계약과정 등 전 과정에서의 진입장벽 요소를 제거하고 있다.

02 ×
중소기업 조달 정책은 정부조달협정(GPA)을 기반으로 한 국제적 실행 기준과 연계되어 있다.

03 ○
「판로지원법」이 핵심 법률이다.

04 ×
효율성 외에 정책 성과가 중요하다.

05 ○
공공조달의 정책 실현 기능을 강조한다.

06 ×
목표비율을 설정하는 것이지 전면 강제는 아니다.

07 ○
위장 중소기업의 조달 참여를 방지하기 위해 실제 생산 여부를 확인하는 것이 중요하다.

08 ○
법령상 소액 기준을 전제로 한다.

09 ×
금융기관과의 연계 방식이다.

10 ○
공공기관 현장에서 기술 성능을 검증한다.

11 ○
기술혁신 제품의 판로 확대가 목적이다.

12 ○
초기 시장 진입의 지원이 핵심 목적이다.

CHAPTER 03 녹색조달

01 공공조달의 환경적 지속가능성

1 공공조달의 특징

① 공공조달은 국가·공공부문의 대규모 구매력을 활용하는 정책 수단
② 공공조달 과정에서 발생하는 자원 소비, 에너지 사용, 환경오염, 온실가스 배출은 환경에 큰 영향을 미침
③ 공공조달은 단순한 구매 행위를 넘어 환경적 지속가능성(Environmental Sustainability)을 고려해야 할 필요성이 커짐
④ 공공조달은 환경친화적 제품·기술·서비스에 대한 시장 수요를 선도적으로 창출할 수 있음

2 녹색 공공조달

① 녹색조달은 환경 정책을 실현하기 위한 전략적 공공조달의 핵심 수단으로 활용됨
② 「녹색제품 구매촉진에 관한 법률」 제6조에 따라 공공기관의 녹색제품 구매를 의무화
③ 기후에너지환경부의 '녹색제품 우선구매제도'를 중심으로 실행
④ 조달청은 최소녹색기준제품, 종합낙찰제 등 구체적인 녹색공공조달제도를 수립해 운영

3 녹색제품 공공구매 실적이 정체된 이유

① 한정적인 녹색제품의 종류와 공공기관 수요의 한계
② 양적인 측면에서 녹색 공공조달이 임계 규모에 도달

4 녹색제품 공공구매의 질적 성장과 정책 전환

기존의 탄소배출 저감, 환경오염물질 배출 저감, 자원의 재활용 촉진 등 환경적 목표 달성 방식에서 벗어나 질적 성장을 유도하는 방향으로 정책적 전환이 필요
① 양적 성장이 정책적으로 반영 가능한 방안 도출
② 현재 녹색제품 공공구매 현황 평가·분석 ⇒ 조정 필요 품목 검토
③ 새로운 녹색제품 구매 대상의 신규 인증 발굴 및 새로운 녹색제품 우선구매 대상 제품의 식별

➕ plus

환경적 지속가능성
현재 세대의 필요를 충족하면서 미래 세대의 환경적 부담을 증가시키지 않는 조달 방식

✅ Check Q&A

공공조달에서 환경적 지속가능성이 강조되는 이유로 가장 적절한 것은?

① 조달 절차 단순화를 위해
② 공공조달의 규모가 환경에 미치는 영향이 크기 때문에
③ 민간시장 보호를 위해
④ 가격 경쟁을 완화하기 위해

정답 ②
공공조달은 대규모 구매로 환경에 큰 영향을 미치므로 지속가능성 고려가 필요하다.

PART 05

1 녹색제품의 정의와 범위

① 녹색제품의 정의
- 에너지·자원 투입과 온실가스 및 오염물질 발생을 최소화하는 제품
- 사용단계에서 환경영향을 최소화하고, 환경복원 비용을 절감함으로써 사회적 비용을 최소화

② 의무구매 대상 녹색제품: 환경표지 인증 제품, 저탄소 인증 제품, 우수재활용 인증 제품

③ 환경 개선 효과
- 에너지 절약
- 자원 절약
- 오염물질 저감
- 재활용 가능성

2 녹색제품 우선 구매제도

① 개념
- 공공기관이 환경성이 우수한 제품을 우선적으로 구매하도록 하는 제도
- 공공기관에서는 구매하고자 하는 품목에 녹색제품이 있는 경우 녹색제품을 의무 구매해야 함

② 기관별 역할

기후에너지 환경부	• 제도 총괄 및 정책 관리 역할 수행 • 기후에너지환경부장관은 공공기관 녹색제품 구매를 지원하기 위해 매년 녹색제품 구매지침을 수립해 공공기관의 장에게 통보해야 함
공공기관	연간 구매계획 수립 시 녹색제품 구매 목표를 설정하고, 구매 실적을 관리·보고해야 함
조달청	• 나라장터 등 전자조달시스템을 통해 녹색제품 정보 제공 • 조달 절차상 녹색제품 구매를 지원함

③ 정책 효과
- 녹색제품의 구매 확대는 기업의 녹색제품 개발과 생산을 유도하고, 제품의 환경경쟁력을 강화하는 데 기여
- 녹색제품 보급의 확산은 기업의 수출경쟁력 강화에도 긍정적 영향
- 국민의 건강 보호와 안전에 기여

✓ Check Q&A

녹색제품의 정의로 가장 적절한 것은?

① 가격이 저렴한 제품
② 생산 과정만 친환경적인 제품
③ 전 과정에서 환경부하를 줄인 제품
④ 재활용이 불가능한 제품

정답 ③

녹색제품은 생애 전 과정에서 환경부하를 저감한다.

➕ plus

의무구매 대상 녹색제품
- 환경표지제품: 같은 용도의 다른 제품에 비해 제품의 환경성을 개선해 환경표지 인증을 받은 제품 또는 같은 기준에 적합한 제품
- 저탄소제품: 환경성적표지의 인증을 받은 제품 중 온실가스의 배출량을 줄인 제품
- 우수재활용제품: 산업통상부장관이 정해 고시하는 기준에 따라 인증받은 제품 또는 같은 인증기준에 적합한 제품

1 녹색공공조달에서의 생애주기 관점 적용

현재 국내 공공조달 부문에서는 녹색공공조달을 활성화하기 위해 생애주기비용(LCC: Life Cycle Cost) 관점에서 전과정평가(LCA) 개념을 적용

🖋 더 알아보기   생애주기비용(LCC: Life Cycle Cost)

> (1) 제품이나 시설이 도입되어 폐기될 때까지 발생하는 총 비용을 의미
> (2) 생애주기비용 관점: 환경 부담 감소, 장기적 재정 효율성 확보에 기여
> (3) 녹색조달에서는 초기 가격이 다소 높더라도 장기적으로 환경·경제적 비용이 낮은 제품을 우선 고려

2 포함되는 비용

단순 구매가격이 아니라 다음의 비용을 포함
① 구매비용
② 운영비용
③ 유지·보수비용
④ 에너지 비용
⑤ 폐기·처리 비용

3 녹색조달의 의의

① 녹색조달은 환경성과 효율성을 동시에 추구하는 제도
② EU의 경우, 전체 입찰의 50% 이상에서 녹색 공공조달기준(GPP: Green Public Procurement Criteria)을 적용하는 데 목표를 두고 있음

➕ plus

종합낙찰제도
- 환경적으로 우수한 제품의 공급을 지원하는 대표적인 제도
- 에너지사용 절감, 탄소배출 저감 등 환경적 우월성을 생애주기비용(LCC) 관점에서 평가하고, 이를 입찰가격에 합산하여 평가하는 방식
- 국제적 기준 간 부합성이 높은 제도
- 활용도는 매우 낮음(적용 대상 제품이 일부 품명으로 제한)

✓ Check Q&A

녹색조달에서 LCC 개념을 적용하는 목적은?

① 단기 예산 절감
② 초기 가격 비교
③ 장기적 비용과 환경 부담 최소화
④ 계약 단순화

정답 ③
LCC는 장기적 비용과 환경 영향을 함께 고려한다.

단원별 출제예상문제

01

환경적 지속가능성의 개념으로 옳은 것은?

① 조달 절차를 단축하는 방식
② 현재 비용만 최소화하는 조달
③ 미래 세대의 부담을 고려하지 않는 조달
④ 현재와 미래의 환경 부담을 함께 고려하는 조달

해설

지속가능성은 현재의 필요 충족과 미래의 환경 보전을 동시에 고려한다.

02

녹색조달이 전략적 공공조달로 분류되는 이유는?

① 가격 경쟁이 없기 때문에
② 조달 기간이 길기 때문에
③ 수의계약이 가능하기 때문에
④ 환경정책 목표 달성을 지원하기 때문에

해설

녹색조달은 환경정책을 실현하는 전략적 수단이다.

03

녹색제품 우선구매제도의 법적 근거는?

① 「국가계약법」
② 「조달사업법」
③ 「환경정책기본법」
④ 「녹색제품 구매촉진에 관한 법률」

해설

「녹색제품 구매촉진에 관한 법률」에 근거한다.

04

공공조달이 환경정책의 수단으로 활용될 수 있는 이유는?

① 공공기관의 구매력이 크기 때문에
② 조달 절차가 단순하기 때문에
③ 민간보다 가격이 낮기 때문에
④ 조달 기간이 짧기 때문에

해설

공공조달은 대규모 구매력을 통해 시장과 환경에 영향을 미친다.

05

녹색제품 우선구매제도의 기본 취지는?

① 녹색제품 의무 구매
② 대기업 제품 우선 구매
③ 녹색제품 경쟁계약 배제
④ 적격심사(계약이행능력심사) 시행

해설

「녹색구매법」 제6조에서 공공기관의 장은 상품을 구매하고자 하는 경우 녹색제품을 의무적으로 구매하도록 규정하고 있다.

06

녹색조달 제도의 궁극적 목표는?

① 민간시장 배제
② 환경 부담 증가
③ 지속가능한 사회 구현
④ 조달 절차 단순화

해설

녹색조달은 지속가능한 사회 구현을 목표로 한다.

07

녹색제품 우선구매제도에서 공공기관의 역할로 옳은 것은?

① 연간 구매목표 설정 및 실적 관리
② 구매 의무 면제
③ 민간시장 통제
④ 인증기준 완화

해설

공공기관은 녹색제품의 구매계획을 수립하고, 실적을 관리한다.

정답 01 ④ 02 ④ 03 ④ 04 ① 05 ① 06 ③ 07 ①

08

녹색제품의 환경성 판단 기준으로 가장 적절한 것은?

① 디자인
② 납품 속도
③ 브랜드 인지도
④ 생애 전 과정의 환경부하

해설

녹색제품은 생산부터 폐기까지 생애 전 과정의 환경부하를 줄인 제품이다.

09

다음 중 녹색제품으로 인정되기 위한 조건으로 옳은 것은?

① 가격 경쟁력
② 친환경 이미지
③ 공급업체 규모
④ 객관적 인증 또는 기준 충족

해설

녹색제품은 법령·인증 기준에 따라 객관적으로 판단된다.

10

녹색제품 범위가 법령과 고시에 의해 관리되는 이유는?

① 예산 절감을 위해
② 행정 편의성을 위해
③ 조달 기간 단축을 위해
④ 객관성과 신뢰성 확보를 위해

해설

명확한 기준을 통해 녹색제품의 객관성과 신뢰성을 확보하는 것이 중요하다.

11

생애주기비용(LCC)에 포함되지 않는 것은?

① 기업 이윤
③ 유지·보수비용
② 구매비용
④ 에너지 비용

해설

LCC는 제품 사용과 관련된 비용을 의미하며, 기업 이윤은 포함되지 않는다.

12

초기 구매가격이 높은 녹색제품이 선택될 수 있는 이유는?

① 장기 운영비 절감 가능성
② 수의계약 가능성
③ 공급업체 요청
④ 조달청 권고

해설

장기적으로 총 비용이 낮으면 선택 가능하다.

13

생애주기비용 관점이 공공조달에 미치는 효과로 옳은 것은?

① 재정 효율성 및 환경성 동시 확보
② 조달 절차 복잡화
③ 단기 비용 증가
④ 경쟁 제한

해설

LCC는 재정 효율성과 환경성을 동시에 고려한다.

14

녹색조달의 핵심 특징으로 옳지 않은 것은?

① 환경성과 고려
② 장기 비용 고려
③ 단순 최저가 중심
④ 정책 목표 연계

해설

녹색조달은 단순 최저가 중심이 아니다.

정답 08 ④ 09 ④ 10 ④ 11 ① 12 ① 13 ① 14 ③

15

녹색조달이 민간시장에 미치는 영향으로 옳은 것은?

① 환경기술 수요 창출　　② 경쟁 제한
③ 가격 담합　　　　　　④ 공급 축소

공공조달은 환경기술 시장의 수요를 선도한다.

16

생애주기비용(LCC) 관점이 녹색조달에서 중요한 이유는?

① 단기 예산 절감을 위해
② 계약 기간을 단축하기 위해
③ 초기 구매가격만 비교하기 위해
④ 장기적 환경·재정 부담을 함께 고려하기 위해

LCC는 장기적 비용(경제성)과 환경 영향(환경성)을 함께 고려하는 개념이다.

17

녹색조달과 전략적 공공조달의 공통점으로 가장 적절한 것은?

① 수의계약 중심
② 가격 경쟁 배제
③ 단기 예산 절감
④ 정책 목표 달성 수단

녹색조달과 전략적 공공조달은 정책 목표 달성을 위한 조달이다.

18

녹색조달에서 '우선구매' 개념의 정책적 의미는?

① 강제 구매
② 가격 통제
③ 선택권 박탈
④ 환경친화적 선택 유도

녹색조달에서 우선구매는 환경친화적 선택을 유도하는 정책 수단이다.

19

녹색조달에서 가격 대비 가치(VFM) 개념과 가장 부합하는 것은?

① 최저가 낙찰
② 초기 가격 비교
③ 장기 총비용 대비 성과
④ 계약 기간 단축

VFM은 장기적 가치와 비용의 균형을 의미한다.

20

녹색제품 인증제도의 역할로 가장 적절한 것은?

① 조달 절차의 단축
② 제품 홍보
③ 환경성의 객관적 검증
④ 가격 인하

녹색제품 인증제도는 녹색제품의 환경성을 객관적으로 증명한다.

21

다음 중 녹색조달의 한계 극복 방안으로 적절한 것은?

① 생애주기비용 적용 확대
② 최저가 원칙 고수
③ 단기 예산 중심
④ 환경 기준 완화

생애주기비용(LCC) 적용은 녹색조달의 실효성을 높인다.

15 ①　16 ④　17 ④　18 ④　19 ③　20 ③　21 ①

01 공공조달은 환경에 미치는 영향이 상대적으로 적다. (○ , ×)

02 녹색제품 우선구매제도는 공공기관에 무조건적 구매를 요구한다. (○ , ×)

03 녹색제품은 인증과 기준을 통해 객관적으로 관리된다. (○ , ×)

04 생애주기비용은 구매가격만을 의미한다. (○ , ×)

05 녹색조달은 환경정책과 무관한 조달 방식이다. (○ , ×)

06 녹색제품은 전 생애주기에서 환경부하를 고려한다. (○ , ×)

07 녹색조달은 공공조달의 전략적 활용 사례에 해당한다. (○ , ×)

08 녹색조달은 단기 예산 절감만을 목표로 한다. (○ , ×)

OX 퀴즈 정답 및 해설

01 ×
공공조달은 대규모 구매로 환경에 큰 영향을 미친다.

02 ×
우선 고려하는 제도이지 절대적 강제는 아니다.

03 ○
녹색제품은 법령과 인증 기준에 따라 객관적으로 관리된다.

04 ×
생애주기비용은 운영·유지·폐기 비용까지 포함한다.

05 ×
녹색조달은 환경정책 실현을 위한 전략적 조달이다.

06 ○
녹색제품은 생산·유통·사용·폐기 전 과정을 고려한다.

07 ○
녹색조달은 정책 목표 달성을 위한 전략적 조달이다.

08 ×
녹색조달은 장기적 비용과 환경 부담을 함께 고려한다.

PART 05

CHAPTER 04

혁신 · 기술개발 촉진조달

01 중소기업 기술개발제품 우선구매제도

1 개요

① 목적: 중소기업이 개발한 기술이나 우수 제품을 공공기관이 우선구매하여 초기 시장 형성을 돕고, 안정적 판로를 지원함으로써 기술개발을 유도함
② 법적 근거 및 목표: 「판로지원법 시행령」에 의거, 공공기관은 연간 물품 구매액의 15% 이상을 기술개발제품으로 구매해야 함
③ 기술개발제품의 종류(13종)
성능인증제품(EPC), 우수조달물품, 신제품(NEP), 소프트웨어 품질인증제품(GS), 신기술(NET) 적용제품, 혁신제품(우수연구개발/시제품/기타), 녹색기술제품 등 총 13개 제품군이 우선구매 대상

📌 더 알아보기 **중소기업 기술개발제품 우선구매제도의 운영 효과**

(1) 중소기업: 판로 확보, 기술개발 투자 유인 강화 등
(2) 공공기관: 검증된 제품을 안정적으로 구매 가능 등
(3) 사회 전체: 혁신 촉진, 경제 활성화, 일자리 창출 등

02 우수조달물품 지정제도

1 역할

중소기업의 기술개발을 촉진하고 안정적인 판로를 지원하는 대표적인 제도

2 적용 대상

우수제품은 중소기업이나 초기 중견기업이 생산한 물품과 소프트웨어 대상의 적용기술이 반영된 제품

3 공공조달을 활용한 혁신 촉진의 대표적 사례

캐나다 BCIP, 영국 SBRI, 우리나라의 우수조달물품(EGSP) 지정제도(OECD, 2017)를 우수사례로 소개하는 등 국내외적으로 인정받는 대표적 기술개발제품 우선구매제도

---

1 개념 및 추진 배경

① 개념: 공공부문이 구매력을 활용하여 혁신적인 제품의 초기 수요를 창출하고, 이를 통해 공공서비스의 질 개선 및 산업 혁신을 견인하는 정책적 조달
② 추진 배경: 기존의 가격 중심 조달에서 벗어나, 기술력과 사회적 가치를 중시하는 '전략적 조달'로의 패러다임 전환이 강조됨

2 주요 내용

① 공공기관은 혁신제품으로 지정된 제품을 '혁신장터'(혁신조달플랫폼)에서 구매하거나 지정 후 3년 동안 수의계약을 체결할 수 있음
② 혁신제품을 구매한 공공기관의 책임자는 '고의 또는 중대한 과실이 입증되지 않으면' 제품 구매로 발생한 손실에 해당하는 책임이 면제
③ 혁신시제품 유효기간: 지정일로부터 3년

3 구매 활성화 한계점

① 타 공공기관의 구매사례 부재
② 예산 확보 곤란
③ 손실 발생에 따른 감사부담 등의 위험성

단원별 출제예상문제

01

현행 법령상 공공기관의 기술개발제품 권장 구매 목표 비율은 연간 물품 구매액의 얼마인가?

① 5% 이상 ② 10% 이상
③ 15% 이상 ④ 20% 이상

해설

「판로지원법 시행령」 제12조에 따라 물품 구매액의 15% 이상을 목표로 한다.

02

기술개발제품 우선구매제도의 법적 근거가 되는 주요 법률은?

① 「국가재정법」
② 「지방자치법」
③ 「독점규제 및 공정거래에 관한 법률」
④ 「중소기업제품 구매촉진 및 판로지원에 관한 법률」

해설

일명 「판로지원법」이 이 제도의 핵심 법률이다.

03

혁신조달에 대한 설명으로 옳은 것은?

① 오직 최저가 낙찰만을 지향한다.
② 신기술보다는 검증된 구식 기술을 선호한다.
③ 중소기업보다는 대기업 지원에 특화되어 있다.
④ 공공서비스의 질 개선과 산업 혁신을 동시에 추구한다.

해설

공공의 문제를 혁신적 기술로 해결하며 산업도 육성하는 정책이다.

04

신제품 인증을 나타내는 약어로 옳은 것은?

① NEP ② NET
③ MAS ④ EPC

해설

NEP는 'New Excellent Product'의 약자이다.

05

소프트웨어 제품의 품질을 인증하는 제도는?

① 성능인증
② GS인증
③ 녹색인증
④ 우수조달 공동상표

해설

'Good Software'의 약자인 GS인증이다.

06

공공기관 담당자가 기술개발제품을 구매할 때 부여되는 혜택은?

① 고의가 없는 경우 손실에 대한 면책
② 구매 시 개인 포상금 지급
③ 승진 가점 필수 부여
④ 예산 무제한 증액권

해설

담당자의 구매 기피를 방지하기 위해 '구매 책임 면책 제도'를 운영한다.

07

기술개발제품 중 '우수조달물품'을 지정하는 기관은?

① 조달청
② 재정경제부
③ 산업통상부
④ 중소벤처기업부

해설

우수조달물품 지정은 조달청의 고유 업무이다.

정답 01 ③ 02 ④ 03 ④ 04 ① 05 ② 06 ① 07 ①

08

중소기업 기술개발제품 우선구매의 직접적인 효과가 아닌 것은?

① 중소기업의 경영 안정화
② 우수한 공공용 물품 확보
③ 대기업 제품의 공공시장 퇴출
④ 중소기업의 기술 혁신 의욕 고취

해설

중소기업을 지원하는 것이 목적이지 대기업을 강제로 퇴출하는 것이 주 목적은 아니다.

09

기술개발제품 우선구매제도가 사회적 책임 조달(SRPP)과 연결되는 논리로 가장 적절한 것은?

① 환경 보호만이 사회적 책임이기 때문이다.
② 국가기관의 권위를 높이는 활동이기 때문이다.
③ 중소기업 육성을 통한 고용 창출과 경제 활성화를 꾀하기 때문이다.
④ 최저가 낙찰을 통해 세금을 아끼는 것이 사회적 책임이기 때문이다.

해설

중소기업지원은 고용 창출 및 경제 활성화 등 사회적 가치 실현과 직결된다.

10

혁신조달(Innovation Procurement)이 기존 조달과 차별화되는 지점은?

① 규격이 정해진 기성품만 구매한다.
② 가격 경쟁력이 가장 중요한 지표이다.
③ 신기술보다는 이미 검증된 안정적 기술만 채택한다.
④ 사회적 난제 해결을 위해 기술 개발 자체를 유도하기도 한다.

해설

단순 구매를 넘어 사회적 난제를 해결할 혁신 기술의 개발을 촉진하는 전략적 도구로 쓰인다.

11

기술개발제품 지정 13종 중 부처 협업을 통해 지정되는 '혁신제품'에 대한 설명으로 틀린 것은?

① 우수연구개발 혁신제품이 포함된다.
② 혁신시제품도 혁신제품의 한 종류이다.
③ 재정경제부와 조달청이 주요 관리 주체이다.
④ 한 번 지정되면 영구적으로 지위가 유지된다.

해설

모든 인증 및 지정 제도는 일정한 유효기간이 있다.

12

기술개발제품 우선구매가 공공조달의 '전략적 활용'에 해당하는 이유는?

① 단순히 필요한 물품을 조달하는 행위이기 때문이다.
② 예산을 가장 빨리 소진할 수 있는 방법이기 때문이다.
③ 전 세계 모든 국가가 의무적으로 시행하는 제도이기 때문이다.
④ 조달을 통해 산업 혁신이라는 정책 목표를 달성하려 하기 때문이다.

해설

구매 행위 자체를 국가 정책 목표(기술 혁신) 달성의 수단으로 활용하기 때문이다.

13

중소기업 기술개발제품 13종 중 조달청장이 지정하며 수의계약 혜택이 주어지는 대표적인 제품은?

① 우수조달물품(우수제품)
② 해외 직구 제품
③ 대기업 신제품
④ 일반규격제품

해설

우수조달물품은 조달청이 심사하여 지정하며, 법적으로 수의계약이 가능하다.

14

다음 중 기술개발제품 우선구매 제도의 목적과 거리가 먼 것은?

① 중소기업의 기술개발 의욕 고취
② 공공기관의 예산 무조건적 삭감
③ 기술우수제품의 초기 시장 창출
④ 중소기업의 판로 확보 및 경영 안정

해설

가격 경쟁보다는 기술력 있는 중소기업의 판로를 지원하는 '전략적 조달'이 목적이다.

15

기술개발제품 구매 실적을 관리하고 이행력을 높이기 위해 활용되는 평가 도구는?

① 공공기관 경영평가
② 소비자 만족도 조사
③ 전사적 자원관리(ERP)
④ 국제표준화기구(ISO) 인증

해설

재정경제부의 공공기관 경영평가 등에 구매 목표 달성 수준을 반영하여 실효성을 높인다.

16

우수제품 지정제도의 전략적 가치로 틀린 것은?

① 공공서비스의 질적 향상 도모
② 시장 지배적 대기업의 독점권 강화
③ 중소기업 기술력의 대외적 공신력 확보
④ 공공기관 담당자의 기술 구매 기피 현상 완화

해설

대기업의 독점이 아닌 중소기업의 시장 진입을 돕는 제도이다.

17

다음 중 중소기업자 간 경쟁제품과 우수제품 제도의 관계에 대한 설명으로 옳은 것은?

① 우수제품은 대기업만 신청 가능하다.
② 두 제도는 상호 배타적이라 동시 적용이 불가능하다.
③ 중소기업자 간 경쟁제품 지정이 취소되면 우수제품 지위도 자동 상실된다.
④ 우수제품으로 지정되면 중소기업자 간 경쟁 입찰에서 우선 순위를 가질 수 있다.

해설

우수제품 등 자격 요건을 갖춘 중소기업은 중소기업자 간 경쟁 시장에서 유리한 계약 지위를 가진다.

18

기술개발제품 우선구매제도가 공공조달의 '전략적 활용' 중 '혁신 촉진'에 해당하는 근거는?

① 정부의 구매력을 통해 기업이 위험을 감수하고 신기술을 개발하도록 유인하기 때문이다.
② 기존 제품을 반복해서 구매하기 때문이다.
③ 조달 절차를 복잡하게 만들기 때문이다.
④ 외산 제품 사용을 금지하기 때문이다.

해설

공공조달이 마중물 역할을 하여 기술 혁신을 견인하는 것이 전략적 조달의 핵심이다.

정답 14 ② 15 ① 16 ② 17 ④ 18 ①

최종점검 OX 퀴즈

OX 퀴즈 | **정답 및 해설**

01 기술개발제품 우선구매의 비율 15%는 공공기관의 총 구매액이 아니라 중소기업 '물품' 구매액을 기준으로 산정한다. (○ , ×)

02 기술개발제품으로 지정된 제품은 공공기관과 수의계약을 체결할 수 있는 법적 근거를 가진다. (○ , ×)

03 혁신조달은 공공기관이 구매하려는 물품의 가격을 낮추는 데에만 집중하는 제도이다. (○ , ×)

04 성능인증(EPC) 제품의 인증 유효기간 동안에는 공공기관의 우선구매 대상이 된다. (○ , ×)

05 조달청 우수제품은 중소기업 제품만 지정될 수 있다. (○ , ×)

01 O
「판로지원법」에 따라 중소기업 물품 구매액의 15% 이상이 목표이다.

02 O
판로 지원의 핵심은 수의계약 등을 통한 계약 절차의 간소화이다.

03 ✕
가격보다는 기술력, 혁신성, 사회적 가치 등을 종합적으로 고려한다.

04 O
인증을 획득하고 유효한 기간 내에는 우선구매 대상 제품군에 포함된다.

05 O
기술개발제품 우선구매제도 내의 우수제품은 중소기업 기술 지원이 핵심이다.

PART 05

사회적 책임 조달

01 사회적 책임 조달 개요

1 개념

공공조달 과정에서 경제적 효율성뿐만 아니라 환경, 인권, 노동, 공정거래 등 사회적 가치를 고려하여 구매하는 전략적 조달

2 정의

긍정적인 사회적 성과를 달성하기 위해 공공조달 절차와 기준에 사회적 고려 요인의 활성화를 촉진하는 사항을 통합해 운영하는 것

3 도입 배경

정부의 구매력을 활용하여 사회적 문제(양극화, 취약계층 고용 등)를 해결하려는 정책적 수단으로 부상

4 목적

공공 구매자가 단순히 가격과 비용 대비 가치를 넘어 구매 결정의 사회적 영향을 고려하도록 유도하는 것
① 고용 기회 증진
② 사회적 포용
③ 양질의 일자리 창출
④ 노동권 준수 등

02 장애인기업 우선구매제도

1 개념

공공기관에서 당해 연도 제품 구매총액의 1% 이상을 장애인기업 제품으로 우선 구매

2 장애인기업의 요건

장애인기업은 장애인이 소유하거나 경영하는 기업으로, 해당 기업에 고용된 전체 상시근로자 중 장애인을 30% 이상 고용(단, 소기업 제외)한 기업

3 **계약 특례**

공공조달을 통해 공공기관이 장애인기업과 계약을 체결하는 경우, 1억원 이하 금액은 소액수의계약이 가능(단, 5,000만원 이상 1억원 이하 금액으로 계약 시 2인 이상 견적서 필요)

4 **가산점 부여**

① 조달청의 우수조달물품 지정 시 신인도 평가에서 장애인기업에는 가산점으로 1점을 부여
② 조달청 물품구매적격심사 신인도 평가 시에는 장애인기업에 가산점으로 0.5~1.5점을 부여

03 중증장애인생산품 우선구매제도

1 **개념**

일반 노동시장에 참여하기 어려운 중증장애인들을 고용하는 생산시설에서 만드는 제품이나 용역(서비스)을 대상으로 공공기관이 연간 총구매액 중 1.1% 이상을 의무구매

2 **목적**

① 중증장애인의 일자리 창출
② 소득 보장 지원

3 **법정 구매목표비율**

공공기관 총 구매액 중 100분의 2의 범위에서 보건복지부장관이 정하는 비율 이상을 중증장애인생산품으로 구매할 수 있도록 목표를 설정하고 이를 이행해야 함 ⇒ 2025년부터 법정 구매목표비율은 1.1%

4 **중증장애인생산품 생산시설**

① 장애인직업재활시설
② 장애인복지단체
③ 재활훈련시설

1 개념

공공기관은 여성기업확인서를 발급받은 여성기업이 생산한 제품 또는 제공하는 용역(서비스)을 일정 비율 이상 의무적으로 구매하도록 한 제도

2 의무구매 기준

① 물품이나 용역(서비스): 각 구매총액의 5% 이상
② 공사: 공사 구매총액의 3% 이상

05 사회적기업제품 우선구매제도

1 개념

공공기관은 물품 또는 용역(서비스) 구매 시 사회적기업이 생산해 제공하는 재화나 용역(서비스)을 우선적으로 구매해야 하는 제도

2 법적 의무구매목표 비율

현재 사회적 기업제품을 대상으로 한 법적인 의무구매목표 비율은 없음

3 예비사회적기업

① 사회적기업 인증 이전 단계인 '예비사회적기업' 제품은 법령상 우선구매 대상은 아님
② 행정안전부의 자치단체 합동평가와 지방공기업 대상의 경영평가에서는 예비사회적기업 제품의 구매실적도 인정

📝 더 알아보기 **사회적기업 요건**

조직형태 요건	법인·조합(민법), 회사(상법), 특별법에 따른 법인, 비영리민간단체 등 대통령령로 정한 조직형태를 갖출 것
유급근로자 고용	신청 전월말 기준 상시근로자 1명 이상 고용 필수(일자리제공형 사회적기업은 평균 3명 이상 고용해야 함)
사회적 목적 실현	취약계층에게 사회서비스 또는 일자리 제공, 지역사회 공헌 등 사회적 목적을 주된 목적으로 할 것
민주적 의사결정 구조	근로자·서비스 수혜자 등 다양한 이해관계자가 참여하는 구조 필요
영업활동을 통한 수입	영업수입이 노무비의 50% 이상이어야 함 → 지속가능한 수익구조 확보
사회적 성과 관리	사회적 목적 달성 여부를 정기적으로 측정·관리할 수 있는 체계 필요
인증 유형 충족	일자리제공형, 사회서비스제공형, 지역사회공헌형, 혼합형, 기타형 등

☑ **Check Q&A**

사회적기업 제품 구매 지원이 가져오는 경제적 효과는?

① 복지 지출의 감소 및 자립 기반 마련
② 물가 상승의 주된 원인
③ 대기업의 기술 유출
④ 국가 채무의 급격한 증가

정답 ①
취약계층이 스스로 벌 수 있게 함으로써 장기적으로 복지 비용을 줄인다.

☑ **Check Q&A**

다음 중 사회적기업의 요건으로 틀린 것은?

① 유료 고객만을 대상으로 이윤을 극대화해야 한다.
② 취약계층에게 일자리나 사회서비스를 제공해야 한다.
③ 지역사회 공헌 및 사회적 목적 달성을 우선 추구해야 한다.
④ 고용노동부장관의 인증을 받아야 한다.

정답 ①
사회적기업은 사회적 목적 달성을 최우선으로 한다.

1 ESG의 개념

환경(Environment), 사회(Social), 지배구조(Governance) 등을 포함한 기업의 지속가능 경영을 위한 핵심요소로, 기업의 비재무적 요소 관리활동

2 ESG의 구성 요소

환경(E)	기후변화에 대응하기 위한 온실가스 감축, 환경보호, 자원절약, 친환경·저탄소 제품의 사용 등이 대표적
사회(S)	인권 존중, 사회 양극화 해소, 교육격차 극복, 누구에게나 공정하고 안전한 사회 형성, 부적절한 차별금지 등이 해당
지배구조(G)	경영활동 과정에서 법과 윤리적 규범과 기준을 준수하며, 기업을 투명하고 민주적으로 운영하는 구조를 의미

3 특징

지역사회 간 관계에서 출발했던 CSR, CSV와 달리 ESG는 기업과 투자자와의 관계에서 출발해 투자 유치에 필요한 비재무적 요소의 분별과 관리, 평가에 중점을 둠

📌 더 알아보기 **각국의 ESG 실행 중점 분야**

(1) 미국: E(환경) 측면에 중점을 두고 녹색조달을 위한 Buy Green Products, Services and Vehicles 정책과 제도 시행
(2) 영국: S(사회) 측면에서 사회적 가치법을 제정하고, 사회적기업을 중심으로 한 사회적 책임 조달을 추진하고, G(지배구조) 측면에서는 공공조달 체계의 혁신을 도모
(3) EU: E(환경) 측면에서 녹색공공조달(GPP)과 ESG의 요소를 모두 포괄하는 지속가능한 조달(SPP)에 중점

➕ plus

공공조달 분야에서의 ESG 구현 수단
- E(환경): 녹색공공조달(GPP)과 지속가능한 공공조달(SPP)을 통해 구현
- S(사회): 사회적 책임 조달(SRPP)을 통해 구현
- G(지배구조); 기업책임경영(RBC)을 통해 구현

✓ Check Q&A

사회적 책임 조달이 강조되는 글로벌 추세와 가장 관련이 깊은 용어는?

① FTA(자유무역협정)
② ESG(환경·사회·지배구조) 경영
③ OECD(경제협력개발기구)
④ WTO(세계무역기구)

정답 ②
조달에서의 사회적 가치 실현은 ESG 중 S(Social) 영역과 직결된다.

PART 05

01

사회적기업 제품 구매 계획과 실적을 종합하여 관리하는 주무부처는?

① 조달청
② 재정경제부
③ 고용노동부
④ 중소벤처기업부

해설

「사회적기업 육성법」에 따라 고용노동부장관이 이를 관리한다.

02

사회적 협동조합에 대한 설명으로 옳은 것은?

① 공공기관은 이들의 제품을 구매할 권한이 없다.
② 일반 기업보다 조달 시장의 진입이 훨씬 어렵다.
③ 수익 배당을 주된 목적으로 하는 영리 법인이다.
④ 지역 주민의 권익 증진 등 공익적 사업을 수행하는 비영리 법인이다.

해설

사회적 협동조합은 비영리 법인으로 우선구매 대상이다.

03

장애인 표준사업장의 지정 목적은 무엇인가?

① 장애인의 안정된 일자리 창출 및 경제적 자립
② 비장애인 고용 비율 극대화
③ 장애인의 해외 연수 지원
④ 수입 물품의 국산화 대체

해설

장애인이 일하기 좋은 환경을 갖춘 사업장을 지원하여 고용을 촉진한다.

04

사회적 책임 조달에서 '사회적 가치'를 평가하는 방식 중 틀린 것은?

① 입찰 시 가점 부여
② 별도의 할당(Set-aside) 적용
③ 최저가 낙찰제로만 무조건 결정
④ 종합평가 시 비계량 지표로 반영

해설

최저가 방식만으로는 사회적 가치를 반영하기 어렵다.

05

중증장애인생산품 우선구매제도의 이행력을 높이기 위한 장치는?

① 공공기관 경영실적 평가에 반영
② 담당자의 해외 연수 금지
③ 모든 계약의 전면 중단
④ 위반 시 형사 처벌

해설

경영평가 지표에 반영하여 구매를 독려한다.

06

사회적 책임 조달의 주요 공급자 중 '자활기업'에 대한 설명으로 옳은 것은?

④ 대기업 퇴직자들이 세운 연구소
① 기초생활수급자 등 저소득층이 협력하여 설립한 기업
② 외국계 다국적 기업의 한국 지사
③ 연예인들이 운영하는 기획사

해설

자활근로사업을 통해 스스로 일어서려는 사람들의 기업이다.

정답   01 ③   02 ④   03 ①   04 ③   05 ①   06 ①

07

사회적 책임 조달(SRPP)이 '전략적 조달'의 일환으로 평가받는 이유는?

① 단순 구매를 넘어 국가의 정책적 목표를 달성하는 수단이기 때문이다.
② 조달 절차를 매우 복잡하게 만들기 때문이다.
③ 가장 저렴한 물건을 찾는 기술이기 때문이다.
④ 오직 국내 기업만 보호하기 때문이다.

해설

조달의 구매력을 활용해 사회 문제를 해결하는 전략적 행위이다.

08

사회적 책임 조달 정책 이행 시 공공기관 담당자가 겪는 가장 큰 갈등 요인은?

① 구매 편의성과 법적 의무 이행 간의 조화
② 예산 증액에 대한 지나친 기대
③ 업체와의 유착 관계 형성
④ 외국 조달기관과의 경쟁

해설

가격, 품질 등 실무적 요건과 사회적 가치 실현 사이에서의 선택 고민이 크다.

09

미국, 캐나다 등에서 운영하는 '소수자 기업 지원(Set-aside)' 제도와 한국 SRPP의 공통점은?

① 모든 수입품의 전면 금지
② 낙찰자 사후 관리의 부재
③ 조달 시장의 완전 경쟁화
④ 특정 사회적 집단을 위한 시장 분리 및 할당

해설

특정 사회적 집단(여성, 장애인 등)에게 시장 기회를 우선 보장하는 방식이 유사하다.

10

「사회적기업 육성법」에 따른 '구매 계획 및 실적 제출' 제도의 기대 효과는?

① 공공기관의 구매 책임성 및 투명성 제고
② 기업들의 실적 조작 유도
③ 정부의 시장 개입 축소
④ 행정 서류의 단순화

해설

모니터링을 통해 제도의 실효성을 확보한다.

11

조달 과정에서 노동권(Human rights)을 보호하기 위한 SRPP의 구체적 사례는?

① 비정규직 해고의 자유 보장
② 야간 근로의 무조건적인 장려
③ 최저임금 준수 여부 확인 및 가점 부여
④ 임금 체불 기업에 대한 입찰 참여 허용

해설

노동권 보장은 SRPP의 핵심 가치 중 하나이다.

12

사회적 책임 조달의 주요 목적은 무엇인가?

① 비용 절감
② 기술혁신 촉진
③ 국제무역 확대
④ 사회적 가치 실현

해설

사회적 책임 조달은 단순한 경제적 효율성보다 사회적 가치(고용, 복지, 환경 등)를 반영하는 데 목적이 있다.

정답 07 ① 08 ① 09 ④ 10 ① 11 ③ 12 ④

13

사회적 책임 조달에서 대표적으로 고려되는 요소가 아닌 것은?

① 사회적 약자 지원
② 환경 지속가능성
③ 노동권 보호
④ 환율 안정화

해설

환율 안정화는 거시경제 정책의 영역이지 사회적 책임 조달의 직접적 고려 요소가 아니다.

14

사회적 책임 조달의 효과로 기대되는 결과는?

① 경쟁 제한 강화
② 대기업 독점 강화
③ 공공조달 비용 증가
④ 사회적기업의 시장 진입 확대

해설

사회적 책임 조달은 사회적 기업·취약계층 기업의 시장 진입을 확대한다.

15

사회적 책임 조달 활성화를 위해 필요한 조치는?

① 담당자 교육과 인식 개선
② 대기업 세제 혜택 강화
③ 무역자유화 협정 확대
④ 환율 안정 정책

해설

담당자의 교육과 인식 개선은 제도의 성공적 운영을 위한 핵심 요인이다.

16

사회적 책임 조달이 양허 대상에서 제외되는 경우가 많은 국제협정은 무엇인가?

① WTO 정부조달협정(GPA)
② OECD 투자협정
③ 한·미 FTA
④ IMF 협정

해설

사회적 책임 조달은 사회적 가치 실현을 목적으로 하므로 GPA 양허 대상에서 제외되는 경우가 많다.

17

사회적 책임 조달의 대상 기업으로 적합하지 않은 것은?

① 여성기업
② 사회적기업
③ 다국적 대기업
④ 장애인 고용기업

해설

사회적 책임 조달은 사회적 기업·취약계층 기업을 지원하는 제도이므로, 대기업은 적합하지 않다.

18

사회적 책임 조달의 경쟁성 저하 우려를 완화할 수 있는 방안은?

① 대기업에만 입찰 허용
② 무작위 추첨 방식 도입
③ 사회적기업 간 경쟁 유도
④ 가격 기준만으로 낙찰 결정

해설

사회적기업 간 경쟁을 통해 경쟁성 저하 우려를 완화할 수 있다.

정답　　13 ④　14 ④　15 ①　16 ①　17 ③　18 ③

19

사회적 책임 조달의 성과를 객관적으로 평가하기 위해 필요한 것은?

① 환율 변동성 분석
② 대기업 매출 분석
③ 국제무역 통계 활용
④ 정량·정성적 평가 기준 마련

해설

단순 구매비율 달성 여부가 아니라 실제 경쟁력 개선 효과를 평가해야 한다.

20

사회적 책임 조달의 지속가능성을 확보하기 위한 핵심 요소는?

① 강력한 인증 및 규정 준수 체계
② 무역자유화 협정 확대
③ 대기업 세제 혜택
④ 환율 안정 정책

해설

사회적 책임 조달은 대상 기업의 적격성 인증과 규정 준수 관리를 통해 제도의 투명성과 공정성을 보장한다.

정답   19 ④   20 ①

최종점검 OX 퀴즈

01 사회적 책임 조달은 단순히 비용 절감만을 목적으로 한다. (○ , ×)

02 사회적 책임 조달은 경쟁을 완전히 배제하는 제도이다. (○ , ×)

03 사회적기업제품 우선구매는 모든 공공기관이 의무적으로 계획을 세워야 하는 사항이다. (○ , ×)

04 사회적 책임 조달의 성과 평가는 단순 구매비율 달성 여부만으로 충분하다. (○ , ×)

05 사회적 책임 조달은 지역사회 시민단체와의 연계가 중요하다. (○ , ×)

OX 퀴즈 **정답 및 해설**

01 ×
단순히 비용 절감이 아닌 사회적 가치 실현이 핵심 목적이다.

02 ×
경쟁을 배제하는 것이 아니라 취약계층 기업 간 경쟁을 촉진한다.

03 ○
관련 법령에 따라 매년 계획과 실적을 제출해야 한다.

04 ×
정량·정성적 평가가 모두 필요하다.

05 ○
다양한 이해관계자의 참여는 지속 가능성을 높인다.

06

공공조달 법률 이해

공공계약(국가 및 지방)법령

CHAPTER 01

01 개요

1 공공조달 법체계의 유형

① 전 세계 국가는 공공조달 관련 법체계를 공공조달법 중심 체계 또는 공공계약법 중심 체계 중 하나로 운영

② 공공조달법 체계 vs 공공계약법 체계

공공조달법 체계	계약 관련 규정을 별도 법률 또는 시행령 수준에서 규정
공공계약법 체계	계약법령에 공공조달 일반사항을 통합 규정

> **더 알아보기 주요 국가별 운영 방식**
>
> (1) 미국
>   - 「연방재산 및 행정서비스법」, 「군대조달법」 시행
>   - 「미국 연방조달규정(FAR)」 준수
> (2) 캐나다
>   공공서비스조달부(PSPC)가 공급 매뉴얼 개발·시행(법적 구속력 없음)
> (3) 영국
>   2025년 2월부터 「공공조달법 2023(Public Procurement Act 2023)」으로 통합 시행
> (4) 독일
>   - EU의 공공조달지침(Directive 2014/24/EU)과 양허계약지침(Directive 2014/23/EU), 공익 사업조달지침(Directive 2014/25/EU) 적용
>   - 「경쟁제한금지법(GWB)」, 공공업무위탁규정(VgV) 운영

2 우리나라의 공공계약법 체계

① 공공계약법
  - 「국가를 당사자로 하는 계약에 관한 법률(국가계약법)」
  - 「지방자치단체를 당사자로 하는 계약에 관한 법률(지방계약법)」
  - ⇒ 「국가계약법」과 「지방계약법」은 체계와 기본 내용은 유사하나, 「지방계약법」은 지방자치단체 특성을 반영하여 조문 수와 세부 규정이 더 많음

② 관련 규정: 「공기업·준정부기관 계약사무규칙(계약사무규칙)」

3 공공계약법의 법적 성격

① 「민법」상 계약에 대해 특별법적 성격

② 국가·지방자치단체는 사경제 주체로서 민간과 대등한 지위에서 계약 체결

③ 「국가계약법」은 「민법」에 우선하는 특별법에 해당(판례)

➕ plus

- 중앙조달기관인 조달청은 「조달사업에 관한 법률(조달사업법)」을 운용
- 중앙행정기관으로서 조달청의 기능·역할 수행에 중점을 둔 법률로, 공공조달 전반을 통합 규율하는 법은 아님
- 「공공조달법」 제정 관련 논의가 진행 중: 「국가계약법」과 「지방계약법」을 통칭하는 「공공계약법」, 「조달사업법」, 「전자조달사업법」, 「계약사무규칙」 중심

④ 공공기관이 민간부문과 체결하는 모든 계약이 공공계약법의 적용을 받는 것은 아님

⑤ 공법으로서 다른 법률에 근거를 둔 계약을 체결하는 경우에는 해당 법률에 따른 절차와 기준을 적용 ⇒ 특별법적 성격을 지닌 공공계약법의 적용범위 명확화

02 계약의 기본 원칙(「국가계약법」 제5조)

1 기본 개념

공공계약법은 국가 또는 지방자치단체가 사경제의 주체로서 상대방과 대등한 관계에서 체결한 사법상 계약과 동일(「민법」상 계약의 원칙이 동일하게 적용)

2 계약의 기본 원칙

계약자유의 원칙 (사적자치의 원칙)	계약은 서로 대등한 입장에서 당사자의 합의에 따라 체결되어야 하며, 당사자는 계약의 내용을 신의성실의 원칙에 따라 이행해야 함
호혜의 원칙	• 계약은 상대방이 존재하기 때문에 계약을 성공적으로 체결하기 위해서는 상호 호혜적인 조건을 요구하고 이행해야 함 • 국제입찰을 진행하는 경우 비차별적으로 동등한 대우와 동일한 특약조건 등이 적용
권한 남용 금지의 원칙	공공계약이 당사자 간 자유로운 의사의 합치에 따라 체결되었다 하더라도 공공기관은 계약상대자인 조달기업에 공공계약법에서 보장하고 있는 계약상 이익을 부당하게 제한하는 특약이나 조건을 설정할 수 없으며, 부당한 특약 등은 무효로 함
청렴의 원칙	공공계약의 투명성, 공정성을 높이기 위해 '청렴계약서'를 제출하도록 규정

03 추정가격과 예정가격 결정

1 추정가격(「국가계약법 시행령」 제2조 제1호)

① 물품·공사·용역 등의 조달계약을 체결함에 있어 국제입찰 대상 여부를 판단하는 기준 등으로 삼기 위해 예정가격이 결정되기 전에 산정된 가격

② 부가가치세가 제외된 물품이나 공사의 원가에 해당

✎ **더 알아보기 추정가격**

(1) 국제입찰 대상 여부, 계약 방법, 공고기간, 현장설명 대상 여부 등을 결정하는 기준 금액
(2) 정부조달협정(GPA)에 따른 국제입찰 대상 여부를 판단하는 기준으로, 추정가격이 고시금액 이상이면 국제입찰 대상임
(3) 추정가격의 산정
   - 공사계약의 경우: 관급자재로 공급될 부분의 가격을 제외한 금액
   - 단가계약의 경우: 당해 물품의 추정단가에 조달 예정 수량을 곱한 금액 등으로 산정

2 고시금액(「국가계약법 시행령」 제2조 제3호)

① 「국가계약법」 제4조 제1항의 규정(국제입찰에 의한 계약)에 따라 재정경제부장관이 고시한 금액
② 정부조달협정(GPA)에 따라 각 협정국의 국내조달 입찰 중 외국기업에도 동등한 대우를 보장하는 국제입찰 대상 허용 여부를 결정하는 기준금액

✎ **더 알아보기 고시금액**

(1) 고시금액은 국제입찰로 공고 가능한 사업규모(금액)의 기준이 되는 금액으로, 2년마다 원/SDR 환율 변동을 반영해 원화로 환산·고시됨
(2) 2025년 기준
   - 적용기간: 2025년 1월 1일 ~ 2026년 12월 31일
   - 물품 및 용역: 2억 3천만원, 공사: 88억원

3 추정금액

① 추정가격에 부가가치세가 포함된 금액
② 공사의 경우에는 관급자재 비용까지 합산된 금액

4 예정가격

① 입찰 또는 수의계약 등에 부칠 사항에 대해 낙찰자 및 계약금액의 결정기준으로 삼기 위한 금액
② 해당 규격서 및 설계서 등에 따라 미리 산정된 가격(「국가계약법」 제8조의2 제1항)

✎ **더 알아보기 예정가격**

(1) 계약을 체결하고자 하는 대상의 총액을 기준으로 결정
(2) 결정기준은 거래실례가격, 원가계산에 따른 가격, 표준시장단가, 감정가격 또는 유사 계약목적물의 거래실례가격 또는 견적가격 순으로 적용
(3) 실무적으로 예정가격은 낙찰금액을 결정하기 위한 기준금액
(4) 전자조달시스템을 활용해 입찰을 집행하는 경우 추정가격에 부가가치세를 더한 금액으로 '기초금액예비가격(기초금액)'을 정하고, 조달청 기준 ±2% 범위에서 15개의 복수예비가격을 생성하여 그중 전체 입찰자가 가장 많이 선택한 4개 예비가격의 산술평균이 예정가격이 됨

04 계약 방법

1 계약 방법의 기본 원칙

① 공공계약법에서는 일반경쟁을 원칙으로 진행하면서 입찰참가자격을 사전 심사해 적격자만 참가하게 할 수 있고, 입찰참가자격 요건을 충족해야 입찰에 참가할 수 있음 ⇒ 입찰 방법은 계약 목적·규모·특성 고려하여 결정

② 제한경쟁, 지명경쟁, 수의계약 허용: 일반경쟁이 적합하지 않은 계약의 특성(계약 목적, 성질, 규모 등)이 있다고 인정되면 활용 가능

2 경쟁 유무에 따른 계약 방법

① 경쟁계약

구분	계약 방법	비고
일반경쟁	• 일정한 자격을 가진 희망자 모두를 대상으로 하여 경쟁입찰에 참가하도록 한 후 그중에서 국가에 가장 유리한 조건을 제시한 자를 선정하여 계약을 체결하는 방법 • 입찰방식의 기본원칙	• 당해 입찰목적물의 제조·공급에 필요한 시설, 점포를 소유하고 있는 자 • 관련 법령의 규정에 의한 면허, 허가, 인가, 등록 등을 받은 자 • 조달청 입찰참가자격 등록
제한경쟁	특수한 설비 또는 기술·지역·중소기업자 여부 등에 의하여 입찰참가자의 자격을 제한하여 입찰하게 하는 방법	• 고시금액 미만의 물품 제조·용역에 대한 지역 제한 • 특수설비 또는 기술이 요구되는 물품제조로 물품제조실적 제한 • 중소기업자 간 경쟁지정물품 • 재무상태 등에 의한 제한입찰
지명경쟁	특수설비·기술·자재·물품 또는 실적 있는 자가 아니면 계약목적 달성이 곤란한 경우로서, 입찰대상자가 10인 이내인 경우 경쟁입찰참가자를 지명하여 입찰하게 하는 방법	• 계약의 성질·목적에 비추어 특수한 기술·실적을 갖춘 자가 10인 이내인 경우 • 1억원 이하의 물품 제조 시 • KS 표시품, 재활용제품 등 제조·구매 시 • 중소기업자 간 경쟁지정물품 • 5인 이상 지명하여 2인 이상 참가 승락

② 수의계약

구분	계약 방법	비고
수의계약	천재지변 등 긴급수요·비밀유지·추정가격 1억원(특정한 경우 5천만원) 이하인 물품·용역·생산소지자가 1인인 물품 등에 대하여 특정인을 계약상대자로 선정하여 그 자와 계약을 체결하는 것으로, 특수 목적을 위하여 예외적으로 인정하는 경우	• 천재지변, 긴급한 행사 등 경쟁에 부칠 여유가 없을 경우 • 비밀물자 • 특정인의 기술·용역 또는 특정한 위치, 구조 등으로 인하여 경쟁할 수 없는 경우 • 1억원 이하의 물품 제조, 구매, 용역(임대차 계약, 청년창업기업 계약은 5천만원 이하) • 2천만원 초과 5천만원 이하인 경우 특별한 사유가 없는 한 전자조달시스템을 통해 2인 이상 견적서를 제출 받아 구매계약을 진행 • 다른 법률의 규정에 의하여 특정사업자로 하여금 제조·공급하도록 하는 경우
재공고 수의	입찰에 부쳤으나 입찰자가 없거나 입찰자가 있어도 낙찰자가 없어 유찰이 되는 등 입찰의 목적을 달성하지 못하였을 경우 실시하는 계약(보증금과 기한을 제외하고는 최초 입찰에 부칠 때 정한 가격, 기타의 조건을 변경할 수 없음)	입찰참가자는 물론 당해 입찰에 참가하지 않은 자로서 국가에 가장 유리한 가격을 제시한 자

3 공급방법별 계약 방법

구분	개념	대상
총액계약	당해 계약목적물 전체에 대하여 총액으로 체결하는 계약	수요빈도가 적고, 제시된 규격에 의하여 제조 납품하는 물품(수처리설비 등 시스템 물품)
단가계약	• 여러 기관이 사용하고 수요빈도가 높은 물품을 미리 단가를 정하여 계약 체결 • 조달청에서 계약자에게 납품 요구	수요빈도가 많고, 정형화된 규격에 의하여 제조·공급되는 물품(철근, 시멘트, 레미콘, 아스콘 등 계약물량을 조정·통제할 필요가 있는 물품)
제3자 단가계약	계약 방법의 특례로서 각 수요기관에서 공통적으로 사용하는 물자로 수요기관에서 직접 계약자에게 납품요구	행정사무자동화 기기, 우수제품 등 계약자 규격물품으로 제조·공급되는 물품(전자복사기, fax 등)
다수공급자계약	제3자 단가계약과 동일한 형태의 계약이나 품질·성능·효율 등이 동등하거나 유사한 제품을 공급하는 다수의 공급자와 계약	제3자 단가계약과 동일

4 계약 이행 시기에 따른 계약 체결 형태

① 계약 이행 시기에 따른 구분
- 계약이 체결된 당해 연도에 이행이 완료되는 경우
- 수년에 걸쳐 이행되는 경우(장기공사 또는 장기물품제조)

② 공공계약
- 당해 연도 계약 체결이 원칙
- 당해 연도 계약으로 체결한 계약이 해당 연도를 초과해 이행되어야 할 경우에는 「국가재정법」에 따라 차년도로 이월해 집행 가능
- 장기계속계약과 계속비계약은 「국가재정법」에 따른 계속비로서 완성에 수년이 필요한 공사나 제조 및 연구개발사업은 그 경비의 총액과 연부액(年賦額)을 정하여 미리 국회의 의결을 얻은 범위 안에서 수년도에 걸쳐서 지출 가능

📝 더 알아보기 장기계속계약과 계속비계약

장기계속계약	계속비계약
• 총 사업비 범위가 대략적으로 확정되었으나 예산총액이 확정되지 않은 경우에 적용 • 총 사업기간 내에서 해당 연도별로 확정된 금액으로 계약 체결 • 총 사업금액은 부기해 완료 시까지 연도별로 계약 체결	• 총 사업기간의 예산총액이 확정된 조달 사업에 적용되는 계약 • 총 낙찰금액으로 전체 계약을 체결하고, 총 사업기간 내 해당 연도별로 연부액을 설정해 연도별로 계약 체결

5 대가 확정방법에 따른 계약 방법

확정계약	계약체결 이전에 예정가격 등을 작성하고 입찰(또는 시담)을 통해 계약금액을 확정하는 일반적인 계약의 형태(도로, 통신 같은 공익사업을 포함)
개산계약	예정가격을 미리 확정하기 어려운 개발 시제품, 제조계약에 대하여 계약이행 후 계약금액을 정산하는 조건으로 체결하는 계약
사후원가 검토조건부계약	입찰 전에 예정가격을 미리 정할 수 없는 일부 비목을 계약 이행 후 원가를 검토하여 정산하는 계약

6 계약자 수에 따른 계약 방법

단독계약	1명이 계약자로 결정되는 가장 일반적인 계약
공동계약	2인 이상의 계약자가 일정 부분을 서로 공동(분담)하여 체결한 계약

구분	특징	책임 구조	적용 사례	장점	단점
공동 이행방식	공동수급체 구성원이 일정 출자비율에 따라 연대하여 공동 수행	전체 계약에 대해 연대책임	대형 공사, 복잡한 프로젝트	발주기관 입장에서 안정적	책임 범위 불명확
분담 이행방식	구성원이 분담내용에 따라 나누어 수행	각자 맡은 부분에 대해 개별 책임	전문 분야별 분담이 필요한 경우 (예 면허 보완)	책임 범위 명확	전체 프로젝트 관리·조정 어려움
주계약자 관리방식	주계약자를 선정하여 전체 계약 수행을 종합 관리·조정	주계약자가 총괄 책임, 다른 구성원은 분담 책임	「건설산업 기본법」에 따른 건설공사 등	발주기관 과의 소통 단순화	주계약자의 역량 부족 시 전체 위험 증가

7 계약서 작성 및 계약 성립

① 계약 목적, 금액, 이행기간, 계약보증금, 지체상금 등 명시
② 계약서 작성 후 기명·날인 또는 서명 시 계약 성립
③ 일정 금액 이하 계약은 계약서 작성 생략 가능

8 계약보증금 · 하자보수보증금

① 계약보증금 납부 원칙
② 하자담보책임 기간 설정 가능
③ 하자보수보증금은 일정 범위 내 납부
④ 물가변동, 설계변경 시 계약금액 조정 가능

05 낙찰자 결정제도

1 낙찰자 결정 기본 원칙

① 국고의 부담이 되는 경쟁입찰의 경우에는 예정가격 이하로서 최저가격으로 입찰한 자 순으로 계약 이행능력 및 재정경제부장관이 정하는 일자리창출 실적 등을 심사해 낙찰자를 결정
② 비용 대비 가치의 관점에서 일정 수준 이상의 계약 이행능력이 보장되는 경우, 발주기관에 유리한 낮은 가격을 입찰한 자를 선정한다는 의미

Check Q&A

낙찰자 결정의 기본 원칙은 최저가 낙찰제를 적용하는 것이다. (　)

정답 ✕

2 주요 낙찰자 결정제도

낙찰제도	주요 내용	특징
적격심사	입찰자의 계약 이행능력을 심사하여 일정 수준 이상의 평점을 받은 우량업체를 낙찰자로 결정하는 제도	이행능력이 없거나 부족한 업체가 덤핑입찰에 의한 낙찰 예방, 계약 이행의 신뢰성 확보, 업체의 경영 합리화 및 품질 향상 유도
2단계 입찰	• 발주자가 적절한 규격의 작성이 어려운 경우 1단계에서 규격입찰서를 제출받아 적격자를 판단 • 2단계에서 적격자로부터 가격입찰서를 제출받아 낙찰자를 결정	• 각 단계별 2인 이상의 유효한 입찰 • 2단계에서 최저가 낙찰
2단계 규격가격 동시입찰	• 규격서와 가격입찰서를 동시에 제출받고, 1차 규격입찰서를 개봉 평가하여 적격자를 선정 • 이후 규격입찰서 적격자의 가격입찰서를 개봉하여 낙찰자를 선정	• 규격과 가격입찰 2인 이상의 유효입찰 • 규격 적격자가 1인인 경우에도 가격개찰 • 2단계에서 최저가 낙찰
종합심사 낙찰제	종합심사(입찰가격, 공사수행능력, 사회적 책임 등을 심사)를 거쳐 점수가 최고인 자를 낙찰자로 결정(시설공사의 경우 추정가격 100억원 이상, 기술용역의 경우 기본계획·기본설계 15억원 이상, 실시설계 25억원 이상, 건설사업관리 20억원 이상)	• 최저가 낙찰제의 폐해를 방지하고, 공공계약에서 기술력, 전문성, 사회적 책임 등을 고려하여 적절한 낙찰자 선정을 목적 • 단순 가격 경쟁보다 다양한 평가 항목을 통해 공공사업의 품질 향상과 효율적인 예산집행 목적
협상에 의한 계약	• 계약이행 과정에서 고도의 기술력을 필요로 하는 물품·용역에 대하여 제안서와 가격입찰서를 제출받아 평가 • 이후 우선협상대상자를 선정하고 협상 절차를 거쳐 국가에 가장 유리하다고 인정되는 자를 낙찰자로 선정	기술점수(80%)와 가격점수(20%)를 합산하여 최고득점자를 우선협상대상자로 결정(배점은 조정 가능)
경쟁적 대화에 의한 계약	• 입찰대상자들과 계약목적물의 세부내용 등에 관한 경쟁적·기술적 대화를 통하여 계약목적물의 세부내용 및 계약 이행방안 등을 조정·확정 • 이후 제안서를 제출받고 이를 평가하여 수요기관에 가장 유리하다고 인정되는 자와 계약을 체결	• 전문성·기술성이 요구되면서 기술적 요구사항이나 최종 계약목적물의 세부내용을 미리 정하기 어려운 경우 • 물품·용역 등의 대안이 다양하여 최적의 대안을 선정하기 어려운 경우 • 상용화되지 아니한 물품을 구매하려는 경우 • 그 밖에 계약목적물의 내용이 복잡하거나 난이도가 높은 경우 적용

✓ Check Q&A

정부는 동일 물품 총 1,000개를 구매하려고 한다. 예정가격(단가)은 10,000원이고, 입찰자들의 입찰 내용은 다음과 같다.

> A: 단가 9,500원, 희망수량 400개
> B: 단가 9,800원, 희망수량 300개
> C: 단가 10,000원, 희망수량 500개
> D: 단가 9,700원, 희망수량 600개

다음 중 낙찰 결과에 대한 설명으로 틀린 것은 무엇인가?

① A는 400개를 낙찰받았다.
② D는 600개를 낙찰받았다.
③ B는 300개를 낙찰받았다.
④ C는 낙찰받지 못했다.

정답 ③

B는 단가가 9,800원으로 예정가격 이하이지만, 이미 A와 D의 낙찰로 총수량(1,000개)이 충족되었으므로 낙찰받지 못한다.

종합낙찰제	• 입찰가격 외에 품질·성능·효율 등을 종합적으로 고려하여 입찰가격에 총 에너지 소모비를 합한 금액이 가장 낮은 자를 낙찰자로 선정 • 대상 품목(6종): 펌프, 냉동기, 공기압축기, 송풍기, 엘리베이터, 에스컬레이터	• 업체별 가격·성능·환경환산점수를 합산하여 종합평가점수가 가장 높은 자를 낙찰자로 선정 • 대상 품목(9종): 에어컨, 세탁기, LCD 모니터, 테스크탑컴퓨터, 노트북, 텔레비전, 프린터, LED램프, 공기청정기
희망수량 경쟁입찰	1인의 계약자가 단독으로 수행하기 어려운 다량물품을 예정가격 이하의 최저가격(단가)으로 입찰한 자 순으로 수요물량에 도달할 때까지의 입찰자를 낙찰자로 선정	• 입찰자는 단가와 희망수량을 동시에 제출 • 예정가격은 단가 기준으로 작성

06 입찰과 낙찰 절차

1 세입이 발생하는 경쟁입찰의 경우

최고가격 입찰자를 낙찰자로 선정

2 국가가 세금을 지출하는 경쟁입찰의 경우

① 충분한 계약 이행능력이 있다고 인정되는 자로서 최저가격으로 입찰한 자
② 입찰공고나 입찰설명서에 명기된 평가기준에 따라 국가에 가장 유리하게 입찰한 자
③ 그 밖에 「국가계약법 시행령」에서 특별히 기준을 정한 경우에는 그 기준에 가장 적합하게 입찰한 자를 낙찰자로 선정
※ 최저가 입찰에서 발생할 수 있는 품질 저하, 성능 부족, 계약불이행 등 다양한 시장실패 사례의 교훈을 반영해 낙찰자 결정방식이 보완된 결과

07 계약의 체결과 이행

1 계약서의 내용

계약의 목적, 계약금액, 이행기간, 계약보증금, 위험부담, 지체상금(遲滯償金), 그 밖에 필요한 사항

✎ 더 알아보기 계약서 작성 생략

(1) 계약금액이 3,000만원 이하인 계약
(2) 경매에 부치는 경우
(3) 물품매각에서 매수인이 즉시 대금을 납부하고 그 물품을 인수하는 경우
(4) 각 국가기관이나 지방자치단체 상호 간에 계약을 체결하는 경우
(5) 전기·가스·수도의 공급계약 등 성질상 계약서의 작성이 필요하지 않은 경우

2 계약보증금

① 계약서 작성 후 계약을 체결하기 위해서는 계약상대자인 조달기업이 계약보증금을 납부해야 함
② 계약보증금은 계약금액의 100분의 10 이상 납부(재난·경기침체·대량실업 등으로 발생한 국가의 경제위기를 극복하기 위해 재정경제부장관이 고시하는 경우에는 100분의 5 이상으로 조정 가능)
③ 계약보증금의 납부는 현금 또는 공제조합 등에서 발급한 보증서로 납부할 수 있음
④ 계약보증금은 계약상대자가 정당한 이유 없이 계약상 의무를 이행하지 않는 경우에는 국고에 귀속될 수 있음

3 대금 지급

① 발주기관은 검사를 통과한 계약상대자인 조달기업에 대금 청구를 받은 날로부터 5일(재난 등의 사유로 재정경제부장관 고시의 경우 3일) 이내에 대가를 지급하여야 함
② 당사자 간 합의를 통해 5일을 초과하지 않는 범위 내에서 기간을 연장하는 특약을 정할 수 있음

4 담보책임의 존속기간

발주기관의 계약 담당 공무원은 조달 대상물 중 공사 도급계약의 경우에는 계약상대자에게 5년 이내에서 담보책임의 존속기간을 정해야 함

5 하자보수보증금

계약상대자는 공사의 하자보수보증을 위해 계약금액의 100분의 2 이상 100분의 10 이하의 범위 내에서 하자보수보증금을 납부해야 함

📌 더 알아보기 **하자보수보증금 납부 면제**

(1) 구조물 해체공사, 단순암반절취공사와 같이 성질상 객관적으로 하자보수가 필요 없는 공사
(2) 조경공사를 제외한 3,000만원을 초과하지 않는 공사

6 계약금액의 조정

① 계약을 체결한 이후 물가변동, 설계변경, 천재지변, 불가항력을 포함한 기타 계약 내용의 변경으로 계약금액 조정이 필요한 경우
② 물가변동 조정 기준은 하나만을 적용해야 하며, 계약상대자인 조달기업이 지수조정률을 선택하지 않는 이상 품목조정률을 우선적으로 적용해야 함

➕ plus
계약보증금의 전부 또는 일부 면제
계약금액이 5,000만원 이하인 계약 등

✔ **Check Q&A**

계약금액이 5,000만원 이하인 계약은 계약보증금의 일부만 면제할 수 있다.

(   )

정답 ✕
전부 면제도 가능하다.

✔ **Check Q&A**

계약금액 조정 사유에 해당하지 않는 것은?

① 물가변동
② 설계변경
③ 천재지변
④ 계약담당자 변경

정답 ④
계약담당자 변경은 계약금액 조정 사유가 아니다.

1 이의신청

발주기관의 계약 담당 공무원에 의해 불이익을 받은 계약상대자인 조달기업은 그 행위를 취소하거나 시정하기 위해 이의신청을 할 수 있음

① 대상공사
- 추정가격 4억원 이상 종합공사
- 1억원 이상 전문공사
- 기타 8,000만원 이상의 공사
- 5,000만원 이상 물품과 용역 계약

② 절차
- 이의신청은 15일 이내 해당 중앙관서의 장에게 해야 함
- 해당 중앙관서의 장은 15일 이내 그 결과를 신청인에게 통지
- 계약상대자는 해당 중앙관서의 결과 통지 내용에 이의가 있는 경우 20일 이내 '국가계약분쟁조정위원회'에 조정을 위한 재심을 신청할 수 있음

③ 효력: 조달기업과 해당 중앙관서의 장이 조정 결과에 15일 이내 이의를 제기하지 않는 경우 해당 조정은 재판상 '화해'와 동일한 효력

2 분쟁조정

※ 자세한 내용은 PART 07 참고

01

공공계약법 체계에 대한 설명으로 옳은 것은?

① 조달청 내부규정에만 적용된다.
② 계약 규정은 「민법」에만 따른다.
③ 공공조달 전반을 포괄하는 기본법이다.
④ 계약 관련 규정을 별도 법률로만 운영한다.

해설

공공계약법 체계는 공공조달 일반 사항을 계약법령에 통합해 운영한다.

02

「국가계약법」의 법적 성격으로 가장 적절한 것은?

① 「민법」에 우선하는 특별법
② 「민법」과 동일한 일반법
③ 행정법상 처분 규정
④ 국제조약

해설

「국가계약법」은 「민법」상 계약에 우선 적용되는 특별법이다.

03

「국가계약법」과 「지방계약법」의 관계에 대한 설명으로 옳은 것은?

① 완전히 다른 체계이다.
② 「국가계약법」은 시행령이 없다.
③ 「지방계약법」은 「민법」만 적용된다.
④ 「지방계약법」은 조문 수가 더 많다.

해설

「지방계약법」은 지방자치단체 특성을 반영해 조문이 더 세분화되어 있다.

04

국제입찰 시 적용되는 원칙은?

① 최저가 원칙
② 호혜의 원칙
③ 협상 우선 원칙
④ 자국 기업 우대 원칙

해설

국제입찰에서는 GPA 가입국에 대해 비차별·동등 대우가 적용된다.

05

청렴계약에 포함되지 않는 내용은?

① 담합 금지
② 금품 수수 금지
③ 부정 청탁 금지
④ 가격 사전 협의 허용

해설

입찰가격의 사전 협의는 명백히 금지된다.

06

계약이 성립되는 시점은?

① 계약서에 서명 또는 날인 시
② 낙찰자 선정 시
③ 계약서 작성 전
④ 대금 지급 시

해설

계약은 계약서에 기명·날인 또는 서명 시 성립한다.

PART 06

정답   01 ③   02 ①   03 ④   04 ②   05 ④   06 ①

07

계약보증금에 대한 설명으로 옳은 것은?

① 계약 체결 후 납부한다.
② 모든 계약에서 면제된다.
③ 계약 불이행 시 국고에 귀속된다.
④ 납부액은 계약상대자가 자율 결정한다.

해설

계약 불이행 시 계약보증금은 국고에 귀속된다.

08

계약 불이행 시 제재에 해당하지 않는 것은?

① 계약이행 보증금 몰수
② 입찰참가자격 제한
③ 계약 해제·해지
④ 세금 중과

해설

세금 중과는 계약 불이행 시 받는 제재가 아니다.

09

공공계약법이 적용되지 않을 수 있는 경우는?

① 국가가 사경제 주체로 계약 체결 시
② 다른 법률에 근거한 공법상 계약
③ 물품구매 계약
④ 용역 계약

해설

「국가를 당사자로 하는 계약에 관한 법률」과 「지방자치단체를 당사자로 하는 계약에 관한 법률」(이하 '공공계약법')은 국가·지방자치단체가 사경제 주체로서 체결하는 사법상 계약을 전제로 적용된다. 그러나 다른 법률에 근거해 체결되는 공법상 계약은 그 특별법이 우선 적용되므로 공공계약법이 적용되지 않거나 제한적으로만 적용된다.

10

부당한 특약에 대한 설명으로 옳은 것은?

① 무효로 본다.
② 행정지도 사항이다.
③ 계약 자유 원칙상 허용된다.
④ 계약 담당자의 재량에 맡긴다.

해설

공공계약에서 부당한 특약이란 계약상대방에게 일방적으로 불리하거나, 법령·계약의 공정성 원칙에 반하는 특약을 의미한다. 공공계약은 단순한 사적 계약이 아니라 공정성·형평성·신뢰보호 원칙이 강하게 요구되는 영역이므로, 부당한 특약은 계약 자유의 원칙보다 공익이 우선되어 무효로 본다.

11

청렴계약 위반 시 조치로 옳은 것은?

① 계약 유지
② 벌칙 없음
③ 민사소송만 가능
④ 계약 해제 또는 해지 가능

해설

청렴계약 위반 시 계약 해제·해지가 가능하다.

12

「국가계약법」상 계약당사자의 지위는?

① 행정주체 대 상대방
② 감독자 대 피감독자
③ 대등한 사경제 주체
④ 우월적 행정권자

해설

국가는 사경제 주체로서 상대방과 대등한 지위에서 계약을 체결한다.

13

「국가계약법」은 어떤 기관에 적용되는가?

① 지방자치단체
② 중앙정부
③ 민간기업
④ 공기업

해설

「국가계약법」은 중앙정부 계약에 적용된다.

14

공공계약의 기본원칙이 아닌 것은?

① 공정성　　　　② 투명성
③ 경쟁성　　　　④ 독점성

해설

독점성은 공공계약의 기본원칙이 아니다.

15

낙찰 방식 중 최저가 낙찰제는 어떤 특징을 가지는가?

① 종합평가
② 가격만 고려
③ 기술력 평가
④ 사회적 가치 반영

해설

최저가 낙찰제는 가격만 고려한다.

16

적격심사제는 어떤 요소를 평가하는가?

① 환경성
② 가격만 평가
③ 사회적 가치
④ 기술·경험·재무능력

해설

적격심사제는 가격 외에 기술·경험·재무능력을 평가한다.

17

일반경쟁입찰의 특징으로 옳은 것은?

① 수의계약
② 특정 기업만 참여
③ 지명된 기업만 참여
④ 모든 자격 있는 기업 참여 가능

해설

일반경쟁입찰은 모든 자격 있는 기업이 참여 가능하다.

18

수의계약은 언제 활용되는가?

① 긴급 상황
② 일반 상황
③ 모든 계약
④ 대기업 참여 시

해설

수의계약은 긴급 상황 등 제한적 경우에 활용된다.

19

계약이행 보증은 무엇을 담보하는가?

① 계약 체결
② 계약 이행
③ 계약 해제
④ 계약 해지

해설

계약이행 보증은 계약의 성실한 이행을 담보한다.

정답　　13 ②　14 ④　15 ②　16 ④　17 ④　18 ①　19 ②

20

하자담보 책임은 언제 발생하는가?

① 계약 이행 후 하자 발생 시
② 계약 체결 시
③ 계약 해제 시
④ 계약 해지 시

해설

계약 이행 후 하자가 발생하면 하자담보 책임이 발생한다.

21

공공계약에서 경쟁성 확보의 의미는?

① 대기업 우대
② 외국기업 배제
③ 특정 기업 보호
④ 모든 기업에 동등한 기회 제공

해설

경쟁성 확보는 모든 기업에 동등한 기회를 제공하는 것이다.

22

종합평가제는 어떤 방식으로 낙찰자를 선정하는가?

① 기술·가격·사회적 가치 종합 고려
② 가격만 고려
③ 무작위 선정
④ 대기업 우선

해설

종합평가제는 기술·가격·사회적 가치 등 다양한 요소를 종합적으로 고려한다.

23

다음 중 입찰과 낙찰 절차에 대한 설명으로 옳지 않은 것은?

① 세입이 발생하는 경우에는 최고가격 입찰자를 낙찰자로 선정한다.
② 국가가 세금을 지출하는 경쟁입찰에서는 충분한 계약 이행 능력이 있다고 인정되는 자로서 최저가격으로 입찰한 자를 낙찰자로 선정할 수 있다.
③ 국가가 세금을 지출하는 경쟁입찰에서는 입찰공고나 설명서에 명기된 평가기준에 따라 국가에 가장 유리하게 입찰한 자를 낙찰자로 선정할 수 있다.
④ 국가가 세금을 지출하는 경쟁입찰에서는 항상 최저가격 입찰자를 낙찰자로 선정해야 하며, 다른 기준은 적용되지 않는다.

해설

「국가계약법 시행령」에 따라 특별한 기준이 정해진 경우에는 그 기준에 가장 적합한 자를 낙찰자로 선정할 수 있으므로, '항상 최저가격 입찰자만 선정해야 한다'는 설명은 옳지 않다.

24

다음 중 고시금액에 대한 설명으로 옳지 않은 것은?

① 「국가계약법」 제4조 제1항에 따라 재정경제부장관이 고시한 금액을 말한다.
② 정부조달협정(GPA)에 따라 국제입찰 대상 허용 여부를 결정하는 기준금액으로 활용된다.
③ 고시금액은 매년 원/SDR 환율 변동을 반영해 원화로 환산·고시된다.
④ 2025년 기준으로 물품·용역은 2억 3천만원, 공사는 88억원이다.

해설

고시금액은 매년이 아니라 2년마다 원/SDR 환율 변동을 반영해 원화로 환산·고시된다.

25

다음 중 예정가격에 대한 설명으로 옳지 않은 것은?

① 예정가격은 입찰 또는 수의계약 등에 부칠 사항에 대해 낙찰자 및 계약금액의 결정기준으로 삼기 위한 금액이다.
② 예정가격은 해당 규격서 및 설계서 등에 따라 미리 산정된 가격으로, 계약 대상의 총액을 기준으로 결정된다.
③ 예정가격은 거래실례가격, 원가계산에 따른 가격, 표준시장단가, 감정가격, 유사 계약목적물의 거래실례가격 또는 견적가격 순으로 산정 기준을 적용한다.
④ 전자조달시스템을 활용한 입찰에서는 추정가격에 부가가치세를 더한 금액을 예정가격으로 확정하며, 복수예비가격 산출 과정은 거치지 않는다.

전자조달시스템에서는 단순히 추정가격 + 부가가치세로 예정가격을 확정하는 것이 아니라, 기초금액을 기준으로 ±2% 범위에서 15개의 복수예비가격을 생성하고, 입찰자가 가장 많이 선택한 4개 예비가격의 산술평균으로 예정가격을 산정한다.

26

다음 중 계약 이행 시기에 따른 계약 체결 형태에 대한 설명으로 옳지 않은 것은?

① 계약은 원칙적으로 당해 연도에 체결되고 이행이 완료된다.
② 장기공사나 장기물품제조와 같이 수년에 걸쳐 이행되는 계약도 존재한다.
③ 당해 연도 계약으로 체결한 계약은 해당 연도를 초과해 이행할 수 없으며, 차년도 이월 집행은 불가능하다.
④ 장기계속계약과 계속비계약은 「국가재정법」에 따라 국회의 의결 범위 안에서 수년도에 걸쳐 지출할 수 있다.

당해 연도 계약으로 체결한 계약이라도 「국가재정법」에 따라 차년도 이월 집행이 가능하다.

27

다음 중 장기계속계약과 계속비계약에 대한 설명으로 옳지 않은 것은?

① 장기계속계약은 총사업비 범위가 대략적으로 확정되었으나 예산총액이 확정되지 않은 경우에 적용된다.
② 장기계속계약은 총사업기간 내에서 해당 연도별로 확정된 금액으로 계약을 체결하고, 총사업금액은 부기해 완료 시까지 연도별로 계약을 체결한다.
③ 계속비계약은 총사업기간의 예산총액이 확정된 조달사업에 적용되며, 총낙찰금액으로 전체 계약을 체결한다.
④ 계속비계약은 예산총액이 확정되지 않은 경우에도 적용할 수 있으며, 연도별로 확정된 금액만으로 계약을 체결한다.

계속비계약은 반드시 총사업기간의 예산총액이 확정된 경우에만 적용되며, 예산총액이 확정되지 않은 경우에는 장기계속계약을 적용한다.

28

다음 중 공동계약 이행방식에 대한 설명으로 옳지 않은 것은?

① 공동이행방식은 공동수급체 구성원 전원이 동일한 계약상 의무를 부담하며, 계약 전체를 공동으로 수행하는 방식이다.
② 분담이행방식은 공동수급체 구성원 각자가 맡은 부분에 대해 개별적으로 계약상 책임을 지고, 분담한 범위 내에서만 이행하는 방식이다.
③ 주계약자관리방식은 공동수급체 중 주계약자가 전체 계약을 대표하여 관리하는 것으로, 계약 체결 및 대금 지급·공정 관리 등을 주계약자가 일괄 관리한다.
④ 공동이행방식은 각 구성원이 맡은 부분만 책임지고, 전체 계약에 대한 연대책임은 부담하지 않는다.

공동이행방식에서는 각 구성원이 맡은 부분만 책임지는 것이 아니라, 계약 전체에 대해 연대책임을 부담한다.

25 ④ 26 ③ 27 ④ 28 ④

29

다음 중 2단계 입찰과 2단계 규격·가격동시입찰에 대한 설명으로 옳지 않은 것은?

① 2단계 입찰은 1단계에서 규격입찰을 통해 적격자를 선정한 뒤, 2단계에서 가격입찰을 실시하는 방식이다.
② 2단계 규격·가격동시입찰은 규격과 가격을 동시에 제출받아, 규격 적격 여부를 먼저 심사한 후 가격을 개찰하는 방식이다.
③ 2단계 입찰은 규격과 가격을 동시에 제출받아 심사하는 방식으로, 규격 적격 여부와 가격을 한 번에 결정한다.
④ 2단계 규격·가격동시입찰은 규격 심사에서 적격 판정을 받은 입찰자만 가격 개찰 대상이 된다.

2단계 입찰은 규격과 가격을 동시에 제출받아 심사하는 방식이 아니라, 규격입찰과 가격입찰을 단계적으로 나누어 진행하는 방식이다.

30

다음 중 협상에 의한 계약과 경쟁적 대화에 의한 계약에 대한 설명으로 옳지 않은 것은?

① 협상에 의한 계약은 입찰자가 제출한 제안서를 평가한 후, 우수한 제안자를 대상으로 협상을 거쳐 최종 계약을 체결하는 방식이다.
② 경쟁적 대화에 의한 계약은 사업 목적과 요구사항이 복잡해 사전에 명확히 규정하기 어려운 경우, 대화 과정을 통해 해결방안을 도출한 뒤 최종 계약을 체결하는 방식이다.
③ 협상에 의한 계약은 주로 기술용역, 연구개발사업 등에서 활용되며, 가격뿐 아니라 기술·품질 등 다양한 요소를 종합적으로 고려한다.
④ 경쟁적 대화에 의한 계약은 제안서 평가 없이 단순히 최저가격 입찰자를 선정하는 방식이다.

경쟁적 대화에 의한 계약은 단순히 최저가를 선정하는 방식이 아니라, 대화 과정을 통해 사업 목적에 가장 적합한 해결방안을 제시한 자를 선정하는 방식이다.

31

다음 중 이의신청과 분쟁조정 절차에 대한 설명으로 옳지 않은 것은?

① 발주기관 계약 담당 공무원에 의해 불이익을 받은 계약상대자는 그 행위를 취소하거나 시정하기 위해 이의신청을 할 수 있다.
② 이의신청은 15일 이내 해당 중앙관서의 장에게 해야 하며, 중앙관서의 장은 15일 이내 결과를 통지해야 한다.
③ 계약상대자가 중앙관서의 결과 통지에 불복하는 경우, 20일 이내 국가계약분쟁조정위원회에 재심을 신청할 수 있다.
④ 조정 결과에 대해 당사자가 이의를 제기하지 않더라도 재판상 화해와 동일한 효력은 발생하지 않는다.

조정 결과에 대해 15일 이내 이의를 제기하지 않으면 해당 조정은 재판상 화해와 동일한 효력을 가진다.

 29 ③ 30 ④ 31 ④

최종점검 OX 퀴즈

01 국제입찰에서는 자국기업 우대가 원칙이다. (○ , ×)

02 일반경쟁입찰은 공공계약의 기본 방식이다. (○ , ×)

03 부당한 특약도 계약당사자 합의가 있으면 유효하다. (○ , ×)

04 공공계약법은 「민법」상 계약에 대해 특별법적 성격을 가지며, 「국가계약법」은 「민법」에 우선하는 특별법이다. (○ , ×)

05 입찰과 낙찰 절차에서 국가가 세금을 지출하는 경쟁입찰은 항상 최저가격 입찰자를 낙찰자로 선정해야 한다. (○ , ×)

06 고시금액은 국제입찰 공고 가능 여부를 판단하는 기준금액으로, 2년마다 원/SDR 환율 변동을 반영해 원화로 환산·고시된다. (○ , ×)

07 예정가격은 전자조달시스템에서 단순히 추정가격에 부가가치세를 더한 금액으로 확정된다. (○ , ×)

08 다른 국가기관 또는 지방자치단체와 계약을 체결하는 경우 등 대통령령으로 정하는 경우에는 예정가격을 작성하지 아니하거나 생략할 수 있다. (○ , ×)

09 공동이행방식에서는 각 구성원이 맡은 부분만 책임지고 전체 계약에 대한 연대책임은 부담하지 않는다. (○ , ×)

10 계약금액이 5,000만원 이하인 계약은 계약보증금의 일부만 면제할 수 있다. (○ , ×)

---

01 ×
국제입찰에서는 호혜·비차별 원칙이 적용된다.

02 ○
경쟁성 확보를 위해 일반경쟁입찰이 원칙적 방식이다.

03 ×
부당한 특약은 합의 여부와 관계없이 무효다.

04 ○
판례와 법 규정에 따라 「국가계약법」은 「민법」보다 우선 적용되는 특별법적 성격을 지니며, 공공계약법 역시 「민법」상 계약에 대해 특별법적 지위를 가진다.

05 ×
최저가격만을 기준으로 하면 품질 저하, 성능 부족 등 문제가 발생할 수 있다.

06 ○
고시금액은 재정경제부장관이 고시하는 금액으로, 국제입찰 대상 여부를 결정하는 기준이다.

07 ×
전자조달시스템에서는 기초금액을 기준으로 ±2% 범위에서 15개의 복수예비가격을 생성하고, 입찰자가 가장 많이 선택한 4개 예비가격의 산술평균으로 예정가격을 산정한다.

08 ○
다른 국가기관이나 지자체와 계약을 체결하는 경우 등 대통령령으로 정한 경우에는 예정가격 작성이 생략될 수 있다.

09 ×
공동이행방식은 구성원 모두가 계약 전체에 대해 연대책임을 부담한다.

10 ×
전부 면제도 가능하다.

CHAPTER **02**

공공계약 관련 민법 규정

01 공공계약과 민법

1 계약(契約)

① 계약: 채권·채무의 발생을 목적으로 하는 당사자 사이의 합의
② 「민법」: 둘 이상의 서로 대립하는 의사표시의 일치에 따라 성립하는 법률행위
③ 「채권법」: 채권계약(좁은 의미의 계약)
④ 유명계약(전형계약): 「민법」에 규정된 15종의 계약

2 계약자유의 원칙

① 계약에 따른 법률관계의 형성은 법의 제한에 부딪히지 않는 한 계약당사자의 자유에 맡긴다는 원칙
② 계약자유(契約自由)의 원칙은 헌법상의 행복추구권 속에 함축된 일반적 행동자유권으로부터 파생되는 것(헌재결 1991.6.3., 89헌마204)

3 사적 자치의 원칙

① 개인이 자신의 의사에 따라 법률관계를 자율적으로 설정하고, 그 내용도 자유롭게 결정할 수 있다는 원칙(계약자유의 원칙)
② 우리나라 「헌법」은 사적 자치의 원칙을 명문으로 규정하고 있지는 않음

4 공공계약과 「민법」의 관계

「국가계약법」과 「지방계약법」은 공공부문 계약관계를 특별히 규정하는 법률로서 「민법」상 계약의 일반원칙과 주요 규정을 원·준용하고 있음

02 민법상 계약의 종류

1 청약과 승낙

① 계약 성립 원칙: 계약은 보통 청약·승낙이라고 하는 서로 대립하는 두 의사표시의 합치에 따라 성립
② 예외적으로 청약만으로 성립하거나[예 호텔방을 예약하는 행위(의사실현)], 쌍방의 당사자가 동일 내용의 청약(교차청약)을 하는 경우에도 계약이 성립할 수 있음(「민법」 제533조)

---

③ 입찰공고는 청약의 유인에 해당하고, 입찰에 참가하는 것이 청약에 해당

청약의 유인	• 청약을 하기 전의 준비행위 • 구인광고, 물품판매광고, 공공조달을 위한 입찰공고
청약	계약을 체결하려는 구속력 있는 의사표시(입찰 참가)

2 계약 속성 구분에 따른 분류

전형계약	• 「민법」에서 명시적으로 규정된 계약(15종) • 증여, 매매, 교환, 소비대차, 사용대차, 임대차, 고용, 도급, 현상광고, 위임, 임치, 조합, 종신정기금, 화해, 여행
비전형계약	• 「민법」에서 명시적으로 규정되지 않은 계약 • 전형계약 외의 유형(출판계약, 방송계약 등)

3 의무부담 형태에 따른 분류

쌍무계약	• 계약의 각 당사자가 서로 대가적 의미를 가지는 채무를 부담하는 계약 • 매매, 교환, 임대차계약 등
편무계약	• 당사자 일방만이 채무를 부담하는 계약 • 증여계약 등

📝 **더 알아보기   낙찰의 법적 성격**

국가계약법령 등에 따른 공공계약은 대부분 쌍무계약에 해당하나, 입찰 이후 낙찰자가 선정되는 낙찰의 경우는 본계약 체결 절차가 남아 있는 계약의 예약 성격으로 편무계약에 해당한다고 볼 수 있음(대법원 2006.6.29., 선고 2005다41603 판결[소유권이전등기])

4 대가 지급 유무에 따른 분류

유상계약	• 경제적 대가가 있는 계약으로, 매매계약, 임대차계약 등 • 「민법」은 유상계약에 관하여 매매의 규정을 준용하도록 규정
무상계약	• 대가 없이 이루어지는 계약으로, 증여계약이 대표적 • 경제적인 출손(出損)을 하는 것은 일방뿐이고, 상대방은 이에 대응하는 반대급부를 하지 않는 계약

5 의사표시 요건에 따른 분류

낙성계약	• 당사자 사이의 의사표시가 합치하기만 하면 계약이 성립하고, 그 밖에 다른 형식이나 절차를 필요로 하지 않는 계약 • 「민법」상 전형계약 15개 유형 중 '현상광고'를 제외한 모든 계약
요물계약	• 당사자 사이의 합의 외에 물건의 인도나 그 밖에 급부가 있어야만 성립하는 계약 • 계약금계약, 임대차보증금계약과 같이 합의 외 계약금과 보증금이 지급되어야 성립되는 계약

1 계약의 성립

① 계약 성립의 원칙: 당사자 간 의사표시, 즉 "청약(offer)"과 "승낙(acceptance)"의 합치로 성립

② 요건

당사자	계약을 체결할 능력이 있는 사람
목적	법률상 허용되는 내용
방식	특별한 형식이 요구되는 경우(에 부동산 매매는 등기 필요)

🔎 더 알아보기 계약의 의의와 효과

(1) 의의: 계약은 성립된 후 법적으로 구속력을 가지는 법률행위(계약은 서로 대립하는 2개 이상의 의사표시가 합치하는 것으로, 채권의 발생을 목적으로 하는 법률행위)
(2) 효과
- 권리・의무 발생(변경): 매매계약이면 매도인은 소유권 이전 의무, 매수인은 대금 지급 의무
- 강제력(구속력): 불이행 시 손해배상이나 강제집행 가능

③ 시점: 승낙이 상대방에게 도달한 때 계약이 성립(「민법」 제111조 등)(도달주의 원칙)

🔎 더 알아보기 계약 성립 시점의 예외

(1) 격지자 간 계약은 승낙 통지를 발송했을 때 성립(발송주의)(「민법」 제531조)
(2) 청약자의 청약 내용에 조건을 추가하거나 청약 내용을 변경한 후 승낙했을 때는 당초 청약의 거절과 동시에 새로 청약한 것으로 봄(「민법」 제534조)
(3) 청약자의 의사표시나 관습에 따라 승낙 통지가 필요하지 않은 경우에는 승낙 의사표시로 인정되는 사실이 있을 때 계약이 성립(「민법」 제532조)
(4) 당사자 간 동일한 내용을 청약하는 경우에는 양 청약이 상대방에게 도달했을 때 계약이 성립(「민법」 제533조)

- 낙찰자로 선정되어 청약을 하게 되는 경우, 이를 철회하지 못함
- '협상에 의한 계약'에서 우선협상대상자로 선정된 후 15일 이내에 협상을 완료하지 못하면 협상이 결렬되고, 차순위자에게 협상 권한이 이전되면서 계약을 체결하지 못함

🔎 더 알아보기 공공계약에서 일반적 계약 절차

- 입찰공고: 수요기관의 청약 유인을 의미
- 입찰: 참가기업의 청약에 해당
- 낙찰: 발주기관은 개찰을 통해 낙찰자를 선정(낙찰은 계약의 예약에 해당)
- 계약 체결: 최종적으로 조달기업의 승낙에 따라 계약 체결

「민법」상 계약 성립의 일반 원칙으로 옳은 것은?

① 청약만으로 계약이 성립한다.
② 승낙이 발송된 때 계약이 성립한다.
③ 청약과 승낙의 의사표시 합치로 성립한다.
④ 물건 인도가 있어야 성립한다.

정답 ③

계약은 청약과 승낙이라는 대립하는 의사표시의 합치로 성립한다.

1　계약 효력의 발생

계약은 계약을 요청하는 청약과 이를 수락하는 승낙이라는 2개의 대립하는 의사표시의 합치로 성립

2　청약의 철회와 연착된 승낙

① **청약의 철회**: 계약에서 청약은 철회하지 못하도록 규정(「민법」 제527조)
② **연착된 승낙**: 승낙기간을 경과해 연착된 승낙을 청약자가 수용하는 경우, 이는 새로운 청약으로 볼 수 있음(「민법」 제530조)

05　계약의 해제 · 해지

1　계약의 해제

① 유효하게 성립한 계약을 소급해 소멸시키는 일방적인 의사표시
② **해제권**: 계약을 해소시키는 권리

약정해제권	• 계약당사자 간 해제권 보류에 관한 특약을 설정하고 계약을 체결한 경우 • 구인광고, 물품판매광고, 공공조달을 위한 입찰공고
법정해제권	• 법률 규정으로 당연히 발생하는 해제권 • 이행지체(「민법」 제544조 · 제545조) 　– 당사자 일방이 그 채무를 이행하지 않을 경우, 상대방은 상당한 기간을 정해 그 이행을 최고하고 그 기간 내에 이행하지 않을 때는 계약을 해제할 수 있음 　– 채무자가 미리 이행하지 않는다는 의사표시를 한 경우에는 최고 없이 해제할 수 있음(「민법」 제544조) 　– 계약의 해제가 가능한 책임 있는 상대방의 채무이행이 불능하게 된 경우에도 계약을 해제할 수 있음(「민법」 제546조) • 이행불능(「민법」 제546조): 이행불능을 이유로 계약을 해제하기 위해서는 그 이행불능이 채무자의 귀책사유에 의한 경우여야만 함

③ 계약의 해제는 그 발생 시점과 관계없이 계약의 본질적인 내용이 아닌 부수적 채무의 불이행을 사유로는 계약을 해지할 수 없음
④ **계약 해제의 성립**: 계약 또는 법률의 규정에 따라 당사자의 일방이나 쌍방이 해제의 권리가 있는 경우 상대방에게 한 의사표시를 통해 성립(「민법」 제543조 제1항)
⑤ 해제의 의사표시는 철회할 수 없음(「민법」 제543조 제2항)

➕ plus

공공계약에서의 해제 · 해지
• 계약 이행이 지체되어 부과되는 지체상금이 계약보증금 상당액에 달하는 경우, 계약의 해제 또는 해지를 선택할 수 있도록 규정(「국가계약법 시행령」 제75조)
• 계약보증금이 국고에 귀속되는 경우, 별도의 약정이 없는 한 해당 계약을 해제 또는 해지(「국가계약법 시행령」 제75조)

✓ Check Q&A

계약 해제에 대한 설명으로 옳은 것은?

① 장래에만 효력 상실
② 소급하여 계약 소멸
③ 해지와 동일
④ 철회 가능

정답 ②
해제는 소급하여 계약을 소멸시킨다.

2 계약의 해지

① 이전 계약관계의 유효성은 인정하나 해지 이후 시점부터 잔여 계약관계를 무효화 하는 것

② 해지는 해지 이후의 계약만 소멸(계약 자체를 소급해 무효화하는 '해제'와는 구별)

③ 계약의 해지는 상대방에게 한 의사표시를 통해 성립하고, 해지의 의사표시는 철회 할 수 없음(「민법」 제543조 제1항·제2항)

④ 당사자 일방이 계약을 해지했을 때는 계약은 장래에 그 효력을 상실하고(「민법」 제550조), 계약의 해지는 당사자 간 손해배상의 청구에 영향을 미치지 않음(「민법」 제551조)

✎ 더 알아보기 해제와 해지의 구별

구분	해제	해지
효력	소급 소멸	장래 소멸
과거 효과	무효	유효

06 도급 · 위임

1 도급

① **개념**: 「국가계약법」 등 공공계약법에서는 「민법」에서 규정하는 전형계약 중 매매, 임대, 도급계약 등의 방법을 채택

② **도급계약**: 당사자 중 일방이 요구하는 일정한 일을 완성할 것을 약정하고 그 결과 에 다른 일방이 보수를 지급할 것을 약정

③ **도급**: 특정한 일의 완성을 목적으로 하는 계약으로, 일이 완성되어야 대가를 지급

2 위임

① 계약 당사자 간의 특별한 신뢰를 바탕으로 위임이 이루어지며, 법률 소송에서 변 호인을 선임해 소송을 대리토록 하는 선임계약이 대표적

② 특정 업무(사무)를 대신 수행하는 계약으로, 위임자가 요구한 업무를 수행하면 일 의 완성과 관계 없이 대가를 지급받을 수 있음

③ 「민법」에 따른 위임계약의 경우 위임자가 특별한 사유 없이 아무 때나 위임계약을 해지할 수 있도록 허용

☑ Check Q&A

도급계약의 본질로 옳은 것은?

① 사무처리
② 일정한 일의 완성
③ 무상 급부
④ 신뢰 관계

정답 ②
도급은 일의 완성을 목적으로 한다.

➕ plus

공공계약법의 성격
공공계약법상 물품제조계약, 용역계약, 공사계약은 기본적으로 특정한 일의 완성을 목적으로 하며, 수요자인 발주기관이 계약상대자인 조달기업에 조달 대상물의 공급이라는 계약 이행을 요구하는 형태이므로, 법적·형식적 측면에서 도급계약으로 볼 수 있음

1 의의

① 개념: 화해는 당사자가 상호 양보하여 당사자 간의 분쟁을 종지할 것을 약정함으로써 그 효력이 발생(「민법」 제731조)

② 목적: 분쟁을 법적 절차로 끌고 가지 않고, 당사자 간 합의로 해결하는 것

2 화해의 창설적 효력

① 화해계약은 당사자 일방이 양보한 권리가 소멸되고 상대방이 화해로 인하여 그 권리를 취득하는 효력이 발생(「민법」 제732조)

② 효력
- 소송 결과에 따라 발생하는 법적인 효력과 동일한 효력이 화해를 통해서 발생
- 화해계약은 착오를 이유로 취소할 수 없으며, 화해 당사자의 자격 또는 분쟁 외의 상황에서 착오가 있는 경우에만 예외로 취소 가능

➕ plus

공공계약법에의 적용

「민법」상 화해에 관한 규정은 공공계약법령에서 「국가계약법」 제28조의2 '분쟁해결 방법의 합의' 조항에 반영

단원별 출제예상문제

01

다음 중 국가계약 등 공공계약의 일반적 성격으로 올바른 것은?

㉠ 위임계약	㉡ 화해계약	㉢ 도급계약
㉣ 증여계약	㉤ 전형계약	㉥ 쌍무계약
㉦ 무상계약	㉧ 낙성계약	

① ㉠, ㉡, ㉥, ㉦
② ㉢, ㉤, ㉥, ㉧
③ ㉠, ㉢, ㉦, ㉧
④ ㉢, ㉣, ㉥, ㉦

해설

공공계약은 도급계약, 전형계약, 쌍무계약, 낙성계약의 성격을 갖는다.

02

입찰공고의 법적 성격으로 옳은 것은?

① 청약
② 승낙
③ 계약
④ 청약의 유인

해설

입찰공고는 계약 체결을 유도하는 청약의 유인에 해당한다.

03

국가계약에서 입찰 참가 기업의 행위에 해당하는 것은?

① 청약
② 승낙
③ 계약 체결
④ 청약의 유인

해설

입찰 참가 자체가 청약에 해당한다.

04

낙찰의 법적 성격에 대한 설명으로 옳은 것은?

① 승낙
② 청약 철회
③ 계약의 예약
④ 본계약 체결

해설

낙찰은 계약 체결 전 단계로 본계약 체결 절차가 남아있는 계약의 예약에 해당한다.

05

요물계약의 예로 옳은 것은?

① 매매계약
② 도급계약
③ 임대차계약
④ 계약금 계약

해설

계약금 계약은 급부가 있어야 성립하는 요물계약이다.

06

계약 성립 시점에 대한 설명으로 옳은 것은?

① 청약 발송 시
② 승낙 발송 시
③ 승낙 도달 시
④ 계약서 작성 시

해설

원칙적으로 승낙이 상대방에게 도달한 때 성립한다(도달주의).

정답 01 ② 02 ④ 03 ① 04 ③ 05 ④ 06 ③

07

계약의 효력으로 옳지 않은 것은?

① 권리·의무 발생
② 구속력 발생
③ 강제집행 가능
④ 자동 해제 발생

해설

계약이 성립한다고 자동 해제되지는 않는다.

08

화해계약의 효력에 대한 설명으로 옳은 것은?

① 착오로 항상 취소 가능
② 소송 판결과 동일한 효력
③ 계약 해제 효과
④ 무효

해설

화해는 소송 판결과 동일한 효력을 가진다.

09

계약 해제 의사표시에 대한 설명으로 옳은 것은?

① 상대방 동의 필요
② 철회 가능
③ 철회 불가
④ 자동 발생

해설

계약 해제는 형성권으로, 해제 의사표시가 상대방에게 도달하면 법률 효과가 확정되며 원칙적으로 철회할 수 없다.

10

유상계약에 대한 설명으로 옳은 것은?

① 증여계약
② 반대급부 없음
③ 대가 있는 계약
④ 경제적 대가 없음

해설

유상계약이란 당사자 쌍방이 서로 대가적 급부를 부담하는 계약을 말한다. 매매, 임대차, 도급 등이 대표적이다.

11

무상계약의 예로 옳은 것은?

① 임대차
② 매매
③ 증여
④ 도급

해설

무상계약은 상대방에게 대가를 요구하지 않는 계약이다. 「민법」상 대표적인 무상계약이 증여이다.

12

격지자 간 계약 성립 시점으로 옳은 것은?

① 승낙 도달 시
② 승낙 발송 시
③ 청약 발송 시
④ 계약서 작성 시

해설

「민법」 제531조에 따라 격지자 간 계약은 승낙의 의사표시를 발송한 때 계약이 성립한다. 이를 발신주의라고 한다.

정답 07 ④ 08 ② 09 ③ 10 ③ 11 ③ 12 ②

13

공공계약에서 계약 절차의 올바른 순서는?

① 입찰 → 공고 → 낙찰 → 계약
② 공고 → 입찰 → 개찰 → 낙찰 → 계약
③ 공고 → 낙찰 → 입찰 → 계약
④ 입찰 → 낙찰 → 공고 → 계약

해설

공공계약의 표준 절차는 입찰공고 → 입찰서 제출 → 개찰 → 낙찰자 결정 → 계약 체결 순이다.

14

국가계약에서 계약보증금 귀속 시 조치로 옳은 것은?

① 계약 유지
② 자동 연장
③ 무효
④ 해제 또는 해지

해설

계약보증금이 국가에 귀속되는 경우는 계약상대자의 귀책사유로 계약을 이행하지 않은 경우이며, 이때 조달기관은 계약을 해제 또는 해지할 수 있다.

15

다음 중 계약의 정의에 대한 설명으로 옳지 않은 것은?

① 계약은 채권·채무의 발생을 목적으로 하는 당사자 사이의 합의이다.
② 「민법」상 계약은 둘 이상의 대립하는 의사표시의 일치에 따라 성립하는 법률행위이다.
③ 모든 계약은 당사자의 의사합치만으로 성립하며, 별도의 급부가 필요한 경우는 없다.
④ 유명계약은 「민법」에 규정된 15종의 계약을 말한다.

해설

계약은 일반적으로 당사자의 의사합치로 성립하지만, 요물계약의 경우에는 일정한 급부가 있어야 성립한다.

16

다음 중 계약자유의 원칙에 대한 설명으로 옳은 것은?

① 계약자유의 원칙은 헌법에 명문으로 규정되어 있다.
② 계약자유의 원칙은 헌법상의 행복추구권 속 일반적 행동자유권에서 파생된다.
③ 계약자유의 원칙은 「민법」상 유명계약에만 적용된다.
④ 계약자유의 원칙은 공공계약에는 적용되지 않는다.

해설

계약자유의 원칙은 헌법에 명문으로 규정된 것은 아니며, 헌법상의 행복추구권 속 일반적 행동자유권에서 파생된 것으로 헌법재판소 판례(헌재결 1991.6.3., 89헌마204)에서도 확인된다.

17

다음 중 사적 자치의 원칙에 대한 설명으로 옳지 않은 것은?

① 개인이 자신의 의사에 따라 법률관계를 자율적으로 설정할 수 있다는 원칙이다.
② 계약자유의 원칙과 동일한 의미로 이해될 수 있다.
③ 우리나라 헌법은 사적 자치의 원칙을 명문으로 규정하고 있다.
④ 법률관계의 내용도 자유롭게 결정할 수 있다는 점을 강조한다.

해설

사적 자치의 원칙은 우리 헌법에 명문으로 규정되어 있지 않다. 그러나 계약자유의 원칙과 동일한 의미로 이해되며, 개인이 자신의 의사에 따라 법률관계를 자율적으로 결정할 수 있다는 점을 강조한다.

18

다음 중 계약의 종류에 대한 설명으로 옳은 것은?

① 유명계약은 「민법」에 규정된 20종의 계약을 말한다.
② 무명계약은 「민법」에 규정된 계약만을 의미한다.
③ 계약자유의 원칙에 따라 「민법」상 15종 외에도 무명계약을 체결할 수 있다.
④ 요물계약은 당사자 간 의사합치만으로 성립한다.

해설

「민법」에는 15종의 유명계약이 규정되어 있지만, 계약자유의 원칙에 따라 그 외에도 무명계약(비전형계약)을 얼마든지 체결할 수 있다.

정답 13 ② 14 ④ 15 ③ 16 ② 17 ③ 18 ③

19

다음 중 공공계약법의 성격에 대한 설명으로 옳은 것은?

① 「국가계약법」과 「지방계약법」은 「민법」과 무관하게 독립적으로 운영된다.
② 공공계약법은 「민법」의 일반원칙과 주요 규정을 원·준용한다.
③ 공공계약법은 사적 자치의 원칙을 전혀 인정하지 않는다.
④ 공공계약법은 「민법」보다 하위 법률로서 적용된다.

「국가계약법」과 「지방계약법」은 공공부문 계약관계를 특별히 규정하면서도 「민법」의 일반원칙과 주요 규정을 원·준용한다.

20

다음 중 청약과 승낙에 대한 설명으로 옳지 않은 것은?

① 청약은 계약을 성립시키려는 의사표시로, 상대방의 승낙을 기다리는 단계이다.
② 승낙은 청약에 대한 동의의 의사표시로, 청약과 승낙이 합치하면 계약이 성립한다.
③ 승낙은 반드시 서면으로만 이루어져야 하며, 구두나 행동으로는 효력이 없다.
④ 청약과 승낙은 계약 성립의 본질적 요소이다.

승낙은 반드시 서면일 필요가 없으며, 구두나 묵시적 행위로도 효력이 인정된다.

21

다음 중 전형계약과 비전형계약에 대한 설명으로 옳은 것은?

① 전형계약은 「민법」에 규정된 15종의 계약을 말한다.
② 비전형계약은 「민법」에 규정된 계약만을 의미한다.
③ 전형계약은 계약자유의 원칙에 따라 얼마든지 새롭게 만들어질 수 있다.
④ 비전형계약은 법적으로 인정되지 않는다.

「민법」은 15종의 전형계약을 규정하고 있으며, 계약자유의 원칙에 따라 그 외에도 무명계약(비전형계약)이 가능하다.

22

다음 중 계약 성립과 종류에 대한 설명으로 옳지 않은 것은?

① 청약과 승낙이 합치하면 계약이 성립한다.
② 요물계약은 당사자 간 의사합치만으로 성립한다.
③ 전형계약은 「민법」에 규정된 계약을 말한다.
④ 공공계약에서 비전형계약은 법령·계약예규·지침 등에 근거가 있는 경우에만 허용된다.

요물계약은 단순한 의사합치만으로 성립하지 않고, 일정한 급부가 있어야 성립한다.

23

다음 중 쌍무계약과 편무계약에 대한 설명으로 옳지 않은 것은?

① 쌍무계약은 당사자 쌍방이 서로 대가적 채무를 부담하는 계약이다.
② 편무계약은 당사자 일방만 채무를 부담하고 상대방은 채무를 부담하지 않는다.
③ 매매계약은 대표적인 쌍무계약이다.
④ 증여계약은 대표적인 쌍무계약이다.

증여계약은 증여자만 급부의무를 부담하고 수증자는 채무를 부담하지 않으므로 편무계약이다.

24

다음 중 유상계약과 무상계약에 대한 설명으로 옳은 것은?

① 유상계약은 당사자 일방만 이익을 얻고 상대방은 손해를 본다.
② 무상계약은 당사자 쌍방이 서로 대가적 급부를 주고받는 계약이다.
③ 매매계약은 대표적인 유상계약이다.
④ 증여계약은 대표적인 유상계약이다.

매매계약은 매도인이 재산을 이전하고 매수인이 대금을 지급하는 대가적 계약으로 유상계약이다. 증여계약은 무상계약에 해당한다.

정답   19 ② 20 ③ 21 ① 22 ② 23 ④ 24 ③

25

다음 중 낙성계약과 요물계약에 대한 설명으로 옳지 않은 것은?

① 낙성계약은 당사자 간 의사합치만으로 성립하는 계약이다.
② 요물계약은 당사자 간 의사합치 외에 일정한 급부가 있어야 성립한다.
③ 매매계약은 대표적인 요물계약이다.
④ 소비대차계약은 대표적인 요물계약이다.

해설

매매계약은 당사자 간 의사합치만으로 성립하는 낙성계약이다. 요물계약의 대표적인 예는 소비대차계약, 사용대차계약 등이다.

26

다음 중 계약의 효력에 대한 설명으로 옳은 것은?

① 계약은 성립하더라도 당사자의 의무를 발생시키지 않는다.
② 계약은 성립하면 법률상 권리·의무 관계를 발생시킨다.
③ 계약은 성립 후에도 언제든지 일방의 의사만으로 무효가 된다.
④ 계약은 성립 후 반드시 법원의 인가가 있어야 효력이 발생한다.

해설

계약은 성립하면 당사자 간 권리·의무 관계를 발생시키며, 법적 구속력이 생긴다.

27

다음 중 계약의 해제와 해지에 대한 설명으로 옳지 않은 것은?

① 해제는 계약 성립 당시로 소급하여 효력을 소멸시킨다.
② 해지는 장래에 향하여 계약관계를 종료시키는 것이다.
③ 해제와 해지는 모두 동일하게 계약 성립 당시로 소급하여 효력을 소멸시킨다.
④ 해제는 주로 채무 불이행 시, 해지는 계속적 계약관계에서 사용된다.

해설

해제는 소급효가 있지만, 해지는 장래에 향하여만 효력이 발생한다.

28

다음 중 도급과 위임에 대한 설명으로 옳은 것은?

① 도급은 일정한 일을 완성할 것을 약정하고 그 대가를 지급하는 계약이다.
② 위임은 일정한 일을 완성할 것을 약정하는 계약이다.
③ 도급은 주로 법률행위를 위탁하는 계약이다.
④ 위임은 반드시 유상계약이어야 한다.

해설

도급은 일을 완성하는 것을 목적으로 하고, 위임은 법률행위나 사무처리를 위탁하는 계약이다. 위임은 무상도 가능하다.

최종점검 OX 퀴즈

01 입찰공고는 청약에 해당한다.　(○ , ×)

02 낙찰은 계약의 예약에 해당한다.　(○ , ×)

03 계약 해지는 소급하여 효력을 상실시킨다.　(○ , ×)

04 도급계약은 일의 완성을 목적으로 한다.　(○ , ×)

05 화해계약은 소송과 동일한 효력을 가진다.　(○ , ×)

06 계약은 채권·채무의 발생을 목적으로 하는 당사자 사이의 합의이다.　(○ , ×)

07 모든 계약은 당사자의 의사합치만으로 성립하며, 별도의 급부가 필요한 경우는 없다.　(○ , ×)

08 「민법」상 유명계약(전형계약)은 15종으로 규정되어 있으며, 그 외에도 무명계약(비전형계약)이 가능하다.　(○ , ×)

09 계약자유의 원칙은 헌법에 명문으로 규정되어 있다.　(○ , ×)

10 「국가계약법」과 「지방계약법」은 공공부문 계약관계를 특별히 규정하면서도 「민법」의 일반원칙과 주요 규정을 원·준용한다.　(○ , ×)

---

01 ×
입찰공고는 계약을 체결하겠다는 확정적 의사표시가 아니라, 입찰 참여를 유도하기 위한 '청약의 유인'에 해당한다. 실제 청약은 입찰 참가자가 입찰서를 제출하는 행위이다.

02 ○
낙찰은 본계약을 체결하겠다는 장래의 합의를 확정하는 단계로, 바로 계약이 성립하는 것이 아니라 본계약 체결을 전제로 한 '계약의 예약'에 해당한다.

03 ×
계약 해지는 계약을 장래에 향하여 종료시키는 제도이며, 이미 이행된 부분에는 영향을 미치지 않는다.

04 ○
「민법」상 도급계약은 수급인이 어떤 일을 완성할 것을 약정하고, 도급인이 그 대가로 보수를 지급하는 계약으로, 핵심은 '일의 완성'이다.

05 ○
화해계약은 당사자 간 분쟁을 종결하기 위한 계약으로, 확정판결과 동일한 효력을 가진다. 따라서 화해가 성립하면 동일한 사안에 대해 다시 다툴 수 없다.

06 ○
계약은 기본적으로 권리·의무 관계를 발생시키는 당사자 간의 합의로 정의된다.

07 ×
계약은 일반적으로 의사합치로 성립하지만, 요물계약은 일정한 급부가 있어야 성립한다.

08 ○
계약자유의 원칙에 따라 「민법」에 규정된 15종 외에도 다양한 계약을 체결할 수 있다.

09 ×
계약자유의 원칙은 헌법에 직접 규정된 것은 아니며, 행복추구권 속 일반적 행동자유권에서 파생된다.

10 ○
공공계약법은 「민법」의 기본 원칙을 바탕으로 하되, 공공부문 특수성을 반영해 별도로 규정한다.

CHAPTER **03**

조달사업법령

01 공공조달의 정책 기반

1 「조달사업에 관한 법률」(이하 「조달사업법」)

① 「조달사업법」: 조달청이 실행, 관리하는 조달사업에 적용되는 규정과 절차
- 제정 목적: 조달사업을 공정하고 효율적으로 수행하기 위해 조달사업의 범위와 운영, 관리에 필요한 사항을 규정
- 국가계약법령에 기반해 공공조달 일반에 표준적으로 적용되는 규정과 절차로 작성 ⇒ 사실상 공공조달 정책과 제도 실행의 기준

② 조달정책심의위원회
- 중소기업 우선구매제도를 중심으로 다양한 정부 부처에 산재한 공공조달 관련 정책과 제도를 협의하기 위한 정책수립, 실행의 기반(「조달사업법」 제5조)
- 전략적 공공조달의 운영 방향성을 고려해 국가 중앙조달기관인 조달청이 "기업의 사회적 책임을 장려하기 위해 조달 절차에서 환경, 인권, 노동, 고용, 공정거래, 소비자 보호 등 사회적·환경적 가치를 반영"할 수 있도록 규정(「조달사업법」 제6조)
- 사회적 책임 장려 요소는 입찰 절차, 낙찰자 선정 심사기준, 계약조건 등에 관련 사항을 반영하는 근거가 되고 있음

③ 조달통계(「조달사업법」 제10조)
- 목적: 공공조달의 운영 현황을 파악하고 효과적인 조달정책을 수립·시행
- 국가기관, 지방자치단체, 그 밖에 공공기관은 입찰·계약·대금 지급 등(하도급 관련 사항 포함)에 관한 통계인 '조달통계'를 작성할 의무가 있음
- 조달청 홈페이지와 나라장터를 연계한 '조달데이터허브'를 통해 공공조달 이해관계자에게 공개

🖊 더 알아보기 조달데이터허브

(1) 운영 주체: 대한민국 조달청
(2) 목적: 조달 과정에서 발생하는 방대한 데이터를 개방하여 투명성 확보, 기업 활용 지원, 연구·분석 기반 제공
(3) 접속 경로: 조달데이터허브 공식 사이트(https://data.g2b.go.kr/)
(4) 제공 데이터 종류
- 입찰공고 정보: 나라장터에 등록된 입찰공고 내역
- 낙찰 정보: 낙찰자, 낙찰 금액 등 결과 데이터
- 계약 정보: 계약 체결 내역 및 조건
- 가격 정보: 조달 물품 가격 현황
- 물품 목록 정보: 조달청에서 관리하는 물품 카탈로그
- 공공조달 통계: 조달 규모, 분야별 통계
- 사전규격 정보: 발주 전 규격 공개 자료

✓ Check Q&A

「조달사업법」의 제정 목적으로 가장 옳은 것은?

① 국가재정 절감
② 조달사업의 공정성과 효율성 확보
③ 중소기업 보호만을 목적
④ 지방계약 통합 운영

정답 ②

「조달사업법」은 조달사업의 범위와 운영·관리에 필요한 사항을 규정하여 공정하고 효율적인 조달사업 수행을 목적으로 한다.

➕ plus

조달정책심의위원회의 심의사항
- 공공조달과 관련된 중장기적인 정책 및 제도의 마련
- 공공서비스 향상과 기술혁신을 위한 공공수요 발굴 및 구매 대상 선정에 관한 사항
- 공공조달과 관련된 성과관리 및 평가 등에 관한 사항
- 혁신제품지원센터의 운영 등에 관한 사항
- 그 밖에 원활한 조달정책 업무 수행에 필요한 사항 등

✓ Check Q&A

조달정책심의위원회의 심의사항으로 옳지 않은 것은?

① 공공조달의 중장기 정책 수립
② 공공수요 발굴 및 구매 대상 선정
③ 개별 계약의 낙찰자 결정
④ 공공조달의 성과관리 평가

정답 ③

낙찰자 결정은 계약 집행 사항이며, 조달정책심의위원회는 정책·제도 심의 기구이다.

(5) 활용
- 기업: 입찰·낙찰 데이터를 분석해 시장 동향 파악 및 전략 수립
- 연구자: 공공조달 통계를 활용해 정책 연구 및 경제 분석
- 개발자: 오픈 API를 이용해 조달 관련 애플리케이션 개발

02 계약 체결 요청 및 방법

1 계약 체결의 요청

① 수요기관의 장은 수요물자 또는 공사 관련 계약을 체결할 때 계약 요청 금액과 계약의 성격 등이 대통령령(「조달사업법 시행령」 제11조)에서 정하는 기준에 해당하는 경우에는 조달청장에게 계약 체결을 요청해야 함(「조달사업법」 제11조 제1항)

> 📌 더 알아보기   「조달사업법 시행령」 제11조
>
> (1) 국가기관과 그 소속기관이 추정가격 1억원 이상(외국산 물품은 20만 달러)의 수요물자 조달
> (2) 국가기관과 지방자치단체, 그 소속기관으로 제3자 단가계약, 다수공급자계약, 단가계약(「국가계약법」 제22조에 해당) 체결
> (3) 국가기관과 그 소속기관이 체결하는 계약으로 추정가격 30억원 이상 종합공사, 3억원 이상의 전문공사, 전기공사, 정보통신공사, 소방시설공사
> (4) 조달청장이 체결한 수요물자 또는 공사 관련 장기계속계약에서 2차 이후 계약
> (5) 기타 법령에서 조달청장에게 수요물자 구매 또는 공사의 계약 체결을 위탁하고 있는 경우

② 예외(「조달사업법 시행령」 제11조 제2항)
- 천재지변, 긴급한 행사 또는 그 밖에 이에 준하는 사유가 있는 경우
- 국방과 관련되어 있거나 국가기관의 행위를 비밀리에 해야 하는 경우
- 재해 또는 사고로 인한 긴급 복구공사를 하는 경우
- 시공·감독, 하자보수 등에 필요한 기술의 특수성을 고려할 때 수요기관의 장이 직접 공사계약을 체결할 필요가 있다고 인정되는 특수공사를 하는 경우로서 조달청장과 미리 협의한 경우
- 조달청장이 수요기관에 수요물자 구매 또는 공사의 계약체결을 위임하는 경우

③ 자체 구매의 예외(「조달사업법」 제11조 제2항): 국가기관과 지방자치단체 등 수요기관의 장은 의무적 조달요청 대상이 아니더라도 조달청장에게 수요물자의 구매, 공사의 계약 체결을 요청할 수 있음

④ 조달청과 해당 수요기관의 협의(「조달사업법」 제11조 제3항·제4항)
- 수요기관의 유형별로 적용받는 공공계약법령이 다르고, 이에 따라 계약 체결의 방법 등이 달라질 수 있으므로 조달청과 해당 수요기관이 협의해 결정
- 다만, 계약의 목적이나 특성상 협의가 필요하지 않다고 판단되면 협의를 생략할 수 있고(「조달사업법」 제11조 제3항), 협의가 이루어지지 않을 경우에는 수요기관이 직접 계약을 체결할 수 있음

① 조달청장은 수요기관에서 필요한 조달 대상물 중 제조·구매 및 가공 등의 계약을 할 경우, 사전에 단가만을 정해 계약을 체결하는 제3자 단가계약을 체결할 수 있음

② 계약의 주체가 실제 해당 조달 대상물의 수요자가 아닌 제3자로서 조달청장이 계약을 체결하고 이를 다수의 수요기관이 활용

🖋 더 알아보기 제3자 단가계약의 핵심 개념

(1) 법적 근거: 「조달사업법」 제12조(제3자를 위한 단가계약)
(2) 방식: 조달청이 공급자와 단가계약을 체결 → 이후 공공기관이 해당 단가로 직접 구매 요청
(3) 효과: 공공기관은 별도의 입찰 절차 없이 동일한 조건으로 물품 구매 가능
(4) 장점
  • 공공기관은 입찰 절차 생략으로 시간·비용 절감
  • 중소기업은 안정적인 판로 확보
  • 품질·기술이 검증된 제품만 계약 대상이므로 신뢰성 높음

3 다수공급자계약(「조달사업법」 제13조)

① 조달청장은 수요기관이 필요한 수요물자 구매를 위해 품질·성능 또는 효율 등이 같거나 비슷한 종류의 수요물자를 수요기관이 선택할 수 있도록 2명 이상을 계약상대자로 하여 제3자 단가계약을 체결

② 계약상대자는 계약 상품의 가격을 시장거래가격과 동일하거나 낮게 유지(불공정 조달행위 ×)

③ 다수의 수요기관이 공통적으로 반복 사용하며, 민간시장에서 일상적으로 거래되는 범용적 상용규격품에 적합

🖋 더 알아보기 다수공급자계약 계약상대자(공급자)의 장점

(1) 공공조달을 통해 공급하기 위해 추가 비용이 발생하지 않음
(2) 민간거래 대비 홍보 등 판매, 관리비 비용이 발생하지 않음
(3) 공정한 계약조건을 통해 안정적인 대금 지급이 보장됨

4 계약 방법의 특례

① 카탈로그 계약: 각 수요기관의 다양한 필요를 반영해 상품의 기능·특징·조건·가격 등을 설명한 카탈로그를 제시하는 계약상대자와 공급계약을 체결(「조달사업법 시행령」 제16조)

② 비축물자 계약(「조달사업법 시행령」 제35조)
  • 일정한 요건을 충족하는 경우 수의계약을 체결
  • 대량의 비축물자는 일정한 자격을 갖춘 2명 이상을 대상으로 수량을 제한해 일반경쟁 또는 지명경쟁의 방법으로 분할계약을 체결할 수 있음

(1) 경쟁이 성립되지 않는 물자를 소유 또는 제조하는 자와 구매 및 공급 계약을 체결하는 경우
(2) 지역별·품질별 가격의 차이 또는 가격의 변동이 극심한 물자를 소유 또는 제조하는 자와 구매 및 공급 계약을 체결하는 경우
(3) 특별한 시설 또는 장비를 갖춘 자와 물류관리 및 공급에 관한 계약을 체결하는 경우
(4) 경쟁이 성립되지 않는 물자, 지역별·품질별 가격의 차이 또는 가격의 변동이 극심한 물자의 구매 및 공급 업무를 위탁하는 계약을 체결하는 경우

③ 중소기업자로 구성된 공동수급체 간 경쟁입찰: 중소기업자 간 경쟁제품 중 소기업과 소상공인의 수주 기회 확대 목적으로 추정가격 20억원 이상의 표준제품을 구매하는 경우 중소기업자로 구성된 공동수급체 간 경쟁입찰을 통해 조달계약을 체결(「조달사업법」 제14조 제2항)

03 대금 지급

1 조달청의 대지급제도(「조달사업법」 제15조)

① 조달청장이 수요기관(발주기관)을 대신하여 계약상대자에게 대금을 직접 지급하는 제도
② 공공기관이 발주한 조달계약에서 납품업체가 물품·용역을 정상적으로 이행했을 때, 조달청이 먼저 대금을 지급하고 이후 수요기관으로부터 회수하는 방식
③ 절차: 계약 정상 이행 확인 → 조달청장이 대금을 지급 → 수요기관은 조달청에 대금 납입

더 알아보기 **대지급 대상**

(1) 단가계약(「국가계약법」 제22조, 「지방계약법」 제25조에 해당)의 납품대금
(2) 제3자 단가계약 납품대금
(3) 다수공급자계약 납품대금
(4) 계약금액의 총액이 조달청장이 재정경제부장관과 협의하여 정한 일정 금액 이하인 계약에 따른 납품대금
(5) 교통 불편 지역의 군부대 등 조달기업의 접근이 제한되는 수요기관의 납품대금
(6) 천재지변, 재해 또는 사고로 인한 복구공사의 납품대금
(7) 기타 민간 납품업체의 유동성 지원을 위해 재정경제부장관과 협의해 정한 납품대금

2 조달수수료(「조달사업법」 제16조)

① 조달청장은 조달사업과 관련한 수수료를 수요기관으로부터 받을 수 있음
② 특정한 요건을 갖춘 경우, 조달수수료를 감경 또는 면제(이하 '감면')
③ 수수료를 감면하는 경우 감경률은 당초의 100분의 20을 초과할 수 없음

⊕ plus

표준제품
• 「산업표준화법」 제4조와 제15조에 따른 표준제품
• 기업 간 기술 또는 품질 차별성이 적은 제품
• 실질적 공동수급체 간 경쟁입찰이 가능한 제품
• 공동수급체 간 경쟁입찰 과정에서 입찰담합 발생 가능성이 낮은 제품 등

☑ Check Q&A

다음 중 대지급 대상 계약이 아닌 것은?
① 제3자 단가계약
② 다수공급자계약
③ 소액 수의계약
④ 천재지변 복구공사

정답 ③
단순 소액 수의계약은 대지급 대상이 아니다.

⊕ plus

조달수수료 감면 대상
• 계약(납품)금액을 조달청장에게 미리 지급한 경우
• 수요기관의 책임이 아닌 사유로 수요물자 등의 계약 체결 등이 지연되는 경우
• 기타 중소기업제품의 구매 촉진, 기술개발·향상 또는 조달사업의 확대 등을 위해 수수료를 감면할 필요성이 있는 경우

04 조달사업의 공정성

1 불공정 조달행위(「조달사업법」 제21조)

① 제도의 취지
- 공공조달의 대표적 기본원칙인 투명성을 확보하기 위해서는 실행 과정에서 청렴성과 공정성 확보가 필요
- 공정한 조달 질서 확립과 관행의 정착이 필요

② 조달청장의 권한
- 조달청장은 6대 불공정 조달행위를 조사할 권한이 부여되어 있음
- 해당 행위자에게는 시정 요구와 함께 관계 법령과 계약조건에 따라 입찰참가자격제한 같은 처분 등의 조치를 취함(「조달사업법」 제21조 제4항)

③ 포상금 지급(「조달사업법」 제23조)
- 목적: 공공조달 참여자들이 공공조달 업무를 수행하는 과정에서 내외부적 감시를 촉진
- 담당공무원의 뇌물수수, 계약상대자의 불공정 조달행위를 신고하거나 제보하면 예산의 범위에서 포상금을 지급

📌 **더 알아보기   포상금 지급 대상자**

> (1) 불공정 조달행위의 감사·조사 업무 관련 기관 또는 수사기관이 인지하기 전에 뇌물수수 행위 또는 불공정 조달행위를 최초로 신고, 제보하거나 자료를 제공한 경우
> (2) 감사·조사 업무에 종사하고 있거나 종사했던 공직자가 자기의 직무이거나 직무였던 사항과 관련해 신고, 제보한 행위가 아닌 경우
> (3) 뇌물수수 행위 또는 불공정 조달행위의 당사자가 아닌 경우

2 거래정지(「조달사업법」 제22조)

① 계약을 체결한 계약상대자가 계약을 이행할 때 ②의 어느 하나에 해당하는 경우에는 해당 계약상대자, 세부 품명 또는 품목에 대하여 2년 이내의 범위에서 거래를 정지할 수 있음

② 거래정지 사유
- 제3자 단가계약과 다수공급자계약을 체결한 계약상대자가 '우대가격유지의무'를 위반한 경우
- 전자조달시스템(나라장터)에 상품의 원산지를 허위로 등록한 경우
- 다른 계약상대자가 조달 과정(입찰·계약 체결·계약이행 과정)에서 전자세금계산서 등 관련 서류를 허위로 작성하거나, 위·변조하는 행위에 가담한 경우
- 그 밖에 입찰·계약체결·계약이행 과정에서 대통령령(「조달사업법 시행령」 제25조 제1항)으로 정하는 행위를 한 경우

📌 **더 알아보기 대통령령으로 정하는 행위를 한 경우**(「조달사업법 시행령」 제25조 제1항)

> (1) 품질점검 및 납품검사 시 조달물자가 계약규격에 미달하거나 불합격한 경우
> (2) 불공정 조달행위 조사에 정당한 사유 없이 응하지 않은 경우

✓ Check Q&A

포상금 지급의 목적으로 옳은 것은?

① 예산 집행 확대
② 조달기업 보호
③ 내부·외부 감시 촉진
④ 계약 신속화

정답 ③

신고·제보 활성화를 통한 감시 기능 강화가 목적이다.

✓ Check Q&A

거래정지 처분 기간의 최대 범위는?

① 6개월
② 1년
③ 2년
④ 5년

정답 ③

2년 이내의 범위에서 거래정지가 가능하다.

(3) 계약된 품목에 대한 거짓 정보의 등록 또는 유포 등으로 계약업무를 방해한 경우
(4) 계약된 품목과 관련된 권리관계, 인허가, 인증 등에 대한 점검에 응하지 않거나 변동사항을 통보하지 않은 경우
(5) 계약된 품목을 원인으로 인명사고가 발생하는 등 안전성에 대한 신뢰가 훼손된 경우

05 수요기관과 조달사업 지원

1 수요기관 조달업무의 지원 및 대행(「조달사업법」 제24조)

조달청장은 수요기관의 장이 요청하는 경우에는 다음의 어느 하나에 해당하는 업무로서 대통령령으로 정하는 업무를 지원하거나 대행할 수 있음

① 소프트웨어사업과 관련한 조달물자의 구매와 그에 따른 사업에 관한 업무
② 공사의 계약과 그에 따른 사업에 관한 업무

2 조달기업 지원(「조달사업법」 제25조)

① 조달기업의 조달시장 진출 지원을 위한 조달제도 안내 및 상담업무를 전담하는 지원센터의 설치·운영
② 창업·벤처기업 등 조달기업의 상품을 홍보하고 판매할 수 있는 온라인 상품몰 운영
③ 그 밖에 조달청장이 조달기업의 조달시장 진출 지원에 필요하다고 인정한 방법

3 국제조달 협력 및 해외 조달시장 진출 지원(「조달사업법」 제28조)

① 해외 조달시장 및 공공입찰에 관한 정보 제공
② 국내기업의 해외 조달시장 진출 역량을 강화하기 위한 교육훈련
③ 조달 물품·용역 관련 기술 및 인력의 국제교류 등에 필요한 사업의 지원
④ 그 밖에 조달청장이 국내기업의 해외 조달시장 진출에 필요하다고 인정한 사항에 관한 지원

4 기타 지원제도

지원제도	목적	관련 근거	비고
우수조달물품 등의 지정	조달물자의 품질 향상	「조달사업법」 제26조	우수조달물품, 우수조달공동상표
혁신제품의 공공구매 지원	공공서비스 향상과 기술혁신	「조달사업법」 제27조	조달정책심의위원회
혁신제품 지원센터	혁신제품의 공공구매 지원	「조달사업법」 제27조의2	전문적인 공공구매 지원 활동

01

「조달사업법」이 실질적으로 공공조달 정책·제도 실행의 기준이 되는 이유로 옳은 것은?

① 「민법」을 직접 적용하기 때문
② 「지방계약법」을 대체하기 때문
③ 조달청 내부 규정이기 때문
④ 국가계약법령을 기반으로 표준화되었기 때문

해설

「조달사업법」은 국가계약법령에 기반해 작성되어 공공조달 전반에 표준적으로 적용된다.

02

「조달사업법」 제6조에서 반영할 수 있도록 규정한 가치는?

① 사회적·환경적 가치
② 가격 경쟁력만
③ 기술 독점성
④ 지역 제한

해설

환경, 인권, 노동, 고용, 공정거래, 소비자 보호 등 사회적·환경적 가치를 조달 절차에 반영할 수 있다.

03

조달통계를 작성할 의무가 있는 기관으로 가장 옳은 것은?

① 조달청
② 국가기관
③ 조달기업
④ 국가기관·지자체·공공기관

해설

「조달사업법」 제10조에 따라 모든 공공기관은 조달통계 작성 의무가 있다.

04

다음 중 조달데이터허브에서 제공하는 정보가 아닌 것은?

① 계약 정보
② 낙찰 정보
③ 입찰공고 정보
④ 공무원 인사 정보

해설

공무원 인사 정보는 조달데이터허브에서 제공되는 정보가 아니다.

05

수요기관이 조달청장에게 계약 체결 요청을 해야 하는 기준으로 옳은 것은?

① 모든 계약
② 민간계약만
③ 수요기관 선택 사항
④ 추정가격 기준 충족 시

해설

「조달사업법 시행령」 제11조에서 정한 금액·성격 기준에 해당하는 경우 의무 요청 대상이다.

06

제3자 단가계약의 특징으로 옳은 것은?

① 수요기관이 계약 주체이다.
② 계약 단가만 사전에 확정한다.
③ 개별 입찰이 필수이다.
④ 1개 기관 전용이다.

해설

제3자 단가계약은 단가만 사전에 정해 계약을 체결한다.

정답 01 ④ 02 ① 03 ④ 04 ④ 05 ④ 06 ②

07

제3자 단가계약의 장점으로 옳지 않은 것은?

① 품질 검증
② 입찰 절차 생략
③ 불확실한 계약조건
④ 중소기업의 판로 확보

해설

계약조건은 사전에 확정되므로 불확실하지 않다.

08

다수공급자계약의 적용 대상 품목으로 적합한 것은?

① 주문제작 물품
② 연구개발 시제품
③ 범용적 상용규격품
④ 고도의 기술 차별 제품

해설

민간에서 반복 거래되는 범용 상용품이 대상이다.

09

카탈로그 계약에 대한 설명으로 옳은 것은?

① 기능·조건·가격을 제시
② 단일 규격만 허용
③ 수의계약만 가능
④ 공사계약 전용

해설

카탈로그 계약은 상품의 기능·특징·조건·가격 등을 설명한 카탈로그를 제시한다.

10

비축물자 계약에서 수의계약이 가능한 경우는?

① 항상 가능
② 민간 요청 시
③ 경쟁이 성립되는 경우
④ 경쟁이 성립되지 않는 경우

해설

경쟁이 성립되지 않는 경우 수의계약이 허용된다.

11

중소기업 공동수급체 간 경쟁입찰 대상 추정가격 기준은?

① 5억원
② 10억원
③ 20억원
④ 50억원

해설

추정가격 20억원 이상의 표준제품이 대상이다.

12

대지급제도에 대한 설명으로 옳은 것은?

① 민간 전용 제도이다.
② 계약상대자가 후지급한다.
③ 수요기관이 직접 지급한다.
④ 조달청이 먼저 대금을 지급한다.

해설

조달청이 계약의 정상 이행을 확인하고 먼저 지급한 후 수요기관으로부터 회수한다.

13

조달수수료 감면 한도의 최대 비율은?

① 10%　　② 20%
③ 30%　　④ 50%

해설

조달수수료의 감경률은 20%를 초과할 수 없다.

14

불공정 조달행위에 해당하지 않는 것은?

① 정상 납품
② 허위 서류 제출
③ 원산지 허위 표시
④ 직접생산기준을 위반한 납품

해설

정상 납품은 불공정 행위가 아니다.

정답　07 ③　08 ③　09 ①　10 ④　11 ③　12 ④　13 ②　14 ①

15

다수공급자계약에서 우대가격 유지의무 위반 시 조치로 가장 적절한 것은?

① 경고
② 형사처벌
③ 거래정지 처분
④ 계약 자동 해지

해설

우대가격 유지의무 위반은 거래정지 사유이다.

16

조달청이 대지급을 실시한 이후 수요기관의 조치는?

① 면책
② 계약 해제
③ 납품 재검사
④ 조달청에 대금 납입

해설

대지급제도는 조달청이 계약상대자에게 대금을 선지급하고, 이후 수요기관이 조달청에 해당 금액을 납입하는 구조이다.

17

중소기업 공동수급체 경쟁입찰의 목적은?

① 가격 인하
② 대기업 배제
③ 조달청 업무 축소
④ 소기업·소상공인 수주 확대

해설

중소기업 공동수급체 간 경쟁입찰은 개별 중소기업의 단독 수행이 어려운 경우, 공동으로 참여할 수 있도록 제도적 기회를 제공하여 중소·소상공인의 공공조달 참여와 수주 확대를 목적으로 한다.

18

조달수수료 감면 사유로 옳지 않은 것은?

① 계약 체결 지연이 수요기관 책임
② 중소기업제품 구매 촉진
③ 기술개발 향상 필요
④ 계약금액 선지급

해설

조달수수료 감면은 중소기업지원, 기술개발제품 촉진, 정책적 필요 등 조달정책 목적에 따라 이루어진다. 계약 체결이 지연되는 경우는 수요기관의 책임이 아닌 사유일 때이다.

19

불공정 조달행위 조사에 정당한 사유 없이 미응대한 경우는?

① 면책
② 주의
③ 계약 유지
④ 거래정지 대상

해설

「조달사업법」에 따라 불공정 조달행위 조사에 정당한 사유 없이 불응한 경우 불공정 조달행위로 간주되어 거래정지 등 제재 대상이 된다.

20

조달청이 지원하는 해외 조달시장 진출 지원에 해당하지 않는 것은?

① 교육훈련 지원
② 국제 기술 교류
③ 국내 전용 납품 강제
④ 해외 입찰 정보 제공

해설

조달청의 해외 조달시장 진출 지원은 해외 입찰 정보 제공, 교육·컨설팅, 국제조달 협력 등을 포함한다.

21

혁신제품 지원센터의 역할로 옳은 것은?

① 혁신제품 공공구매 지원
② 계약 체결 대행
③ 입찰가격 통제
④ 민원처리

해설

혁신제품 지원센터는 혁신제품 발굴, 공공기관 구매 연계, 실증 및 확산 지원을 수행하는 지원 조직이며, 계약 체결이나 가격 통제 기능은 없다.

22

거래정지 처분은 어떤 범위로 적용될 수 있는가?

① 기업 전체
② 모든 계약
③ 대표자 개인
④ 세부 품명 또는 품목

해설

거래정지는 반드시 기업 전체에 적용되는 것이 아니라 위반이 발생한 특정 품명·품목 단위로 제한 적용할 수 있다. 이는 제재의 비례성과 합리성을 확보하기 위한 장치이다.

23

불공정 조달행위 신고 포상금 지급 요건으로 옳지 않은 것은?

① 최초 신고
② 자료 제공
③ 행위 당사자
④ 수사기관 인지 전

해설

포상금은 최초 신고자, 수사·조사 개시 전, 증빙자료 제공자에게 지급된다. 불공정행위 당사자는 포상금 지급 대상이 될 수 없다.

24

「조달사업법」상 공공조달의 공정성 확보 수단으로 가장 적절한 것은?

① 가격 통제
② 기업 등급제
③ 계약 횟수 제한
④ 불공정행위 조사·제재

해설

공공조달의 공정성은 조사, 제재, 거래정지, 포상금 제도 등 사후 통제 및 제재 수단을 통해 확보된다. 가격 통제나 계약 제한은 핵심 수단이 아니다.

25

다음 중 조달정책심의위원회의 심의사항으로 옳지 않은 것은?

① 공공조달과 관련된 중장기적인 정책·제도의 마련
② 공공서비스 향상과 기술혁신을 위한 공공수요 발굴 및 구매 대상 선정
③ 공공조달과 관련된 성과관리·평가
④ 조달청 내부 직원의 인사 및 보수 결정

해설

조달정책심의위원회는 공공조달 정책·제도 수립, 성과관리, 혁신제품 지원 등과 관련된 사항을 심의한다. 그러나 조달청 내부 인사·보수 결정은 포함되지 않는다.

PART 06

26

다음 중 조달데이터허브에 대한 설명으로 옳은 것은?

① 조달데이터허브는 민간기업이 운영하며, 입찰공고와 낙찰 정보만 제공한다.
② 조달데이터허브는 조달청이 운영하며, 입찰·낙찰·계약·가격·물품 목록·통계·사전규격 등 다양한 데이터를 제공한다.
③ 조달데이터허브는 연구자만 이용할 수 있으며, 기업과 개발자는 활용할 수 없다.
④ 조달데이터허브는 단순히 계약금액만 공개하는 시스템이다.

해설

조달데이터허브는 조달청이 운영하며, 입찰공고·낙찰·계약·가격·물품 목록·공공조달 통계·사전규격 등 다양한 데이터를 공개한다. 기업, 연구자, 개발자 모두 활용할 수 있다.

27

다음 중 제3자 단가계약에 대한 설명으로 옳지 않은 것은?

① 조달청장이 공급자와 단가계약을 체결하고, 이후 공공기관이 해당 단가로 직접 구매 요청을 한다.
② 공공기관은 별도의 입찰 절차 없이 동일한 조건으로 물품을 구매할 수 있다.
③ 계약의 주체는 실제 수요기관이며, 조달청은 단순히 계약 체결을 지원하는 역할만 한다.
④ 중소기업은 안정적인 판로를 확보할 수 있고, 품질·기술이 검증된 제품만 계약 대상이 된다.

해설

제3자 단가계약은 실제 수요기관이 아닌 조달청장이 계약의 주체가 되어 단가계약을 체결하고, 이를 다수의 수요기관이 활용하는 방식이다.

28

다음 중 다수공급자계약에 대한 설명으로 옳은 것은?

① 조달청장이 단일 공급자와 계약을 체결하여 모든 수요기관이 동일 제품만 구매하도록 하는 계약이다.
② 계약상대자는 계약 상품의 가격을 시장거래가격보다 높게 유지할 수 있다.
③ 품질·성능 또는 효율이 같거나 비슷한 종류의 수요물자를 대상으로 2명 이상을 계약상대자로 한다.
④ 다수공급자계약은 특정 기관만 사용할 수 있으며, 반복 사용은 허용되지 않는다.

해설

다수공급자계약은 품질·성능·효율이 같거나 비슷한 수요물자를 대상으로 하며, 2명 이상을 계약상대자로 지정하여 수요기관이 선택할 수 있도록 하는 제도이다.

정답   26 ② 27 ③ 28 ③

최종점검 OX 퀴즈

01 조달데이터허브는 조달청 직원만 내부적으로 활용한다.　　(○ , ×)

02 제3자 단가계약은 다수 수요기관이 활용할 수 있다.　　(○ , ×)

03 다수공급자계약은 반드시 수의계약이다.　　(○ , ×)

04 대지급제도는 납품 이행 후에만 가능하다.　　(○ , ×)

05 거래정지는 최대 2년 이내로 제한된다.　　(○ , ×)

06 포상금은 불공정행위 당사자도 받을 수 있다.　　(○ , ×)

07 제3자 단가계약은 실제 수요기관이 계약의 주체가 되어 단가를 정한다.　　(○ , ×)

08 제3자 단가계약을 통해 공공기관은 별도의 입찰 절차 없이 동일한 조건으로 물품을 구매할 수 있다.　　(○ , ×)

OX 퀴즈　정답 및 해설

01 ×
조달데이터허브는 공공·민간에게 개방하여 조달 투명성 강화, 데이터 기반 정책 수립을 목적으로 한다.

02 ○
제3자 단가계약은 단가만 사전에 계약하고, 여러 수요기관이 이를 활용해 구매하는 구조이다.

03 ×
다수공급자계약은 경쟁을 통해 2인 이상을 선정하는 계약 방식이다.

04 ○
대지급은 정상 납품 및 검수 완료 후 조달청이 대금을 지급한다.

05 ○
「조달사업법」상 거래정지 기간은 2년 이내로 규정되어 있다.

06 ×
포상금은 제3자의 신고를 유도하기 위한 제도로, 행위 당사자는 제외된다.

07 ×
제3자 단가계약은 조달청장이 계약의 주체가 되어 공급자와 단가계약을 체결한다.

08 ○
수요기관은 입찰 절차를 생략하고 동일한 조건으로 구매 가능하다.

PART 06

CHAPTER 04

전자조달법령

01 전자적 공고

1 전자적 공고의 원칙

① 「공공계약법」과 「조달사업법」에 따른 조달업무는 불가피한 경우를 제외하고는 전자조달시스템을 활용해 전자적으로 처리하도록 노력
② 경쟁입찰을 전자적으로 처리하는 경우에 입찰에 관한 사항을 전자조달시스템을 통해 공고해야 함
③ 전자적 공고의 방법과 시기 등은 「전자조달법 시행령」 제4조에 따라 공공계약법의 입찰공고, 입찰참가 통지, 입찰공고 시기, 입찰공고 내용과 관련한 규정을 따라야 함

2 정부조달협정(GPA)에 따른 국제입찰인 경우

「특정 조달을 위한 국가를 당사자로 하는 계약에 관한 법률 시행령 특례규정」 제8조의 내용을 따라야 함

3 전자적 공고와 관련한 중요사항

① 전자조달시스템에 게시된 내용과 붙임 파일 형태의 입찰공고문의 내용이 다른 경우: 입찰공고문의 내용이 우선
② 입찰공고일의 경우: 전자조달시스템에 게시한 날이 우선적으로 적용

02 전자적 형태의 입찰서 제출

1 조달업무의 전자적 처리

① 수요기관의 장은 전자조달시스템을 이용 또는 활용하여 조달업무를 전자적으로 처리하도록 노력(「전자조달법」 제5조)
② 전자조달시스템을 활용하지 않는 수기계약의 경우에는 문서 형태의 입찰서를 작성·제출

2 전자조달시스템을 이용한 전자입찰서 제출

① 동일한 컴퓨터에서 하나의 입찰서만 제출할 수 있음(「전자조달법 시행령」 제5조 제1항)
② 제출된 전자입찰서는 교환·변경하거나 취소할 수 없음
③ 다만, 입찰금액 등 중요한 입력사항에서 오류가 있는 경우에는 전자입찰의 취소를 신청할 수 있음(「전자조달법 시행령」 제5조 제3항)

➕ plus

국제입찰에서 계약문서 등에 사용되는 언어

• 한국어를 원칙으로 하며, 불가피한 경우 영어나 프랑스어, 스페인어 중 한 가지 언어를 사용
• 한국어와 외국어 간 기재 내용이 상이한 경우, 한국어 기재 내용을 우선으로 함

✔ Check Q&A

국제입찰에서 계약문서 등에 사용되는 언어로 사용할 수 없는 것은?

① 한국어
② 중국어
③ 영어
④ 스페인어

정답 ②

한국어가 원칙이며, 불가피한 경우 영어, 프랑스어, 스페인어 중 한 가지 언어를 사용한다.

✔ Check Q&A

제출된 전자입찰서의 취소가 가능한 경우는?

① 단순 변심
② 입찰금액 등 중요한 입력사항 오류
③ 계약 체결 후
④ 낙찰 후

정답 ②

입찰금액 등 중요한 입력사항 오류 시 취소 신청이 가능하다.

---

④ 취소 신청하여 무효처리되면 해당 전자입찰에는 다시 참여할 수 없으나, 해당 입찰이 재입찰 또는 재공고입찰에 부쳐지는 경우에는 참여 가능(「전자조달법 시행령」 제5조 제5항)

⑤ 제출된 전자입찰서 부속서류에 암호 설정, 컴퓨터 바이러스 감염 등으로 전자입찰 부속서류를 판독하기 곤란한 경우에는 해당 서류가 제출되지 않은 것으로 간주 (「전자조달법 시행령」 제5조 제6항)

03 전자공개 수의계약

1 전자적 업무처리

① 수의계약을 체결하는 경우, 발주기관은 전자조달시스템을 사용한 안내공고를 진행
② 2명 이상의 입찰자로부터 전자견적서를 제출받아야 함

2 용어 비교

① 수의계약은 경쟁을 통해 공급자를 선정하는 '입찰'이 아니라, 비경쟁적 공급자 선정 방식이기 때문에 공고 내용에 '입찰'이라는 용어를 사용하는 것이 부적절

경쟁입찰	수의계약
입찰공고문	안내공고문
전자입찰서	전자견적서

② 전자조달시스템을 통해 제출하는 전자입찰서와 전자견적서는 서식에서 차이점은 없음

04 하도급 관리의 전자적 처리

1 하도급 관리의 전자적 처리(「전자조달법 시행령」 제7조)

① 발주기관과 계약을 체결한 원도급(계약상대자) 업체가 하도급 계약을 체결해 업무를 진행하는 경우, 그 과정을 전자적 업무처리시스템을 활용해 진행(전자적 형태의 하도급계약서 작성)

② 전자조달시스템 등에 포함되어야 할 기능
- 하수급인, 노무자, 자재·장비업자에게 지급해야 할 금액의 청구, 승인, 지급
- 청구, 승인, 지급 실행을 수요기관 등의 확인
- 계약체결자가 「건설산업기본법」 등 관련 법률에 따른 승낙 확인 등의 전자적 처리
- 계약체결자가 「건설산업기본법」 등 관련 법률에 따라 수요기관 등에 하는 통보의 전자적 처리
- 기타 하도급 관리를 전자적으로 처리하기 위해 필요한 기능

① 대상 기관
  - 국가기관 및 지방자치단체
  - 「공공기관의 운영에 관한 법률」에 따라 지정·고시된 공공기관(해당 연도 예산 규모가 250억원 미만인 기타공공기관은 제외)
  - 「지방공기업법」에 따른 지방직영기업, 지방공사 및 지방공단
  - 「지방자치단체 출자·출연기관의 운영에 관한 법률」에 따라 지정·고시된 출자·출연기관(「지방계약법 시행령」을 준용하지 않는 출자·출연기관은 제외)

② 대상 계약: 3,000만원 미만 또는 30일 내의 소규모 공사 외에는 공사에서 전자적 하도급 대금 지급시스템 사용 의무화(「건설산업기본법」 제34조)

③ 활용 사례
  - 조달청의 '전자적 대금지급 시스템(하도급지킴이)'
  - 서울시의 '대금e바로시스템'
  - 국가철도공단의 '체불e제로'

---

05 전자조달시스템 이용·활용 제한

1 이용 활성화

① 법정 수요기관 외 기관이나 개인도 조달청장의 승인을 통해 전자입찰을 시행하는 등 전자조달시스템을 이용할 수 있음

② 전자조달시스템을 활용해 새로운 서비스를 개발, 제공하려는 목적으로 전자조달시스템을 이용 또는 활용할 수 있음(예 Open API를 통해 연계, 분석, 가공해 입찰정보를 제공하는 서비스)

2 이용·활용 제한

① 이용 또는 활용과 관련해 허위로 신청 내용을 기재한 경우

② 입찰 질서 훼손 또는 관계 법령을 위반할 목적으로 이용·활용한 경우

③ 「전자조달법 시행령」 제10조에 따라 이용이 부적정(전자조달업무 방해, 입찰참가 자격 제한 기간, 세금 체납)한 경우

단원별 출제예상문제

01

경쟁입찰을 전자적으로 처리할 경우 반드시 해야 하는 것은?

① 수기 공고
② 신문 공고
③ 우편 공고
④ 전자조달시스템을 통한 공고

해설

경쟁입찰을 전자적으로 처리할 경우에는 전자조달시스템을 통해 공고해야 한다.

02

전자입찰서 제출 시 동일 컴퓨터에서 제출 가능한 입찰서 수는?

① 제한 없음
② 2개
③ 1개
④ 3개

해설

동일 컴퓨터에서는 하나의 입찰서만 제출 가능하다.

03

취소 신청한 전자입찰에 다시 참여할 수 있는 경우는?

① 동일 입찰인 경우 참여 가능하다.
② 재입찰 또는 재공고입찰인 경우 참여 가능하다.
③ 모든 경우에 참여 가능하다.
④ 불가능하다.

해설

취소 신청 후 동일 입찰에는 참여 불가하나, 재입찰 또는 재공고입찰인 경우에는 가능하다.

04

전자입찰서 부속서류가 암호 설정·컴퓨터 바이러스 등으로 판독 불가 시 처리 방법은?

① 제출되지 않은 것으로 간주
② 제출된 것으로 인정
③ 보완 가능
④ 자동 취소

해설

전자입찰 부속서류를 판독하기 곤란한 경우 해당 서류가 제출되지 않은 것으로 간주한다.

05

하도급 관리의 전자적 처리 의무 대상 기관이 아닌 것은?

① 국가기관
② 지방공기업
③ 지방자치단체
④ 예산규모가 250억원 미만인 기타공공기관

해설

예산규모가 250억원 미만인 기타공공기관은 제외된다.

06

법정 수요기관 외 기관이나 개인이 전자조달시스템을 이용하기 위해 필요한 것은?

① 국회 동의
② 국무총리 승인
③ 조달청장 승인
④ 별도 허가 불필요

해설

조달청장 승인을 통해 이용 가능하다.

PART 06

정답 01 ④ 02 ③ 03 ② 04 ① 05 ④ 06 ③

07

전자입찰 취소 후 동일 입찰에 재참여할 수 없는 이유는?

① 입찰 공정성 확보
② 발주기관 재량
③ 시스템 오류
④ 법령 미비

해설

전자입찰 취소 후 동일 입찰에 재참여하는 것은 공정성 훼손 우려로 금지된다.

08

수의계약이 입찰과 다른 점은?

① 동일 절차
② 낙찰자 자동 결정
③ 경쟁적 공급자 선정
④ 비경쟁적 공급자 선정

해설

수의계약은 비경쟁적 공급자 선정 방식이다.

09

전자조달시스템 활용 예로 적절한 것은?

① 입찰정보 제공 서비스 개발
② 오프라인 계약서 작성
③ 신문 공고만 활용
④ 수기 낙찰 통보

해설

Open API 등을 활용해 입찰정보 제공이 가능하다.

10

하도급 관리의 전자적 처리 활용 사례가 아닌 것은?

① 체불e제로
② 하도급지킴이
③ 대금e바로시스템
④ 전자입찰 공고문

해설

전자입찰 공고문은 하도급 관리의 전자적 처리 활용 사례가 아니다.

11

다음 중 전자적 공고에 대한 설명으로 옳지 않은 것은?

① 경쟁입찰을 전자적으로 처리하는 경우 입찰사항은 전자조달시스템을 통해 공고해야 한다.
② 전자적 공고의 방법과 시기는 「전자조달법 시행령」 제4조에 따라 공공계약법 규정을 따른다.
③ 전자조달시스템에 게시된 내용과 붙임 파일 형태의 입찰공고문 내용이 다른 경우에는 전자조달시스템 내용이 우선한다.
④ 입찰공고일은 전자조달시스템에 게시한 날을 기준으로 한다.

해설

전자조달시스템 게시 내용과 붙임 파일 형태의 입찰공고문이 다를 경우 입찰공고문 내용이 우선한다.

12

다음 중 국제입찰(GPA) 관련 설명으로 옳은 것은?

① 계약문서는 반드시 영어로 작성해야 한다.
② 한국어와 외국어 간 기재 내용이 상이한 경우 외국어 기재 내용을 우선한다.
③ 불가피한 경우 영어・프랑스어・스페인어 중 하나를 사용할 수 있다.
④ 국제입찰에서는 한국어 사용이 금지된다.

해설

- 원칙은 한국어 사용이며, 불가피한 경우 영어・프랑스어・스페인어 중 하나를 사용할 수 있다.
- 한국어와 외국어 간 기재 내용이 상이한 경우 한국어 기재 내용을 우선한다.

정답　　07 ①　08 ④　09 ①　10 ④　11 ③　12 ③

13

다음 중 전자입찰서 제출에 대한 설명으로 옳지 않은 것은?

① 동일한 컴퓨터에서 하나의 입찰서만 제출할 수 있다.
② 제출된 전자입찰서는 교환·변경·취소할 수 없다.
③ 입찰금액 입력 오류 시 취소 신청이 가능하다.
④ 취소 신청한 해당 입찰에는 다시 참여할 수 있다.

해설

취소 신청한 해당 입찰에는 다시 참여할 수 없으며, 재입찰·재공고 입찰 시에만 참여 가능하다.

14

다음 중 전자공개 수의계약에 대한 설명으로 옳은 것은?

① 수의계약은 경쟁입찰과 동일하게 '입찰공고문'을 사용한다.
② 수의계약 체결 시 발주기관은 전자조달시스템을 통한 안내 공고를 진행해야 한다.
③ 수의계약은 입찰자를 1명만 받아도 성립한다.
④ 전자견적서는 전자입찰서와 서식이 완전히 다르다.

해설

• 수의계약은 경쟁입찰이 아니므로 '안내공고문'을 사용하며, 2명 이상의 입찰자로부터 전자견적서를 제출받아야 한다.
• 전자견적서와 전자입찰서는 서식에서 차이점은 없다.

15

다음 중 하도급 관리의 전자적 처리 의무에 대한 설명으로 옳은 것은?

① 모든 공사에서 전자적 하도급 대금 지급시스템 사용이 의무화된다.
② 3,000만원 미만 또는 30일 내 소규모 공사는 의무 적용 대상에서 제외된다.
③ 예산규모 250억원 미만의 모든 공공기관도 반드시 적용된다.
④ 「지방계약법 시행령」을 준용하지 않는 출자·출연기관도 반드시 적용된다.

해설

소규모 공사(3,000만원 미만 또는 30일 내)는 의무 적용 대상에서 제외된다.

16

다음 중 전자조달시스템 이용 제한 사유에 해당하지 않는 것은?

① 허위로 신청 내용을 기재한 경우
② 입찰 질서를 훼손하거나 법령을 위반한 경우
③ 전자조달업무를 방해하거나 세금을 체납한 경우
④ 전자조달시스템을 활용해 새로운 서비스를 개발하려는 경우

해설

새로운 서비스 개발 목적은 이용 활성화에 해당하며, 제한 사유가 아니다.

최종점검 OX 퀴즈

OX 퀴즈 정답 및 해설

01 동일 컴퓨터에서 여러 개의 전자입찰서를 제출할 수 있다. (○ , ×)

02 경쟁입찰을 전자적으로 처리하는 경우, 입찰에 관한 사항은 반드시 전자조달시스템을 통해 공고해야 한다. (○ , ×)

03 전자조달시스템에 게시된 내용과 붙임 파일 형태의 입찰공고문 내용이 다를 경우, 전자조달시스템 내용이 우선한다. (○ , ×)

04 제출된 전자입찰서는 원칙적으로 교환·변경·취소할 수 없지만, 입찰금액 입력 오류가 있을 경우 취소 신청이 가능하다. (○ , ×)

05 수의계약은 경쟁입찰과 동일하게 '입찰공고문'을 사용해야 한다. (○ , ×)

01 ×
동일 컴퓨터에서 하나만 제출 가능하다.

02 ○
「전자조달법」 제5조에 따라 경쟁입찰은 전자조달시스템을 통한 공고가 원칙이다.

03 ×
붙임 파일 형태의 입찰공고문 내용이 우선한다.

04 ○
입찰금액 등 중요한 입력사항에서 오류가 있는 경우에는 취소 신청이 허용된다.

05 ×
수의계약은 비경쟁적 공급자 선정 방식이므로 '안내공고문'을 사용한다.

CHAPTER 05 공기업 · 준정부기관 계약사무규칙

01 국제입찰의 공공조달계약 범위

1 공기업 · 준정부기관 적용 법령

① 공기업과 준정부기관은 기본적으로 국가계약법령 적용

② 공기업과 준정부기관은 조직이나 수행 업무의 특성상 일반적인 공공기관과 달리 공공조달과 계약업무 수행이 필요한 경우가 있어 「공기업 · 준정부기관 계약사무규칙」(이하 「계약사무규칙」)을 적용

③ 공기업과 준정부기관은 정부조달협정(GPA)과 국가별 자유무역협정(FTA)에서 국제입찰 대상 조달사업을 결정하는 데 허용 조달 대상물[물품 · 용역(서비스) · 공사]과 규모(금액기준)를 달리 적용

④ 계약의 목적과 성격을 고려하여, 국제입찰이 필요하다고 인정되면 양허 대상 규모의 조달사업이 아니라도 국제입찰을 통한 계약 진행 가능

2 국제입찰 적용의 장단점

장점	단점
해외 정부조달시장의 진출 기회 확대	국내시장 경쟁 심화

3 양허 대상 조달사업의 국제입찰 적용 예외

① 판매 · 재판매에 필요한 물품 또는 용역(서비스)이나 판매 · 재판매를 위한 생산에 필요한 물품 또는 용역(서비스) 조달

② 「중소기업제품 구매촉진 및 판로지원에 관한 법률」에 따라 중소기업제품 제조 · 구매

③ 「양곡관리법」, 「농수산물유통 및 가격안정에 관한 법률」, 「축산법」에 따라 농 · 수 · 축산물 구매

④ 「한국전력공사법」에 따른 한국전력공사가 중전기 품목 중 「관세법」에 따른 관세율표의 제8504호, 제8535호, 제8537호, 제8544호에 해당하는 품목을 구매하는 경우

⑤ 국가안보 또는 국방 목적 수행과 관련된 조달로서 중대한 안보상의 이익을 보호하기 위해 필요한 경우

⑥ 공공의 질서 · 안정을 유지하거나 인간 또는 동식물의 생명 · 건강, 지적소유권을 보호하기 위해 필요한 경우

⑦ 자선단체, 장애인이나 재소자가 생산한 물품과 용역(서비스) 등 조달

⑧ 급식 프로그램의 증진을 위해 조달

✓ Check Q&A

공기업과 준정부기관은 기본적으로 어떤 법령을 적용받는가?

① 「민법」
② 「상법」
③ 국가계약법령
④ 지방계약법령

정답 ③

공기업과 준정부기관은 기본적으로 국가계약법령을 적용받는다.

PART 06

⑨ 부동산의 취득·임차나 비계약적 합의 또는 지원을 위해 조달
⑩ 재무대리 또는 예탁, 금융기관의 청산·관리나 공적부채 관련 서비스를 위해 조달
⑪ 개발원조 등 국제원조를 위해 조달
⑫ 합작 프로젝트 체결국의 공동 이행과 관련된 국제협약의 절차 또는 조건에 따라 조달
⑬ 국제기구의 절차 또는 조건에 따르거나 국제적 공여 또는 차관 등을 재원으로 조달하는 경우로서 그 절차 또는 조건이 정부조달협정 등과 불합치하는 경우

02 중소기업자 간 경쟁제품 구매위탁 의무 예외

1 계약사무 위임·위탁

① 「계약사무규칙」의 적용 대상 공공기관과 준정부기관의 장은 공공조달을 통한 계약사무의 책임자나 실무적 이행 여건 등을 고려해 해당 기관 소속 직원에게 위임하거나 국가 또는 지방자치단체의 기관 또는 다른 기관장 등에게 계약사무를 위탁할 수 있도록 허용(「계약사무규칙」 제7조 제1항)

② 통보 및 위탁의무
- 계약사무와 관련해 형법상 특정 조항을 위반한 범죄 사실(기소 등)이 발생하거나 감사원, 주무부처 또는 해당 기관의 감사 결과 중징계 처분을 받은 경우에는 10일 이내 그 사실을 재정경제부장관과 조달청장에게 통보
- 이사회 의결이 있는 경우 60일 이내에 해당 임직원이 속한 단위부서의 계약사무를 조달청장에게 의무적으로 위탁(2년 이내)

2 물품구매와 공사계약의 위탁

① 공기업과 준정부기관은 재정경제부장관이 고시하는 금액(국제입찰 대상 기준 금액) 이상인 물품이나 용역(서비스), 공사를 계약하는 경우에는 조달청장에게 구매를 위탁하거나, 「조달사업법」 제14조에 따른 계약 방법 특례를 적용해 처리(「공공기관운영법」 제44조)

② 중소기업자 간 경쟁제품에 해당하는 경우에는 예외를 인정(예외사유)
- 계약 목적을 달성하기 위해 중소기업자 간 경쟁제품을 긴급히 구매할 필요가 있는 경우
- 디자인 공모와 선호도 조사 결과 등을 반영해 미리 제품을 선정하고 구매할 필요가 있는 경우
- 전산업무 소프트웨어 개발 등 용역(서비스)사업과 관련된 제품으로서 각 기관의 고유사업을 지원하기 위해 공기업·준정부기관에서 직접 구매하는 것이 적합한 경우

- 공기업·준정부기관의 핵심 기자재로서 구매 전문성과 품질 확보 등을 위해 해당 기관에서 직접 구매할 필요가 있다고 조달청장이 인정한 경우
  - 그 밖에 제품의 특수성·전문성·안전성, 구매 시기 등을 고려하면, 공기업·준정부기관에서 직접 구매하는 것이 적합하다고 조달청장이 인정하는 경우
③ 중소기업자 간 경쟁제품을 해당 기관에서 직접 구매하는 경우에는 그 사유를 발주계획서와 입찰공고문에 구체적으로 밝혀야 함

03 수의계약

1 공기업과 준정부기관의 역할

수요기관 입장	조달기업과 계약을 체결
공급자 입장	국가기관이나 지방자치단체 등과 계약을 체결

2 공기업 또는 준정부기관이 계약상대자가 되어 수의계약을 체결할 수 있는 경우

① 국가나 지방자치단체와 계약을 체결하는 경우
② 공기업이나 준정부기관의 자회사 또는 출자회사와 계약을 체결하는 경우
  - 정부 경영혁신 정책에 따른 업무위탁 대행의 경우
  - 해당 공기업이나 준정부기관의 시설, 설비 또는 제1종 시설물의 유지관리를 위해 불가피한 경우
  - 주무기관의 장이 인정하는 특정기술 보호육성의 경우
  - 국가안전보장 등의 사유로 비밀계약 체결의 경우
  - 개발선정품을 대상으로 3년 이내 해당 생산자에게 제조, 구매하는 경우
  - 성과공유제 성과확인 2년 이내 수탁기업과 계약을 체결하는 경우
  - 「국가계약법 시행령」 제16조 제1항·제2항의 경우
  - 「국가계약법 시행령」 제27조 제1항의 경우

> **더 알아보기** **재공고입찰과 수의계약**(「국가계약법 시행령」 제27조 제1항)
>
> 경쟁입찰을 실시한 결과 다음의 어느 하나에 해당하는 경우에는 수의계약에 의할 수 있다.
> (1) 경쟁입찰을 실시하였으나 입찰자가 1인뿐인 경우로서 재공고입찰을 실시하더라도 입찰 참가자격을 갖춘 자가 1인밖에 없음이 명백하다고 인정되는 경우
> (2) 재공고입찰에 부친 경우로서 입찰자 또는 낙찰자가 없는 경우

  - 공기업·준정부기관의 부동산을 부득이하게 공장용지로 사용하려는 중소기업자에게 매각하는 경우
③ **국제입찰 대상인 경우:** 수의계약은 「특정조달을 위한 국가를 당사자로 하는 계약에 관한 법률 시행령 특례규정」 제23조의 요건을 충족하는 경우에만 가능

(1) 경쟁입찰 결과 유효한 입찰서가 없는 경우
(2) 독점적 권리 또는 기술적 이유로 특정 공급자로부터 조달하는 경우
(3) 긴급한 사유로 경쟁입찰로 기간 내 조달이 불가능한 경우
(4) 기 조달된 물품의 부품, 설비 확충 등의 사유 또는 기 계약체결 공사에 추가공사가 필요한 경우(기술적 또는 경제적으로 곤란하면서 발주기관에 중대한 불편을 초래하는 경우로 한정)
(5) 발주기관 요구로 개발된 시제품 등의 조달
(6) 원자재 시장에서 물품을 구매하는 경우
(7) 자산처분 등의 사유로 현저하게 유리한 조건으로 조달하는 경우
(8) 디자인 공모에 당선된 자와 계약을 체결하는 경우

3 수의계약 제한 사유

수의계약 체결 사유에 해당하더라도 공정성과 청렴성 확보 차원에서 다음의 경우에는 수의계약을 제한함(「계약사무규칙」 제8조 제3항)

① 공기업이나 준정부기관의 2년 이내 퇴직자가 대표이사, 이사, 감사로 재직하고 있는 법인과 계약을 체결하는 경우
② 공기업이나 준정부기관의 2년 이내 퇴직자가 근무한 공기업이나 준정부기관과 계약을 체결하는 경우
③ 해당 공기업이나 준정부기관의 퇴직 모임·단체 또는 그 퇴직자 모임·단체의 회원사나 자회사와 계약을 체결하는 경우

04 의견 청취

1 의견 진술 통지

① 계약상대자인 조달기업을 대상으로 입찰참가자격을 제한하는 부정당제재처분을 부과하는 경우, 해당 처분을 받는 상대방(조달기업) 또는 그 대리인에게 의견을 진술할 기회 부여
② 필요할 경우, 상대방 또는 대리인 외 기타 이해관계인의 의견도 듣도록 규정
③ 최소 7일 전까지 처분의 상대방 또는 대리인에게 서면으로 사유, 일시, 장소 등을 통지

2 의견 진술 방식 및 확인 절차

① 의견 진술 방식
   • 대면 또는 서면 진술
   • 정당한 사유 없이 의견 청취 절차에 응하지 않는 경우 의견진술 기회를 포기하는 것으로 간주

---

② 의견 진술 확인 절차: 해당 처분을 부과하려는 공기업 또는 준정부기관의 관계 직원이 그 내용을 서면으로 작성해 출석한 자에게 이를 확인하게 한 후 서명 또는 기명날인을 받아야 함

05 이의신청

1 이의신청의 개념

공기업이나 준정부기관과 계약을 체결한 계약상대자가 불이익을 받는 처분행위가 있는 경우 해당 기관장에게 그 행위의 취소 또는 시정하기 위해 이의신청을 할 수 있도록 규정

2 이의신청 가능 계약규모

① 공사계약의 경우
  - 종합공사: 추정가격 4억원 이상
  - 전문공사: 추정가격 1억원 이상
  - 그 외 공사의 경우: 추정가격 8,000만원 이상
② 물품이나 용역(서비스)계약인 경우: 각각 추정가격 5,000만원 이상인 계약

3 이의신청 가능 사안

① 국제입찰 범위와 관련된 사항
② 입찰참가자격 관련 사항
③ 입찰공고 관련 사항
④ 낙찰자 결정 관련 사항
⑤ 계약금액 조정 관련 사안
⑥ 지체상금이나 지체일수 산입 범위 관련 사안
⑦ 부당특약 또는 조건 관련 사안
⑧ 입찰보증금, 계약보증금 관련 사안
⑨ 개산계약, 사후원가검토조건부 계약의 정산 관련 사안
⑩ 계약의 해제·해지 관련 사안

4 이의신청 기한 등

① 이의신청: 이의신청의 원인행위가 있었던 날부터 20일 이내, 또는 그 행위를 인지한 날로부터 15일 이내에 해당 기관장에게 이의신청
② 결과 회신: 이의신청을 받은 해당 기관장은 15일 이내 그 결과를 이의신청인에게 회신
③ 재심 청구: 회신 결과에 이의가 있는 이의신청인은 그 통지를 받은 날부터 20일 이내에 '국가계약분쟁조정위원회'에 그 조정을 위한 재심을 청구

✓ Check Q&A

이의신청 기한은 원인행위 발생일로부터 며칠 이내인가?

① 10일
② 15일
③ 20일
④ 30일

정답 ③
원인행위 발생일로부터 20일 이내 이의신청이 가능하다.

단원별 출제예상문제

01
국제입찰의 장점으로 옳은 것은?

① 해외 정부조달시장의 진출 기회 확대
② 국내시장 경쟁 심화
③ 계약 절차 단순화
④ 비용 절감

해설

국제입찰은 해외 시장의 진출 기회를 넓히는 장점이 있다.

02
국제입찰의 적용 예외에 해당하지 않는 것은?

① 농·수·축산물 구매
② 중소기업제품 구매
③ 국가안보 목적 조달
④ 일반 소비재 구매

해설

일반 소비재 구매는 국제입찰의 적용 예외 사유가 아니다.

03
이사회 의결이 있는 경우 계약사무 위탁 기한은?

① 30일 이내
② 60일 이내
③ 90일 이내
④ 120일 이내

해설

이사회 의결이 있으면 60일 이내 계약사무를 조달청장에게 위탁해야 한다.

04
재공고입찰 후 낙찰자가 없는 경우 가능한 계약 방식은?

① 경쟁입찰
② 수의계약
③ 협상계약
④ 자동계약

해설

재공고입찰 후 낙찰자가 없으면 수의계약이 가능하다.

05
중소기업자 간 경쟁제품을 직접 구매할 경우 반드시 해야 하는 것은?

① 발주계획서와 입찰공고문에 사유 명시
② 조달청 승인 불필요
③ 계약서에만 기록
④ 구두 보고

해설

중소기업자 간 경쟁제품을 직접 구매할 경우에는 발주계획서와 입찰공고문에 사유를 구체적으로 밝혀야 한다.

06
수의계약 제한 사유에 해당하는 경우는?

① 2년 이내 퇴직자가 대표이사로 있는 법인과 계약
② 특정 기술 필요 계약
③ 긴급을 요하는 경우
④ 국가기관과 계약

해설

2년 이내 퇴직자가 대표이사로 있는 법인과 계약은 제한된다.

07
국제입찰 예외 사유 중 '자선단체·장애인·재소자 생산 물품'은 어떤 목적과 관련되는가?

① 공공의 질서 유지
② 사회적 가치 실현
③ 경제적 효율성
④ 국가안보

해설

사회적 가치 실현을 위한 예외 사유이다.

정답   01 ①   02 ④   03 ②   04 ②   05 ①   06 ①   07 ②

08

이의신청이 가능한 공사계약 규모 중 전문공사의 기준은?

① 추정가격 4억원 이상
② 추정가격 1억원 이상
③ 추정가격 8천만원 이상
④ 추정가격 5천만원 이상

해설

전문공사는 추정가격 1억원 이상일 때 이의신청이 가능하다.

09

이의신청이 가능한 물품·용역 계약 규모 기준은?

① 추정가격 3천만원 이상
② 추정가격 5천만원 이상
③ 추정가격 1억원 이상
④ 추정가격 2억원 이상

해설

물품·용역(서비스) 계약은 추정가격 5천만원 이상일 때 이의신청이 가능하다.

10

이의신청 결과 회신 기한은?

① 10일 이내　　② 15일 이내
③ 20일 이내　　④ 30일 이내

해설

이의신청을 받은 해당 기관장은 15일 이내 그 결과를 이의신청인에게 회신해야 한다.

11

재심 청구 기한은 통지를 받은 날로부터 며칠 이내인가?

① 10일　　② 15일
③ 20일　　④ 30일

해설

통지를 받은 날로부터 20일 이내 국가계약분쟁조정위원회에 재심 청구가 가능하다.

12

공기업·준정부기관의 계약사무에 적용되는 규칙은 무엇인가?

① 「국가계약법」
② 「지방계약법」
③ 「조달사업법」
④ 「공기업·준정부기관 계약사무규칙」

해설

공기업·준정부기관은 일반 공공기관과 달리 「공기업·준정부기관 계약사무규칙」을 적용한다.

13

중소기업자 간 경쟁제품 구매위탁 의무 예외 사유로 옳은 것은?

① 단순 소비재를 구매하는 경우
② 긴급히 구매할 필요가 있는 경우
③ 해외기업 제품을 구매하는 경우
④ 외국 정부의 요청이 있는 경우

해설

긴급 구매 필요, 디자인 공모 반영, 소프트웨어 개발 등은 예외 사유에 해당한다.

14

수의계약 체결 사유에 해당하는 경우는?

① 경쟁입찰에서 유효한 입찰서가 없는 경우
② 계약금액이 기준 미만인 경우
③ 입찰자가 과도하게 많은 경우
④ 모든 입찰자가 낙찰된 경우

해설

경쟁입찰 결과 유효한 입찰서가 없는 경우 수의계약이 가능하다.

15

부정당제재처분 시 의견 진술 통지는 최소 며칠 전에 해야 하는가?

① 3일　　② 5일
③ 7일　　④ 10일

해설

최소 7일 전까지 상대방에게 서면으로 통지해야 한다.

정답　08 ② 　09 ② 　10 ② 　11 ③ 　12 ④ 　13 ② 　14 ① 　15 ③

최종점검 OX 퀴즈

01 공기업·준정부기관은 기본적으로 국가계약법령을 적용받으며, 「계약사무규칙」은 별도로 적용되지 않는다. (○ , ×)

02 국제입찰은 국내시장 경쟁을 완화하는 장점이 있다. (○ , ×)

03 중소기업자 간 경쟁제품을 직접 구매하는 경우, 그 사유를 발주계획서와 입찰공고문에 밝혀야 한다. (○ , ×)

04 수의계약 체결 사유에 해당하더라도 퇴직자 관련 단체와 계약은 제한된다. (○ , ×)

05 이의신청은 원인행위 발생 후 30일 이내에 가능하다. (○ , ×)

06 이의신청 결과 회신은 20일 이내에 해야 한다. (○ , ×)

01 ×
공기업·준정부기관은 「계약사무규칙」을 적용한다.

02 ×
국제입찰은 국내시장 경쟁을 심화시키는 단점이 있다.

03 ○
예외 구매 시 반드시 사유를 명시해야 한다.

04 ○
공정성과 청렴성 확보 차원에서 제한된다.

05 ×
이의신청은 원인행위 발생 후 20일 이내, 또는 그 행위를 인지한 날로부터 15일 이내에 해야 한다.

06 ×
이의신청 결과는 15일 이내에 회신해야 한다.

CHAPTER 06

국가계약법과 지방계약법의 주요 차이점

01 공공기관 유형별 적용 계약법령

1 체계와 내용

① 「국가계약법」과 「지방계약법」은 체계와 구조가 유사하고 세부 규정의 내용도 동일하거나 유사

② 지방자치단체가 체결하는 계약의 투명성과 효율성을 높이는 등의 특성을 반영한 조문과 규정이 세분화, 추가됨

2 조문 수 비교

구분	법령	시행령	시행규칙
국가계약법	43개	153개	97개
지방계약법	53개	178개	95개

3 공공기관 유형별 적용 계약법령

구분	국가기관	지방자치단체	공기업·준정부기관	비고
법률	국가를 당사자로 하는 계약에 관한 법률	지방자치단체를 당사자로 하는 계약에 관한 법률	공공기관의 운영에 관한 법률	국가기관과 지방자치단체는 계약의 주체, 계약 환경적 차이 등으로 일부 규정 상이함
시행령	국가를 당사자로 하는 계약에 관한 법률 시행령	지방자치단체를 당사자로 하는 계약에 관한 법률 시행령	공공기관의 운영에 관한 법률 시행령	공기업·준정부기관은 실질적으로 국가계약법령의 적용을 받음
시행규칙	국가를 당사자로 하는 계약에 관한 법률 시행규칙	지방자치단체를 당사자로 하는 계약에 관한 법률 시행규칙	공기업·준정부기관 계약사무규칙	공기업·준정부기관 계약사무규칙은 시행규칙 수준으로 국가계약법 및 시행령의 위임 범위 내에서 공기업과 준정부기관의 계약 특성을 반영
시행령	특정물품 등의 조달에 관한 국가를 당사자로 하는 계약에 관한 법률 시행령 특례규정	국가기관 준용	국가기관 준용	정부조달협정, 자유무역협정 및 다자간무역협정 등에 따라 개방된 공공조달시장에서의 계약 특례에 관한 것을 국가기관, 지방자치단체 및 공기업·준정부기관 모두 동일한 규정을 적용받고 있음

PART 06

구분		「국가기관」	「지방자치」	
시행규칙	특정물품 등의 조달에 관한 국가를 당사자로 하는 계약에 관한 법률 시행 특례규칙	국가기관 준용	국가기관 준용	
시행령	특정조달을 위한 국가를 당사자로 하는 계약에 관한 법률 시행령 특례규정	국가기관 준용	국가기관 준용	
시행규칙	특정조달을 위한 국가를 당사자로 하는 계약에 관한 법률 시행 특례규칙	국가기관 준용	국가기관 준용	

02 국가계약법과 지방계약법의 주요 차이점

구분	「국가 계약법」	「지방 계약법」	차이점
적용범위	제2조	제2조	• 「지방계약법」: 지방자치단체의 수입 및 지출의 원인이 되는 계약 적용 • 「국가계약법」: 국제입찰에 따른 정부조달 계약과 국가가 국민을 대상으로 계약 • 「지방계약법」 적용 지방자치단체 등이 국제입찰에 따른 계약 시 국가계약법령 규정을 준용
교육·과학 및 체육에 관한 사항의 적용	–	제3조	「지방계약법」: 교육·과학 및 체육에 관한 사항은 "특별시장·광역시장·도지사를 "교육감"으로 "행정안전부"를 "교육부"로 간주
국제입찰 정부조달계약 범위	제4조	제5조	• 「지방계약법」 – 물품·용역: 3.5억원(자치구·군의 경우 7.1억원) 이상 – 공사: 265억원 이상 • 「국가계약법」: 정부조달협정(GPA) 기준 국제입찰 대상금액 – 물품·용역: 2.3억원 이상 – 공사: 88억원 이상

청렴계약	제5조의2	제6조의2	• 「지방계약법」: 청렴서약제 • 「국가계약법」: 청렴계약서
청렴계약 위반 계약해제·해지	제5조의3	–	「국가계약법」: 청렴계약 위반 시 계약해제·해지
계약사무의 위임·위탁	제6조	제6조	「지방계약법」: 지방출자출연법에 따른 지방자치단체 출자·출연기관을 계약사무 위임·위탁 가능 기관으로 규정
지정정보 처리장치	시행령 제96조	제6조의2	• 「지방계약법」: 입찰 및 계약사무의 전자적 처리를 위한 정보처리장치의 고시 • 행정안전부장관이 고시한 정보처리장치: 1. 국가종합전자조달시스템, 2. 단체급식식재료전자조달시스템, 3. 교육기관전자조달시스템, 4. 전자자산처분시스템, 5. 순환자원정보센터 전자입찰시스템
계약의 방법	시행령 제21조 내지 제32조	제9조	「지방계약법」: 지명기준, 절차, 수의계약 대상범위, 선정절차와 수의계약 체결정보 공개 의무
구매규격 사전공개	정부입찰·계약 집행기준 제77조	제9조의2	「지방계약법」: 공개를 명시
예정가격의 작성	제8조의2	제11조	「지방계약법」: 실시설계 기술제안입찰을 예정가격 작성 비 대상으로 규정하지 않음
입찰보증금	제9조	제12조	「지방계약법」: 입찰보증금 면제 대상으로 '「지방공기업법」에 따른 지방공기업' 포함
낙찰자결정	제10조	제13조	「지방계약법」: 최저가격 입찰한 자의 순으로 입찰금액의 적정성 심사 후 낙찰자 결정
계약서의 작성 및 계약 성립	제11조	제14조	〈계약서 작성 생략 대상〉 • 「지방계약법」: 계약금액 5천만원 이하 • 「국가계약법」: 계약금액 3천만원 이하
감독	제13조	제16조	「지방계약법」: "주민생활 관련 공사에 대하여 그 공사와 관련한 주민대표자 또는 주민대표자가 추천하는 자를 감독자로 위촉하여 감독", "주민참여감독자의 지역주민 건의사항 전달 및 부당행위 등 시정 요구", "주민참여감독자에 대한 감독업무수행에 따른 실비 지급"
대가의 지급	제15조	제18조	「지방계약법」: 해당 연도 예산의 범위를 초과하여 집행한 부분에 대한 대가는 계약당사자 간 합의
대가의 선납	제16조	제19조	「지방계약법」: 수입의 원인이 되는 매각 계약 등에서 계약상대자가 대가를 미리 내는 경우에는 계약보증금 면제

구분			내용
계약의 담보책임	제17조	제20조	「지방계약법」: "물품 및 용역 등의 계약 체결 시에도 필요한 경우 담보책임 존속기간" 명시
회계연도 시작 전 계약체결	제20조	제23조	「지방계약법」: "예산배정 전 해당 회계연도의 확정된 예산 범위에서 미리 계약 체결", "주민 생명, 안전 및 건강 등의 사유로 특정 기간 내 이행 완료해야 하는 계약" 명시
계속비 및 장기계속 계약	제21조	제24조	「지방계약법」: "계속비 계약에서 계약상대자 신청이 있는 경우 해당 연도 예산의 범위를 초과하여 연차별 공사 이행" 명시
개산계약	제23조	제27조	「지방계약법」: "시간적 여유가 없는 긴급한 재해복구를 위한 경우에는 개산계약 체결" 명시
종합계약	제24조	제28조	「지방계약법」: "경비 절약, 사업의 효율적 추진을 위해 필요한 경우 해당 지방자치단체가 체결하려는 공사물품용역 등의 계약을 한꺼번에 발주하는 통합계약 체결" 명시
공동계약	제25조	제29조	「지방계약법」: "지역제한 입찰이 아닌 경우 건설업 등의 균형발전을 위해 공사현장 관할 특별시·광역시·특별자치시·도 및 특별자치도에 본점소재지 있는 1인을 공동수급체 포함" 명시
분쟁해결 방법 합의	제28조의2	제34조의2	• 「지방계약법」: 지방계약심의조정위원회에 분쟁의 조정 신청 • 「국가계약법」: 국가계약분쟁조정위원회에서 조정
계약절차의 중지	제30조	제36조	「지방계약법」: "위원회의 직권에 의한 입찰절차, 계약체결 및 이행 중지 명령에 대하여 지방자치단체의 장의 의견을 고려해야 하는" 명시
계약심의 위원회	시행령 제94조	제32조	「지방계약법」: 계약심의 대상 계약규모 명시 • 시·도위원회: 추정가격 70억원 이상 공사(물품·용역 20억원 이상) • 시·군·구위원회: 추정가격 50억원 이상 공사(물품·용역 10억원 이상)
입찰 및 계약체결의 제한	–	제33조	「지방계약법」: "지방자치단체의 장 또는 지방의회의원은 그 지방자치단체와 영리 목적 계약체결 제한", "지방자치단체의 장의 배우자, 지방의회의원의 배우자와 각각의 직계존속·비속의 경우도 그 지방자치단체와 수의계약 체결 제한" 명시
계약담당 공무원 교육	제32조	제39조	「지방계약법」: "업무 전문성 등을 고려하여 행정안전부장관이 지정하는 기관으로부터 계약사무의 처리와 관련한 자문과 관련된 정보의 제공을 요청할 수 있는" 명시
계약실적 보고서 제출	제33조	제40조	• 「지방계약법」: 회계연도 종료 후 60일 이내에 계약실적 보고서를 행정안전부장관에게 제출 • 「국가계약법」: 계약체결 또는 변경 후 30일 이내 재정경제부장관에게 보고
계약에 관한 법령 협의	제34조	제41조	「지방계약법」: 중앙행정기관의 장이 지방자치단체의 계약에 관한 법령 입안 시 행정안전부장관과 미리 협의

벌칙 적용에서의 공무원 의제	제35조	제38조	「지방계약법」: "주민참여감독자" 명시
평가	시행령 제92조	제42조	• 「지방계약법」: "지방자치단체의 장이 시행령에서 규정하는 물품, 용역 및 공사에 대해 시공과정과 시공품질 등에 대한 평가 실기 또는 전문기관 평가 의뢰" 명시 • 「지방계약법 시행령」: 물품·용역 1.5억원 이상, 공사 50억원 이상 • 「국가계약법」: 대형공사에 대해서만 준공 후 평가단 구성하여 평가
계약과정의 공개	시행령 제92조의2	제43조	• 「지방계약법」: "발주계획, 입찰, 계약, 설계변경 및 그로 인한 계약금액의 조정, 감독, 검사, 대가의 지급 등 입찰, 계약, 계약의 이행과 관련된 사항 중 시행령에서 정하는 사항에 대한 공개" 명시 • 「지방계약법」: "입찰, 낙찰, 계약, 이행 등에 대한 정보를 지방자치단체의 인터넷 홈페이지에 공개" 명시 • 「국가계약법 시행령」: 지정정보처리장치에 공개

03 공공계약법 관련 하위 계약 관련 행정규칙

1 「국가계약법」 체계: 재정경제부의 계약예규(정부 입찰·계약집행기준 등 17종)

① 정부 입찰·계약집행기준
② 예정가격작성기준
③ 공동계약운용요령
④ 종합계약집행요령
⑤ 물품구매(제조)입찰유의서
⑥ 용역입찰유의서
⑦ 공사입찰유의서
⑧ 물품구매(제조)계약일반조건
⑨ 용역계약일반조건
⑩ 공사계약일반조건
⑪ 입찰참가자격사전심사요령
⑫ 적격심사기준
⑬ 용역계약 종합심사낙찰제 심사기준
⑭ 공사계약 종합심사낙찰제 심사기준
⑮ 일괄입찰 등에 의한 낙찰자 결정기준
⑯ 협상에 의한 계약체결기준
⑰ 경쟁적대화에 의한 계약체결기준

2 기타

① (국가유산청 예규) 국가유산수리 종합심사낙찰제 심사기준
② (국토교통부 고시) 건축 설계공모 운영지침
③ (조달청지침) 조달청 건축 설계공모 운영기준

3 「지방계약법」 체계: 행정안전부 예규

① 「지방자치단체 입찰 및 계약집행기준」
② 「지방자치단체 입찰 시 낙찰자 결정기준」
③ 이들 2개 행정규칙은 국가기관에 적용되는 17종의 계약예규를 포함

단원별 출제예상문제

01

「국가계약법」과 「지방계약법」의 조문 수 비교에서 옳은 것은?

① 「국가계약법」이 법률 조문 수가 더 많다.
② 「지방계약법」이 법률 조문 수가 더 많다.
③ 두 법률의 시행규칙 조문 수는 동일하다.
④ 「국가계약법」이 시행령 조문 수가 더 많다.

해설

「국가계약법」(43개조)보다 「지방계약법」(53개조)이 법률 조문 수가 많다.

02

「지방계약법」 제3조는 어떤 사항을 규정하는가?

① 국제입찰
② 청렴계약
③ 계약사무 위임
④ 교육·과학 및 체육

해설

「지방계약법」 제3조는 교육·과학·체육에 관한 사항을 규정한다.

03

국제입찰 대상 금액 기준으로 옳은 것은?

① 「지방계약법」: 공사 100억원 이상
② 「지방계약법」: 공사 88억원 이상
③ 「국가계약법」: 물품·용역 2.3억원 이상
④ 「국가계약법」: 물품·용역 3.5억원 이상

해설

「국가계약법」에서 물품·용역은 2.3억원 이상, 공사는 88억원 이상이다.

04

청렴계약 제도에서 「국가계약법」과 「지방계약법」의 차이는?

① 「국가계약법」: 청렴서약제 / 「지방계약법」: 청렴계약서
② 「국가계약법」: 청렴계약서 / 「지방계약법」: 청렴서약제
③ 「지방계약법」에는 규정이 없다.
④ 동일하다.

해설

「국가계약법」은 청렴계약서, 「지방계약법」은 청렴서약제를 규정한다.

05

계약서 작성 생략의 기준 금액은?

① 「국가계약법」: 5천만원 이하 / 「지방계약법」: 3천만원 이하
② 「국가계약법」: 3천만원 이하 / 「지방계약법」: 5천만원 이하
③ 동일하게 5천만원 이하이다.
④ 동일하게 3천만원 이하이다.

해설

「국가계약법」은 계약금액 3천만원 이하, 「지방계약법」은 계약금액 5천만원 이하에서 계약서 작성 생략이 가능하다.

06

계약실적보고서 제출 기한은?

① 「국가계약법」: 60일 / 「지방계약법」: 30일
② 「국가계약법」: 30일 / 「지방계약법」: 60일
③ 동일하게 30일
④ 동일하게 60일

해설

「국가계약법」은 30일, 「지방계약법」은 60일 이내에 제출해야 한다.

07

「지방계약법」에서 낙찰자 결정 방식으로 옳은 것은?

① 최저가격 입찰자의 금액 적정성 심사 후 결정
② 최저가격 낙찰자 자동 결정
③ 최고가격 낙찰자 결정
④ 무작위 추첨

해설

「지방계약법」은 최저가격 입찰자의 금액 적정성을 심사 후 낙찰자를 결정한다.

정답 01 ② 02 ④ 03 ③ 04 ② 05 ② 06 ② 07 ①

08

「지방계약법」에 개산계약 체결 사유로 명시된 것은?

① 긴급한 재해복구
② 일반 공사
③ 모든 계약
④ 단순 납품

해설

「지방계약법」에는 긴급 재해복구 시 개산계약 체결이 가능하다고 명시되어 있다.

09

공동계약에서 「지방계약법」은 어떤 제한을 두는가?

① 지역제한 입찰이 아닌 경우 관할 지역 본점을 포함한다.
② 지역제한 입찰만 허용한다.
③ 모든 지역을 허용한다.
④ 제한 없다.

해설

「지방계약법」은 지역제한 입찰이 아닌 경우 관할 지역 본점을 포함하도록 규정한다.

10

분쟁 해결 기관에서 「국가계약법」과 「지방계약법」의 차이는?

① 「국가계약법」은 지방계약심의조정위원회
② 「지방계약법」은 지방계약심의조정위원회
③ 동일하게 국가계약분쟁조정위원회
④ 차이 없음

해설

「국가계약법」은 국가계약분쟁조정위원회, 「지방계약법」은 지방계약심의조정위원회이다.

11

「지방계약법」에서 계약담당공무원 교육 관련 규정은?

① 재정경제부장관 지정 기관
② 행정안전부장관 지정 기관
③ 국무총리 지정 기관
④ 없음

해설

「지방계약법」에 따르면 행정안전부장관이 지정하는 기관에서 교육·자문이 가능하다.

12

「지방계약법」에서 주민참여감독자의 역할은?

① 단순 참관
② 계약 체결
③ 낙찰자 결정
④ 건의사항 전달 및 부당행위 시정 요구

해설

「지방계약법」에서 주민참여감독자는 건의사항 전달 및 부당행위 시정 요구가 가능하다.

13

「지방계약법」에서 계약과정 공개 방법은?

① 지정정보처리장치
② 인터넷 홈페이지
③ 신문 공고
④ 내부 문서

해설

「지방계약법」은 계약과정 정보를 지방자치단체 인터넷 홈페이지에 공개하도록 규정하고 있다.

정답 08 ① 09 ① 10 ② 11 ② 12 ④ 13 ②

01 「국가계약법」과 「지방계약법」은 체계와 구조가 완전히 다르다. (○ , ×)

02 「지방계약법」은 교육·과학 및 체육에 관한 사항을 별도로 규정한다. (○ , ×)

03 「국가계약법」은 계약금액 5천만원 이하에서 계약서 작성 생략이 가능하다. (○ , ×)

04 「지방계약법」은 주민참여감독자 제도를 두고 있다. (○ , ×)

OX 퀴즈 정답 및 해설

01 ×
두 법은 체계와 구조가 유사하며, 세부 규정도 동일하거나 유사하다.

02 ○
「지방계약법」 제3조에서 교육·과학·체육에 관한 사항을 규정한다.

03 ×
「국가계약법」은 계약금액 3천만원 이하, 「지방계약법」은 계약금액 5천만원 이하에서 계약서 작성 생략이 가능하다.

04 ○
「지방계약법」에는 주민참여감독자가 건의사항 전달 및 부당행위 시정 요구를 할 수 있도록 규정한다.

07

공공조달 관리

CHAPTER 01

공공조달 법규 분쟁 및 해석

01 공공조달 분쟁 조정

1 공공조달 분쟁 현황

① 공공조달 관련 법 환경

공공계약과 조달 관련 법규	「국가계약법」, 「지방계약법」, 「조달사업법」
전략적 공공조달 관련 법령	「판로지원법」, 「여성기업법」, 「장애인기업법」, 「중증장애인생산품법」, 「녹색제품구매법」, 「사회적기업법」

② 공공조달 분쟁 현황
- 최근 5년간 연평균 450건 내외의 본안소송, 가처분, 행정심판 등의 분쟁 발생 및 약 79%는 조달청이 승소
- 소송 이전에 조정, 중재 등을 통해 분쟁을 조기에 해결하는 방안이 계약상대자인 조달기업에 유리

③ 분쟁의 조정·중재

공공조달 계약 관련 분쟁	'조정' 또는 '중재'의 방법으로 해결할 수 있도록 규정(「국가계약법」 제28조의2, 「지방계약법」 제34조의2)
조정	• 국가계약분쟁조정위원회(「국가계약법」 제29조) • 지방계약심의조정위원회(「지방계약법」 제35조)
중재	대한상사중재원(「중재법」)

2 공공조달 분쟁 유형

① 일반적인 법률적 분쟁 유형: 민사소송, 형사소송, 행정소송, 가사소송
② 공공조달 관련 분쟁 유형: 민사소송과 행정소송이 주된 법적 분쟁 형태
③ 민사소송: 「민법」, 「상법」 등 사법(私法)에 따라 규율되는 대등한 주체 사이의 신분상 또는 경제상 생활관계에 관한 사건에 관한 소송
④ 대안적 분쟁 해결 제도(ADR: Alternative Dispute Resolution): 소송 외 분쟁 해결 제도인 화해, 조정, 중재 등
⑤ 형사소송
- 「형법」을 위반한 사람을 재판하는 절차로, 국가가 범죄를 행한 죄인에게 형벌을 집행하는 것과 관련한 소송
- 공공계약법령에 따른 이행 과정에서 위법 또는 불법적 행위가 형법상 범죄행위에 해당하는 경우 형사소송 대상이 될 수 있음
⑥ 행정소송: 행정기관의 위법한 처분이나 그 밖에 공권력의 행사·불행사 등에 따른 국민의 권리 또는 이익의 침해를 구제하고, 공법상의 권리관계 또는 법적용에 관한 분쟁을 적정하게 해결하는 데 목적이 있는 소송

✓ **Check Q&A**

다음 중 대안적 분쟁 해결 제도가 아닌 것은?

① 소송
② 화해
③ 중재
④ 조정

정답 ①

대안적 분쟁 해결(ADR)은 소송 외 분쟁 해결 방식으로, 화해·중재·조정이 해당하며 소송은 해당하지 않는다.

➕ **plus**

민사소송과 행정소송의 차이

행정소송은 행정 실현을 목적으로 하는 공법상의 법률관계를 대상으로 하고, 민사소송은 사법상의 법률관계를 그 대상으로 함

- 행정소송은 그 내용에 따라 항고소송, 당사자소송, 민중소송, 기관소송으로 구분

항고소송과 당사자소송	국민의 개인적 권리, 이익의 보호를 목적으로 하는 소송 (학문적 '주관소송')
민중소송과 기관소송	객관적인 법질서를 적정하게 유지하기 위한 소송 (학문적 '객관소송')

- 국가계약법령 등 공공계약법령이나 유관 행정규칙의 적용 과정에서 계약당사자 간 가장 빈번하게 발생하는 분쟁 유형

📌 더 알아보기 **행정심판과 행정소송**

> (1) 행정심판: 처분을 행한 행정청에 이의를 제기해 처분청의 상급기관에서 다시 한번 심리하도록 함으로써 법원의 간섭 없이 행정청 스스로 행정의 능률성과 동일성을 확보하기 위해 행정청에 마련된 제도
> (2) 행정소송: 행정청의 위법한 처분, 그 밖의 공권력 행사·불행사 등으로 발생한 국민의 권리 또는 이익의 침해를 구제하고 공법상의 권리관계 또는 법적용에 관한 분쟁 해결을 도모하는 법원의 재판 절차

3 국가계약분쟁조정제도

① **도입**: 국가(공공기관 포함)와 공공조달 참여 기업 간의 분쟁에서 상당한 시간과 비용이 소요되는 소송을 대체해 합리적인 조정 대안으로 분쟁을 해결하기 위해 2013년 도입
② **구성**: 정부위원과 민간위원으로 구성
  - 위원장 1명을 포함해 15명 이내의 위원으로 구성
  - 위원장은 재정경제부장관이 지명하는 고위공무원, 위원은 중앙행정기관의 장이 지명하는 소속공무원과 재정경제부장관이 지명하는 분야별 민간 전문가로 구성
③ **분쟁조정 신청 대상**(「국가계약법 시행령」 제110조 제1항)
  - 추정가격 기준 종합공사 4억원 이상, 전문공사 1억원 이상, 기타공사(종합, 전문공사 이외 공사) 8,000만원 이상
  - 물품이나 용역(서비스): 추정가격 5,000만원 이상
④ **분쟁조정 신청 사유**
  - 국제입찰에 따른 조달계약의 범위
  - 부당특약
  - 입찰참가자격
  - 입찰공고
  - 낙찰자 결정
  - 입찰계약보증금 국고 귀속
  - 계약금액 조정(물가변동, 설계변경, 공사기간 연장 추가비용 등)
  - 개산계약 등 정산
  - 지체상금, 지체일수 산입 범위
  - 계약해제·해지

✔ **Check Q&A**

다음 중 행정소송에 대한 설명으로 옳은 것은?

① 형법을 위반한 사람을 재판하는 절차로 국가가 형벌을 집행하는 소송이다.
② 행정기관의 위법한 처분이나 공권력 행사로 국민의 권리·이익이 침해된 경우 이를 구제하기 위한 소송이다.
③ 사법상의 권리관계를 대상으로 하며 개인 간 분쟁을 해결하는 소송이다.
④ 범죄행위가 발생했을 때 조달청 공무원이 조사하는 절차이다.

정답 ②
행정소송은 행정기관의 위법한 처분이나 공권력 행사·불행사로 국민의 권리·이익이 침해된 경우 이를 구제하고, 공법상의 권리관계 분쟁을 해결하기 위한 소송이다.

⑤ 비용 부담
• 국가계약분쟁조정을 신청하는 비용은 무료
• 외부 전문가 감정 등이 필요한 경우에는 실비가 발생할 수 있음

> **✏ 더 알아보기 분쟁 청구인이 부담하는 비용의 종류**
>
> (1) 감정·진단과 시험 비용
> (2) 증인과 증거 채택 비용
> (3) 검사와 조사 비용
> (4) 녹음, 속기록과 통역 등 기타 심사 조정에 소요되는 비용

⑥ 계약상대자(조달기업 등)가 조정을 청구하면 국가계약분쟁조정위원회를 통해 심사·조정을 진행하고, 조정 청구를 받은 날로부터 50일 이내에 조정을 완료
⑦ 분쟁조정 세부 절차

이의신청	불이익을 유발한 원인행위가 있었던 날부터 15일 이내, 그 행위가 있음을 안 날로부터 10일 이내 신청
이의신청 회신	이의신청을 받은 날로부터 10일 이내에 이의신청 수용 여부 등을 회신
재심청구	회신 결과에 이의가 있는 계약당사자가 회신 통지를 받은 날로부터 15일 이내 국가계약분쟁조정위원회에 재심을 청구
수리·각하 여부 의결	재심 요청 사항의 수리 또는 각하 여부를 의결 • 수리할 경우에는 7일 이내에 관련 당사자에게 문서로 통지 • 각하: 형식적 요건 미충족, 10일 이내 보완 요청 미이행, 조정 실익이 없는 경우, 부정한 목적 등으로 청구했다고 판단되는 경우
심사, 조정안 작성	수리된 재심 청구건은 심사, 조정안을 작성
조정안 통보	분쟁조정안을 계약당사자에게 통보하고 15일 이내에 이의를 제기하지 않을 경우 재판상 화해와 같은 효력이 발생하면서 조정 절차 종결

4 중재제도

① 개요
• 중재: 당사자 간의 합의로 재산권상의 분쟁이나 당사자가 화해로 해결할 수 있는 비재산권상의 분쟁을 법원의 재판에 의존하지 않고 중재인의 판정에 따라 해결하는 절차(「중재법」 제3조 제1호)
• 중재를 분쟁 해결 방법으로 계약당사자가 합의한 경우: 「중재법」에 따라 상설 법정 중재기관인 '대한상사중재원'을 통한 중재 절차가 진행
• 법적 소송과 달리 당사자 간 자율적인 협상과 합의를 통해 분쟁을 해결

➕ plus

소송 제기 가능 여부

조정안을 제시받은 날로부터 15일 이내에 국가계약분쟁조정위원회에 문서로 이의를 제기하지 않은 경우, 재판상 확정판결의 효력을 갖게 되어 이를 대상으로 별도의 소송을 제기할 수 없음

☑ Check Q&A

다음 중 국가계약분쟁조정제도에 대한 설명으로 옳은 것은?

① 국가계약분쟁조정은 소송과 병행하여 반드시 법원을 통해 진행된다.
② 국가계약분쟁조정위원회는 민간위원으로만 구성된다.
③ 국가계약분쟁조정 신청은 무료이나, 외부 전문가 감정이 필요한 경우 실비가 발생할 수 있다.
④ 국가계약분쟁조정은 추정가격과 관계없이 모든 국가계약에 대해 신청할 수 있다.

정답 ③

국가계약분쟁조정제도는 소송을 대체하는 합리적인 분쟁 해결 수단으로, 분쟁조정 신청 자체는 무료이다. 다만, 감정·진단·시험 등 외부 전문가의 도움이 필요한 경우에는 실비가 분쟁 청구인에게 부담될 수 있다.

② 대안적 분쟁 해결(ADR: Alternative Dispute Resolution) 제도

유형	설명	예시
협상(Negotiation)	당사자끼리 직접 대화를 통해 합의	계약 조건 변경 소비자 - 판매자 합의
조정(Mediation)	제3자가 중립적 입장에서 합의를 돕는 방식	가정법원 이혼·상속 조정 노동 분쟁 조정
중재(Arbitration)	제3자가 판결처럼 구속력 있는 결정을 내림	기업 간 계약 분쟁, 국제 무역 분쟁

③ 대한상사중재원(KCAB)의 중재 절차

④ **중재판정부**: 중재 절차를 진행하고 중재판정을 내리는 단독중재인 또는 여러 명의 중재인으로 구성되는 중재인단(「중재법」 제3조 제3호)

⑤ **중재의 장점**: 탄력성, 우호성, 전문성, 비밀성, 중립성, 신속성

탄력성 (자율성)	중재인 선정과 절차 진행 시 당사자 간 자신의 의사를 직접 반영하고 관여할 수 있음
우호성 (관계지속성)	법적 소송 대비 당사자 간 우호적 분위기에서 분쟁 해결을 도모함으로써 거래 관계 유지의 개연성 향상
전문성	중재 대상 사건과 관련된 전문가를 중재인(법원의 판사 역할)으로 선임이 가능하므로 사건이나 해당 분야 이해도가 높음
비밀성	심리 절차가 비공개이며 비밀이 보장됨
중립성	국제분쟁 등에서 중립적인 중재판정부 구성이 가능
신속성 (경제성)	중재판정이 단심으로 이루어져 신속하게 결론 도출이 가능하고 상대적으로 비용이 적게 소요됨

⑥ **중재의 단점**
- 별도의 중재합의(사후 중재합의 포함)를 해야 함
- 국제중재의 경우에는 고액의 비용이 소요됨
- 중재판정부의 절차를 진행하는 데 강제력이 미흡해 중재 절차가 지연되는 경우 발생

⑦ **중재판정의 효력과 집행**
- 중재판정의 효력: 양쪽 당사자 간에 법원의 확정판결과 동일한 효력을 가지나 중재판정 취소를 위한 소송 대상 등인 경우에는 승인 또는 집행이 거절될 수 있음
- 중재판정을 승인하고 집행하기 위해서는 중재합의에서 지정한 법원 또는 중재지를 관할하는 법원에 중재판정의 정본 또는 사본을 제출함
- 중재판정에 불복할 경우 중재판정의 취소를 요구하는 소송을 법원에 제기해야 하는데, 중재판정 정본을 수령한 날로부터 3개월 이내 제기해야 하며, 법원에서 해당 중재판정을 승인하거나 집행 결정이 확정되면 소송을 제기할 수 없음

(1) 중재합의의 당사자가 중재합의 당시 무능력자였던 경우에 제기 가능
(2) 중재판정의 취소를 구하는 당사자가 중재인의 선정 또는 중재절차에 관해 적절한 통지를 받지 못했거나 변론을 할 수 없었던 경우
(3) 중재판정이 중재합의 대상이 아닌 분쟁을 다루거나 범위를 벗어난 사항을 다룬 경우
(4) 중재판정부의 구성 또는 중재절차가 「중재법」 또는 당사자 간 합의에 반하는 경우
(5) 법원의 판단으로 중재판정의 대상 분쟁이 중재로 해결될 수 없는 경우
(6) 법원의 판단으로 중재판정의 승인 또는 집행이 선량한 풍속이나 사회질서에 위배되는 경우

02 유권해석과 감사 사례

1 법령의 유권해석

① **정부 유권해석**: 통상 행정부 내에서 법령 해석에 관한 전문적인 의견을 제시할 수 있는 법제처 등이 행하는 법령 해석
② **정부 유권해석 담당 기관**
  • 원칙적으로는 「정부조직법」과 「법제업무 운영규정」 등에 따라 법제처에서 담당
  • 민사, 상사, 형사, 행정소송, 국가배상 관련 법령과 법무부 소관 법령, 다른 법령의 벌칙 조항 해석은 법무부가 수행
③ **정부 유권해석의 기능**: 행정기관의 법집행 작용을 위한 해석의 기준 제시
④ **정부 유권해석의 효력과 구속력**: 법원의 판결에 따른 사법해석과 달리 관계 행정기관 내에서만 효력을 가지나 법적인 구속력은 없음(사실상의 구속력을 가진다고 볼 수 있음)
⑤ **사법해석과의 관계**: 정부 유권해석과 다른 법원의 확정판결(사법해석)이 나온 경우 정부 유권해석의 효력과 구속력은 제한됨 ⇒ 법원의 확정판결이 행정기관 내부에서만 효력이 있는 정부 유권해석보다 우선하는 효력이 있기 때문
⑥ 행정부에 소속된 행정기관과 관련된 법령의 해석상 효력의 범위와 구속력 유무에 따른 적용 우선순위

> 사법해석(법원) > 정부 유권해석(법제처) > 행정해석(개별 행정기관)

⑦ 공공조달이나 계약 관련 행정해석기관은 국가계약법령의 경우 재정경제부, 지방계약법령의 경우 행정안전부, 「조달사업법」·「전자조달법」 등은 조달청이 담당(국가계약법령과 재정경제부 소관의 계약예규 등의 행정해석 업무는 2003년부터 조달청이 위임받아 수행)

2 공공조달과 계약법령 해석 사례

① 수요기관 유형별 공공계약법령 적용 판단
  • 국가기관으로서 국가계약법령을 적용받는 조달청에 지방계약법령을 적용받는 지방자치단체가 중앙조달을 요청하는 경우, 적용되는 계약법령과 관련한 혼란 발생

+ plus

행정해석
• 해당 행정기관이 소관 법령을 집행하면서 법령을 해석하는 것으로, 해석과 적용범위에서 정부 유권해석과 차이점이 존재
• 행정해석에 이견이 있는 경우 정부 유권해석을 통해 통일된 법령의 해설과 집행기준을 마련

✓ Check Q&A

정부 유권해석은 관계 행정기관 내에서만 효력을 가지나, 법적인 구속력을 갖고 있다. (   )

정답 ✕

정부 유권해석은 관계 행정기관 내부에서만 효력을 가지며, 법적 구속력은 없다.

- 지방자치단체인 경우 지방계약법령을 적용해 조달청이 입·낙찰, 계약 절차 등을 적용하는 것이 적정하다고 판단하고, 수요기관에 적용되는 계약법령으로 중앙조달 절차를 진행하는 것으로 통일(법제처 유권해석)
- 집행의 안정성을 확보하기 위해 「국가계약법」 적용 중앙행정기관의 장 등에게 계약사무를 위탁(중앙조달요청 등)하는 경우 「지방계약법」 적용을 명시함(「지방계약법」 제7조 제2항 단서)

② 회계연도 또는 예산확정 이전 입찰공고, 계약 체결 가능 여부 판단
- 공공조달을 위한 입찰공고는 예산이 배정되어야 이를 근거로 기초금액, 추정가격, 예정가격 등을 결정해 진행할 수 있음
- 긴급한 재해복구 등 성격상 중단할 수 없는 계약인 경우 회계연도 시작 또는 예산배정 전이라도 미리 계약을 체결할 수 있으나, 그 효력이 회계연도 시작일 이후 또는 예산배정 이후에 발생하면 가능(조달청 해석)
- 특히, 중단할 수 없는 계약의 경우에는 예산 확정 전이라도 계약 사전 절차인 입찰공고는 가능(다만 예산 미확정으로 예정가격의 변경 발생 가능성을 입찰공고문에 명시하고, 확정된 예산에 따라 예정가격이 변경되면 당초 공고를 취소하고 새로운 입찰공고를 진행해야 함)

3. 전자조달시스템의 정보와 붙임 공고문의 내용이 다른 경우 우선순위

① 모든 입찰공고는 국가종합전자조달시스템 나라장터를 통해 공고
② 나라장터를 통해 전자입찰공고를 하는 경우, 시스템에 등록하는 정보와 입찰공고문 또는 과업내용서의 내용이 서로 다를 수 있음
- 경쟁 방법과 낙찰자선정 방법 같은 공고의 내용이 다른 경우: 입찰공고문의 내용을 우선 적용
- 공고(게시)일자가 상이한 경우: 전자조달시스템의 공고일자를 우선 적용

4. 입찰공고 내용의 중대한 하자에 따른 입찰 취소 가능 여부

① 입찰공고문 작성 시 입찰참가자격 등을 면밀히 검토해 중복적 제한요소의 적용, 규정에 위배되는 실적규모 설정 또는 특정한 상표나 규격 등이 명시되지 않도록 유의해야 함
② 입찰공고가 게시된 이후에 입찰참가자격 제한기준 적용 오류 같은 중대한 문제점이 발견되면 공정하게 입찰을 진행하기 위해 해당 입찰공고를 취소하고 새로운 입찰공고를 진행하는 것이 적정
③ 입찰공고 내용에 단순한 법규 위반 사항이거나 관련 법령 등을 잘못 표기하는 등 경미한 오류인 경우에는 정정공고로 대체(정정공고를 하는 경우 해당 입찰공고 기간의 남은 일수에 5일 이상을 가산해 공고)

5. 계약체결 전 낙찰자의 계약무효 사유 발생 시 진행절차

① 재정경제부에서는 당초 입찰공고의 차순위 업체를 심사해 요건에 부합하는 경우 낙찰자를 변경해 계약을 체결할 수 있는 것으로 해석

② 낙찰자선정 방법과 관계없이 계약 체결 이후에 결격사유가 발견되면 계약을 해제・해지하고 새로운 입찰공고를 진행해 낙찰자를 다시 선정하고 계약 절차를 진행

6 부정당업자 제재 사유에 해당할 경우 적격심사 제외 여부

① 낙찰자를 선정하기 위한 적격심사 과정에서 부정당업자 제재 사유가 발생하더라도 실제 부정당업자 제재 처분이 확정되지 않으면 그 사유의 발생만으로 적격심사에서 제외 조치를 할 수 없는 것으로 해석
② 입찰공고 후 낙찰자로 선정된 업체가 계약 체결 전에 부정당업자 제재 처분이 부과되는 경우에는 계약을 체결할 수 없도록 규정(「국가계약법 시행령」 제76조, 「지방계약법 시행령」 제92조)
③ 부정당업자 제재 처분을 받은 업체가 법원에 집행정지를 신청해 인용되는 경우에는 확정판결 시까지는 부정당업자 제재 처분이 유보되므로 입찰참가, 계약 체결이 가능(「행정소송법」 제23조)

7 입찰참가자격 관련 정보의 변경등록 미이행 시 입찰 무효 여부

① 경쟁입찰참가자격을 등록한 조달기업이 상호 또는 법인의 명칭과 대표자의 성명을 변경 등록하지 않을 경우(입찰자의 책임 없는 사유인 경우에는 예외)의 입찰은 무효(「국가계약법 시행규칙」 제44조, 「지방계약법 시행규칙」 제42조)
② 대표자의 성명이 변경되었음에도 이를 입찰참가 전에 등록하지 않고 입찰서를 제출한 경우에는 해당 입찰이 무효인 것으로 해석

8 협상에 따른 계약 방법 적용 입찰에서 수의계약 시 제안서 평가 여부

① 협상에 따른 계약 방법이 적용된 입찰에서 입찰공고 – 재공고입찰을 통해 2회 이상 입찰을 진행한 결과 입찰자나 낙찰자가 없는 경우 수의계약을 체결할 수 있음
② 협상에 따른 계약 방법에서 낙찰자 선정은 제안서평가위원회의 제안서 평가를 통해 적합한 경우에만 수의계약을 체결해야 함(재정경제부, 법제처)
③ 입찰자의 기술, 지식, 경험 등의 전문성과 기술력 같은 계약이행능력을 우선적으로 고려해 낙찰자를 결정해야 하는 협상에 따른 계약 방법의 목적과 취지에 부합하는지를 고려한 결정

9 계약 이행 지연에 따른 지체상금이 계약보증금에 달하는 시점

① 계약상대자인 조달기업이 계약상 의무를 지체한 경우 지체상금을 부과하고 현금으로 납부하도록 하고 있음(「국가계약법 시행령」 제74조 제1항)
② 산정된 지체상금이 계약보증금 상당액에 달하는 경우로서 계약상대자가 명백히 계약을 수행할 가능성이 없다고 인정되면 계약을 해제・해지할 수 있음
③ 기성부분에서 계약 이행 금액이 있더라도 지체상금의 계약보증금 상당액 도달 여부의 판단은 이행이 완료된 기성부분 등을 포함한 전체 계약금액을 대상으로 계약보증금 기준에 따라 산정하는 것이 적정

10 견적서를 제출한 경우 부정당업자 제재 가능 여부

① 수의계약 시 추정가격 2,000만원 이하인 경우에는 1명에게만 견적서를 받을 수 있고, 2,000만원을 초과(요건을 충족하는 여성기업, 장애인기업, 사회적기업은 5,000만원)하는 경우에는 전자조달시스템을 이용해 2명 이상에게 견적서를 받아 계약을 체결하도록 하고 있음
② 견적서를 허위로 제출하거나 계약을 미체결하더라도 부정당업자 제재 처분 대상이 입찰참가자 또는 계약상대자에 해당하지 않아 처분 대상이 되지 않는 것으로 판단
③ 입찰이 아닌 지정정보처리장치(전자조달시스템)를 이용해 견적서를 제출한 자에게는 입찰참가자격을 제한하는 부정당제재 처분을 할 수 없는 것으로 판단(「국가계약법 시행령」 제30조 제2항)
④ 전자공개수의는 입찰 방법으로 집행함에도 불구하고 수의계약이며, 이때 제출된 입찰서는 「국가계약법 시행령」 제30조 제1항의 견적서로 정의(「전자조달법 시행령」 제22조 제3항)

11 소액수의계약 미체결 업체의 수의계약 배제 대상 기관 여부

① 전자공개수의계약 과정에서 전자견적서를 제출한 조달기업이 수의계약을 미체결하더라도 입찰참가자나 계약상대자의 지위가 아니므로 부정당업자 제재 처분 대상이 아님
② 소액수의계약과 관련해 견적서를 제출한 업체가 최근 3개월 이내 해당 중앙행정기관 또는 지방자치단체와 수의계약에 응하지 않거나 포기서를 제출한 경우에는 수의계약 체결 대상에서 제외하도록 하고 있음
③ 지방계약법령이 적용되는 학교의 경우, '해당 지방자치단체'의 의미는 해당 학교가 소속된 교육지원청으로 해석되며, 이에 따라 해당 교육지원청 관내 모든 학교 간 수의계약에서 배제되는 것으로 해석(교육지원청 소속의 일선 학교와의 소액수의계약을 포기한 자는 해당 교육지원청 관내 소속기관과의 수의계약에서 배제되는 것이 타당함)

12 적격심사 시 허위로 제출된 실적을 제외하고 납품실적을 충족하는 경우 제재 여부

① 입찰 또는 계약에 관한 서류를 위·변조하거나 부정하게 행사한 자 또는 허위서류를 제출한 자를 부정당업자 제재 대상으로 규정(「국가계약법 시행령」 제76조, 「지방계약법 시행령」 제92조)
② 입찰에 참가해 적격심사 대상자로 선정된 경우에 심사항목인 수행실적 평가와 관련해 실적 서류를 허위로 제출하는 경우에는 허위서류 제출로 부정당업자 제재 처분 대상이 될 수 있음
③ 허위서류 제출과 관련해 제출 당사자의 허위 인식 여부, 고의성 여부 등은 중요하지 않으며, 허위임을 인식할 수 없는 특별한 사정이 없는 한 제재 대상이 될 수 있음
④ 허위 실적 서류가 심사 결과에 미친 영향과 관계없이 제출된 그 자체만으로 허위서류 제출에 해당하므로 부정당업자 제재 처분이 가능한 것으로 판단

01

공공조달 분쟁은 주로 어떤 법령을 적용하는 과정에서 발생하는가?

① 「국가계약법」과 「지방계약법」
② 「상법」과 「노동법」
③ 「민법」과 「형법」
④ 국제조약

해설

공공조달 분쟁은 「국가계약법」, 「지방계약법」 및 그 하위 법령 적용 과정에서 주로 발생한다.

02

공공조달 관련 분쟁에서 가장 많이 활용되는 소송 유형은?

① 형사소송
② 가사소송
③ 헌법소원
④ 민사소송과 행정소송

해설

공공조달 분쟁은 계약과 행정처분 관련 사항이므로 민사소송과 행정소송이 중심이다.

03

최근 5년간 공공조달 분쟁에서 조달청의 평균 승소율로 가장 가까운 것은?

① 약 50%
② 약 60%
③ 약 70%
④ 약 80%

해설

최근 5년간 평균 승소율은 약 78~80% 수준으로 나타난다.

04

「국가계약법」상 분쟁 해결 방법으로 명시된 것은?

① 소송만 가능
② 조정과 중재
③ 중재만 가능
④ 감사청구

해설

「국가계약법」 제28조의2는 분쟁 해결 수단으로 조정과 중재를 규정한다.

05

국가계약 분쟁 조정을 담당하는 기구는?

① 법제처
② 감사원
③ 대한상사중재원
④ 국가계약분쟁조정위원회

해설

조정을 선택한 경우 국가계약분쟁조정위원회를 통해 처리한다.

06

중재를 선택한 경우 중재 절차를 진행하는 기관은?

① 국가계약분쟁조정위원회
② 대한상사중재원
③ 재정경제부
④ 법원

해설

중재는 「중재법」에 따라 대한상사중재원에서 진행된다.

정답 01 ① 02 ④ 03 ④ 04 ② 05 ④ 06 ②

07

공공조달 분쟁에서 '조정'의 특징으로 옳은 것은?

① 당사자 합의 기반 해결
② 강제력이 있는 판결
③ 형사처벌 전제
④ 국제중재 절차

해설

조정은 당사자 간 합의를 통해 분쟁을 해결하는 제도이다.

08

법령해석의 목적에 가장 부합하는 설명은?

① 관행 우선 적용
② 발주기관 재량 확대
③ 법령 문언의 확대 적용
④ 법령 제정 목적에 따른 합리적 적용

해설

법령해석은 문언과 입법 목적을 종합적으로 고려해 적용한다.

09

공공조달 분쟁 해결 방식 중 ADR에 해당하는 것은?

① 행정소송
② 민사소송
③ 형사재판
④ 중재

해설

중재는 대안적 분쟁해결(ADR)의 대표적 수단이다.

10

공공조달 분쟁에서 '법령해석 분쟁'이 주로 발생하는 단계는?

① 예산 편성 단계
② 감사 이후 단계
③ 입찰공고 이전 단계
④ 계약 체결 및 이행 단계

해설

법령해석 분쟁은 계약 조건 해석, 이행 책임, 제재 적용 과정에서 주로 발생한다.

11

공공조달 분쟁에서 발주기관의 재량이 인정되기 어려운 경우는?

① 법령에 명확히 규정된 사항 적용
② 계약 조건 세부 설정
③ 기술평가 기준 설정
④ 입찰 방법 선택

해설

법령에 명확히 규정된 사항은 재량이 아니라 기속행위에 해당한다.

12

입찰참가자격 제한 처분에 대한 분쟁 해결 수단으로 가장 적절한 것은?

① 민사소송   ② 행정소송
③ 중재   ④ 조정

해설

입찰참가자격 제한은 행정처분이므로 행정소송 대상이다.

13

국가계약 분쟁에서 조정제도의 장점으로 옳지 않은 것은?

① 비용 절감
② 신속한 분쟁 해결
③ 당사자 관계 유지
④ 강제력 있는 판결 확보

해설

조정은 합의 기반으로, 판결과 같은 강제력은 없다.

14

공공조달 분쟁에서 민사소송이 주로 활용되는 사안은?

① 입찰 무효 처분
② 입찰 참가 제한
③ 계약금 지급 분쟁
④ 부정당업자 제재

해설

계약금, 손해배상 등은 사법상 계약 분쟁으로 민사소송 대상이다.

정답   07 ①   08 ④   09 ④   10 ④   11 ①   12 ②   13 ④   14 ③

15

조달청이 분쟁 대응 시 가장 중시하는 요소는?

① 관행
② 내부 지침
③ 법령과 판례
④ 계약 상대방의 주장

해설

분쟁 대응의 기준은 법령 해석과 판례이다.

16

공공조달 분쟁에서 판례의 역할로 가장 적절한 것은?

① 법령 대체
② 조정 강제
③ 계약 자동 변경
④ 법령 해석의 기준 제시

해설

판례는 법령 해석의 구체적 기준을 제시한다.

17

다음 중 공공조달 분쟁 예방 수단으로 가장 적절한 것은?

① 명확한 계약 조건 설정
② 사후 감사 강화
③ 제재 확대
④ 소송 전제

해설

분쟁 예방의 핵심은 계약 단계에서의 명확한 조건 설정이다.

18

국가계약 분쟁조정위원회의 조정 결과 효력은?

① 당사자 합의 시 효력 발생
② 법원 판결과 동일
③ 강제 집행 가능
④ 자동 확정

해설

조정은 당사자 수락 시 효력이 발생한다.

19

공공조달 분쟁에서 중재의 특징으로 옳은 것은?

① 행정절차
② 판례 축적
③ 감사 대상
④ 비공개 절차

해설

중재는 비공개 절차로 진행되는 것이 특징이다.

20

법령해석 시 가장 우선적으로 고려해야 할 요소는?

① 행정 관행
② 문언 해석
③ 정책 목표
④ 이해관계자 의견

해설

법령해석의 출발점은 문언 해석이다.

21

공공조달 분쟁에서 신의성실의 원칙이 적용되는 대표적 사례는?

① 입찰 공고
② 계약 변경
③ 예산 편성
④ 법령 제정

해설

계약 이행·변경 과정에서는 신의성실의 원칙이 중요하다.

22

공공조달 분쟁에서 조기 대응의 효과로 옳은 것은?

① 제재 확대
② 비용 증가
③ 분쟁 장기화
④ 리스크 최소화

해설

초기 대응은 분쟁 리스크를 줄인다.

정답   15 ③   16 ④   17 ①   18 ①   19 ④   20 ②   21 ②   22 ④

23

국가계약에서 분쟁 해결 수단으로 중재를 선택할 경우의 법적 성격으로 옳은 것은?

① 행정처분
② 감사 결과
③ 사법적 판결
④ 당사자의 자율적 합의 기반 절차

해설

중재는 법적 강제보다는 당사자 합의에 기반한 분쟁 해결 방식이다.

24

국가계약 분쟁에서 조정제도가 도입된 주된 취지는?

① 행정권 강화
② 소송 전치주의 도입
③ 신속·효율적 분쟁 해결
④ 조달기업에 대한 제재 강화

해설

장기 소송을 줄이고 효율적으로 분쟁을 해결하기 위함이다.

25

행정소송에서 공공조달 관련 처분의 위법성 판단 기준은?

① 재량 일탈·남용 여부
② 관행 부합 여부
③ 계약 금액
④ 예산 규모

해설

재량행위라도 일탈·남용 시 위법하다.

26

공공조달 분쟁 관리 역량 강화를 위해 가장 필요한 것은?

① 법령·판례 이해
② 규제 완화
③ 인력 축소
④ 절차 생략

해설

법령과 판례에 대한 이해가 핵심 역량이다.

27

공공조달 분쟁에서 '비례원칙' 위반 사례로 가장 적절한 것은?

① 계약 해제
② 평가 기준 설정
③ 계약 조건 명시
④ 경미한 위반에 장기간 제재

해설

제재는 위반 정도에 비례해야 한다.

28

법령해석 분쟁에서 유권해석의 법적 성격은?

① 강제 규범
② 참고 자료
③ 조정안
④ 판결

해설

유권해석은 법적 구속력은 없으나 참고 기준이 된다.

29

공공조달 분쟁에서 '신뢰보호원칙'이 인정되기 위한 요건으로 옳지 않은 것은?

① 신뢰 형성
② 신뢰 침해
③ 위법한 기대
④ 행정청의 공적 견해 표명

해설

위법한 기대는 보호 대상이 아니다.

정답 23 ④ 24 ③ 25 ① 26 ① 27 ④ 28 ② 29 ③

30

공공조달 분쟁 관리의 궁극적 목표는?

① 제재 강화
② 계약 취소
③ 소송 증가
④ 공정성과 신뢰 확보

해설

공정성과 제도의 신뢰 확보가 핵심 목표이다.

31

행정기관 법령 해석의 적용 우선순위로 옳은 것은?

① 행정해석 > 정부 유권해석 > 사법해석
② 정부 유권해석 > 사법해석 > 행정해석
③ 사법해석 > 정부 유권해석 > 행정해석
④ 정부 유권해석 > 행정해석 > 사법해석

해설

법령 해석의 적용 우선순위는 사법해석(법원) > 정부 유권해석(법제처) > 행정해석(개별기관)이다.

32

예산 확정 전이라도 입찰공고가 가능한 경우는?

① 모든 계약
② 단순 소모품 구매
③ 예산이 확정된 경우만 가능
④ 긴급한 재해복구 등 중단할 수 없는 계약

해설

긴급한 재해복구 등 중단할 수 없는 계약은 예산 확정 전이라도 입찰공고가 가능하다.

33

전자조달시스템과 붙임 공고문 내용이 다를 경우 우선 적용되는 것은?

① 전자조달시스템
② 붙임 공고문
③ 늦은 날짜
④ 빠른 날짜

해설

공고문 내용이 다를 경우 붙임 공고문이 우선한다.

34

입찰공고 내용에 중대한 하자가 발견된 경우 적정한 조치는?

① 정정공고
② 계약 해제
③ 낙찰자 변경
④ 입찰공고 취소 후 재공고

해설

입찰공고 내용에 중대한 하자가 있으면 입찰공고를 취소하고 새로운 입찰공고를 진행해야 한다.

35

계약 체결 전 낙찰자의 무효 사유가 발생한 경우 적정한 절차는?

① 차순위 업체 심사 후 계약
② 계약 해제 후 재공고
③ 계약금액 조정
④ 계약 유지

해설

계약 체결 전 무효 사유 발생 시 차순위 업체를 심사한 후 계약 가능하다.

정답   30 ④   31 ③   32 ④   33 ②   34 ④   35 ①

36

부정당업자 제재 사유가 발생했으나 처분이 확정되지 않은 경우 적격심사 제외 여부는?

① 제외 가능
② 제외 불가
③ 자동 취소
④ 계약 해제

해설

처분이 확정되지 않은 상태에서는 적격심사를 제외할 수 없다.

37

대표자 성명 변경을 등록하지 않고 입찰서를 제출한 경우 결과는?

① 유효
② 무효
③ 조건부 유효
④ 보증금 납부 후 유효

해설

대표자 성명 변경을 등록하지 않고 제출한 입찰은 무효이다.

38

협상에 따른 계약방법에서 수의계약을 체결할 때 반드시 필요한 것은?

① 제안서 평가위원회의 평가
② 낙찰자 자동 선정
③ 계약금액 조정
④ 입찰보증금 납부

해설

협상계약에서 수의계약은 반드시 제안서 평가위원회의 평가를 거쳐야 한다.

39

지체상금이 계약보증금 상당액에 달한 경우 적정한 조치는?

① 계약 유지
② 낙찰자 변경
③ 계약금액 조정
④ 계약 해제·해지

해설

지체상금이 계약보증금 상당액에 달하면 계약을 해제·해지할 수 있다.

40

적격심사 시 허위실적 제출은 어떤 결과를 초래하는가?

① 단순 경고
② 계약 유지
③ 계약금액 조정
④ 부정당업자 제재 처분

해설

허위실적 제출은 부정당업자 제재 처분 대상이다.

최종점검 OX 퀴즈

01 정부 유권해석은 법적인 구속력을 가진다. (○ , ×)

02 법원의 확정판결은 정부 유권해석보다 우선한다. (○ , ×)

03 지방자치단체가 중앙조달을 요청하면 「국가계약법」을 적용한다. (○ , ×)

04 예산 확정 전이라도 긴급한 재해복구 계약은 입찰공고 가능하다. (○ , ×)

05 전자조달시스템과 붙임 공고문 내용이 다를 경우 전자조달시스템이 우선한다. (○ , ×)

06 입찰공고에 중대한 하자가 있으면 취소 후 재공고해야 한다. (○ , ×)

07 계약체결 전 낙찰자의 무효 사유 발생 시 차순위 업체와 계약 가능하다. (○ , ×)

08 부정당업자 제재 사유가 발생했으나 처분이 확정되지 않은 경우 적격심사에서 제외된다. (○ , ×)

09 대표자 성명 변경을 등록하지 않고 입찰서를 제출하면 무효이다. (○ , ×)

10 협상계약에서 수의계약은 제안서 평가 없이 체결할 수 있다. (○ , ×)

11 지체상금이 계약보증금 상당액에 달하면 계약 해제·해지가 가능하다. (○ , ×)

12 허위실적 제출은 부정당업자 제재 처분 대상이다. (○ , ×)

---

01 ×
정부 유권해석은 사실상 구속력은 있으나 법적 구속력은 없다.

02 ○
사법해석은 정부 유권해석보다 우선한다.

03 ×
지방자치단체는 「지방계약법」을 적용한다.

04 ○
긴급 계약은 예산 확정 전이라도 가능하다.

05 ×
붙임 공고문이 우선한다.

06 ○
중대한 하자는 재공고가 필요하다.

07 ○
차순위 업체 심사 후 계약 가능하다.

08 ×
확정되지 않으면 제외할 수 없다.

09 ○
변경등록 미이행은 무효 사유이다.

10 ×
반드시 제안서 평가가 필요하다.

11 ○
계약 해제·해지가 가능하다.

12 ○
허위서류 제출은 제재 대상이다.

CHAPTER 02 법규 위반 시 제재

01 계약의 해제 및 해지

1 시행 근거

① 「국가계약법 시행령」 제75조(「지방계약법」 제30조의2, 「지방계약법 시행령」 제91조)
② 계약상대자가 정당한 이유 없이 계약상 의무를 이행하지 않을 경우 계약보증금을 국고에 귀속하고 계약을 해제·해지할 수 있음

해제	이미 체결한 계약을 계약 체결 시점으로 소급해 그 계약이 없었던 것으로 무효화
해지	유효하게 성립된 계약을 계약당사자 일방의 의사표시에 따라 해지가 결정된 시점부터 미래의 계약상 효력을 소멸시키는 불소급적 조치

2 해제·해지 사유

① 계약당사자 일방이 계약상의 의무를 이행하지 않아 계약보증금을 국고에 귀속시키는 경우에 해당하는 행위가 있을 때
② 지체상금이 계약보증금 상당액에 달하고, 계약의 수행 가능성이 명백히 없을 것으로 인정되는 경우
③ 계약 이행 가능성이 있거나 계약의 유지 필요성이 있다고 인정되는 경우에는 추가 계약보증금을 징수 후 계약관계를 유지할 수 있음
④ 조달 대상물별 계약 해제·해지에 따른 조치

(계약예규)물품계약 일반조건 제26조	계약상대자의 책임 있는 사유로 인한 계약의 해제 및 해지
(계약예규)물품계약 일반조건 제27조	사정 변경에 의한 계약의 해제 또는 해지
(계약예규)용역계약 일반조건 제29조	계약상대자의 책임 있는 사유로 인한 계약의 해제 및 해지
(계약예규)용역계약 일반조건 제30조	사정 변경에 의한 계약의 해제 또는 해지
(계약예규)공사계약 일반조건 제44조	계약상대자의 책임 있는 사유로 인한 계약의 해제 및 해지
(계약예규)공사계약 일반조건 제45조	사정 변경에 의한 계약의 해제 또는 해지

> ➕ plus
>
> **(계약예규)물품계약 일반조건 제26조의 해제 또는 해지 대상**
> - 납품기한 내 계약된 규격의 물품의 납품 거부 또는 미완료
> - 계약상대자의 귀책사유로 납품기일 내 납품 가능성이 없음이 명백한 경우
> - 지체상금이 해당 계약의 계약보증금 상당액에 달한 경우

PART 07

3 계약상대자의 책임 있는 사유로 계약 해제 · 해지 시

① 발주기관이 기성(기납품, 기이행) 부분을 검사해 인수한 때에는 해당 부분에 상당하는 대가를 계약상대자에게 지급
② 계약상대자는 지급받은 선금 중 미정산 잔액이 있는 경우에는 그 잔액에 상응하는 약정이자 상당액을 가산해 발주기관에 상환

4 발주기관의 사정 변경에 따른 계약 해제 · 해지 시

① 기성부분에서 미지급한 대가가 있는 경우 14일 이내 지급
② 계약 완성을 위해 투입된 계약상대자의 인력 · 자재, 장비의 철수 비용
③ 계약상대자는 선금 중 미정산 잔액을 발주기관에 상환해야 하나 이자는 가산하지 않음

02 부정당업자 제재

1 개요

① 계약을 체결하면 신의성실의 원칙에 따라 계약상 의무를 성실히 이행해야 할 책임이 있음
② 실제 공공조달, 계약 과정에서 다양한 사유로 관련 법령과 규칙, 기준 등에 부합하지 않는 부당 또는 불공정한 행위가 빈번하게 발생
③ 부정당업자 제재 처분 부과 사유
　• 부실, 조잡, 부당, 부정한 계약 이행
　• 입찰, 계약 관련 담합행위
　• 하도급 위반
　• 사기부정행위
　•「공정거래법」,「하도급법」 위반
　•「대중소기업상생협력법」 위반
　• 뇌물공여
　•「산업안전보건법」 위반 사항 등 중대 위해 발생
　• 경쟁의 공정한 집행 저해, 정당한 이유 없이 계약의 적정한 이행 저해, 다른 법령 위배로 입찰참가가 부적합한 경우

🔎 **더 알아보기 부정당업자 제재 처분 부과 사유**(「국가계약법 시행령」 제76조 제1항)

(1) 경쟁의 공정한 집행을 저해할 염려가 있는 자로서 다음에 해당하는 자
　• 입찰 · 계약서류 위 · 변조, 허위서류 제출
　• 고의로 무효 입찰한 경우
　• 입찰참가 · 계약 체결 방해 등

(2) 계약의 적정한 이행을 해칠 염려가 있는 자로서 다음에 해당하는 자
- 정당한 이유 없는 계약의 체결·이행 위반
- 부실 원가 계산
- 부실 타당성 조사
- 감독·검사 직무 수행 방해
- 건설사업관리기술인 교체 사유와 절차 위반 등

(3) 다른 법령을 위반하는 등 입찰에 참가시키는 것이 적합하지 않다고 인정되는 자로서 다음에 해당하는 자
- 안전·보건 대책 소홀로 중대한 위해를 가한 행위
- 누출금지정보 무단 누출, 허가 없는 정보시스템 접속
- 무단 정보수집 비인가 프로그램으로 정보시스템 약점을 고의로 생성·방치 등

④ 부정당업자 제재 처분을 받으면 최대 2년 이내의 범위에서 입찰참가자격이 제한

⑤ 부정당업자 제재 처분에 따른 입찰참가자격 제한 조치는 해당 처분을 부과한 공공기관만 아니라 공공계약법령이 적용되는 모든 입찰에 참가할 수 없는 강력한 제재

2 부정당업자 제재 처분에 따른 조치

① 부정당업자 제재 처분권자인 각 중앙관서의 장이 입찰참가자격 제한 처분을 한 경우에는 입찰참가자격 제한기간 개시일 전까지 다른 중앙관서의 장 또는 계약 담당 공무원이 그 사실을 알 수 있도록 전자조달시스템에 게재해야 함

② 부정당업자 제재 처분 시 공개되는 정보
- 업체(상호)명·주소·성명(법인인 경우 대표자 성명, 법인등록번호)·주민등록 번호·사업자등록번호, 관계 법령상 면허번호 또는 등록번호
- 입찰참가자격 제한 기간
- 입찰참가자격을 제한하는 구체적인 사유
- 입찰참가자격 제한 처분이 집행정지된 경우 그 집행정지 또는 집행정지 해제 사실 등

③ 부정당업자 제재 처분권자인 중앙관서의 장 또는 계약 담당 공무원은 전자조달시스템에 게재된 경우 제한 기간 내 상호, 대표자 변경 등을 통한 입찰참가 방지를 위해 입찰참가자의 주민등록번호, 법인등록번호, 관계 법령상 면허번호 또는 등록번호 등을 확인

3 과징금 부과제도

① 부정당업자 제재 처분은 조달기업의 입찰참가자격을 최대 2년까지 제한하는 매우 강한 행정처분

② 부정당업자 제재 처분 사유에 해당해도 그 사안이 경미한 경우로서 특정한 요건에 부합하면 입찰참가자격을 제한하는 것이 과도할 수 있으므로 이런 경우에는 과징금 부과로 대체

부정당업자 제재 처분 시 (　　　) 전까지 (　　　　　　)에 게재해야 한다.

정답

개시일, 전자조달시스템

과징금 부과제도에 대한 설명으로 가장 적절한 것은?
① 과징금은 형벌로서 「형법」에 따라 부과된다.
② 과징금은 위법행위에 대한 손해배상을 목적으로 한다.
③ 과징금은 행정상 의무 위반에 대해 금전적 부담을 부과하는 행정제재이다.
④ 과징금은 반드시 형사재판을 거쳐야 부과할 수 있다.

정답 ③

과징금은 공공조달 및 계약 관련 법규 위반과 같은 행정법상 의무 위반에 대해 부과되는 행정제재로, 형벌이나 민사상 손해배상과는 구별된다. 형사재판을 전제로 하지 않으며, 위반행위 억제와 공익 보호가 목적이다.

③ 부정당업자 제재 처분을 과징금 부과로 대체할 수 있는 특정한 요건
  - 국내외 경제 사정 악화 등 급격한 경제 여건 변화
  - 발주자에 따른 주요 계약 내용의 변경 또는 발주자가 제공한 자료의 오류 등으로 발생한 경우
  - 공동계약자나 하수급인 등과 위반행위 관련 공동 책임이 있는 경우
  - 입찰금액 과소 산정으로 계약 체결·이행이 곤란한 경우로서 책임이 경미한 경우
  - 금액 단위의 오기 등 명백한 단순 착오로 가격을 잘못 제시해 계약을 미체결한 경우
  - 입찰의 공정성과 계약 이행의 적정성이 현저하게 훼손되지 않은 경우로서 책임이 경미하며 위반행위 재발 위험성이 낮은 경우 등

더 알아보기   과징금 부과로 대체할 수 없는 경우

> (1) 낙찰 또는 납품대상자를 선정하기 위해 담합한 자(「국가계약법」 제27조 제1항 제2호)
> (2) 공정거래위원회로부터 입찰참가자격 제한 요청(「국가계약법」 제27조 제1항 제5호)
> (3) 중소벤처기업부장관으로부터 입찰참가자격 제한 요청(「국가계약법」 제27조 제1항 제6호)
> (4) 입찰과 낙찰, 평가와 관련해 뇌물을 준 경우(「국가계약법」 제27조 제1항 제7호)
> (5) 고의로 무효 입찰을 한 자(「국가계약법 시행령」 제76조 제2항 제1호 나목)
> (6) 조사설계금액이나 원가계산 금액을 적정하게 산정하지 않은 자(「국가계약법 시행령」 제76조 제2항 제2호 나목)
> (7) 수요예측 등 타당성 조사를 부실하게 수행해 발주기관에 손해를 끼친 경우(「국가계약법 시행령」 제76조 제2항 제2호 다목)

④ 과징금 부과
  - 과징금을 부과하기 위해서는 과징금 처분권자, 위반행위의 종류와 과징금액을 명시한 서면으로 처분 대상자에게 알려야 함
  - 처분 통지를 받은 조달기업 등은 60일 이내 과징금을 수납기관에 납부해야 하며, 천재지변 등 부득이한 경우 그 사유가 해소된 날로부터 30일 이내 납부
  - 납부 기한 연장 또는 분할 납부
    - 과징금이 계약금액의 10%를 초과하는 경우
    - 중소기업자에게 10억원을 초과해 과징금을 부과하는 경우
    - 특별한 사유로 과징금 전액의 일시 납부가 어렵다고 인정되는 경우

더 알아보기   납부 기한 연장 등의 세부적인 사유

> (1) 재해 또는 도난 등으로 재산의 현저한 손실
> (2) 사업 여건의 악화로 사업의 중대한 위기
> (3) 과징금 일시납부가 자금 사정에 따라 현저하게 어려움
> (4) 그 밖에 (1)부터 (3)과 유사한 경우
>
> > - 납부 기한을 연장하더라도 당초 납부 기한의 다음 날부터 1년을 초과할 수 없음
> > - 분할 납부를 하게 하는 경우에도 분할 납부 기한의 간격은 3개월 이하, 분할 횟수도 3회 이내로 설정

4 부정당업자 제재에 따른 입찰참가자격 제한기준

① 부정당업자 제재에 따른 입찰참가자격 제한 기간은 제재 사유의 중요도와 위반의 정도에 따라 차등적으로 설정

② 입찰참가자격 제한을 받은 조달기업이 제재 기간이 종료된 후 6개월 이내에 다시 부정당업자 제재 처분이 결정되면, 해당 사유에서 설정한 입찰참가자격 제한 기간의 2분의 1 범위 내에서 가중한 기간으로 제재 기한을 설정할 수 있음(최대 제재 기간인 2년 초과 불가)

③ 복수의 부정당업자 제재 처분이 부과된 경우에는 제한 기간이 가장 길게 규정된 기준을 적용

④ 부정당업자 제재 처분을 부과하는 중앙관서의 장은 위반행위의 동기와 내용, 횟수 등을 고려해 2분의 1 범위 내에서 기간을 줄일 수 있고, 현저히 경미한 사안으로 판단되는 경우 다시 2분의 1 범위 내에서 기간을 줄여서 처분할 수 있음(최소 1달 이상은 되어야 함)

⑤ **적용 제외**: 입찰·낙찰 또는 계약의 체결·이행과 관련하여 관계 공무원에게 뇌물을 준 자(「국가계약법」 제27조 제1항 제7호)

⑥ 부정당업자 제재 처분이 부과된 상황에서 그 이전에 제재 사유가 확인되었을 경우, 현재 처분된 기간보다 길어진다고 판단되면 예상되는 기간만큼을 추가해 제재할 수 있음

03 불공정 조달행위 제재

1 불공정 조달행위 개요

① **불공정 조달행위**: 수요물자의 조달 과정에서 공정한 질서와 관행을 저해하는 행위

② 사안의 중요도와 정도에 따라 제재 조치를 부과

2 불공정 조달행위 조사

① 불공정 조달행위를 하고 그 사실이 신고된 경우에는 조달청 소속 공무원이 자료 제출 요구, 사업장 등을 방문해 시설과 서류 등을 조사할 수 있음(「조달사업법」 제21조 제1항)

② 불공정 조달행위를 조사하는 공무원은 증표를 조사관계자에게 제시해야 하며 권한을 남용하면 안 됨(「조달사업법」 제21조 제2항·제3항)

③ 불공정 조달행위 조사 대상 조달기업(입찰업체 또는 계약상대자) 등은 조사 결과의 시정조치를 요구받은 날로부터 30일 이내에 이의신청서를 작성해 제출하는 방법으로 이의를 제기할 수 있음

④ 불공정 조달행위는 신고에 따른 경우가 아닌 조달청 자체 조사계획에 따라 수행되는 경우도 있음(신고자 포상 제외)

⑤ 구체적 불공정 조달행위의 사례: 종합쇼핑몰에 등록된 다수공급자계약 물품구매 등에서 가장 많이 발생
- 우대가격 유지의무 위반과 품질관리 통보 의무 위반
- 상품정보 관련: 상품정보에 부합하지 않는 물품 납품, 원산지 표기 위반, 권리관계·인허가·인증 점검 거부와 변동사항 미통보
- 불공정행위 관련: 허위서류 작성 등 부정한 행위 가담, 불공정 조달행위 조사에 정당한 사유 없이 거부하는 행위
- 납품이나 의무 미이행: 정당한 사유 없이 납품요구 거부, 시험성적서 등 서류 제출 요구 미이행
- 신뢰, 사업 위해 관련: 계약된 물품으로 인명사고 발생 등 안정성, 신뢰 훼손
- 기타 정당한 사유 없는 계약조건 위반: 수요기관의 조달사업에 지장을 초래한 행위

3 불공정 조달행위 시 후속조치(「조달사업법 시행령」제21조 제4항)

① 불공정 조달행위 조사 결과 위반 사실이 확인되면 조달기업 등에 시정을 요구하거나 「국가계약법」등 관계 법령과 계약조건에 따른 처분 등의 조치를 할 수 있음

② 불공정 조달행위에 따른 처분 조치: 행정적 처분, 계약 조건적 처분, 기타 처분

행정적 처분	• 불공정 조달행위가 부정당업자 제재 사유에 해당하면 부정당업자 제재 처분 또는 과징금 부과 • 불공정 조달행위와 관련한 수요물자가 종합쇼핑몰에 등록된 경우에는 해당 물품과 용역(서비스)을 대상으로 거래정지 조치
계약 조건적 처분	• 불공정 조달행위의 위반 정도가 심각한 경우, 향후 계약의 효력을 중단하는 계약 해지와 계약보증금 환수 조치 • 계약이 해지되면 물품의 납품 완료분, 용역(서비스)이나 공사 기성분의 대가는 지급받되 계약보증금은 환수
기타 처분	기타 경미한 사항의 시정조치, 부당이득금 환수, 소 등의 조치 • 불공정 조달행위의 유형별로 조달기업이 해당 행위를 통해 부당하게 지급받은 금액을 부당이득으로 보고, 산정기준에 따라 부과된 부당이득금을 반환 • 우수제품과 우수공동상표 지정의 경우는 위법한 방법과 절차로 지정받았으므로 지정이 취소 • 직접생산확인의 경우도 허위 사실과 허위 서류 제출을 통해 확인받았으므로 당연히 확인이 취소

04 부당이득금 환수

1 개요

조달기업이 불공정 조달행위로 부당이득을 얻은 경우에는 관련 규정 등에 따라 조달청 계약심사협의회를 통해 그 이득을 환수할 수 있도록 하고 있음(「불공정조달행위 조사 및 부당이득 환수 절차 등에 관한 규정」)

2 부당이득 환수

① 조달청 계약부서의 장은 불공정 조달행위가 발생한 경우 조사 담당 부서로 환수조사를 요청할 수 있음

② 부당이득금 환수 절차

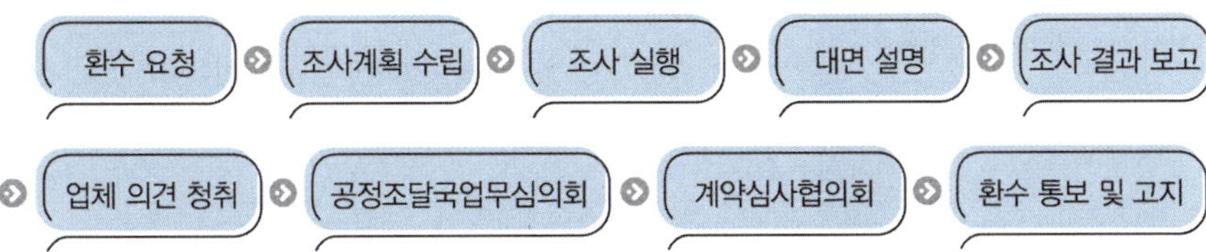

③ 부당이득금 환수와 계약보증금 환수의 차이점

구분	적용 대상	단가계약 또는 제3자 단가계약과 같이 여러 번 분할해 납품하는 경우
부당이득금 환수	계약목적물의 납품 완료분 전부	분할 납품한 총금액을 기준 산정
계약보증금 환수	납품 이행이 완료된 부분을 제외하고 미이행한 부분	분할해 기납품한 금액을 제외한 잔여 납품금액만 대상

④ 부당이득금 산정기준[물품 다수공급자계약 특수조건(별표 3)]

불공정 조달행위 유형	산정기준
허위 서류, 위조·변조 또는 기타 부정한 방법으로 서류를 제출하는 행위	다음의 금액 중 가장 높은 금액 • 이행이 완료된 물품대금에 평균 영업이익률을 곱한 금액 • 이행이 완료된 물품대금에 100분의 10을 곱한 금액 • 허위 가격자료 등을 제출하여 고가로 계약한 경우에는 납품금액과 실제거래금액과의 차액
직접생산기준을 위반하여 납품하는 행위	• 직접생산기준을 위반하여 납품한 수량에 상응하는 물품대금에 100분의 15를 곱한 금액 • 단, 계약상대자가 그 물품대금에서 직접생산기준을 위반하여 납품한 물품을 위한 비용(이윤을 제외)을 공제한 금액이 그 물품대금에 100분의 15를 곱한 금액보다 더 적다는 증빙자료를 제출한 경우에는 이를 반영하여 그 금액으로 감액

PART 07

다음 중 부당이득금 산정기준에 대한 설명으로 옳지 않은 것은?

① 허위 서류를 제출한 경우에는 물품대금에 평균 영업이익률을 곱한 금액, 물품대금의 10% 또는 실제 거래금액과의 차액 중 가장 높은 금액을 산정한다.

② 직접생산기준을 위반하여 납품한 경우에는 해당 물품대금의 15%를 곱한 금액을 산정하며, 증빙자료 제출 시 감액할 수 있다.

③ 원산지를 거짓으로 표시한 경우에는 해당 물품대금의 15%를 곱한 금액을 산정하며, 증빙자료 제출 시 감액할 수 있다.

④ 계약규격과 상이한 제품을 납품한 경우에는 해당 물품대금의 10%를 곱한 금액을 산정한다.

정답 ④

계약규격과 상이한 제품을 납품한 경우에는 단순히 해당 물품대금 전체를 기준으로 산정하며, 계약 목적 달성에 영향이 없고 증빙자료를 제출하면 공급비용을 공제할 수 있다.

원산지를 거짓으로 표시하여 납품하는 행위	• 원산지를 거짓으로 표시하여 납품한 수량에 상응하는 물품대금에 100분의 15를 곱한 금액 • 단, 계약상대자가 그 물품대금에서 원산지를 거짓으로 표시하여 납품한 물품을 위한 비용(이윤을 제외)을 공제한 금액이 그 물품대금에 100분의 15를 곱한 금액보다 더 적다는 증빙자료를 제출한 경우에는 이를 반영하여 그 금액으로 감액
계약규격과 상이한 제품을 납품하는 행위	• 계약규격과 상이한 제품에 대한 물품대금 • 단, 계약의 목적 달성에 영향이 없고, 계약상대자가 계약을 위반하여 납품한 물품의 공급비용(이윤을 포함)에 대한 증빙자료를 제출한 경우에는 이를 반영하여 그 해당 공급비용을 공제
우대가격 유지의무를 위반하는 행위	• 계약단가에서 시장공급 물품단가를 공제한 금액에 이행이 완료된 수량을 곱한 금액 • 단, 우대가격 유지의무를 위반하기 이전에 이행이 완료된 수량과 계약단가를 인하한 이후에 이행이 완료된 수량은 산정에서 제외 • 2단계 경쟁 또는 할인행사, 기획전 등을 실시하여 할인된 단가가 시장 공급 물품단가를 초과한 경우, 해당 계약단가는 할인단가를 적용
기타 관련 법령, 계약규정 또는 계약조건 위반 등으로 인해 공정한 조달질서를 훼손한 행위	이행이 완료된 물품대금에 평균 영업이익률을 곱한 금액 또는 이행이 완료된 물품대금에 100분의 10을 곱한 금액 중 더 높은 금액

⑤ 부당이득금 산정기준(「조달청 물품구매(제조)계약 특수조건」)
   • 위의 ④ + 아래 2가지 추가
   • 브로커의 불공정한 행위 개입: 계약금액의 100분의 10
   • 기타 공정한 조달질서 훼손 행위: 계약금액에 평균이익률과 100분의 10을 곱한 금액 중 더 높은 금액

단원별 출제예상문제

01

공공조달 계약에서 법규 위반 시 제재의 기본 목적은?

① 계약 상대방 보호
② 계약 절차 간소화
③ 조달기관의 권한 확대
④ 공공조달의 공정성·신뢰성 확보

해설

제재는 위반 행위를 억제하는 것이 목적이며, 공공조달의 공정성과 신뢰성 확보가 핵심이다.

02

부정당업자 제재에 해당하지 않는 행위는?

① 입찰담합
② 허위서류 제출
③ 계약이행 지연
④ 정상적 계약 포기

해설

위법·부정행위가 아닌 정상적 계약 포기는 제재 대상이 아니다.

03

부정당업자 제재의 일반적 효과는?

① 계약금액 증액
② 손해배상만 가능
③ 입찰참가자격 제한
④ 형사처벌 자동 적용

해설

부정당업자 제재의 일반적 효과는 일정 기간의 입찰참가자격 제한이다.

04

입찰참가자격 제한 기간 산정 시 고려 요소가 아닌 것은?

① 위반 횟수
② 위반의 중대성
③ 고의·과실 여부
④ 조달기관 재정 상태

해설

제재는 행위자 기준이며, 기관의 재정 상태는 고려 대상이 아니다.

05

계약보증금의 법적 성격은?

① 벌금
② 세금
③ 행정처분
④ 계약상 담보

해설

계약이행을 담보하기 위한 계약상 장치이다.

06

계약상대방 귀책으로 계약을 이행하지 못한 경우 해당하는 조치는?

① 계약보증금 귀속
② 계약금 증액
③ 보증금 반환
④ 제재 불가

해설

귀책사유가 있으면 계약보증금은 국고에 귀속된다.

07

입찰보증금의 주요 목적은?

① 기술력 평가
② 계약체결 담보
③ 납품기한 단축
④ 가격 인하 유도

해설

낙찰자의 계약 체결을 담보하기 위한 것이다.

08

허위서류 제출 시 적용 가능한 제재로 옳은 것은?

① 경고만 가능
② 입찰참가자격 제한
③ 민사상 책임만 인정
④ 계약 자동 무효 불가

해설

허위서류 제출은 중대한 위반으로 제재 대상이다.

09

계약 해제·해지의 공통점으로 옳은 것은?

① 제재 불가
② 소급효 없음
③ 계약관계 종료
④ 상대방 귀책 불문

해설

해제와 해지는 계약관계를 종료시키는 효과가 있다.

10

계약 해제의 법적 효과로 옳은 것은?

① 장래효만 발생한다.
② 소급효가 발생한다.
③ 손해배상은 불가하다.
④ 보증금 반환 의무는 없다.

해설

해제는 원칙적으로 소급효가 있다.

11

계약 해지는 어떤 경우에 주로 활용되는가?

① 계속적 계약 관계
② 계약 체결 전
③ 경미한 위반
④ 입찰 단계

해설

장기간·계속적 계약에서 주로 해지 개념을 사용한다.

12

부정당업자 제재 전 반드시 보장되어야 할 절차는?

① 즉시 제재
② 형사판결
③ 감사원 승인
④ 사전 통지 및 의견제출

해설

적법절차 원칙에 따라 의견제출 기회를 보장해야 한다.

13

제재처분에 불복하는 경우 가능한 절차는?

① 민사소송만 가능
② 행정심판·소송
③ 형사고소
④ 감사청구만 가능

해설

제재처분은 행정처분이므로 행정쟁송 대상이다.

14

공동수급체 구성원 위반 시 원칙적 제재 대상은?

① 모든 구성원　　　　② 대표사만
③ 발주기관　　　　④ 하도급자

해설

공동책임 원칙이 적용된다.

정답　07 ②　08 ②　09 ③　10 ②　11 ①　12 ④　13 ②　14 ①

15

부정당업자 제재의 성격은?

① 형벌
② 조세
③ 행정제재
④ 민사상 제재

해설

부정당업자 제재는 행정법상 제재에 해당한다.

16

하도급 위반과 관련한 제재로 옳은 것은?

① 제재 불가
② 계약금액 인상
③ 형사처벌만 가능
④ 입찰참가자격 제한 가능

해설

불공정 하도급은 제재 사유로 입찰참가자격 제한이 가능하다.

17

동일 위반의 반복 시 조치로 옳은 것은?

① 제재 경감
② 제재 면제
③ 제재 가중
④ 무조치

해설

동일 위반의 반복은 가중 제재 사유다.

18

제재 기록을 관리하는 목적은?

① 개인정보 수집
② 계약 단순화
③ 재발 방지
④ 조달 통계

해설

위반 이력 관리는 재발 방지가 목적이다.

19

부정당업자 제재가 행정제재로 분류되는 가장 중요한 이유는?

① 손해배상 목적이기 때문
② 형벌과 동일한 효과를 가지기 때문
③ 계약상대방 보호가 목적이기 때문
④ 공익 보호를 위한 행정작용이기 때문

해설

부정당업자 제재는 공공조달의 공정성·신뢰성이라는 공익을 보호하기 위한 행정제재이다.

20

입찰담합이 인정될 경우 가능한 제재로 옳지 않은 것은?

① 계약 해제
② 과징금 부과
③ 자동 계약 연장
④ 입찰참가자격 제한

해설

입찰담합은 중대한 위반으로 계약 연장과는 정반대의 조치가 이루어진다.

21

계약 이행 중 중대한 하자가 발견된 경우 가능한 조치는?

① 아무 조치도 불가하다.
② 계약 변경만 가능하다.
③ 계약 해제·해지가 가능하다.
④ 납품 완료 처리한다.

해설

중대한 하자는 계약 목적 달성을 저해하므로 해제·해지 사유가 된다.

22

제재의 비례성 판단 시 고려 요소로 가장 적절한 것은?

① 조달기관 내부 사정
② 위반행위의 경중
③ 언론 보도 여부
④ 계약상대방 규모

해설

비례원칙은 위반의 중대성·고의성·반복성 등을 기준으로 판단한다.

23

부정당업자 제재 시 고의·과실 판단이 중요한 이유는?

① 형사처벌과 연계되기 때문
② 계약금액을 산정하기 때문
③ 제재 수위의 결정 요소이기 때문
④ 입찰 무효를 판단하기 때문

해설

고의성 여부는 제재 기간과 강도를 결정하는 핵심 요소다.

24

계약상대방의 귀책사유로 계약이 해제된 경우 일반적 조치는?

① 위약금 면제
② 계약보증금 반환
③ 입찰참가자격 유지
④ 손해배상 청구 가능

해설

귀책사유가 있는 경우 손해배상 청구 및 제재가 가능하다.

25

제재 처분의 효력 발생 시점으로 옳은 것은?

① 처분 결정 시
② 계약 체결 시
③ 통지 도달 시
④ 법원 판결 시

해설

행정처분은 상대방에게 통지되어야 효력이 발생한다.

26

제재 사유가 소멸되는 경우는?

① 제재 기간 경과
② 손해배상 완료
③ 계약 종료
④ 업체 폐업

해설

제재는 기간 제한적 효력을 가진다.

27

제재의 예방적 기능에 대한 설명으로 옳은 것은?

① 처벌 중심
② 사후 구제
③ 계약금 인상
④ 위반 억제 효과

해설

제재는 위반 억제를 통한 예방 기능을 가진다.

정답　　22 ②　23 ③　24 ④　25 ③　26 ①　27 ④

02 최종점검 OX 퀴즈

OX 퀴즈 · 정답 및 해설

01 계약 해제는 이미 체결된 계약을 장래에 향해 효력을 소멸시키는 불소급적 조치이다. (○ , ×)

02 계약 해지는 유효하게 성립된 계약의 효력을 해지 결정 시점 이후부터 소멸시키는 조치이다. (○ , ×)

03 계약상대자가 정당한 이유 없이 계약상 의무를 이행하지 않은 경우, 발주기관은 계약보증금을 국고에 귀속시키고 계약을 해제·해지할 수 있다. (○ , ×)

04 지체상금이 계약보증금 상당액에 달한 경우라도 계약 수행 가능성이 있으면 반드시 계약을 해제·해지해야 한다. (○ , ×)

05 계약상대자의 책임 있는 사유로 계약이 해제·해지된 경우, 기성 부분이 인수되었더라도 대가는 지급되지 않는다. (○ , ×)

06 발주기관의 사정변경으로 계약이 해제·해지된 경우, 계약상대자는 선금 미정산 잔액에 대해 약정이자를 가산하여 반환해야 한다. (○ , ×)

07 부정당업자 제재 처분을 받으면 해당 처분을 내린 공공기관의 입찰에만 참가할 수 없다. (○ , ×)

08 부정당업자 제재 처분을 받은 사실은 입찰참가자격 제한 기간 개시일 전까지 전자조달시스템에 게재해야 한다. (○ , ×)

09 부정당업자 제재 사유에 해당하더라도 사안이 경미한 경우에는 과징금 부과로 대체할 수 있다. (○ , ×)

10 입찰 담합이나 입찰·낙찰과 관련한 뇌물 공여의 경우에도 과징금 부과로 대체할 수 있다. (○ , ×)

---

01 ×
해제는 계약 체결 시점으로 소급하여 계약을 없었던 것으로 무효화하는 조치이다.

02 ○
해지는 장래를 향해 효력을 소멸시키는 불소급적 조치이다.

03 ○
「국가계약법 시행령」 제75조에 따른 대표적인 해제·해지 사유이다.

04 ×
계약 이행 가능성이나 유지 필요성이 인정되면 추가 계약보증금을 징수하고 계약을 유지할 수 있다.

05 ×
검사·인수된 기성(기납품·기이행) 부분에 대해서는 대가를 지급해야 한다.

06 ×
발주기관 사정에 따른 해제·해지의 경우 이자를 가산하지 않는다.

07 ×
입찰참가자격 제한은 모든 공공기관 입찰에 적용되는 강력한 제재이다.

08 ○
제재의 실효성을 확보하기 위한 사전 공개 의무이다.

09 ○
일정 요건을 충족하면 입찰참가자격 제한 대신 과징금으로 대체 가능하다.

10 ×
담합, 뇌물 공여 등은 과징금 대체가 불가능한 중대 위반 행위이다.

박문각 자격증 시리즈

공공조달관리사 필기 | 공공조달과 법제도 이해

초판인쇄	2026. 3. 5
초판발행	2026. 3. 10

편 저 자	김유일
발 행 인	박용
출판총괄	김현실
개발책임	이성준
편집개발	김태희, 이보혜
마 케 팅	김치환, 최지희

발 행 처	㈜ 박문각출판
출판등록	등록번호 제2019-000137호
주 소	06654 서울시 서초구 효령로 283 서경B/D 6층
전 화	(02) 6466-7202
팩 스	(02) 584-2927
홈페이지	www.pmgbooks.co.kr

ISBN	979-11-7519-795-4
	979-11-7519-810-4(세트)
정가	26,000원

저자와의
협의 하에
인지 생략